普通高等教育中医药类"十三五"规划教材
全国普通高等教育中医药类精编教材

正常人体解剖学

(第 3 版)

(供中医学、中西医临床医学等专业用)

|主　编|
杨茂有　邵水金

|副主编|
孙红梅　张力华　汪永锋
姜国华　蒋　葵　王怀福

|主　审|
严振国

上海科学技术出版社

图书在版编目(CIP)数据

正常人体解剖学 / 杨茂有,邵水金主编. —3 版.
—上海:上海科学技术出版社,2018.5(2025.2 重印)
普通高等教育中医药类"十三五"规划教材　全国普通高等教育中医药类精编教材
ISBN 978-7-5478-3909-6

Ⅰ.①正… Ⅱ.①杨… ②邵… Ⅲ.①人体解剖学－高等学校－教材　Ⅳ.①R322

中国版本图书馆 CIP 数据核字(2018)第 020717 号

正常人体解剖学(第 3 版)
主编　杨茂有　邵水金

上海世纪出版(集团)有限公司
上海 科 学 技 术 出 版 社　出版、发行
(上海市闵行区号景路 159 弄 A 座 9F-10F)
邮政编码 201101　www.sstp.cn
浙江新华印刷技术有限公司印刷
开本 787×1092　1/16　印张 18.5
字数 390 千字
2006 年 8 月第 1 版
2018 年 5 月第 3 版　2025 年 2 月第 33 次印刷
ISBN 978-7-5478-3909-6/R·1558
定价:60.00 元

本书如有缺页、错装或坏损等严重质量问题,请向工厂联系调换

普通高等教育中医药类"十三五"规划教材
全国普通高等教育中医药类精编教材

专家指导委员会名单

(以姓氏笔画为序)

王　平	王　键	王占波	王瑞辉	方剑乔	石　岩
冯卫生	刘　文	刘旭光	严世芸	李灿东	李金田
肖鲁伟	吴勉华	何清湖	谷晓红	宋柏林	陈　勃
周仲瑛	胡鸿毅	高秀梅	高树中	郭宏伟	唐　农
梁沛华	熊　磊	冀来喜			

普通高等教育中医药类"十三五"规划教材
全国普通高等教育中医药类精编教材

编审委员会名单

名誉主任委员 洪 净

主 任 委 员 胡鸿毅

委　　　员（以姓氏笔画为序）

王　飞　　王庆领　　李铁浪　　吴启南

何文忠　　张文风　　张宁苏　　张艳军

徐竹林　　唐梅文　　梁沛华　　蒋希成

编委会名单

主　编

杨茂有　（长春中医药大学）　　邵水金　（上海中医药大学）

副主编

孙红梅　（北京中医药大学）　　张力华　（成都中医药大学）
汪永锋　（甘肃中医药大学）　　姜国华　（黑龙江中医药大学）
蒋　葵　（广西中医药大学）　　王怀福　（河北中医学院）

编　委（以姓氏笔画为序）

江爱娟　（安徽中医药大学）　　牟芳芳　（上海中医药大学）
李　平　（天津中医药大学）　　李一帆　（长春中医药大学）
何　倩　（湖南中医药大学）　　张　进　（广州中医药大学）
张育敏　（山西中医药大学）　　张跃明　（浙江中医药大学）
陆　莹　（贵州中医药大学）　　赵学纲　（山东中医药大学）
洪小平　（湖北中医药大学）　　高书亮　（江西中医药大学）
姬军风　（陕西中医药大学）　　常加松　（南京中医药大学）
梁栋阳　（辽宁中医药大学）　　游言文　（河南中医药大学）
谢永财　（福建中医药大学）　　褚　鑫　（云南中医药大学）

主　审

严振国　（上海中医药大学）

普通高等教育中医药类"十三五"规划教材
全国普通高等教育中医药类精编教材

前言

新中国高等中医药教育开创至今历六十年。一甲子朝花夕拾,六十年砥砺前行,实现了长足发展,不仅健全了中医药高等教育体系,创新了中医药高等教育模式,也培养了一大批中医药人才,履行了人才培养、科技创新、社会服务、文化传承的职能和使命。高等中医药院校的教材作为中医药知识传播的重要载体,也伴随着中医药高等教育改革发展的进程,从少到多,从粗到精,一纲多本,形式多样,始终发挥着至关重要的作用。

上海科学技术出版社于1964年受国家卫生部委托出版全国中医院校试用教材迄今,肩负了半个多世纪的中医院校教材建设和出版的重任,产生了一大批学术深厚、内涵丰富、文辞隽永、具有重要影响力的优秀教材。尤其是1985年出版的全国统编高等医学院校中医教材(第五版),至今仍被誉为中医教材之经典而蜚声海内外。

2006年,上海科学技术出版社在全国中医药高等教育学会教学管理研究会的精心指导下,在全国各中医药院校的积极参与下,组织出版了供中医药院校本科生使用的"全国普通高等教育中医药类精编教材"(以下简称"精编教材"),并于2011年进行了修订和完善。这套教材融汇了历版优秀教材之精华,遵循"三基""五性""三特定"的教材编写原则,同时高度契合国家执业医师考核制度改革和国家创新型人才培养战略的要求,在组织策划、编写和出版过程中,反复论证,层层把关,使"精编教材"在内容编写、版式设计和质量控制等方面均达到了预期的要求,凸显了"精炼、创新、适用"的编写初衷,获得了全国中医药院校师生的一致好评。

2016年8月,党中央、国务院召开了新世纪以来第一次全国卫生与健康大会,印发实施《"健康中国2030"规划纲要》,并颁布了《中医药法》和《〈中国的中医药〉白皮书》,把发展中医药事业作为打造健康中国的重要内容。实施创新驱动发展、文化强国、"走出去"战略以及"一带一路"倡议,推动经济转型升级,都需要中医药发挥资源优势和核心作用。面对新时期中医药"创造性转化,创新性发展"的总体要求,中医药高等教育必须牢牢把握经济社会发展的大势,更加主动地服务和融入国家发展战略。为此,精编教材的编写将继续秉持"为院校提供服务、为行业打造精品"的工作要旨,在全国中医院校中广泛征求意见,多方听取要求,全面汲取经验,经过近一年的精心准备工作,在"十三五"开局之年启动了第三版的修订工作。

本次修订和完善将在保持"精编教材"原有特色和优势的基础上,进一步突出"经典、精炼、新颖、实用"的特点,并将贯彻习近平总书记在全国卫生与健康大会、全国高校思想政治工作会议等系列讲话精神,以及《国家中长期教育改革和发展规划纲要(2010—2020)》《中医药发展战略规划纲要(2016—2030年)》和《关于医教协同深化中医药教育改革与发展的指导意见》等文件要求,坚持高等教育立德树人这一根本任务,立足中医药教育改革发展要求,遵循我国中医药事业发展规律和中医药教育规律,深化中医药特色的人文素养和思想情操教育,从而达到以文化人、以文育人的效果。

同时,全国中医药高等教育学会教学管理研究会和上海科学技术出版社将不断深化高等中医药教材研究,在新版精编教材的编写组织中,努力将教材的编写出版工作与中医药发展的现实目标及未来方向紧密联系在一起,促进中医药人才培养与"健康中国"战略紧密结合起来,实现全程育人、全方位育人,不断完善高等中医药教材体系和丰富教材品种,创新、拓展相关课程教材,以更好地适应"十三五"时期及今后高等中医药院校的教学实践要求,从而进一步地提高我国高等中医药人才的培养能力,为建设健康中国贡献力量!

教材的编写出版需要在实践检验中不断完善,诚恳地希望广大中医药院校师生和读者在教学实践或使用中对本套教材提出宝贵意见,以敦促我们不断提高。

全国中医药高等教育学会常务理事、教学管理研究会理事长

胡鸿毅

2016年12月

编写说明

《正常人体解剖学》是普通高等教育中医药类"十三五"规划教材和全国普通高等教育中医药类精编教材。该教材是以上海科学技术出版社前几版精编教材为基础，本着精益求精的原则，重新组织编写而成。本教材供全国高等中医药院校中医学、中西医临床医学、针灸推拿学、护理学等专业使用。

正常人体解剖学是一门研究正常人体形态结构的科学，属于生物学中的形态学范畴。该课程是学习医学的必修课，通过本课程的教学，要求学生理解和掌握人体形态结构的基本知识，为学习其他基础医学和临床医学打下必要的基础。本教材按照"注重传承、整体优化、面向临床"的培养目标，强调基本理论、基本知识和基本技能的学习与训练，以科学严谨的治学态度，对教材体系进行科学设计，综合考虑学科的分化与交叉，注意各学科之间的有机衔接，确保理论体系完整，知识点阐述完备。编写力求做到内容精炼完整、文字表达准确、名词术语规范、重点突出、图文并茂，切合教学与临床实际，充分体现思想性、科学性、先进性、启发性、适用性的基本原则和"重传承、厚基础、强人文、宽应用"的特点。本教材中的重要名词配有英文，并用粗体显示，便于学生掌握和记忆；在书后附有中英名词对照索引，便于学生查找和学习。

本教材由全国24所中医药院校、27位正副教授组成的编写委员会承担编写任务，得到了上海中医药大学严振国终身教授的精心指导，在此表示诚挚的感谢。

教材永远是在使用中不断得到改进的，不足之处在所难免，恳请各位同仁和读者提出宝贵的意见和建议，以便修订。

《正常人体解剖学》编委会
2018年1月

目录

绪论 ·· 1
    一、人体解剖学的定义 / 1
    二、人体器官的组成及系统的划分 / 1
    三、解剖学的分科 / 1
    四、我国解剖学发展简史 / 2
    五、解剖学姿势和常用解剖学术语 / 2
        （一）人体解剖学姿势 / 3
        （二）解剖学方位术语 / 3
        （三）人体切面术语 / 4
        （四）轴 / 4

第一章　运动系统 ·· 5

第一节　概述 / 5
    一、运动系统的组成 / 5
    二、运动系统的主要功能 / 5
第二节　骨学 / 5
    一、总论 / 6
        （一）骨的形态 / 6
        （二）骨的构造 / 7
        （三）骨的理化特性 / 8
    二、各论 / 8
        （一）躯干骨 / 8
        （二）上肢骨 / 12
        （三）下肢骨 / 16
        （四）颅骨 / 19
第三节　关节学 / 25

一、总论 / 25
　　（一）直接连结 / 25
　　（二）间接连结 / 26
二、各论 / 27
　　（一）躯干骨的连结 / 27
　　（二）上肢骨的连结 / 31
　　（三）下肢骨的连结 / 34
　　（四）颅骨的连结 / 39

第四节　肌学 / 40
一、总论 / 40
　　（一）肌的形态和构造 / 41
　　（二）肌的起止 / 42
　　（三）肌的配布 / 42
　　（四）肌的辅助装置 / 42
二、各论 / 44
　　（一）躯干肌 / 44
　　（二）头颈肌 / 50
　　（三）上肢肌 / 52
　　【附】上肢的局部记载 / 58
　　（四）下肢肌 / 58
　　【附】下肢的局部记载 / 64
　　（五）运动四肢关节诸肌综述 / 64
　　（六）全身主要肌肉简表 / 66

第五节　体表标志 / 70
一、躯干部 / 70
　　（一）项背腰部的骨性和肌性标志 / 70
　　（二）胸腹部的骨性和肌性标志 / 71
二、头颈部 / 72
　　（一）骨性和肌性标志 / 72
　　（二）皮肤标志 / 73
三、四肢部 / 73
　　（一）上肢标志 / 73
　　（二）下肢标志 / 74

第二章　消化系统 ……………………………… 76

第一节　概述 / 76
一、消化系统的组成 / 76

二、消化系统的主要功能 / 76
　　三、消化管的一般结构 / 77
　　四、胸部标志线和腹部分区 / 78
　　　（一）胸部标志线 / 78
　　　（二）腹部分区 / 78
第二节　消化管 / 79
　　一、口腔 / 79
　　　（一）口腔的构造和分部 / 79
　　　（二）口腔内结构 / 79
　　　（三）大唾液腺 / 82
　　二、咽 / 82
　　　（一）咽的形态和位置 / 82
　　　（二）咽的分部和结构 / 82
　　三、食管 / 83
　　　（一）食管的形态和分部 / 83
　　　（二）食管的位置 / 83
　　　（三）食管的狭窄 / 83
　　四、胃 / 84
　　　（一）胃的形态和分部 / 84
　　　（二）胃的位置 / 84
　　　（三）胃壁的构造 / 84
　　五、小肠 / 85
　　　（一）十二指肠 / 85
　　　（二）空肠和回肠 / 86
　　六、大肠 / 87
　　　（一）盲肠 / 87
　　　（二）阑尾 / 88
　　　（三）结肠 / 88
　　　（四）直肠 / 89
　　　（五）肛管 / 89
第三节　消化腺 / 90
　　一、肝 / 90
　　　（一）肝的形态 / 90
　　　（二）肝的位置和体表投影 / 91
　　　（三）肝外胆道 / 91
　　二、胰 / 92
　　　（一）胰的位置 / 92
　　　（二）胰的形态 / 92

第四节　腹膜 / 92
　　一、腹膜的概念 / 92
　　二、腹膜与腹盆腔脏器的关系 / 93
　　三、腹膜形成的结构 / 94
　　　　（一）网膜 / 94
　　　　（二）系膜 / 95
　　　　（三）腹膜陷凹 / 95

第三章　呼吸系统 …… 96

第一节　概述 / 96
　　一、呼吸系统的组成 / 96
　　二、呼吸系统的主要功能 / 96
第二节　肺外呼吸道 / 97
　　一、鼻 / 97
　　　　（一）外鼻 / 97
　　　　（二）鼻腔 / 97
　　　　（三）鼻旁窦 / 97
　　二、咽 / 98
　　三、喉 / 98
　　　　（一）喉的位置 / 98
　　　　（二）喉的结构 / 98
　　四、气管和主支气管 / 100
　　　　（一）气管 / 100
　　　　（二）主支气管 / 101
第三节　肺 / 101
　　一、肺的位置 / 101
　　二、肺的形态和结构 / 101
第四节　胸膜和纵隔 / 103
　　一、胸膜 / 103
　　　　（一）胸膜的概念 / 103
　　　　（二）胸膜的分部 / 103
　　　　（三）肺和胸膜的体表投影 / 103
　　二、纵隔 / 104
　　　　（一）纵隔的位置 / 105
　　　　（二）纵隔的分部和内容 / 105

第四章　泌尿系统 ·················· 106

第一节　概述 / 106
一、泌尿系统的组成 / 106
二、泌尿系统的主要功能 / 106

第二节　肾 / 106
一、肾的形态 / 106
二、肾的位置 / 107
三、肾的毗邻 / 107
四、肾的被膜 / 108
　（一）纤维囊 / 108
　（二）脂肪囊 / 108
　（三）肾筋膜 / 109
五、肾的内部结构 / 109

第三节　输尿管 / 109
一、输尿管的位置和毗邻 / 110
二、输尿管的分部和狭窄 / 110

第四节　膀胱 / 110
一、膀胱的形态 / 110
二、膀胱的位置 / 111
三、膀胱壁内面的结构 / 112

第五节　尿道 / 112

第五章　生殖系统 ·················· 113

第一节　概述 / 113
一、生殖系统的组成 / 113
二、生殖系统的主要功能 / 113

第二节　男性生殖器 / 114
一、男性内生殖器 / 114
　（一）睾丸 / 114
　（二）附睾 / 114
　（三）输精管和射精管 / 115
　（四）精囊 / 115
　（五）前列腺 / 116
　（六）尿道球腺 / 116
二、男性外生殖器 / 116
　（一）阴囊 / 116

　　　　　（二）阴茎 / 117
　　　三、男尿道 / 118
第三节　女性生殖器 / 119
　　一、女性内生殖器 / 119
　　　　（一）卵巢 / 119
　　　　（二）输卵管 / 120
　　　　（三）子宫 / 120
　　　　（四）阴道 / 123
　　　　（五）前庭大腺 / 123
　　二、女性外生殖器 / 123
　　　　（一）阴阜 / 123
　　　　（二）大阴唇 / 123
　　　　（三）小阴唇 / 123
　　　　（四）阴道前庭 / 124
　　　　（五）阴蒂 / 124
　　　　（六）前庭球 / 125
【附】乳房、会阴 / 125
　　　　（一）乳房 / 125
　　　　（二）会阴 / 125

第六章　脉管系统 …… 127

第一节　概述 / 127
　　一、脉管系统的组成和主要功能 / 127
　　二、血液循环的径路 / 128
　　三、血管吻合及侧支循环 / 129
第二节　心血管系统 / 130
　　一、心 / 130
　　　　（一）心的外形 / 130
　　　　（二）心的位置 / 131
　　　　（三）心的体表投影 / 131
　　　　（四）心的各腔 / 132
　　　　（五）心的构造 / 135
　　　　（六）心的传导系统 / 137
　　　　（七）心的血管 / 137
　　　　（八）心包 / 138
　　二、肺循环的血管 / 138
　　　　（一）动脉 / 138

　　　　(二) 静脉 / 138
　　三、体循环的血管 / 139
　　　　(一) 动脉 / 139
　　　　【附】全身主要动脉的体表投影、摸脉点和止血部位 / 152
　　　　(二) 静脉 / 154
第三节　淋巴系统 / 163
　　一、淋巴管道 / 163
　　　　(一) 毛细淋巴管 / 163
　　　　(二) 淋巴管 / 165
　　　　(三) 淋巴干 / 165
　　　　(四) 淋巴导管 / 166
　　二、淋巴结 / 167
　　三、全身各部的主要淋巴结 / 167
　　　　(一) 头颈部的淋巴结 / 167
　　　　(二) 上肢的淋巴结 / 168
　　　　(三) 胸部的淋巴结 / 168
　　　　(四) 下肢的淋巴结 / 170
　　　　(五) 盆部的淋巴结 / 170
　　　　(六) 腹部的淋巴结 / 170
　　四、部分器官的淋巴引流 / 172
　　五、脾 / 172
　　六、胸腺 / 172

第七章　内分泌系统 …… 174

第一节　概述 / 174
　　一、内分泌系统的组成 / 174
　　二、内分泌系统的主要功能 / 174
第二节　内分泌器官 / 175
　　一、甲状腺 / 175
　　二、甲状旁腺 / 176
　　三、肾上腺 / 176
　　四、垂体 / 177
　　五、松果体 / 177

第八章　感觉器 …… 179

第一节　概述 / 179

　　　　　一、感觉器的组成 / 179
　　　　　二、感觉器的主要功能 / 179
　　第二节　视器 / 180
　　　　　一、眼球 / 180
　　　　　　　（一）眼球壁 / 180
　　　　　　　（二）眼球的内容物 / 182
　　　　　二、眼副器 / 183
　　　　　　　（一）眼睑 / 183
　　　　　　　（二）结膜 / 183
　　　　　　　（三）泪器 / 184
　　　　　　　（四）眼球外肌 / 184
　　　　　三、眼的血管 / 185
　　　　　　　（一）动脉 / 185
　　　　　　　（二）静脉 / 185
　　第三节　前庭蜗器 / 185
　　　　　一、外耳 / 185
　　　　　　　（一）耳郭 / 185
　　　　　　　（二）外耳道 / 186
　　　　　　　（三）鼓膜 / 186
　　　　　二、中耳 / 187
　　　　　　　（一）鼓室 / 187
　　　　　　　（二）咽鼓管 / 188
　　　　　　　（三）乳突窦和乳突小房 / 189
　　　　　三、内耳 / 189
　　　　　　　（一）骨迷路 / 189
　　　　　　　（二）膜迷路 / 190
　　　　　【附】声波的传导 / 191

第九章　神经系统 ………………………………… 193

　　第一节　概述 / 193
　　　　　一、神经系统的主要功能 / 193
　　　　　二、神经系统的区分 / 193
　　　　　三、神经系统的组成 / 194
　　　　　　　（一）神经细胞 / 194
　　　　　　　（二）神经胶质 / 196
　　　　　四、神经系统的活动方式 / 196
　　　　　五、神经系统的常用术语 / 196

第二节 脊髓和脊神经 / 197
 一、脊髓 / 198
  (一) 脊髓的位置和外形 / 198
  (二) 脊髓的内部结构 / 199
  (三) 脊髓的功能 / 202
 二、脊神经 / 203
  (一) 后支 / 203
  (二) 前支 / 204
 【附】脊髓对皮肤的节段性支配 / 213

第三节 脑和脑神经 / 214
 一、脑 / 214
  (一) 脑干 / 214
  (二) 小脑 / 219
  (三) 间脑 / 220
  (四) 端脑 / 222
 二、脑神经 / 229
  (一) 嗅神经 / 230
  (二) 视神经 / 230
  (三) 动眼神经 / 230
  (四) 滑车神经 / 231
  (五) 三叉神经 / 232
  (六) 展神经 / 234
  (七) 面神经 / 234
  【附】角膜反射 / 235
  (八) 前庭蜗神经 / 235
  (九) 舌咽神经 / 236
  (十) 迷走神经 / 237
  (十一) 副神经 / 238
  (十二) 舌下神经 / 238

第四节 传导通路 / 240
 一、感觉传导通路 / 240
  (一) 本体感觉传导通路 / 240
  (二) 浅感觉传导通路 / 241
  (三) 视觉传导通路和瞳孔对光反射通路 / 244
 二、运动传导通路 / 245
  (一) 锥体系 / 245
  (二) 锥体外系 / 248

第五节 内脏神经系统 / 248

　　　　　一、内脏运动神经 / 250
　　　　　　　(一) 交感神经 / 250
　　　　　　　(二) 副交感神经 / 252
　　　　　　　(三) 交感神经与副交感神经的主要区别 / 252
　　　　　二、内脏感觉神经 / 252
　　第六节　脑和脊髓的被膜 / 253
　　　　　一、硬膜 / 254
　　　　　　　(一) 硬脊膜 / 254
　　　　　　　(二) 硬脑膜 / 254
　　　　　二、蛛网膜 / 256
　　　　　三、软膜 / 256
　　第七节　脑室和脑脊液 / 256
　　　　　一、脑室 / 257
　　　　　　　(一) 侧脑室 / 257
　　　　　　　(二) 第三脑室 / 257
　　　　　　　(三) 第四脑室 / 257
　　　　　二、脑脊液 / 257
　　第八节　脑和脊髓的血管 / 259
　　　　　一、脑的血管 / 259
　　　　　　　(一) 脑的动脉 / 259
　　　　　　　(二) 脑的静脉 / 261
　　　　　二、脊髓的血管 / 262
　　　　　　　(一) 脊髓的动脉 / 262
　　　　　　　(二) 脊髓的静脉 / 263

中英名词对照索引 …………………………………………………… 264

绪 论

> **导学**
> 1. 掌握人体解剖学的研究范围和目的，解剖学姿势、方位术语、切面术语和轴。
> 2. 了解人体解剖学的分科。

一、人体解剖学的定义

人体解剖学(human anatomy)是一门研究正常人体形态结构的科学，属于生物学中的形态学范围。学习人体解剖学的目的，在于理解和掌握人体形态结构的基本知识，为学习其他基础医学和临床医学打下必要的基础。清代名医王清任说："著书不明脏腑，岂不是痴人说梦；治病不明脏腑，何异盲子夜行。"可见，中国古代传统医学已经把人体解剖学提高到很重要的地位。据统计，医学中1/3以上的名词均来源于解剖学，故人体解剖学是一门重要的医学基础科学，是学习中医学和西医学的必修课。

二、人体器官的组成及系统的划分

人体是不可分割的有机整体，其结构和功能的基本单位是细胞。细胞之间存在一些不具细胞形态的物质，称细胞间质。许多形态和功能相似的细胞与细胞间质共同构成组织。人体组织分为上皮组织、结缔组织、肌组织和神经组织，它们是构成人体各器官和系统的基础，故称基本组织。由几种组织相互结合，成为具有一定形态和功能的结构，称器官，如心、肝、脾、肺、肾、胃、大肠、小肠等。在结构和功能上密切相关的一系列器官联合起来，共同执行某种生理活动，便构成一个系统。人体可分为运动、消化、呼吸、泌尿、生殖、脉管、内分泌、感觉和神经 9 个系统。各系统在神经系统和内分泌系统的支配、调节下，既分工又合作，实现各种复杂的生命活动，使人体成为一个完整的、统一的有机体。

三、解剖学的分科

人体解剖学包括大体解剖学、组织学和胚胎学 3 部分。大体解剖学所叙述的主要是用肉眼观察来研究人体形态结构的内容，组织学所叙述的是借助显微镜等来观察和研究人体细微结构的内容，而胚胎学则是叙述人体胚胎发育中的形态变化过程。大体解剖学主要分为系统解剖学和局部解剖学等。系统解剖学是按照人体各系统来叙述各器官的形态结构，局部解剖学则是按照人体自然分区(如头、颈、胸、腹、四肢等)叙述各器官结构的层次排列、毗邻关系、血液供应、神经支配、体表标志和体表投影。本书属于系统解剖学,故对人体各系统、各器官的形态结构作全面重点介绍,从而为学习中、西医学基础与临床提供必要的形态学基础。

此外,还有研究不同年龄人体形态结构的,称**年龄解剖学**;应用 X 线来研究人体形态结构的,称 **X 线解剖学**;结合体育运动研究人体形态结构的,称**运动解剖学**;应用各种断面解剖方法来研究经穴断面形态结构的,称**经穴断面解剖学**;应用层次解剖方法来研究经穴进针层次形态结构的,称**经穴层次解剖学**;应用 CT 放射学方法来研究经穴断面形态结构扫描图像的,称**经穴 CT 扫描图像解剖学**等。

四、我国解剖学发展简史

解剖学在我国的发展经历过一个漫长的历史时期,历史上有关人体解剖学的记载,最早还是我们的中医学。早在战国时代(公元前 500 年),我国第一部医学经典著作《内经》中即已有关于人体解剖学知识的广泛记载。根据目前所知的资料看,这是世界上最早的人体解剖学。此外,汉代的华佗已使用麻沸散作麻醉,为患者进行腹部手术;宋代王惟一铸造的铜人,是历史上最早创造的人体模型;宋代宋慈所著的《洗冤录》对人体的骨骼做了比较正确的绘图和描述;清代名医王清任曾亲自到义冢作过尸体观察,并著有《医林改错》一书,改正了古代医书上对人体解剖学记载的某些错误。这些都说明我们的祖先对医学作出了巨大贡献,也在解剖学上积累了不少经验。但由于长期受封建社会的束缚,解剖学没有得到应有的发展。

自 19 世纪由西欧传入西医学之后,我国的现代解剖学才逐步发展起来。中华人民共和国成立之前,解剖学工作者仅有百余人。中华人民共和国成立以后,医学事业取得了飞速的发展,不仅解剖学工作者的队伍迅速发展扩大,而且各医学院校已有了成套的教学设备、标本、模型和图谱,还编写了我国自己的解剖学教材及专著,更新了科研设备,改善了科研条件,取得了丰硕的科研成果。并在组织学、组织化学、超微结构、神经解剖学、免疫组织化学和神经培养、神经生物学、分子生物学、细胞学、基因工程学、生物力学等方面均取得了许多成果。

我国中医药院校解剖工作者在针刺麻醉、经络研究等方面取得了丰硕的成果,并在经穴断面解剖、经穴层次解剖、穴位神经解剖、经穴 CT 扫描图像解剖学、经穴立体构筑、经穴显微结构、经穴结构电脑图像三维重建、穴位三维结构数字化虚拟人、经穴形态多媒体系列、中医经穴医学工程学等方面,开展了大量的工作,出版了一系列专著,并编写、出版了有关中医应用腧穴解剖学、中医应用推拿解剖学、中医应用骨伤解剖学、中医应用外科解剖学、中医应用局部解剖学、中医应用神经解剖学、中医应用美容解剖学等具有中医特色的新型系列解剖学教材,为中医不同专业开设了相应的实用解剖学课程。在研究方法上,也采用组化、免疫组化、组织培养、HRP 酶标技术、放射性核素示踪、透射电镜、扫描电镜、冰冻蚀刻和电生理、神经生化、微量元素、生物发光、医用图形图像三维重建、电脑多媒体等多种新技术,从多方面来阐明穴位等的形态结构,丰富了中医应用解剖学的内容,为中医学现代化作出了成绩。现在广大的解剖学工作者正在为提高我国的医学科学水平而努力,争取为振兴中华,在实现祖国的社会主义现代化的伟大事业中作出自己应有的贡献。

五、解剖学姿势和常用解剖学术语

为了便于叙述人体各器官结构的位置关系,人体解剖学规定统一的解剖学标准姿势和解剖学方位术语,兹介绍如下。

（一）人体解剖学姿势

身体直立，两眼向正前方平视，双下肢并拢，足尖朝前，双上肢自然下垂于躯干两侧，掌心朝前。在观察和说明人体各部的位置及其相互关系时，都应按照统一的人体解剖学姿势。

（二）解剖学方位术语

以统一的人体解剖学姿势为准，为了更准确地描述人体各器官的位置，规定了下面一些方位术语(图绪-1)。

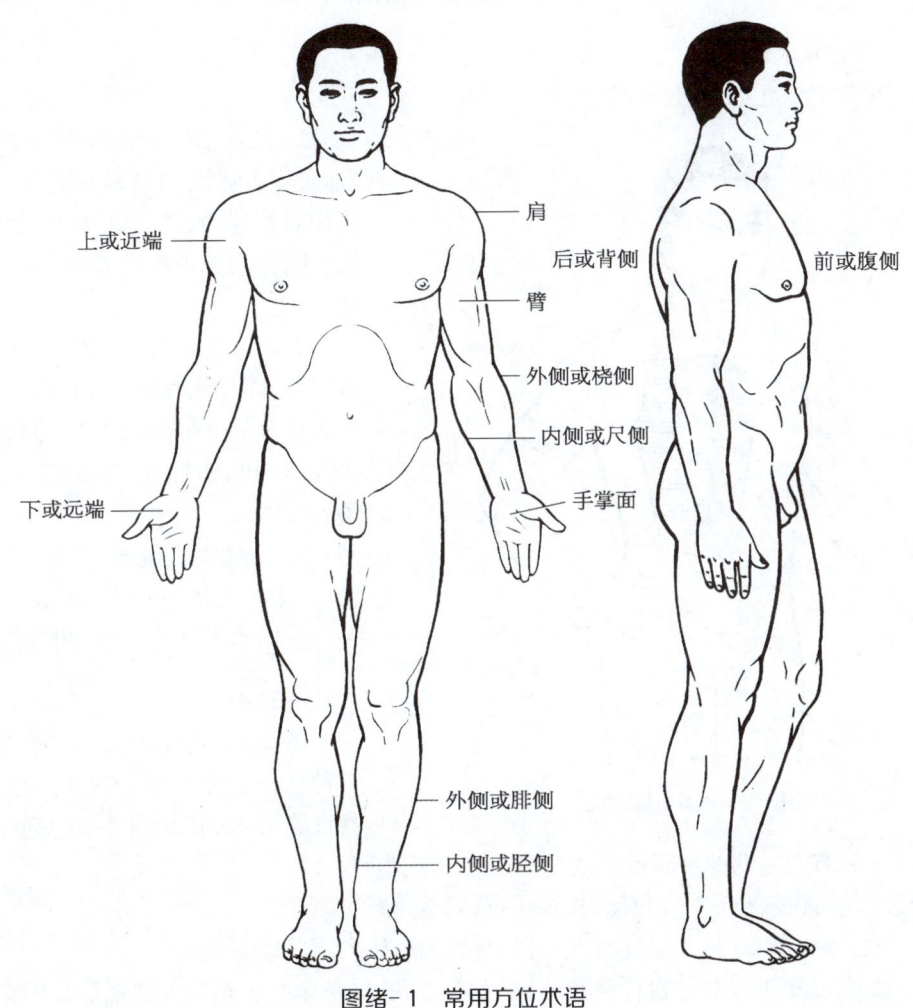

图绪-1 常用方位术语

1. 上(superior)和下(inferior)　是描述器官或结构距头或足的相对远近关系的术语。近颅者为上，近足者为下。

2. 前(anterior)和后(posterior)　是描述器官或结构距身体前面或后面相对远近关系的术语。近腹者为前，也称腹侧(ventral)。近背者为后，也称背侧(dorsal)。

3. 内侧(medial)和外侧(lateral)　是描述器官或结构与人体正中矢状面相对距离关系的术语。近正中矢状切面者为内侧，远离正中矢状切面者为外侧。

4. 内(internal)和外(external)　是描述空腔器官相互位置关系的术语。近内腔者为内，远离内腔者为外。

5. 浅(superficial)和深(profunda) 是描述与皮肤表面相对距离关系的术语。近皮肤者为浅，远离皮肤者为深。

6. 四肢结构的方位 在描述四肢各结构的方位时，以接近躯干的一端为近侧(proximal)，远离躯干的一端为远侧(distal)。在前臂，因为桡骨位于前臂的外侧，尺骨位于前臂的内侧，故前臂的外侧又称桡侧(radial)，其内侧又称尺侧(ulnar)。在小腿，因为腓骨位于小腿的外侧，胫骨位于小腿的内侧，故小腿的外侧又称腓侧(fibular)，其内侧又称胫侧(tibial)。

(三) 人体切面术语

常用的有3个相互垂直切面(图绪-2)。

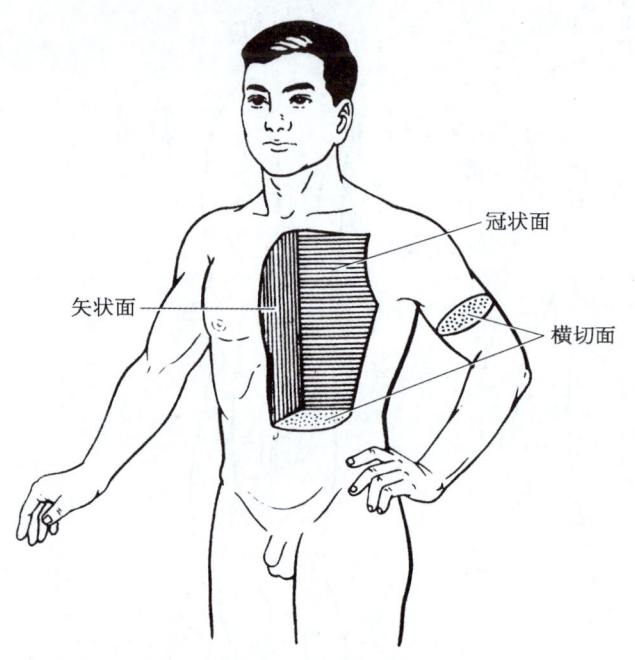

图绪-2 人体切面术语

1. 矢状面(sagittal plane) 即从前后方向，将人体或器官纵切为左、右两部分的切面。其中，通过人体前、后正中线的剖面则称为正中矢状切面(median sagittal plane)。

2. 水平面(horizontal plane) 也称横切面，即与人体的长轴成直角的切面，将人体分为上、下两部分。同样，某一器官或结构的横切面，则指与其长轴成直角的切面。

3. 冠状面(coronal plane) 也称额状面，即与矢状面垂直，从左、右方向，将人体或器官纵切为前、后两部分的切面。

(四) 轴

轴(axis)是按照解剖学姿势，人体有三种互相垂直的轴。轴在描述人体某些器官的形态，特别是叙述关节运动时非常重要。每一关节的运动都可假设围绕着一定的轴来进行。

1. 垂直轴(vertical axis) 与身体长轴平行，垂直于地面。
2. 矢状轴(sagittal axis) 呈前后方向，与身体的长轴和冠状轴垂直相交。
3. 冠状轴(coronal axis) 也称额状轴，呈左右方向，与身体的长轴和矢状轴垂直相交。

第一章 运动系统

第一节 概述

一、运动系统的组成

运动系统包括骨、骨连结和骨骼肌3部分，它们在神经系统的支配下对人体起着运动、支持和保护作用。运动系统约占成人体重的60%，构成人体的基本轮廓。

二、运动系统的主要功能

骨与骨之间的连接装置，称骨连结。全身各骨通过骨连结构成骨骼，成为人体的支架。附于骨骼上的肌称骨骼肌。骨骼肌收缩时，牵引骨移动位置，产生运动。此外，骨骼与骨骼肌共同赋予人体的基本外形，并构成体腔的壁（如颅腔、胸腔、腹腔和盆腔），以保护脑、心、肺、脾、肝、膀胱等器官。在运动中，骨起杠杆作用，关节是运动的枢纽，骨骼肌是动力器官。也就是说，骨骼肌是运动的主动部分，骨和骨连结是运动的被动部分。

第二节 骨学

> **导学**
>
> 1. 掌握运动系统的组成和功能，骨的构造，躯干骨的名称、数目、位置及各骨的主要形态结构；上肢骨的名称、数目、位置，肩胛骨、锁骨、肱骨、桡骨及尺骨的形态和主要结构；下肢骨的名称、数目、位置；髋骨、股骨、胫骨、腓骨的形态和主要结构；颅骨的名称、数目及重要的孔道和结构；鼻旁窦的名称、位置和开口。
> 2. 熟悉骨的形态；各部椎骨的特征，胸骨及肋骨的一般形态结构；手骨和足骨的名称、位置和排列；颅底内面观的孔道和结构。

一、总论

骨(bone)在成人为206块,按其在人体的位置不同,可分为躯干骨、颅骨、上肢骨和下肢骨4部分(图1-1),其中躯干骨51块,颅骨29块(包括听小骨6块),上肢骨64块,下肢骨62块。骨的重量,在成人约占体重的1/5,而新生儿则占体重的1/7。

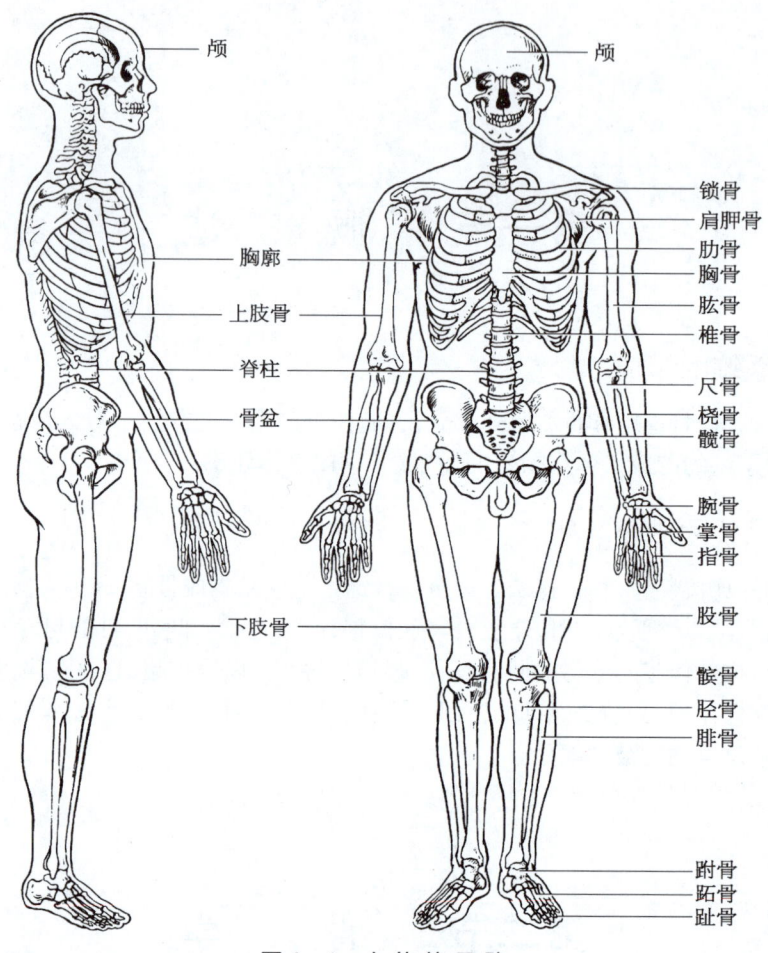

图1-1 人体的骨骼

每块骨均为一个器官,具有一定的形态和构造,含有丰富的血管、神经和淋巴管,能不断地进行新陈代谢和生长发育,并具有修复和改建的能力。经常进行锻炼可促进骨骼良好发育,长期废用则出现骨质疏松。

(一) 骨的形态

形态和功能是互相制约的,由于功能的不同,骨有不同的形态,基本可分为4类,即长骨、短骨、扁骨和不规则骨(图1-2)。

1. **长骨**(long bone) 呈长管状,分布于四肢,在运动中起杠杆作用。长骨有一干和两端。骨干又称骨体,其骨质致密,内有空腔称骨髓腔,腔内含有骨髓。在干的表面有1~2个血管出入的滋养孔。端也称骺,较膨大并具有光滑的关节面,有关节软骨覆盖。

幼年时长骨的骨干与端之间夹有一层软骨，称**骺软骨**。骺软骨能不断增生，又不断骨化，使骨的长度增长。成年后骺软骨骨化，原骺软骨处留有一线状痕迹，称**骺线**。

2. **短骨**(short bone) 一般呈立方形，多成群地连结存在，位于既承受重量又运动复杂的部位，如腕骨和跗骨。

3. **扁骨**(flat bone) 呈板状，分布于头、胸等处。常构成骨性腔的壁，对腔内器官有保护作用，如颅盖骨保护脑，胸骨和肋骨保护心、肺等。

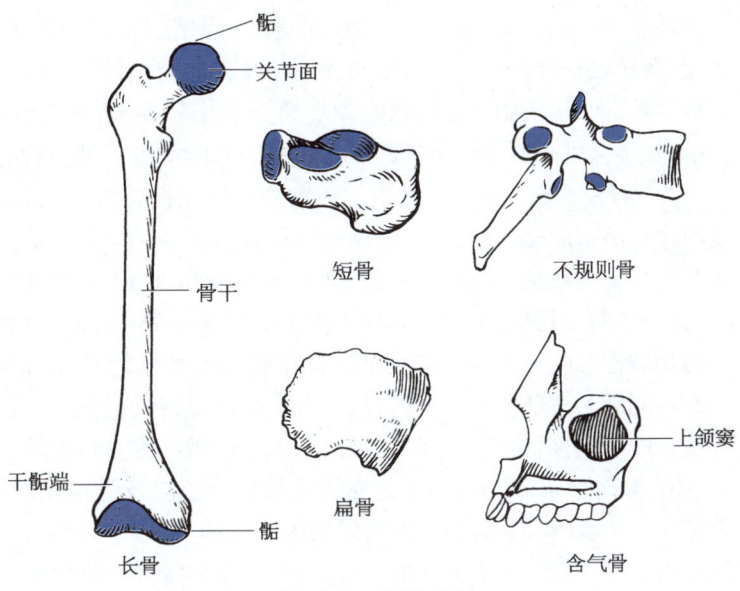

图 1-2 骨的形态

4. **不规则骨**(irregular bone) 形态不规则，如椎骨。有些不规则骨，内有含气的腔，称**含气骨**，如位于鼻腔周围的上颌骨、筛骨等，发声时能起共鸣作用，并能减轻骨的重量。

此外，在某些肌腱或韧带内有形如豆状的籽骨，多位于手掌和足底着力点，它在运动中使肌腱较灵活地滑动于骨面，从而减少摩擦并改变骨骼肌的牵引方向。

（二）骨的构造

每块骨都由骨质、骨膜和骨髓等构成(图 1-3、图 1-4)，并有神经和血管分布。

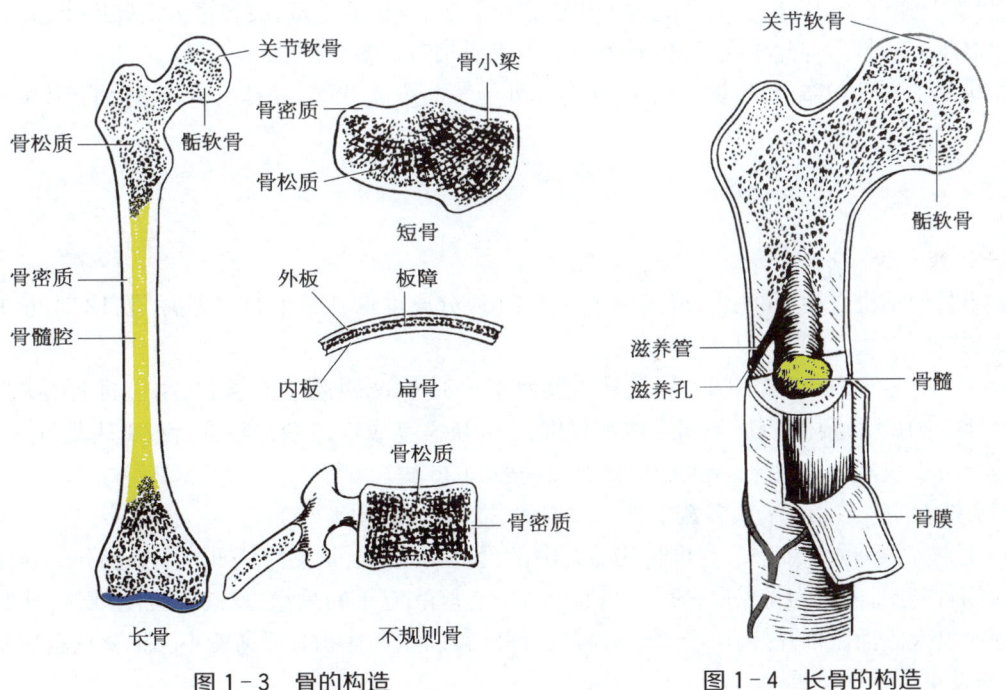

图 1-3 骨的构造　　　　图 1-4 长骨的构造

1. **骨质**（bone substance） 骨质是骨的主要组成部分，分为骨密质和骨松质两种。**骨密质**致密坚硬，抗压、抗扭曲力强，分布于长骨干以及其他类型骨和长骨骺的表层。在颅盖骨，骨密质构成**外板**和**内板**。**骨松质**由许多片状的**骨小梁**交织排列而成，呈海绵状，分布于长骨骺及其他类型骨的内部，骨小梁排列方式与承受的压力和张力方向一致。颅盖骨的骨松质在内、外板之间，称**板障**。

2. **骨膜**（periosteum） 骨膜是由致密结缔组织构成的膜，包裹除关节面以外的整个骨面。骨膜内含有丰富的神经和血管，故感觉敏锐，对骨的营养、生长和感觉有重要作用。幼年时期骨膜内层的**成骨细胞**直接参与骨的生长，使骨不断增粗增长。成年后转为静止状态，但它终身保持分化能力，一旦发生骨折，又可重新分化为活跃的成骨细胞，形成骨痂，使骨折端愈合。骨膜内层的成骨细胞和破骨细胞分别具有产生新骨质和破坏旧骨质的功能，在骨的发生、生长、改造和修复时，它们的功能最为活跃。当骨膜剥离后，骨不易修复，甚至可能坏死，故手术时要尽量保留骨膜。衬在骨髓腔内的膜称**骨内膜**，幼年期骨内膜上的破骨细胞参与破坏旧骨质，使骨髓腔逐步扩大。

3. **骨髓**（bone marrow） 是充填于长骨骨髓腔及骨松质腔隙内的柔软组织，分为红骨髓和黄骨髓。**红骨髓**内含大量不同发育阶段的红细胞和某些白细胞，呈红色，有造血功能。**黄骨髓**含大量脂肪组织，呈黄色，无造血功能，当大量失血和贫血时，黄骨髓又能转化为红骨髓，恢复造血功能。胎儿及幼儿的骨内全是红骨髓，6岁前后，长骨骨髓腔内的红骨髓逐渐转化为黄骨髓，红骨髓仍保留于各类型骨的骨松质内，继续造血。因此，临床上常在髂骨的髂嵴和胸骨等处，进行骨髓穿刺，检查骨髓象。

在骨的关节面上，有透明软骨构成的关节软骨覆盖，具有减少摩擦、增强关节灵活性的作用。

（三）骨的理化特性

成年人的骨由1/3的有机质（主要是骨胶原蛋白）和2/3的无机质（主要是磷酸钙、碳酸钙和氯化钙等）组成。有机质使骨具有韧性和弹性，无机质使骨具有硬度和脆性。有机质和无机质的结合，使骨既有弹性又很坚硬。幼儿的骨无机质含量较少，有机质较多，故弹性大而硬度小，容易发生变形。老年人的骨则与此相反，有机质较少而无机质相对较多，故易发生骨折。

无机质中的钙和磷，参与体内钙、磷代谢而处于不断变化状态。所以，骨还是体内钙和磷的贮备仓库。

二、各论

（一）躯干骨

躯干骨包括椎骨、肋和胸骨，成人躯干骨由24块分离椎骨、1块骶骨、1块尾骨、12对肋、1块胸骨组成，共计51块。

1. **椎骨**（vertebrae） 幼儿时期，椎骨总数为33～34块，根据其所在部位，由上而下依次分为颈椎7块、胸椎12块、腰椎5块、骶椎5块和尾椎4～5块。至成年，5块骶椎愈合成1块骶骨，4～5块尾椎愈合成1块尾骨。因此，成人的椎骨总数一般为26块。

（1）椎骨的一般形态：大多数椎骨都由椎体、椎弓构成（图1-5）。

1）**椎体**（vertebral body）：为椎骨的前方中部，呈短圆柱状，是支持体重的主要部分。表面为一层较薄的骨密质，内部为骨松质，它能承受着头部、上肢和躯干的重量，愈向下位的椎体，其面积和体积逐渐增大。而骶椎开始，由于重量转移到下肢，其面积和体积又逐渐变小。椎体在垂直暴力作用下，易发生压缩性骨折。

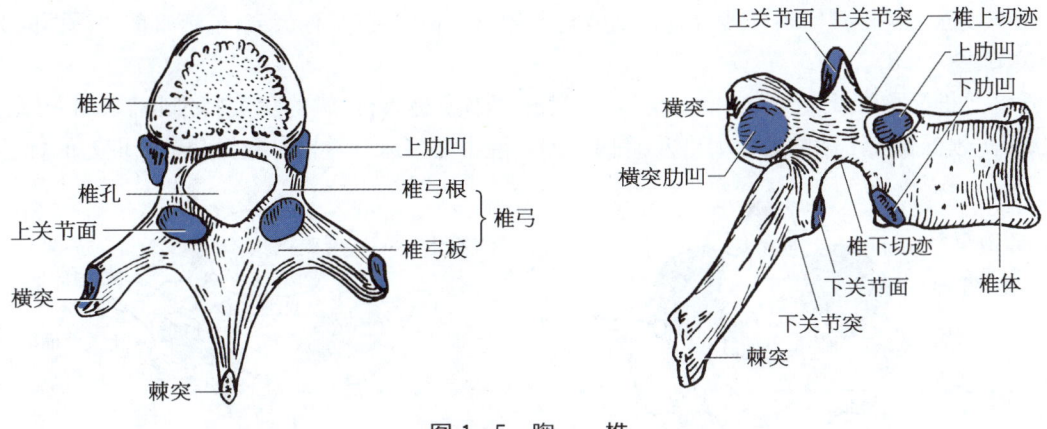

图 1-5 胸　椎

2) 椎弓(vertebral arch)：是附在椎体后方的弓形骨板。椎弓与椎体连结的部分较细，称椎弓根，其上、下缘各有一切迹，分别称椎上切迹和椎下切迹。椎骨叠连时，上位椎骨的椎下切迹和下位椎骨的椎上切迹围成一孔，称椎间孔，有脊神经及血管通过。两侧椎弓根向后内扩展为较宽阔的骨板，称椎弓板。椎弓与椎体围成一孔，称椎孔。全部椎骨的椎孔连在一起，形成纵行管道，称椎管，内容纳脊髓和脊神经根等。每个椎弓伸出 7 个突起，即向两侧伸出一对横突，向上伸出一对上关节突，向下伸出一对下关节突，向后伸出单一的棘突。

(2) 各部椎骨的主要特征

1) 颈椎(cervical vertebrae)：共有 7 个(图 1-6)。其主要特征是横突上有一孔，称横突孔，内有椎动、静脉通过(第 7 颈椎无椎动脉通过)。椎体小，椎孔较大，呈三角形。第 2~6 颈椎的棘突较短，末端分叉，第 7 颈椎棘突最长，末端不分叉，上、下关节突的关节面基本上呈水平位。第 3~6 颈椎属一般颈椎，第 1、第 2、第 7 颈椎为特殊颈椎。

第 1 颈椎又称寰椎(atlas)，没有椎体、棘突和关节突，形似环形，由前弓、后弓及两个侧块构成(图 1-7)。前弓的后面与第 2 颈椎的齿突相关节。

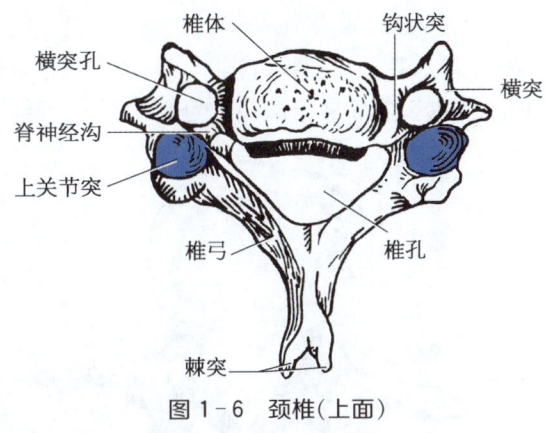

图 1-6 颈椎(上面)

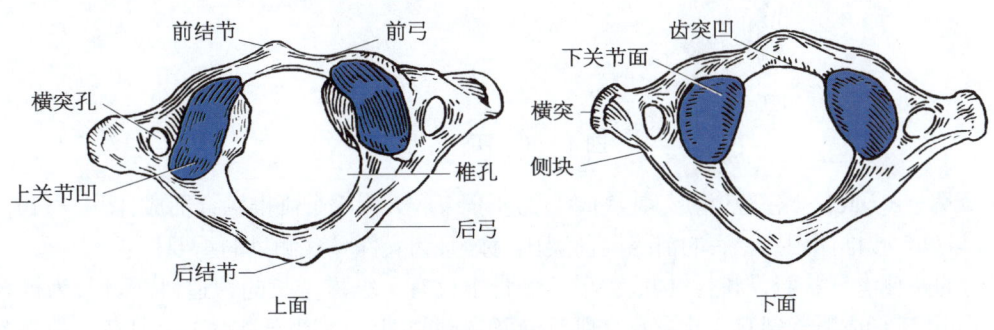

图 1-7 寰　椎

第2颈椎又称枢椎(axis),其特点为椎体向上伸出一指状突起,称齿突,与寰椎前弓后面的关节面相关节(图1-8)。

第7颈椎又称隆椎(vertebra prominens),我国古书上称大椎,它的棘突特别长,末端变厚且不分叉,第7颈椎棘突下凹陷处即大椎穴(图1-9)。隆椎是临床计数椎骨数目和针灸取穴的标志。

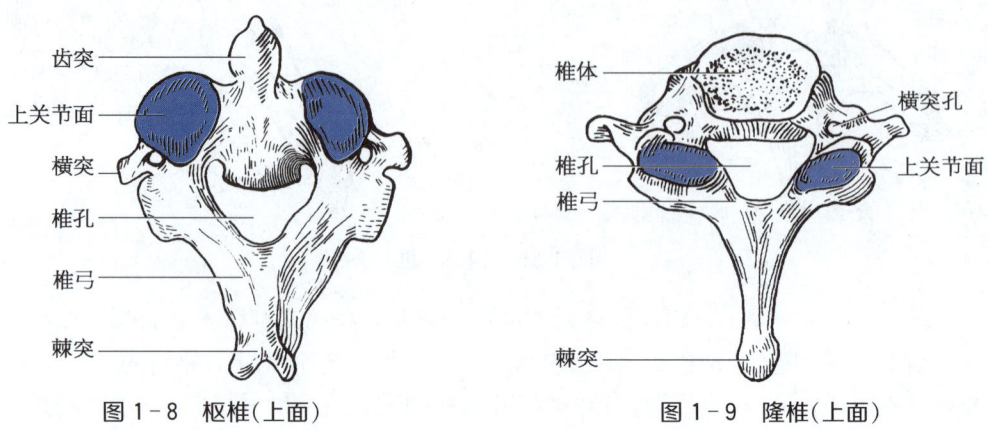

图1-8 枢椎(上面)　　　　图1-9 隆椎(上面)

2) 胸椎(thoracic vertebrae):共12个(图1-5),在椎体侧面和横突尖端的前面,都有与肋骨相关节的肋凹,分别称椎体肋凹和横突肋凹。胸椎棘突较长,伸向后下方,互相掩盖,呈叠瓦状。胸椎上、下关节面基本上呈额状位。

3) 腰椎(lumbar vertebrae):共5个(图1-10),为椎骨中最大者。由于承受体重压力较大,故椎体肥厚。棘突呈板状,直伸向后,棘突间空隙较大,临床上常在此作腰椎穿刺。第2腰椎棘突下可取命门穴,第4腰椎棘突下为腰阳关穴。腰椎上、下关节面基本上呈矢状位。

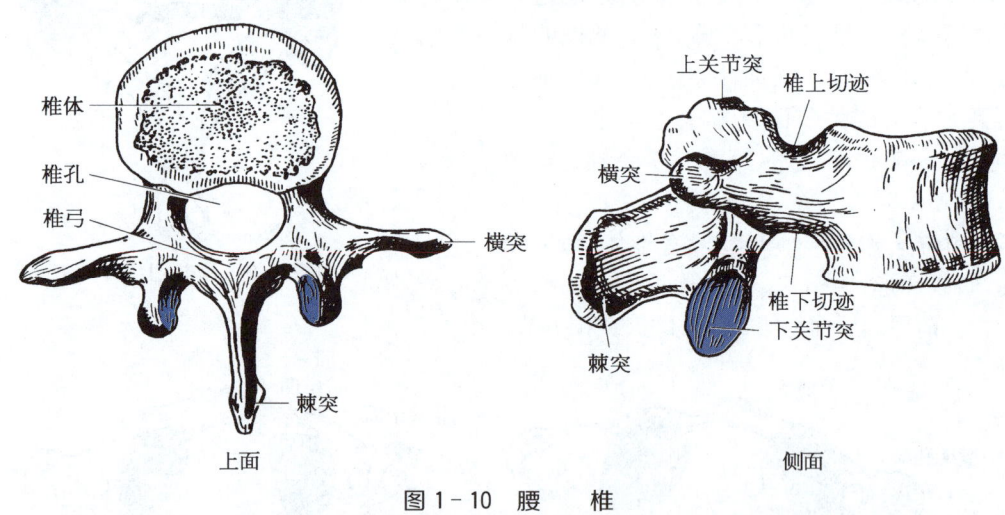

图1-10 腰　椎

4) 骶骨(sacrum):略呈三角形,其底向上,尖向下,成人由5个骶椎融合而成(图1-11)。骶骨底向上,与第5腰椎体相接。底的前缘向前突出,称岬,为女性骨盆测量的重要标志。

骶骨的两侧有耳状面,与髂骨构成关节。骶骨中央有一纵贯全长的管道,称骶管,为椎管的一部分,向下开口形成骶管裂孔。此裂孔是骶管麻醉穿刺的部位,相当于腰俞穴的部位。骶管裂孔两侧有向下突出的骶角,临床上常以骶角为标志,来确定骶管裂孔的位置。

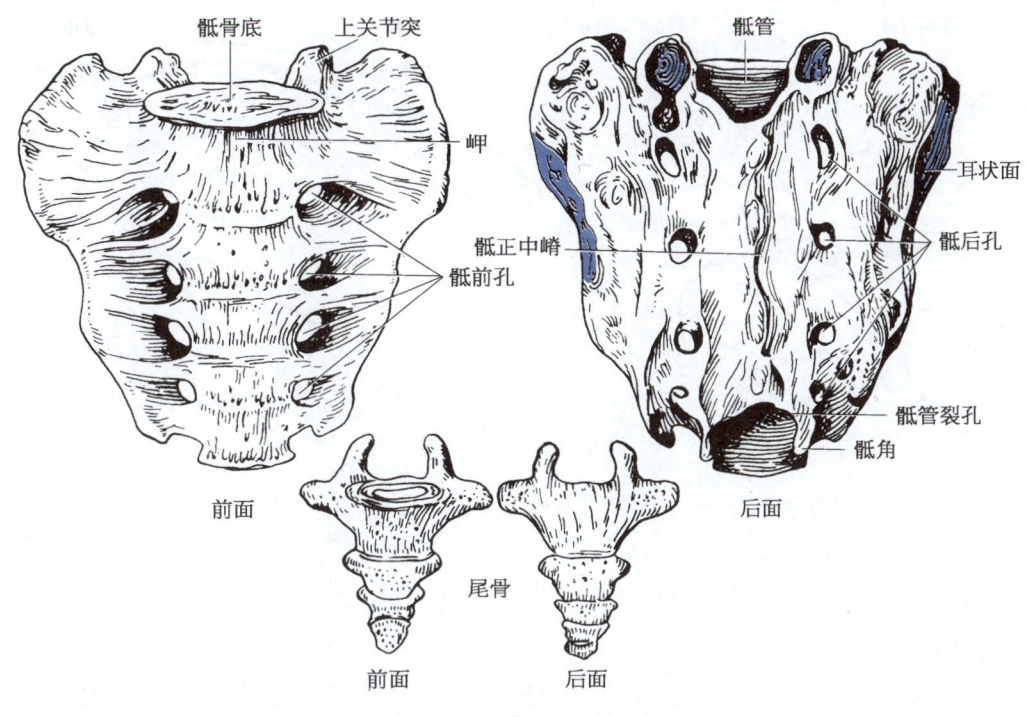

图 1-11 骶骨及尾骨

骶骨前面略凹而平滑,中部有上下并行的 4 条横线,是各骶椎体融合骨化的痕迹。横线的两侧有 4 对骶前孔与骶管相通,内有骶神经前支及血管通过。后面凸隆粗糙,正中线上有由棘突愈合形成的骶正中嵴,后面也有 4 对骶后孔与骶管相通,内有骶神经后支及血管通过。4 对骶后孔相当于八髎穴的位置,自上而下,分别称上髎、次髎、中髎、下髎穴。

5) 尾骨(coccyx): 由 4～5 块退化的尾椎融合而成(图 1-11)。略呈三角形,底朝上,借软骨和韧带与骶骨相连,尖向下,下端游离。

2. 胸骨(sternum) 是一块位于胸前部正中的扁骨,由上而下分为胸骨柄、胸骨体和剑突 3 部分(图 1-12)。胸骨上部较宽,称胸骨柄,其上缘正中的切迹称颈静脉切迹,是针灸取天突穴的骨性标志。胸骨中部呈长方形,称胸骨体,其侧缘连接第 2～7 肋软骨。胸骨体与胸骨柄相接处形成突向前方的横行隆起,称胸骨角,可在体表触知,它平对第 2 肋,为计数肋的重要标志。胸骨的下端为一形状不定的薄骨片,称剑突,幼年时为软骨,老年后才完全骨化。

3. 肋(ribs) 共 12 对,由肋骨和肋软骨构成(图 1-13)。肋骨为细长弓状的扁骨,富有弹性。每一肋骨可分为中部的体及前、后两端。

肋骨前端接肋软骨,后端膨大,称肋头,有关节面与胸椎体的肋凹相关节。肋头的外侧稍细部为肋颈,肋颈外侧稍隆起部称肋结节,肋结节有关节面与胸椎横突的肋凹相关节。

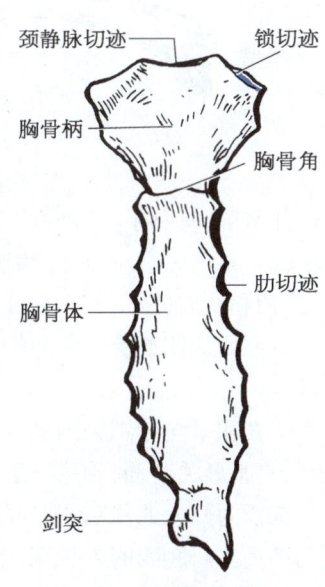

图 1-12 胸骨(前面)

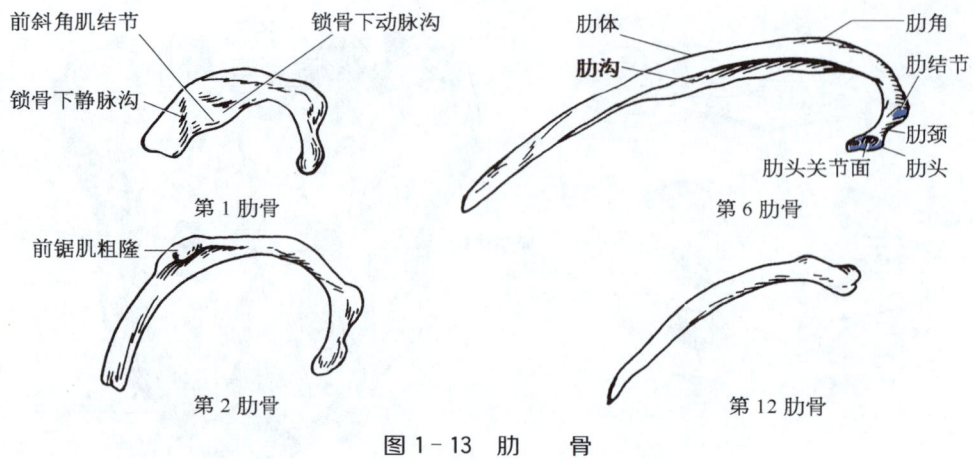

图 1-13 肋 骨

肋体有内、外两面及上、下两缘。内面近下缘处有肋沟,肋间血管和神经沿此沟走行。肋结节外侧有一弯曲较明显处,称肋角。

第 1 肋骨上下扁而短,无肋角和肋沟,分为上、下两面,内、外两缘和前、后两端。

(二) 上肢骨

上肢骨包括上肢带骨和自由上肢骨,自由上肢骨借上肢带骨连于躯干骨。两侧共计 64 块。

1. **上肢带骨** 包括锁骨和肩胛骨。

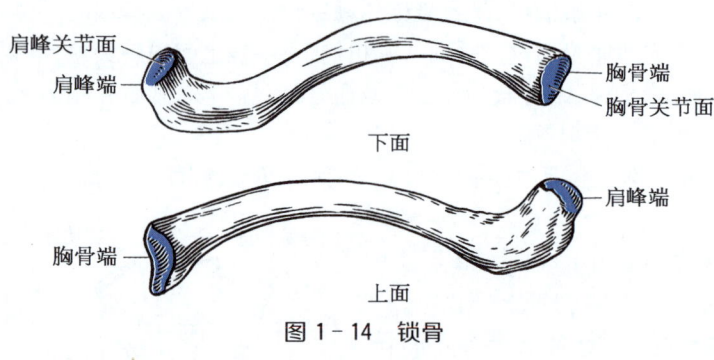

图 1-14 锁骨

(1) 锁骨(clavicle):位于胸廓前上部两侧(图 1-14)。全长于皮下均可摸到,是重要的骨性标志。

锁骨内侧 2/3 凸向前,外侧 1/3 凸向后。上面平滑,下面粗糙,有肌和韧带附着。内侧端粗大为胸骨端,与胸骨柄相关节。外侧端扁平为肩峰端,与肩胛骨的肩峰相关节。锁骨支撑肩胛骨,使肩胛骨离开胸廓,有利于上肢的运动。锁骨中、外 1/3 交界处较脆弱,易发生骨折。

(2) 肩胛骨(scapula):肩胛骨是三角形的扁骨,位于背部外上方,介于第 2~7 肋骨之间,有三缘、三角和两面(图 1-15、图 1-16)。

上缘的外侧部有一弯曲的指状突起,称喙突。内侧缘薄而长,又称脊柱缘。外侧缘稍肥厚,又称腋缘。

上角和下角分别为内侧缘的上端和下端,分别对向第 2 肋和第 7 肋,可作体表标志。外侧角最肥厚,有梨形关节面,称关节盂,与肱骨头相关节。

前面为一大的浅窝,朝向肋骨,称肩胛下窝,后面被一横列的肩胛冈分成上方的冈上窝和下方的冈下窝。肩胛冈的外侧端,向前外伸展,高耸在关节盂上方称肩峰。肩峰内侧缘有平坦的小关节面,与锁骨相关节。

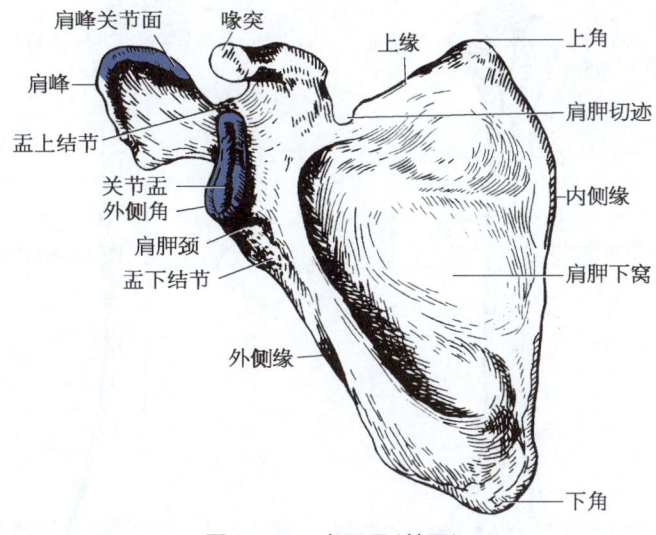

图 1-15 肩胛骨(前面)

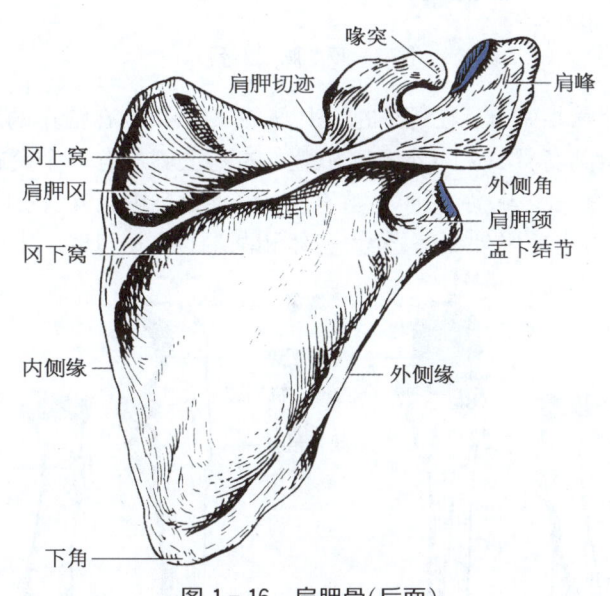

图 1-16 肩胛骨(后面)

2. 自由上肢骨 包括肱骨、桡骨、尺骨和手骨。除手骨的腕骨外,其他都属长骨。

(1) 肱骨(humerus): 位于臂部,分为一体和两端(图 1-17)。上端有半球形的肱骨头,与肩胛骨的关节盂相关节。肱骨头前下方的突起,称小结节,小结节外侧的隆起,称大结节,大、小结节之间的纵形浅沟称结节间沟,内有肱二头肌长头腱通过。两结节向下延长的骨嵴,分别称小结节嵴和大结节嵴。大、小结节和肱骨头之间的环状沟,称解剖颈。肱骨上端与体交界处稍细,称外科颈,是骨折的易发部位,此处骨折易损伤腋神经。

肱骨体的中部外侧面有一粗糙呈"V"形的三角肌粗隆,是三角肌的附着处。体的后面有由内上斜向外下呈螺旋状的浅沟,称桡神经沟,有桡神经通过。肱骨干的骨折易损伤桡神经。

肱骨下端呈前后扁而略向前卷曲,外侧份有半球形的肱骨小头,与桡骨相关节。内侧份有形

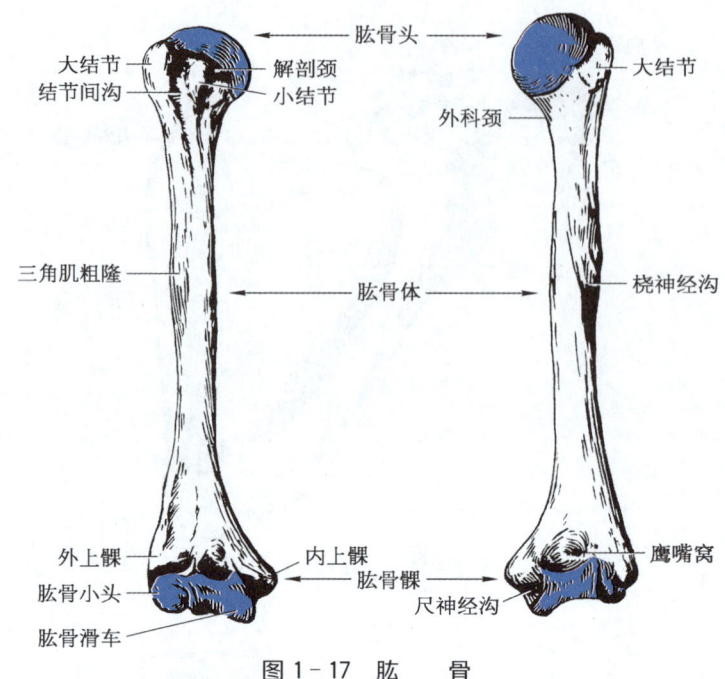

图 1-17 肱 骨

如滑车的**肱骨滑车**,与尺骨相关节。在滑车的前上方,有**冠突窝**。在滑车的后上方有一深窝,称**鹰嘴窝**,伸肘时可容纳尺骨鹰嘴。小头的外上侧和滑车的内上侧各有一个突起,分别称**外上髁**和**内上髁**。内上髁的后下方有一浅沟,称**尺神经沟**,有尺神经通过。内上髁骨折时,有可能伤及尺神经。

(2) **桡骨**(radius):位于前臂外侧部,分为一体和两端(图1-18)。上端细小,下端粗大。上

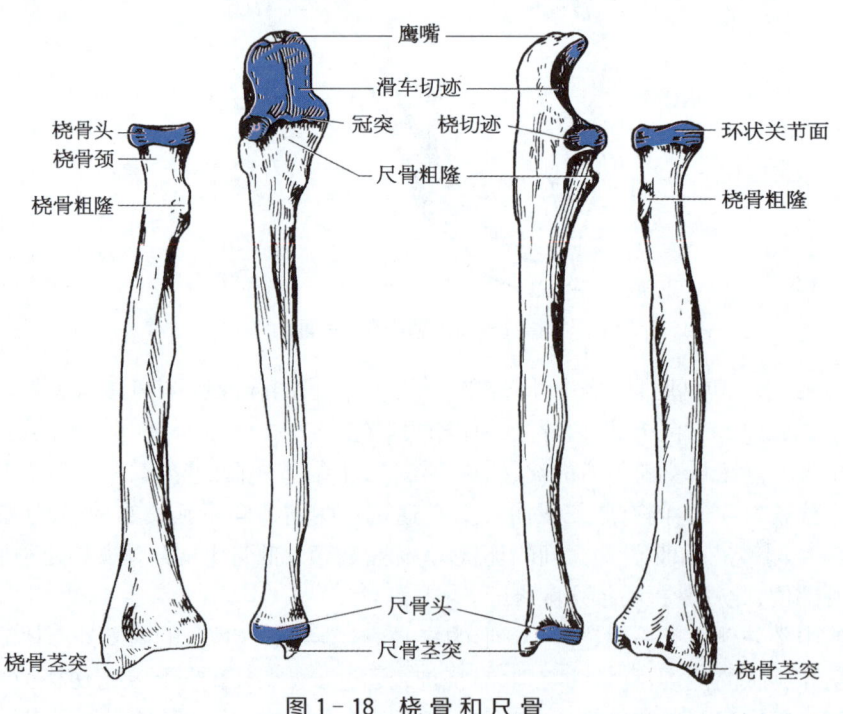

图 1-18 桡骨和尺骨

端有稍微膨大的桡骨头,头的上面有关节凹与肱骨小头相关节,头的周缘有环状关节面与尺骨的桡切迹相关节。头下方缩细的部分称桡骨颈,颈的内下方有一粗糙隆起,称桡骨粗隆。桡骨体呈三棱柱形。桡骨下端的内侧面有关节面,称尺切迹,与尺骨头相关节。下端的外侧份向下突出,称桡骨茎突,为骨性标志。下端的下面为腕关节面,与腕骨相关节。

(3) 尺骨(ulna):位于前臂内侧部,分为一体和两端(图1-18)。上端较为粗大,前面有大的凹陷的关节面称滑车切迹,与肱骨滑车相关节。在切迹的上、下方各有一突起,分别称鹰嘴和冠突,冠突外侧面的关节面是桡切迹,与桡骨头相关节。冠突前下方的粗糙隆起称尺骨粗隆。尺骨体呈三棱柱形。尺骨下端称尺骨头,与桡骨的尺切迹相关节。尺骨头的后内侧有向下的突起称尺骨茎突。

(4) 手骨(bones of hand):分为腕骨、掌骨和指骨(图1-19)。

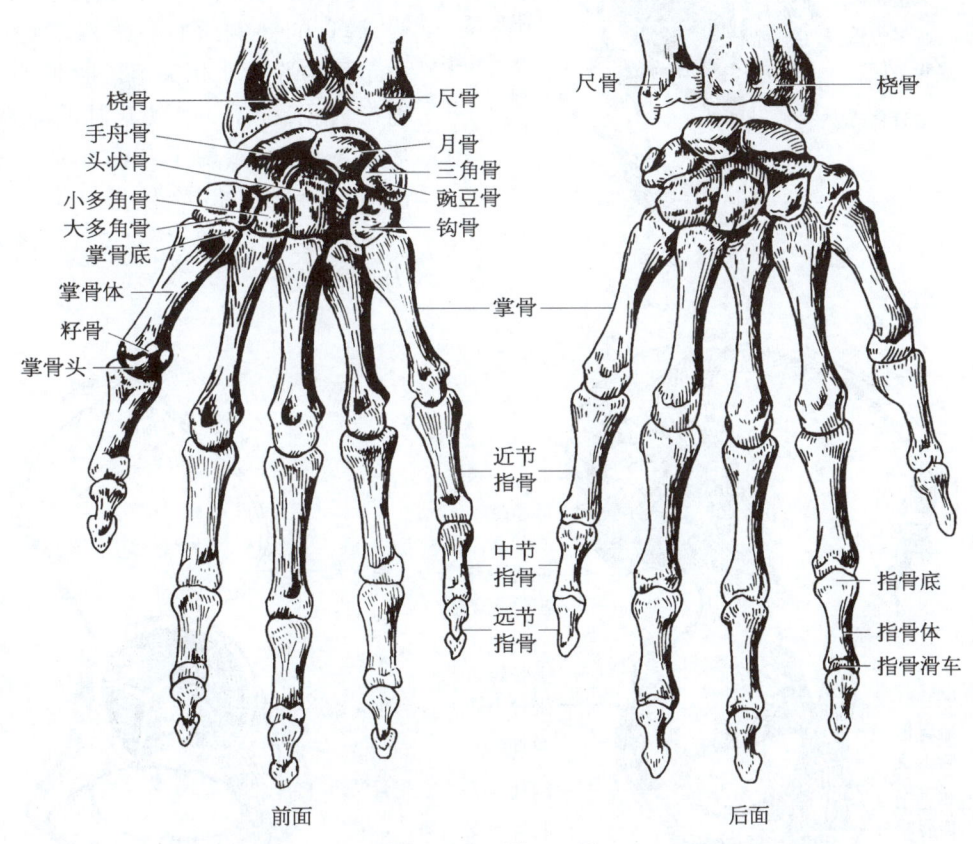

图1-19 手 骨

1) 腕骨(carpal bones):由8块短骨组成,排成2列,每列各有4块。由桡侧向尺侧,近侧列依次为手舟骨、月骨、三角骨和豌豆骨,远侧列依次为大多角骨、小多角骨、头状骨和钩骨。各腕骨均以相邻的关节面构成腕骨间关节。近侧列的手舟骨、月骨、三角骨共同形成桡腕关节的关节头,而豌豆骨则位于三角骨的掌侧。各腕骨相互连结,背面隆起,掌面凹陷而成腕骨沟。

2) 掌骨(metacarpal bones):共5块,由桡侧向尺侧,分别称第1~5掌骨。掌骨的近侧端为掌骨底,接腕骨。远侧端为掌骨头,接指骨。头、底之间的部分为掌骨体。

3) 指骨(phalanges of fingers):共14节。拇指有2节指骨,其余各指都有3节。由近侧至远侧依次为近节指骨、中节指骨和远节指骨。指骨的近侧端为指骨底,中部为指骨体,远侧端为指骨滑车。远节指骨远侧端无滑车,其掌面有粗糙隆起,称远节指骨粗隆。

(三) 下肢骨

下肢骨分为下肢带骨和自由下肢骨,自由下肢骨借下肢带骨连于躯干骨。两侧共计62块。

1. 下肢带骨 每侧各有1块髋骨(图1-20~图1-22)。

髋骨(hip bone):是形状不规则的扁骨,髋骨的外侧面有一深窝,称髋臼,其关节面与股骨头相关节。髋骨的前下份有一大孔,称闭孔。幼儿时期的髋骨,由后上方的髂骨、后下方的坐骨和前下方的耻骨组成。3骨互借软骨相连,至15~16岁时,软骨骨化,3骨逐渐融合成为一块髋骨。

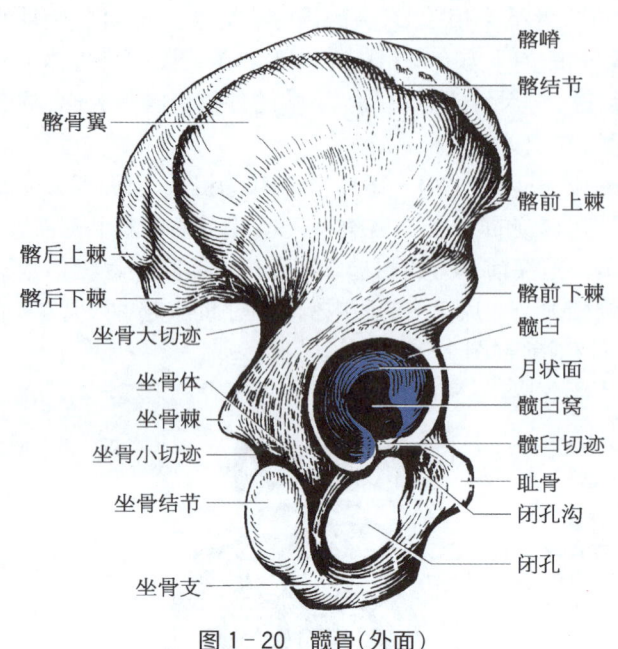

图 1-20 髋骨(外面)

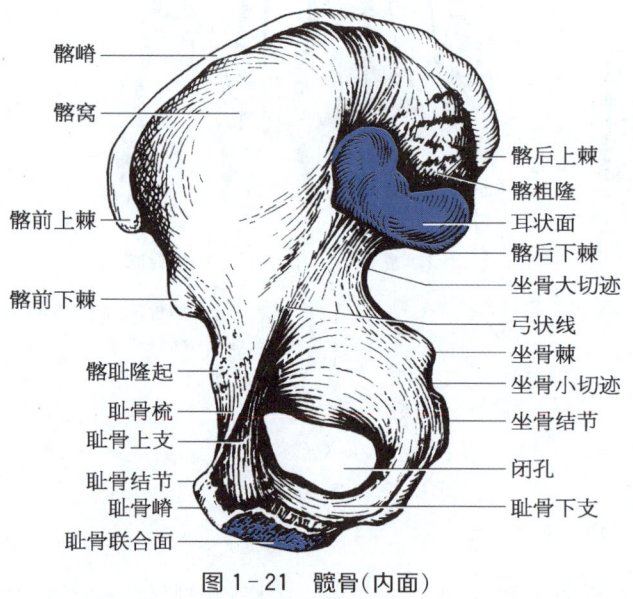

图 1-21 髋骨(内面)

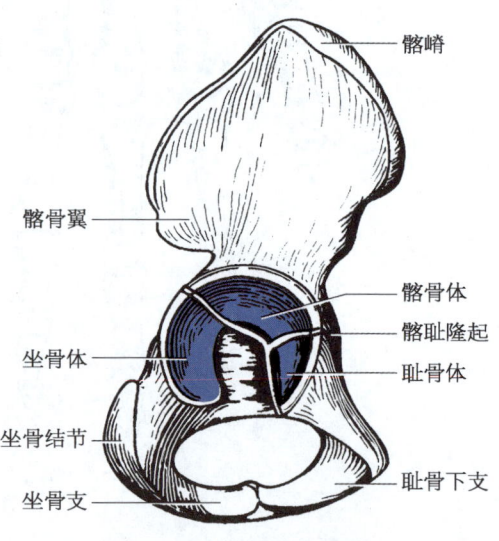

图 1-22 幼儿髋骨(6岁)

1) **髂骨(ilium)**:构成髋骨的后上部,可分为髂骨体和髂骨翼两部。髂骨体肥厚,构成髋臼的上部。髂骨翼是髋臼上方扁阔部分,其上缘增厚称髂嵴,两侧髂嵴最高点的连线,约平第4腰椎棘突,可作为腰椎穿刺的定位标志。髂嵴前、后端分别称髂前上棘和髂后上棘,两者的下方各有一突起,分别称髂前下棘和髂后下棘。髂前上棘后方5~7 cm处,髂嵴向外侧的突起,称髂结节。髂骨翼内面的大浅窝,称髂窝。窝的后方有耳状面与骶骨相关节。

2) **坐骨(ischium)**:构成髋骨的后下部,可分为坐骨体和坐骨支。坐骨体构成髋臼的后下部,较肥厚,下份转折向前面而成坐骨支。体与支会合处的后部较肥厚粗糙,称坐骨结节,为坐骨最低处,可在体表扪到。坐骨结节的上后方有一锐棘,称坐骨棘,棘的上方为属于髂骨的坐骨大切迹,下方为属于坐骨的坐骨小切迹。

3) 耻骨(pubis):构成髋骨前下部,可分为耻骨体和耻骨上、下支。耻骨体构成髋臼的前下部,较肥厚。自体向前内侧伸出耻骨上支,此支向下弯曲,移行于耻骨下支。耻骨下支与坐骨支连接,围成闭孔。耻骨上、下支移行部的内侧面有长圆形粗糙面,称耻骨联合面,其外上方有呈圆形突起的耻骨结节。

2. **自由下肢骨** 包括股骨、髌骨、胫骨、腓骨和足骨。除髌骨和足骨的跗骨外,全都属于长骨。

(1) 股骨(femur):位于大腿部,为人体最长的骨,其长度约占身高的1/4,分为一体和两端(图1-23)。

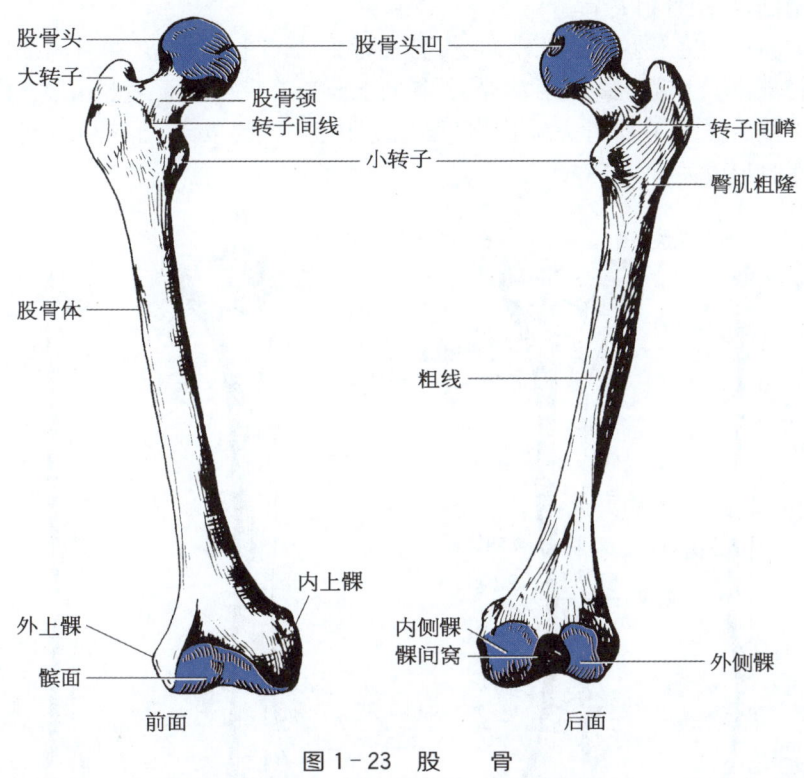

图 1-23 股 骨

上端有球形的股骨头,与髋臼相关节。头下外侧的狭细部分称股骨颈。颈与体交界处有两个隆起,上外侧的方形隆起为大转子,下内侧的为小转子,大、小转子之间,前面有转子间线相连,后面有转子间嵴相接。颈与体以约130°角相交,称颈干角。

股骨体稍微向前凸,为前凸12°~15°,体的后面有纵行的骨嵴,称粗线,向上外延续为臀肌粗隆。

股骨下端有两个膨大,分别称内侧髁和外侧髁。髁的前面、下面和后面都是光滑的关节面,分别与髌骨和胫骨相关节。两髁之间的深窝称髁间窝。内、外侧髁侧面最突起处分别称内上髁和外上髁。

(2) 髌骨(patella):是全身最大的籽骨(图1-24),位于股四头肌腱内,上宽下尖,前面粗糙,后面有光滑的关节面与股骨两髁前方的髌面相关节。髌骨的位置浅表,可因外力直接打击而出现

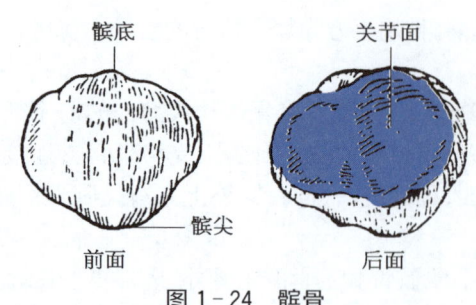

图 1-24 髌骨

骨折。

(3) **胫骨**(tibia)：位于小腿内侧部，是小腿主要负重骨，故较粗壮，可分为一体和两端(图 1-25)。上端有两个膨大，分别称**内侧髁**和**外侧髁**。两髁上面有关节面，与股骨两髁相关节。两髁上面之间的粗糙隆起，称**髁间隆起**。在外侧髁的后下有一**腓关节面**，与腓骨头相关节。在胫骨上端与体移行处的前面，有一**胫骨粗隆**。胫骨体呈三棱柱形，其前缘和内侧面紧贴皮下。胫骨下端内侧面凸隆，称**内踝**，外侧面有一个三角形**腓切迹**，与腓骨相连结。下端的下面为一个略呈四方形的关节面，与距骨相关节。

(4) **腓骨**(fibula)：位于小腿外侧部，可分为一体和两端(图 1-25)。腓骨为细长的长骨，常作为骨移植的取材部位。上端略膨大，称**腓骨头**，其内上面为关节面，与胫骨相关节。头下方变细，称**腓骨颈**。腓骨头浅居皮下，在腓骨头前下方凹陷处为阳陵泉穴的位置。腓骨下端膨大为**外踝**，其内侧的关节面与距骨形成关节。

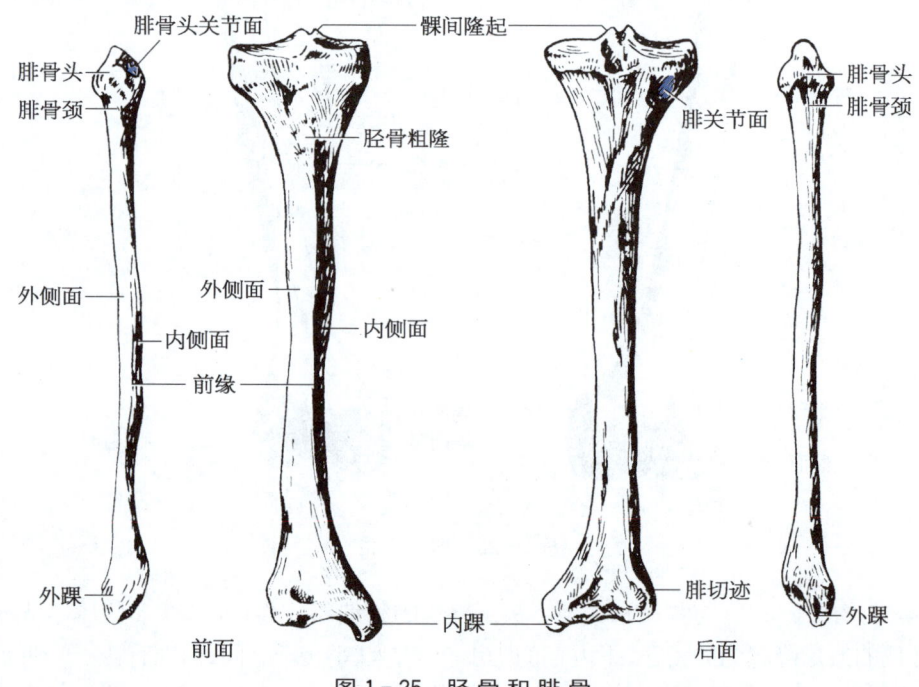

图 1-25 胫骨和腓骨

(5) **足骨**(bones of foot)：可分为跗骨、跖骨和趾骨(图 1-26)。

1) **跗骨**(tarsal bones)：属于短骨，共 7 块，即**距骨**、**跟骨**、**骰骨**、**足舟骨**及 3 块**楔骨**(内侧楔骨、中间楔骨和外侧楔骨)。跟骨在后下方，其后端隆突称**跟骨结节**。距骨在跟骨的上方，跟骨前方接骰骨，距骨前方接足舟骨，足舟骨的前方为 3 块楔骨。各跗骨的相邻面都有关节面相关节。距骨上方的**距骨滑车**与胫、腓骨的下端相关节。

2) **跖骨**(metatarsal bones)：属于长骨，相当于手的掌骨，共 5 块，从内侧向外侧依次称第 1～5 跖骨。每块跖骨可分为**跖骨底**、**跖骨体**和**跖骨头** 3 部。第 1～3 跖骨底与楔骨相关节，第 4、第 5 跖

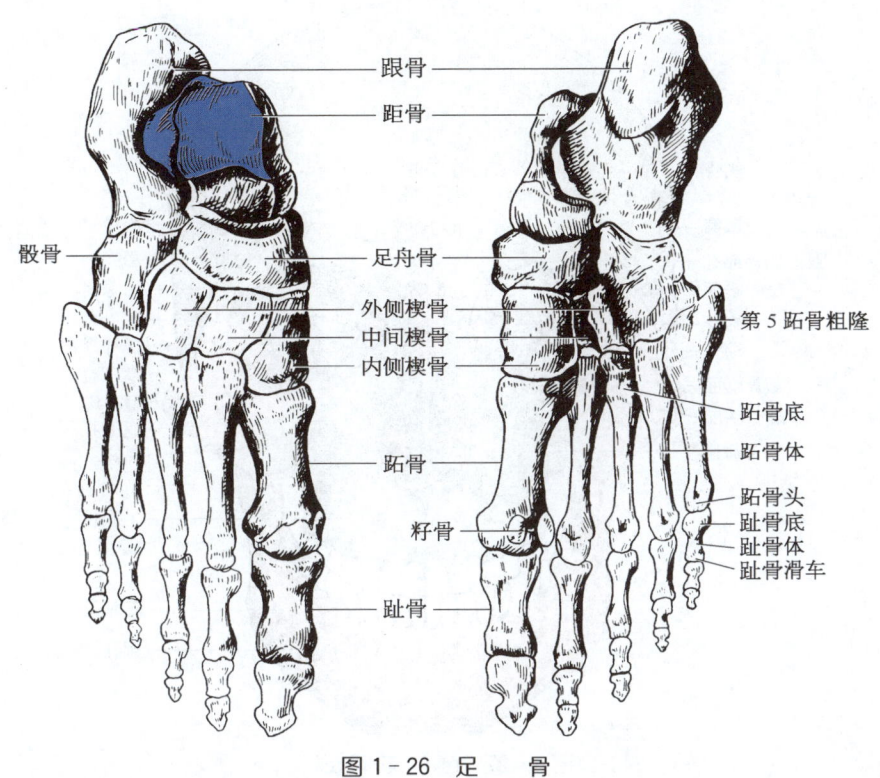

图 1-26 足 骨

骨底与骰骨相关节。跖骨头与趾骨相关节。第 5 跖骨底向外侧的突起,称**第 5 跖骨粗隆**。

3) **趾骨**(phalanges of toes):属于长骨,共 14 块,相当于手的指骨,比手指骨短小,其数目和命名与指骨相同。蹲趾为 2 节,其余各趾均为 3 节。

(四) 颅骨

成人**颅**(skull)由 23 块**颅骨**组成,另有 6 块听小骨,因与听觉有关,故列入前庭蜗器章节内介绍,除下颌骨和舌骨外,都借缝或软骨牢固地结合在一起,彼此间不能活动。

颅分为脑颅和面颅两部分。**脑颅**位于颅的后上部,略呈卵圆形,并围成颅腔容纳脑。**面颅**为颅的前下部,形成颜面的基本轮廓,并参与构成口腔、鼻腔和眶。

1. **脑颅骨**(bones of cerebral cranium)(图 1-27、图 1-28) 共 8 块,计有额骨、枕骨、蝶骨和筛骨各 1 块,顶骨和颞骨各 2 块。

(1) **额骨**(frontal bone):位于颅的前上部,骨内含有空腔,称**额窦**。

(2) **顶骨**(parietal bone):位于颅盖部中线的两侧,介于额骨和枕骨之间。

(3) **枕骨**(occipital bone):位于颅的后下部。

(4) **蝶骨**(sphenoid bone):位于颅底中部,枕骨的前方,形似蝴蝶。其中央部称**蝶骨体**,体内含有空腔,称**蝶窦**。

(5) **筛骨**(ethmoid bone):位于颅底,在蝶骨的前方和左、右两眶之间。骨内含有空腔,称**筛小房**,又称**筛窦**。

(6) **颞骨**(temporal bone):位于颅的两侧,参与颅底和颅腔侧壁的构成。它参与构成颅底的部分,称**颞骨岩部**,其内有前庭蜗器。

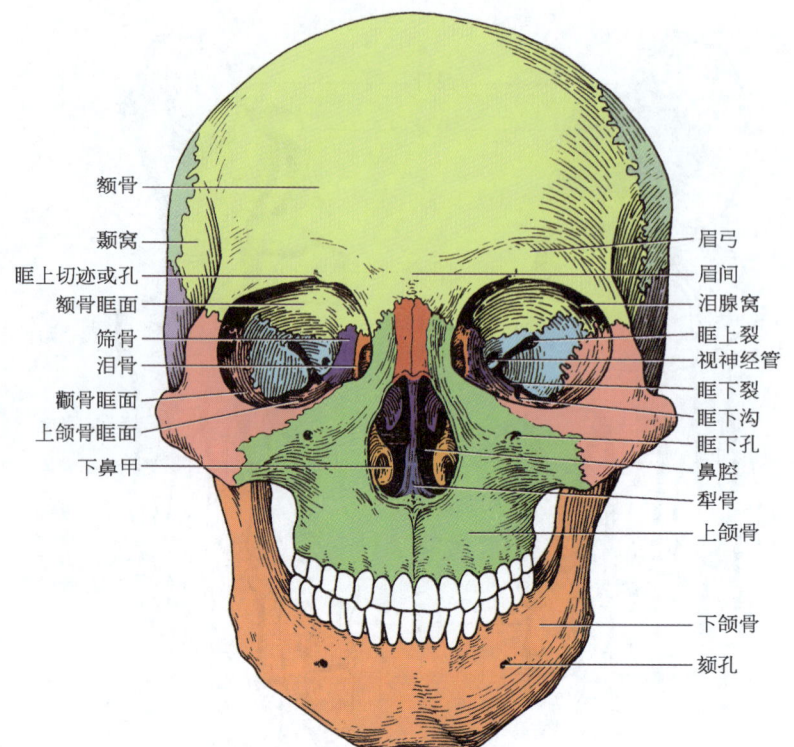

图 1-27 颅的前面观

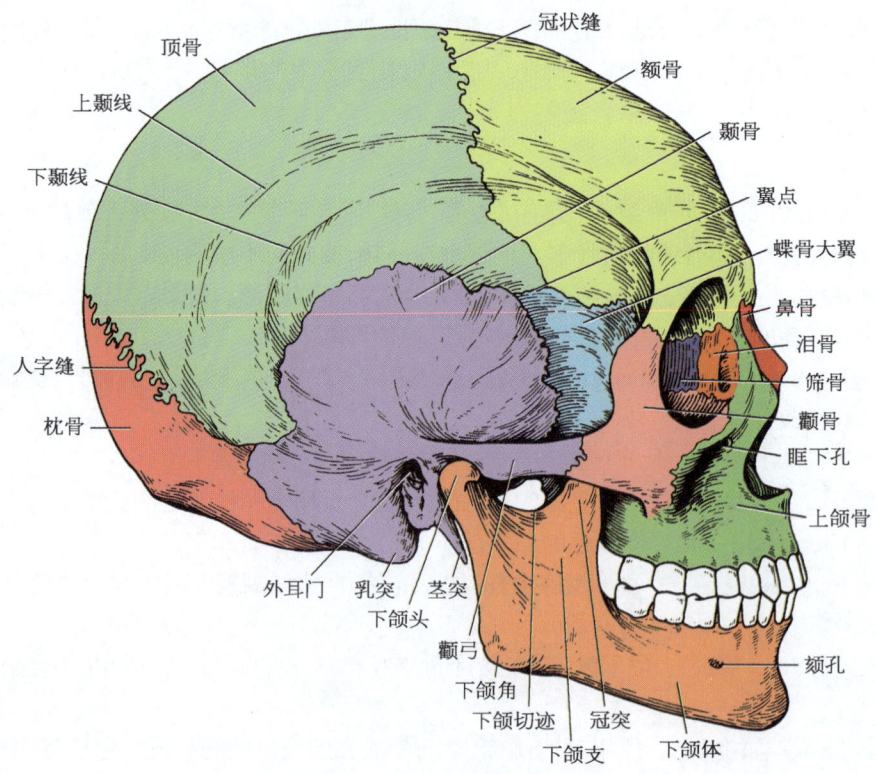

图 1-28 颅的侧面观

2. 面颅骨(bones of facial cranium) 共15块,计有犁骨、下颌骨和舌骨各1块,上颌骨、鼻骨、泪骨、颧骨、下鼻甲和腭骨各2块(图1-27、图1-28)。上颌骨和下颌骨是面颅的主要部分,其他都较小。除舌骨游离外,其余均与上颌骨相邻接。

(1) 上颌骨(maxilla):位于面颅中央。骨内含有一大的空腔,称上颌窦。上颌骨下缘游离,有容纳上颌牙根的牙槽。

(2) 鼻骨(nasal bone):在额骨的下方,构成外鼻的骨性基础。

(3) 颧骨(zygomatic bone):位于上颌骨的外上方,形成面颊部的骨性隆凸,参与颧弓的组成。

(4) 泪骨(lacrimal bone):位于眶内侧壁的前部,为一小而薄的骨片,参与构成泪囊窝。

(5) 下鼻甲(inferior nasal concha):位于鼻腔的外侧壁,薄而卷曲,贴附于上颌骨的内侧面。

(6) 腭骨(palatine bone):位于上颌骨的后方,参与构成骨腭的后部。

(7) 犁骨(vomer):为矢状位呈斜方形的骨板,构成骨性鼻中隔的后下部。

(8) 下颌骨(mandible):位于上颌骨的下方,可分为一体和两支(图1-29)。下颌体居中央,呈马蹄铁形,其上缘有容纳下颌牙根的牙槽,体的外侧面约对第2前磨牙根处有一孔,称颏孔,

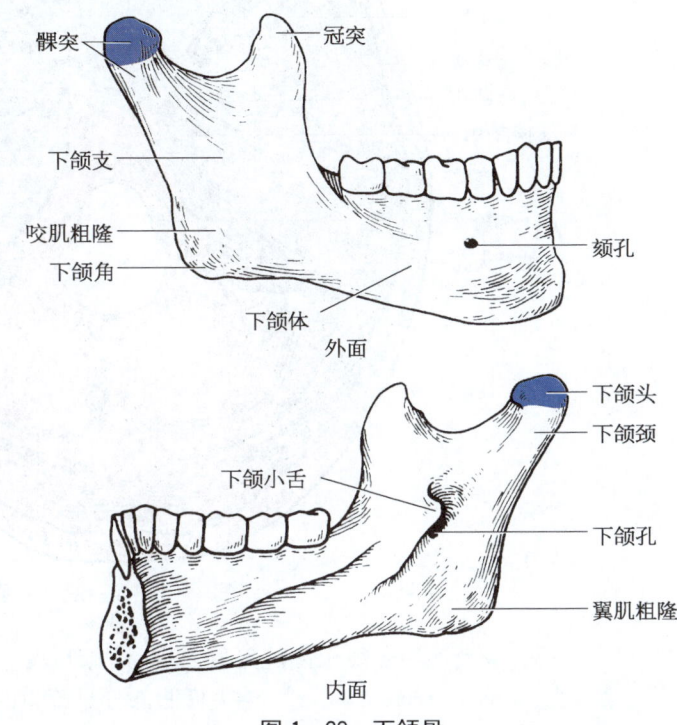

图1-29 下颌骨

为神经和血管穿出处。下颌支为由下颌体后端向上伸出的长方形骨板,其上缘有两个突起,前突称冠突,后突称髁突,髁突的上端膨大称下颌头,与颞骨的下颌窝相关节,下颌头下方较细处为下颌颈。两突之间呈凹陷,称下颌切迹。下颌支内面中央有一孔,称下颌孔,由此孔通入下颌管,开口于颏孔,管内有分布于下颌牙的神经和血管通过。下颌体和下颌支会合处形成下颌角,角的外面有咬肌粗隆,有咬肌附着。

(9) 舌骨(hyoid bone):呈"U"字形,位于下颌骨的下后方,其与颅骨之间仅借韧带和肌相连(图1-30)。舌骨中央为舌骨体,自体向后外方伸出一对大角,体和大角结合处向上伸出一对小角。

3. 颅的整体观

(1) 颅盖(calvaria):在额骨和顶骨之间有冠状缝,左、右顶骨之间有矢状缝,顶骨和枕骨之间有人字缝。在眶上缘上方有弓形隆起,称眉弓。

(2) 颅底(base of skull):可分为内面和外面。

1) 颅底内面(internal surface of base of skull):承托脑。由前向后呈阶梯状排列着3个窝,分别称颅前窝、颅中窝和颅后窝(图

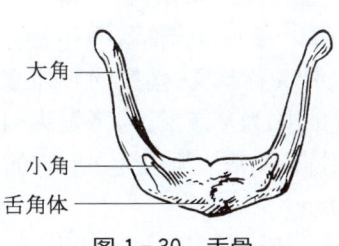

图1-30 舌骨

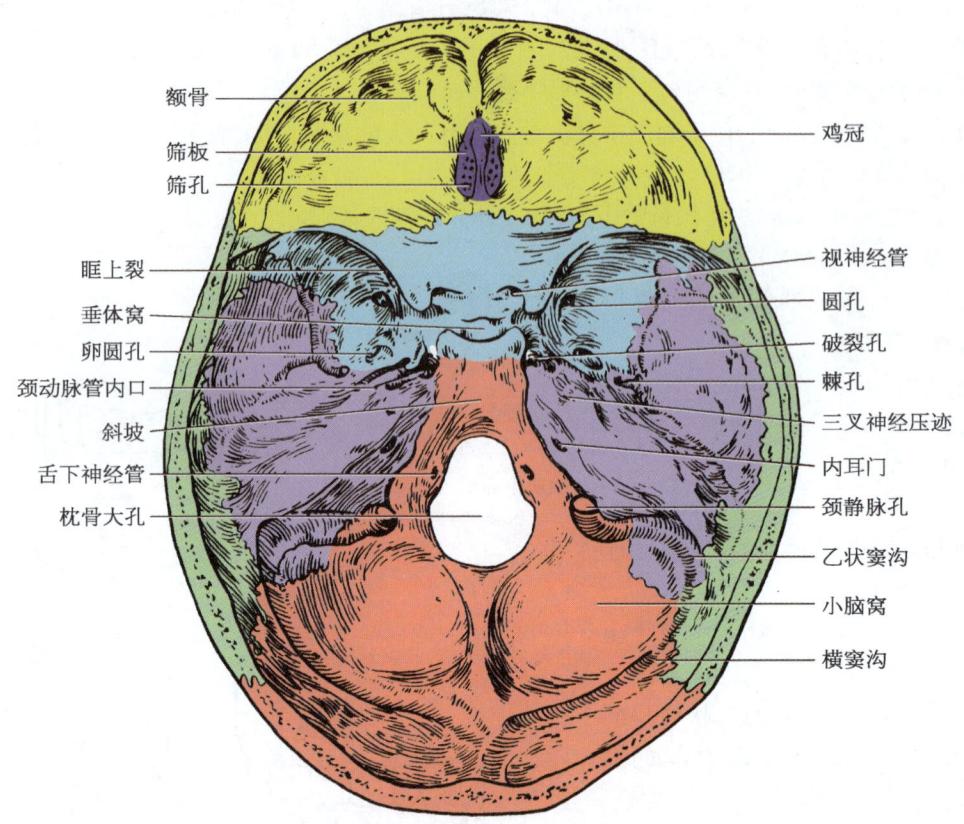

图1-31 颅底内面

1-31)。各窝内有许多孔、裂和管,它们大多通于颅外。

颅前窝(anterior cranial fossa):中央低凹部分是筛骨的筛板,板上有许多筛孔,有嗅神经通过。

颅中窝(middle cranial fossa):中央是蝶骨体,体上面中央的凹陷为垂体窝。窝前方两侧有视神经管,管的外侧有眶上裂,它们都通入眶。蝶骨体的两侧,从前向后外有圆孔、卵圆孔和棘孔。自棘孔起有脑膜中动脉沟行向外上方,很快分为前支和后支。

颅后窝(posterior cranial fossa):最深,中央有枕骨大孔。枕骨大孔前有斜坡,承托脑干。枕骨大孔前外缘有舌下神经管,孔的后上方有枕内隆凸。隆凸的两侧有横窦沟,横窦沟折向前下为乙状窦沟,它向下终于颈静脉孔。

在颞骨岩部的后面有内耳门,由此通入内耳道(内耳道不与外耳道相通)。

2) **颅底外面(external surface of base of skull)**:前部有上颌骨的牙槽和硬腭的骨板,骨板后缘的上方有被犁骨分开的两个鼻后孔(图1-32)。颅底后部的中央有枕骨大孔,它的两侧有椭圆形隆起称枕髁,与寰椎形成寰枕关节。枕髁根部有一向前外开口的舌下神经管外口。枕髁的外侧有颈静脉孔,孔的前方有颈动脉管外口。颈动脉管外口的后外方有细长骨突称茎突,茎突的后外方有颞骨的乳突。茎突和乳突之间的孔称茎乳孔。茎乳孔前方大而深的凹陷为下颌窝,与下颌头相关节。下颌窝前方的横行隆起,称关节结节。枕骨大孔的后上方有枕外隆凸,后者下方为风府穴的位置。

上述颅底的孔、管都有血管和神经通过,颅底骨折时往往沿这些孔道断裂,引起严重的血管、

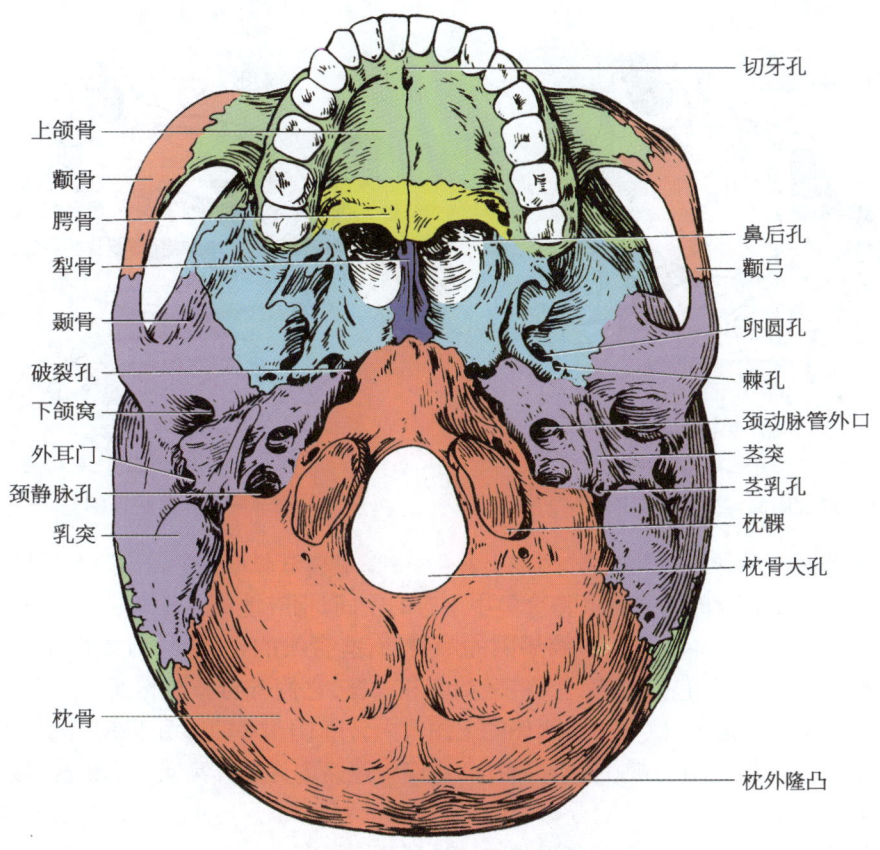

图 1-32 颅底外面

神经损伤。

(3) **颅的前面**(anterior surface of skull)：由大部分面颅和部分脑颅构成，并共同围成眶和骨性鼻腔(图 1-27)。

1) **眶**(orbit)：容纳眼球及其附属结构，呈四面锥体形，尖向后内方，经视神经管通入颅腔。底向前外，它的上、下缘分别称**眶上缘**和**眶下缘**。眶上缘的中、内 1/3 交界处有**眶上切迹**(**眶上孔**)。眶下缘中点的下方有**眶下孔**。

眶的上壁薄而光滑，是颅前窝的底。眶的下壁是上颌窦的顶，骨面上有**眶下沟**，向前移行为**眶下管**，通眶下孔。眶的内侧壁很薄，主要由泪骨和筛骨眶板构成，邻接筛窦，该壁近前缘处有**泪囊窝**，向下延伸为**鼻泪管**，通鼻腔。眶外侧壁后份的上、下方各有**眶上裂**和**眶下裂**。

2) **骨性鼻腔**(bony nasal cavity)：位于面颅的中央，上方以筛板与颅腔相隔，下方以硬腭骨板与口腔分界，两侧邻接筛窦、眶和上颌窦(图 1-33～图 1-35)。它被**骨性鼻中隔**分为左、右两半。骨性鼻中隔由筛骨垂直板和犁骨组成。

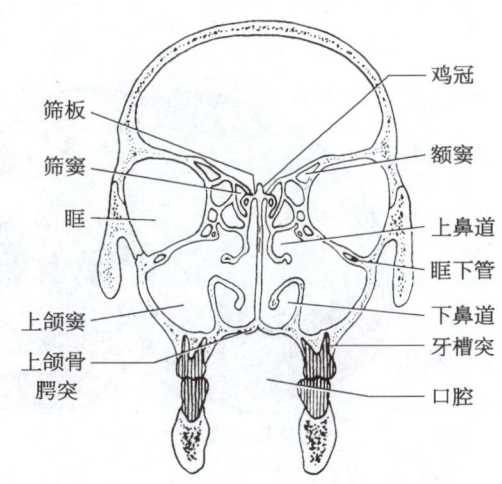

图 1-33 颅的冠状切面(通过第 3 磨牙)

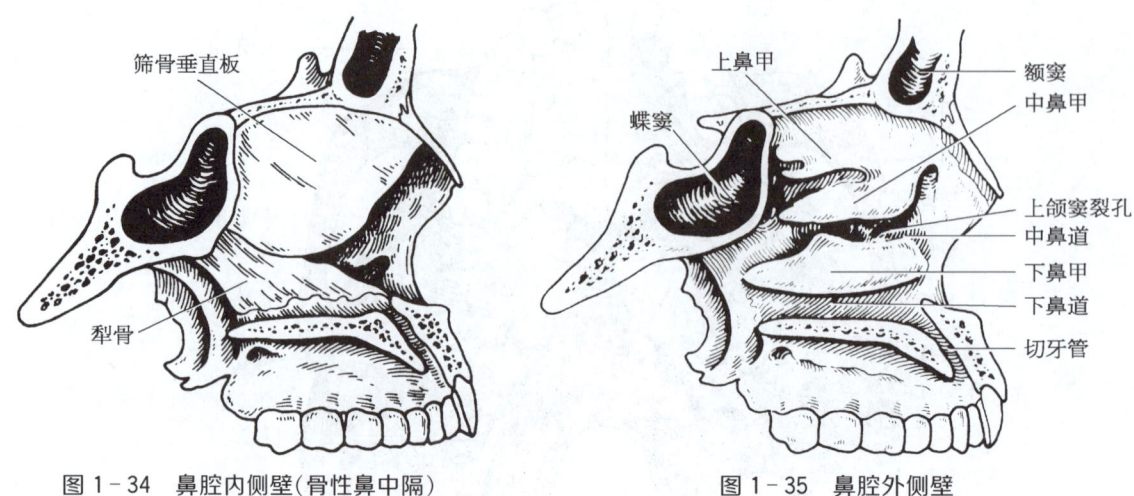

图 1-34 鼻腔内侧壁（骨性鼻中隔） 　　图 1-35 鼻腔外侧壁

鼻腔外侧壁有3个卷曲的骨片，分别称上鼻甲、中鼻甲和下鼻甲（图1-35）。下鼻甲为独立骨块，上、中鼻甲都属于筛骨的一部分。每个鼻甲下方的空间，相应地称上鼻道、中鼻道和下鼻道。

3）鼻旁窦(paranasal sinuses)：鼻腔周围的颅骨，有些含气的空腔，与鼻腔相通，称鼻旁窦（图1-33，图1-35）。共4对，包括额窦、上颌窦、筛窦和蝶窦，它们皆与鼻腔相通。额窦位于额骨内，开口于中鼻道。上颌窦最大，位于鼻腔两侧的上颌骨内，开口于中鼻道，由于窦口高于窦底部，故在直立位时不易引流。筛窦（筛小房）位于筛骨内，由筛骨迷路内许多蜂窝状小房组成，按其所在部位可分前、中、后3群筛窦。前、中筛窦开口于中鼻道，后筛窦开口于上鼻道。蝶窦位于蝶骨体内，开口于上鼻道后上方的蝶筛隐窝，鼻旁窦黏膜的炎性病变即鼻窦炎，属于中医学的"鼻渊"范畴。

(4) 颅的侧面(lateral surface of skull)：在乳突的前方有外耳门，向内入外耳道（图1-28）。外耳门前方，有一弓状的骨梁，称颧弓。颧弓上方的凹陷，称颞窝，容纳颞肌。在颞窝区内，有额、顶、颞、蝶4骨的会合处，称翼点（相当于太阳穴的位置）。翼点的骨质比较薄弱，其内面有脑膜中动脉的前支经过，翼点处骨折时，容易损伤该动脉，引起颅内血肿。

4. 新生儿颅骨 新生儿颅（图1-36）没有发育完全，其颅顶各骨之间留有间隙，由结缔

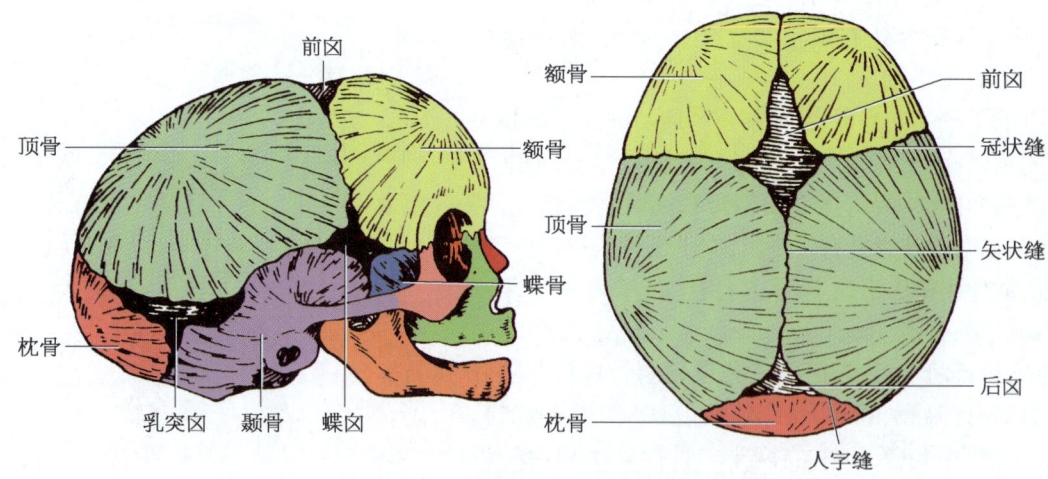

图 1-36 新生儿颅（示囟）

组织膜所封闭,称颅囟。最大的囟在矢状缝和冠状缝相交处,呈菱形,称前囟(额囟),在一岁半左右前囟逐渐骨化闭合。在矢状缝和人字缝相交处,有三角形的后囟(枕囟),在生后 3 个月左右即闭合。前囟在临床上常作为婴儿发育和颅内压变化的检查部位之一。

第三节 关 节 学

> **导学**
> 1. 掌握脊柱的组成和椎骨间的连结,肩、肘、髋、膝、颞下颌关节的组成、特点和运动。
> 2. 熟悉脊柱的生理弯曲,胸廓的构成和形态,桡腕关节的组成、特点和运动,距小腿关节的组成、特点和运动,骨盆的组成、分部和性差。

一、总论

骨和骨之间的连接装置称骨连结。按照人体各部骨连结的不同方式,可分为直接连结和间接连结两种。直接连结多位于颅骨和躯干骨,间接连结多见于四肢骨之间,以适应人体的活动(图 1-37)。

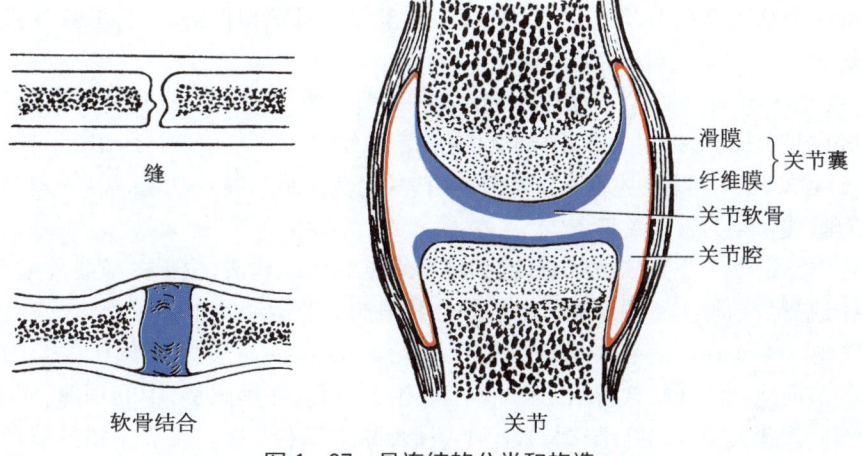

图 1-37 骨连结的分类和构造

(一)直接连结

直接连结是指两骨间借纤维结缔组织或软骨相连,其间无间隙,不能活动或仅有少许活动。根据骨间连结组织的不同,直接连结又可分为纤维连结、软骨连结和骨性结合 3 种。

1. 纤维连结(fibrous joints) 两骨之间借助纤维结缔组织相连。如颅骨的缝连结、椎骨棘突间的韧带连结和前臂骨间膜等。

2. 软骨连结(cartilaginous joints) 两骨之间借助软骨相连。软骨具有弹性和韧性,有缓冲震荡的作用,如椎体间的椎间盘和耻骨间的耻骨联合。

3. **骨性结合**(osseous joints) 纤维连结和软骨连结如发生骨化,则成为骨性结合,如各骶椎之间的骨性融合,坐骨、耻骨和髂骨之间的骨性结合。骨性结合较坚固,骨化后原相邻两骨连成一体,无间隙,不能活动。

(二) 间接连结

间接连结又称**关节**(joint),其特点是两骨之间借膜性囊互相连结,其间有腔隙和滑液,有较大的活动性。关节的结构可分为主要结构和辅助结构两部分。

1. 关节的主要结构 包括关节面、关节囊和关节腔,这些结构为每个关节必有的基本结构(图1-37)。

(1) **关节面**(articular surface):是两骨互相接触的光滑面,构成关节的骨面,通常一骨形成凸面称**关节头**,另一骨形成凹面称**关节窝**。关节面覆盖一层关节软骨,多数为透明软骨,关节软骨很光滑,可减少运动时的摩擦,同时软骨富有弹性,可以减缓运动时的冲击。

(2) **关节囊**(articular capsule):由结缔组织构成,附着于关节面周缘及附近的骨面上,封闭关节腔,在结构上可分为内、外两层。

1) **纤维膜**(fibrous membrane):为外层(纤维层),由致密结缔组织构成,附着于关节面周围的骨面上,并与骨膜连续。

2) **滑膜**(synovial membrane):为内层(滑膜层),薄而光滑,由疏松结缔组织组成,紧贴纤维膜的内面,并附着于关节软骨的周缘。滑膜表面光滑,具有丰富的血管网,能产生滑液,滑润关节软骨面,以减少关节运动时关节软骨间的摩擦,并营养关节软骨。

有些关节的滑膜面积大于纤维膜,可形成皱襞,突入关节腔,构成**滑膜襞**。有时滑膜也可经纤维膜的薄弱处呈囊状向外突出,形成**滑膜囊**,滑膜囊多位于肌腱和骨面之间,可减少肌活动时与骨面之间的摩擦。

(3) **关节腔**(articular cavity):为关节囊滑膜和关节软骨之间所围成的密闭窄隙,内含有少量滑液。关节腔内呈负压,对维持关节的稳固性有一定的作用。

2. 关节的辅助结构 除上述基本结构外,某些关节为适应其特殊功能,需要一些辅助结构,包括韧带、关节盘、关节半月板和关节唇。

(1) **韧带**(ligament):呈束状或膜状,由致密纤维结缔组织构成,位于关节囊外或关节囊内,分别称**囊外韧带**或**囊内韧带**。有增加关节的稳固性和限制关节运动的作用。

(2) **关节盘**(articular disc)和**关节半月板**(articular meniscus):两者均属于关节内软骨。关节盘位于两骨关节面之间的纤维软骨板,其周缘附着于关节囊,多呈圆形,中间稍薄,周缘略厚,把关节腔分成两部分。膝关节内的纤维软骨板呈半月形,称关节半月板。关节盘和关节半月板使两骨关节面更为适合,能增加关节的运动范围,并有缓和与减少外力冲击和震荡的作用。

(3) **关节唇**(articular labrum):为附着于关节窝周缘的纤维软骨环,有加深关节窝,并扩大关节面的作用,使关节更加稳固,如盂唇和髋臼唇等。

3. 关节的运动 一般关节都是围绕一定的轴做运动的。关节的运动与关节面的形态有密切关系,其运动的形式基本上可按照关节的3种轴而分为3组拮抗性的动作。

(1) **屈**和**伸**:是关节沿冠状轴进行的运动。运动时两骨互相靠拢,角度缩小者称屈;反之,角度加大者则称伸。

（2）**内收**和**外展**：是关节沿矢状轴进行的运动。运动时骨向躯干或正中矢状面靠拢者，称内收（或收）；反之，离开躯干或正中矢状面者称外展（或展）。

（3）**旋内**和**旋外**：关节沿垂直轴进行的运动，称**旋转**。旋转又分为旋内和旋外。骨的前面转向内侧者称旋内；反之，转向外侧者称旋外。在前臂，桡骨是围绕通过桡骨头和尺骨头轴线旋转的，其"旋内"即将手掌向内侧转，手背转向前方的运动，使桡骨、尺骨交叉的运动，又称**旋前**；其"旋外"即将手掌恢复到向前，手背转向后方的运动，使桡骨、尺骨并列的运动，又称**旋后**。

凡二轴或三轴关节可做环转运动，即关节头原位转动，骨的远端可做圆周运动，运动时全骨描绘成一圆锥形的轨迹。环转运动实为屈、展、伸、收的依次连续运动，也是冠状轴和矢状轴做交替运动的结果。

二、各论

（一）躯干骨的连结

1. 椎骨间的连结 相邻椎骨之间借椎间盘、韧带和关节相连结。

（1）**椎间盘**（intervertebral discs）：是连结相邻两个椎体的纤维软骨盘（图1-38）。椎间盘由内、外两部分构成，外部为**纤维环**，由多层呈环形排列的纤维软骨环组成，前宽后窄，围绕在髓核的周围，可防止髓核向外突出，纤维环坚韧而有弹性。内部为**髓核**，是一种富有弹性的胶状物质，位于椎间盘的中部稍偏后方，有缓和冲击的作用。它被限制在纤维环之内，施加压力则有向外膨出的趋势。

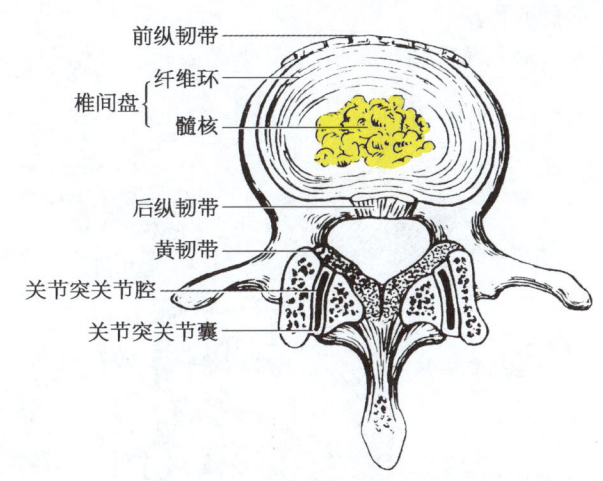

图1-38 椎间盘和关节突关节

成人的椎间盘除第1、第2颈椎之间缺如外，共有23块，最上一个在第2、第3颈椎体之间，最末一个在第5腰椎体和骶骨底之间。颈、腰部的椎间盘前厚后薄，胸部则反之，与整个脊柱的弯曲度相适应。椎间盘除连结椎体外，还可承受压力，吸收震荡，减缓冲击以保护脑。此外，它还有利于脊椎向各方运动。椎间盘后部较薄弱，但椎体正后方有后纵韧带加固，而椎间盘的后外侧部无韧带加固较薄弱，当成年人由于椎间盘的退行性改变，在过度劳损、体位骤变、猛力动作或暴力撞击下，使纤维环破裂，髓核多向后外侧突出，常压迫脊神经根，形成椎间盘突出症。

（2）韧带（图1-39）

1）**前纵韧带**（anterior longitudinal ligament）：为全身最长的韧带，位于椎

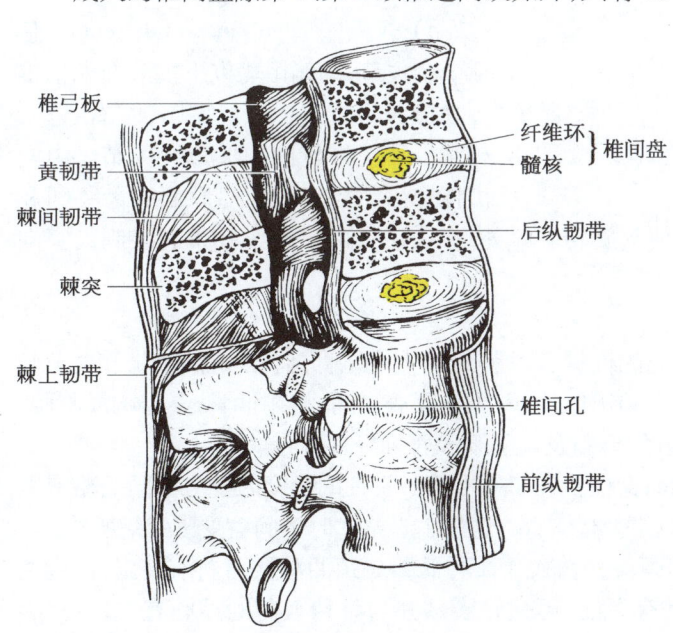

图1-39 脊柱的韧带

体的前面，上起枕骨大孔前缘，下达第 1 或第 2 骶椎体，与椎体边缘及椎间盘结合较紧。前纵韧带有防止脊柱过分后伸和髓核向前突出的作用。

2) 后纵韧带(posterior longitudinal ligament)：位于各椎体的后面(椎管前壁)，它较前纵韧带狭窄，起自枢椎，终于骶管前壁。它有限制脊柱过分前屈和防止髓核向后突出的作用。

3) 黄韧带(ligamenta flava)：又称弓间韧带，是连结相邻椎弓的韧带，由弹力纤维构成，坚韧而富有弹性。黄韧带协助围成椎管，并有限制脊柱过分前屈的作用。

4) 棘上韧带(supraspinal ligament)：是连结胸、腰、骶椎各棘突尖的纵行韧带，有限制脊柱过分前屈的作用。

5) 棘间韧带(interspinal ligaments)：连结于各棘突之间，后接棘上韧带或项韧带。

6) 项韧带(ligamentum nuchae)：是项部正中线呈矢状位的板状韧带(图 1-40)，由弹力纤维构成，向上附着于枕外隆凸，向下附着于第 7 颈椎棘突，续于棘上韧带，其后缘游离，前缘附着于棘突。

(3) 关节

1) 关节突关节(zygapophysial joints)：由相邻椎骨的上、下关节突构成(图 1-38)，可做轻微运动。

2) 腰骶关节(lumbosacral joint)：由第 5 腰椎的下关节突与骶骨上关节突构成。

3) 寰枕关节(atlantooccipital joint)：由枕髁与寰椎上关节凹构成，可使头做前俯、后仰和侧屈运动。

4) 寰枢关节(atlantoaxial joint)：包括 3 个关节，两侧由寰椎下关节面和枢椎上关节面构成寰枢外侧关节，左右各一，相当于其他椎骨间的关节突关节。中间由枢椎齿突与寰椎前弓后面的齿突凹和

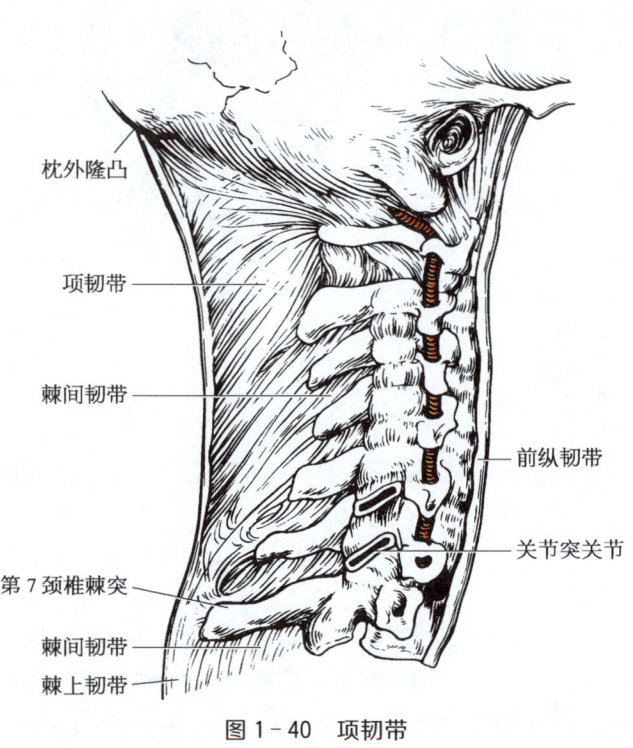

图 1-40 项韧带

寰椎横韧带之间构成的寰枢正中关节，可使头旋转。此外，齿突后方的寰椎横韧带有限制齿突向后方移动的作用。

2. 脊柱(vertebral column)

(1) 组成(图 1-41)：脊柱由 24 块分离的椎骨、1 块骶骨和 1 块尾骨，借椎间盘、韧带和关节紧密连结而成。位于躯干背面正中，形成躯干的中轴，上承颅骨，下连髋骨，中附肋骨，参与构成胸腔、腹腔和骨盆腔的后壁。脊柱中央有椎管，容纳脊髓及其被膜和脊神经根。

(2) 整体观：成年男性脊柱长约 70 cm，女性及老年人略短。脊柱的长度因姿势不同而略有差异，如长期卧床和长期站立者相比，一般可相差 2～3 cm，这是由于站立时椎间盘受压紧缩所致。

从侧面观察脊柱，有 4 个生理弯曲，即颈曲、胸曲、腰曲和骶曲。颈曲和腰曲向前突出，而胸曲和骶曲向后突出。脊柱的弯曲使脊柱更具有弹性，可减轻震荡并与维持人体的重心有关，且扩大了胸腔和盆腔的容积，使能容纳众多的脏器。

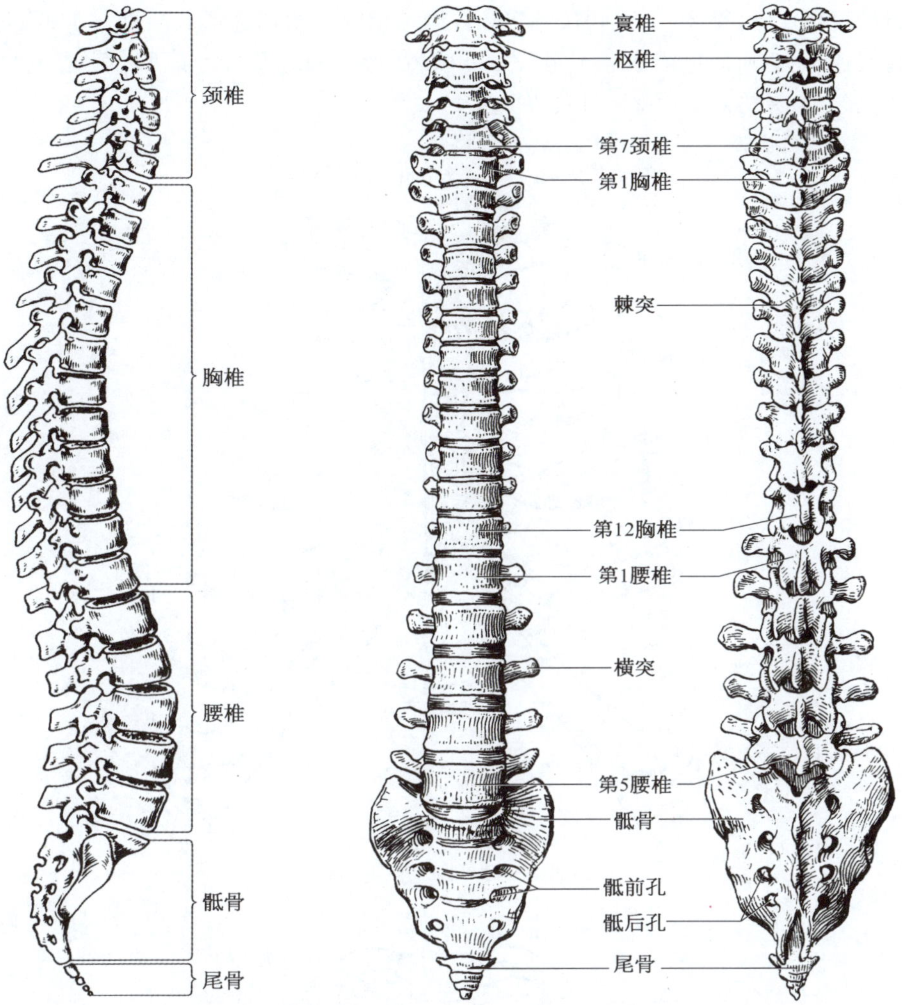

图 1-41 脊　柱

（3）功能：脊柱除有支持体重、保护脊髓的作用外，还有运动的功能。在相邻两个椎骨之间的活动很小，但就整个脊柱而言，运动幅度很大，而且能做各种方向的运动。脊柱的运动可分为 4 种：① 冠状轴上的前屈和后伸运动；② 矢状轴上的侧屈运动；③ 垂直轴上的旋转运动。在矢状轴和冠状轴运动的基础上，也可做环转运动；④ 跳跃时，由于脊柱曲度的增减变化而产生弹拨运动。脊柱的颈、腰部的运动较为灵活，但损伤也多见于此两部。

3. **胸廓**（thoracic cage）

（1）组成：胸廓由 12 块胸椎、1 块胸骨和 12 对肋借椎间盘、韧带和关节连结而成。肋头的关节面与相邻胸椎的椎体肋凹构成<u>肋头关节</u>，肋结节的关节面与相应胸椎的横突肋凹构成<u>肋横突关节</u>（图 1-42）。第 1 肋

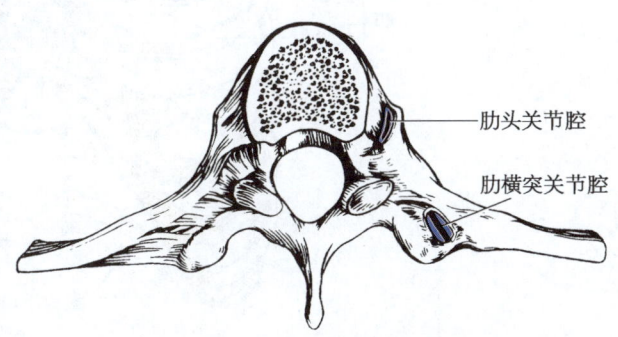

图 1-42 肋头关节和肋横突关节

软骨与胸骨柄直接连结,第2~7对肋软骨与胸骨侧缘相应的肋切迹形成胸肋关节,第8~10对肋软骨不是直接连于胸骨,而是依次连于上一个肋软骨,形成一对肋弓。第11、第12对肋的前端游离于腹壁肌肉之中,又称浮肋(图1-43、图1-44)。

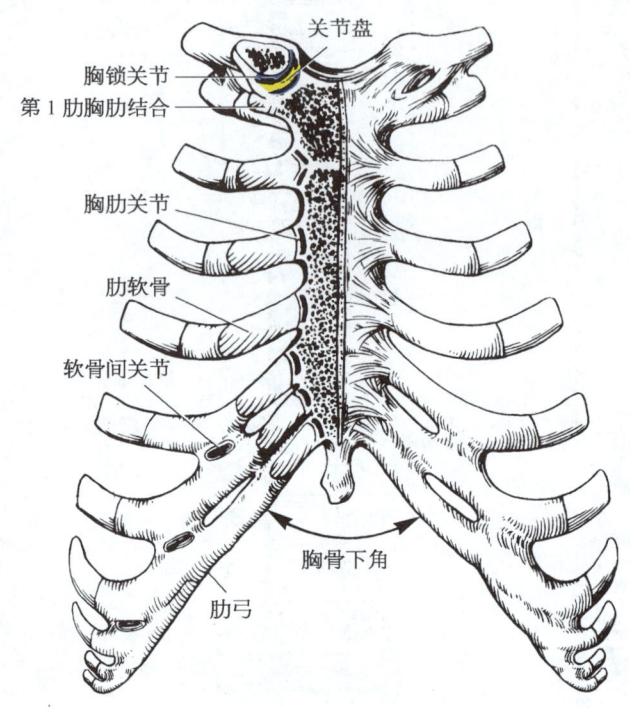

图1-43 胸肋关节

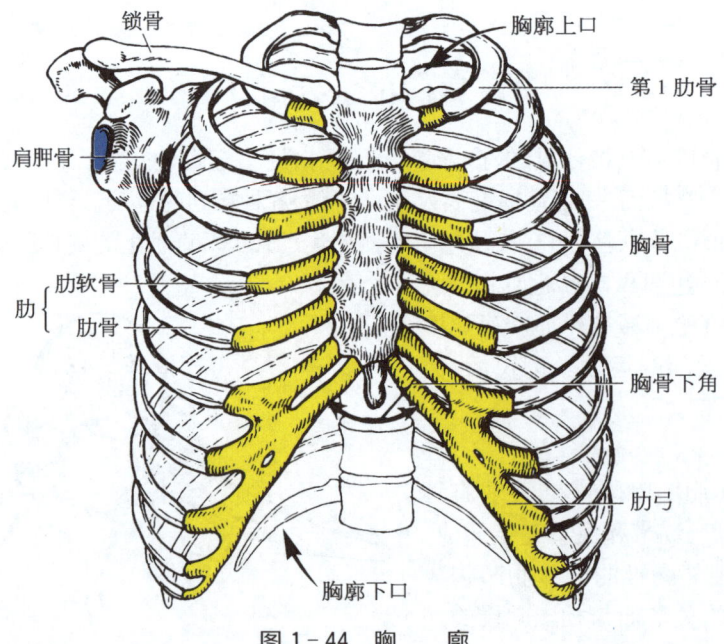

图1-44 胸廓

(2) 形态：成人胸廓近似圆锥形，其横径长，前后径短，上部狭窄，下部宽阔。胸廓有上、下两口（图1-44）；胸廓上口由第1胸椎、第1对肋和胸骨柄上缘所围成，是食管、气管、大血管和神经出入胸腔的通道。胸廓下口宽阔而不整齐，由第12胸椎、第11和第12对肋、肋弓及剑突共同围成，被膈封闭。相邻各肋之间的空隙，称肋间隙，均由肌和韧带封闭。左右肋弓在正中线形成向下开放的胸骨下角。胸廓的内腔称胸腔，容纳心及其大血管、肺、气管、食管和神经等。

(3) 功能：① 保护和支持胸廓内的重要脏器；② 通过胸廓的运动，完成胸式呼吸运动。在肌的作用下，使肋的后端沿着贯穿肋结节和肋头的轴旋转，前端连带胸骨一起做上升和下降运动，使胸廓扩大和缩小，协助吸气和呼气。

(二) 上肢骨的连结

上肢骨的连结可分为上肢带连结和自由上肢连结两种。

1. 上肢带连结 包括胸锁关节和肩锁关节。

(1) 胸锁关节（sternoclavicular joint）：是上肢与躯干连结的唯一关节，由锁骨胸骨端与胸骨柄相应的切迹及第1肋软骨的上面共同构成（图1-45）。关节囊坚韧，周围有韧带加强。关节内有由纤维软骨构成的关节盘，将关节腔分隔为内下和外上两部分。该关节可在垂直轴上做前、后运动，在矢状轴上做上、下运动，在冠状轴上做旋转运动，还可做环转运动。

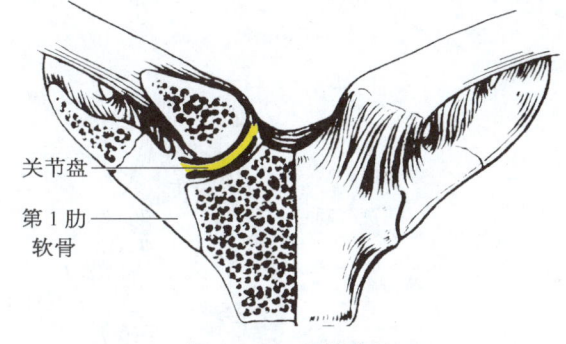

图1-45 胸锁关节

(2) 肩锁关节（acromioclavicular joint）：由肩胛骨肩峰的关节面与锁骨肩峰端的关节面构成的微动关节（图1-46）。

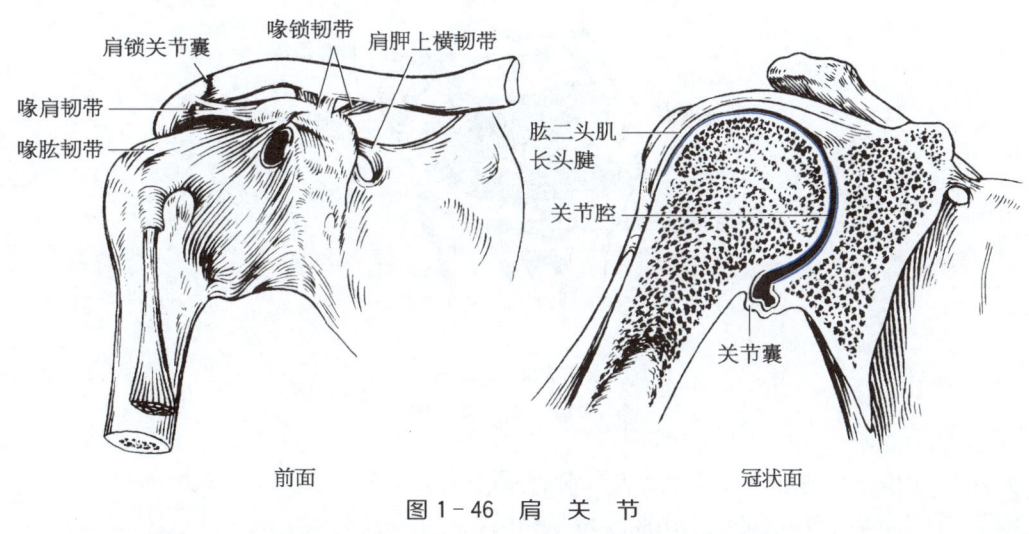

图1-46 肩 关 节

2. 自由上肢连结

(1) 肩关节（shoulder joint）

1) 组成：由肱骨头和肩胛骨的关节盂构成（图1-46）。

2) 特点：① 肱骨头大，关节盂浅而小，周缘有纤维软骨构成的盂唇加深，但它们只与1/4~1/3

的肱骨头关节面相接触。因此，肩关节可做各种较大幅度的运动。② 肩关节囊薄而松弛，囊内有肱二头肌长头腱通过，经结节间沟穿出关节囊。③ 囊的上部、后部和前部有肌和肌腱跨越，这些肌腱的腱纤维和关节囊的纤维膜紧密交织，从而加强了关节囊。关节囊的前下部缺乏肌和肌腱加强而较薄弱。因此，临床上以前下方脱位为多见，此时肱骨头移至喙突的下方。④ 关节囊的上方有喙肩韧带架在肩峰和喙突之间，构成"喙肩弓"，有从上方保护肩关节和防止其向上脱位的作用。

3) 运动：肩关节为人体运动最灵活的关节。它可沿冠状轴做屈和伸运动，屈大于伸。沿矢状轴做外展和内收运动，展大于收。沿垂直轴做旋外和旋内运动，旋内大于旋外，亦可做环转运动。若加上肩锁关节、胸锁关节的运动和肩胛骨的旋转，则上肢的运动范围将明显增加。

(2) 肘关节(elbow joint)

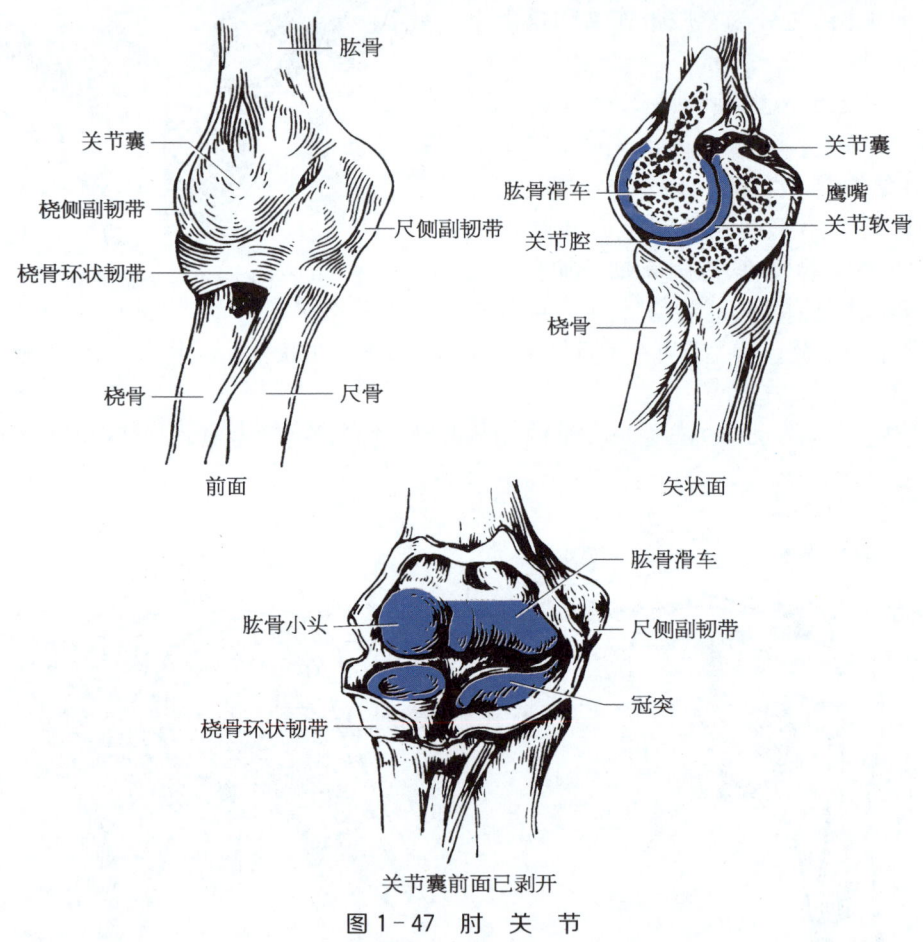

图 1-47 肘 关 节

1) 组成：由肱骨下端和桡、尺骨上端构成，包括下列 3 个关节(图 1-47)。

肱尺关节(humeroulnar joint)：由肱骨滑车和尺骨滑车切迹构成。

肱桡关节(humeroradial joint)：由肱骨小头和桡骨头关节凹构成。

桡尺近侧关节(proximal radioulnar joint)：由桡骨头环状关节面和尺骨的桡切迹构成。

2) 特点：① 上述 3 个关节包在一个共同的关节囊内，有一个共同的关节腔。② 关节囊的前、后壁薄弱而松弛，两侧则有桡侧副韧带和尺侧副韧带增厚。③ 关节囊纤维膜的环行纤维在桡骨头处较发达,形成一坚强的桡骨环状韧带,包绕桡骨头的环状关节面,两端分别连于尺骨的桡切迹前、后缘。幼儿的桡骨头尚未发育完全,环状韧带松弛。因此,在肘关节伸直位时猛力牵拉前臂,常可发生桡骨头半脱位。

尺骨鹰嘴和肱骨内、外上髁是肘部三个重要的骨性标志。在正常状态下,当肘关节伸直时,上述三点连成一条直线;当肘关节前屈至90°时,三点连成一个等腰三角形,称肘后三角(图1-48)。在肘关节后脱位时,上述三点的位置关系即发生改变,而当肱骨髁上骨折时则三点的位置关系不变。

3) 运动:肘关节可做屈、伸运动。当伸肘时,臂和前臂之间形成一个开向外侧的钝角,称提携角,一般为170°左右,肘外翻时此角度变小。肱桡关节、桡尺近侧关节和桡尺远侧关节属联合关节,同时参与前臂旋前、旋后运动。

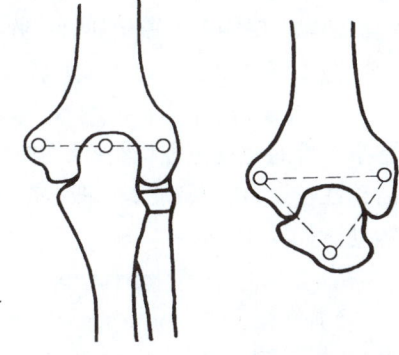

图1-48 正常的肘后三角

(3) 前臂骨间的连结:包括前臂骨间膜、桡尺近侧关节和桡尺远侧关节。

1) 前臂骨间膜(interosseous membrane of forearm):为连结尺骨和桡骨两骨干之间的坚韧的纤维膜。当前臂处于中间位时,骨间膜紧张。前臂旋后时,骨间膜稍松弛。前臂旋前时,两骨交叉,骨间膜最松弛。故在前臂骨折时,应将前臂固定于中间位,防止骨间膜挛缩。

2) 桡尺近侧关节:见"肘关节"。

3) 桡尺远侧关节(distal radioulnar joint):由桡骨下端的尺切迹与尺骨头环状关节面连同尺骨头下面的关节盘共同构成。关节盘为三角形的纤维软骨板,将尺骨头与腕骨隔开。

(4) 手关节(joints of hand):包括桡腕关节、腕骨间关节、腕掌关节、掌骨间关节、掌指关节和指骨间关节(图1-49)。

1) 桡腕关节(radiocarpal joint):又称腕关节(wrist joint)(图1-49)。

组成:由桡骨下端的腕关节面和尺骨头下方的关节盘组成的关节窝,与手舟骨、月骨、三角骨的近侧面组成的关节头共同构成。

特点:在尺骨下端下方有一关节盘,呈三角形,位于桡骨的尺切迹下端和尺骨茎突之间,它使桡尺远侧关节腔与桡腕关节腔分隔。因此,尺骨

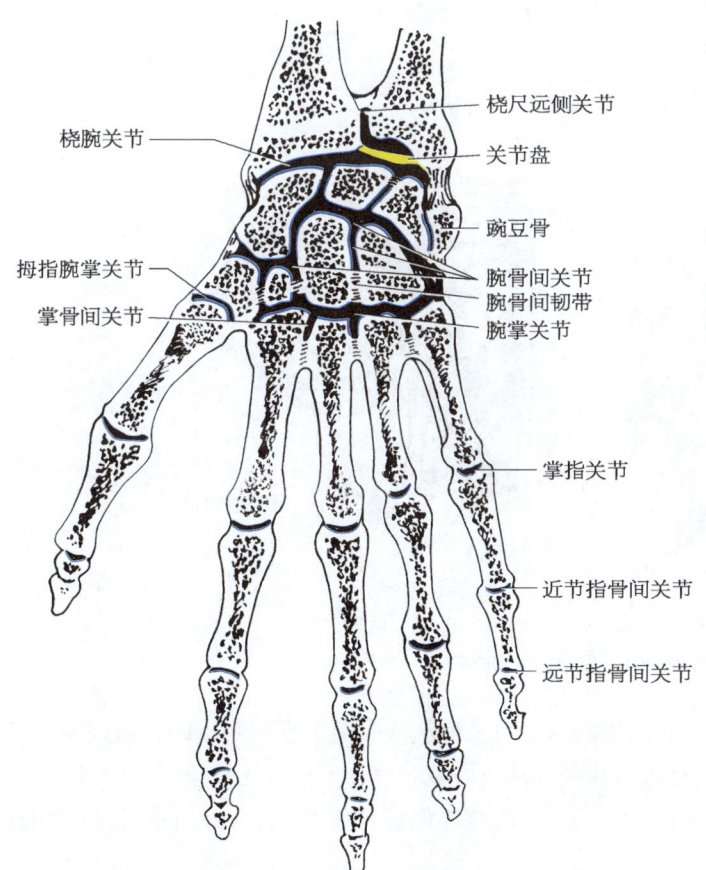

图1-49 手关节(冠状切面)

不参与桡腕关节的组成。关节囊松弛,关节腔宽广,囊外有韧带加强,特别在囊的两侧,分别有坚韧的<u>腕桡侧副韧带</u>和<u>腕尺侧副韧带</u>来加固。关节头虽由手舟骨、月骨、三角骨三者组成,但彼此间通过腕骨间韧带紧密连接成一个整体。

运动:桡腕关节可做屈、伸、收、展和环转运动。

2) 腕骨间关节(intercarpal joints):为腕骨相互间的连结(图1-49),运动幅度微小。

3) 腕掌关节(carpometacarpal joints):由远侧列腕骨与5块掌骨底构成(图1-49)。第2~5腕掌关节的运动范围极小,仅能做轻微的滑动,而大多角骨与第1掌骨底构成的<u>拇指腕掌关节</u>,则活动性较大,它可做屈、伸、收、展、环转和对掌运动。当拇指尖与其他指末节的掌面相接触,称对掌运动。

4) 掌骨间关节(intermetacarpal joints):为第2~5掌骨底之间的关节,只能做轻微的滑动。

5) 掌指关节(metacarpophalangeal joints):由各掌骨头和近节指骨底构成。在冠状轴上能做屈、伸运动。在矢状轴上,向中指靠拢为收,离开中指为展。在关节伸直时,还可做环转运动。

6) 指骨间关节(interphalangeal joints of hand):共9个,在各节指骨之间,关节囊松弛,两侧有副韧带加强。只能做屈、伸运动。

(三) 下肢骨的连结

下肢骨的连结可分为下肢带连结和自由下肢连结两种。

1. 下肢带连结

(1) 髋骨和骶骨的连结:包括骶髂关节和韧带(图1-50)。

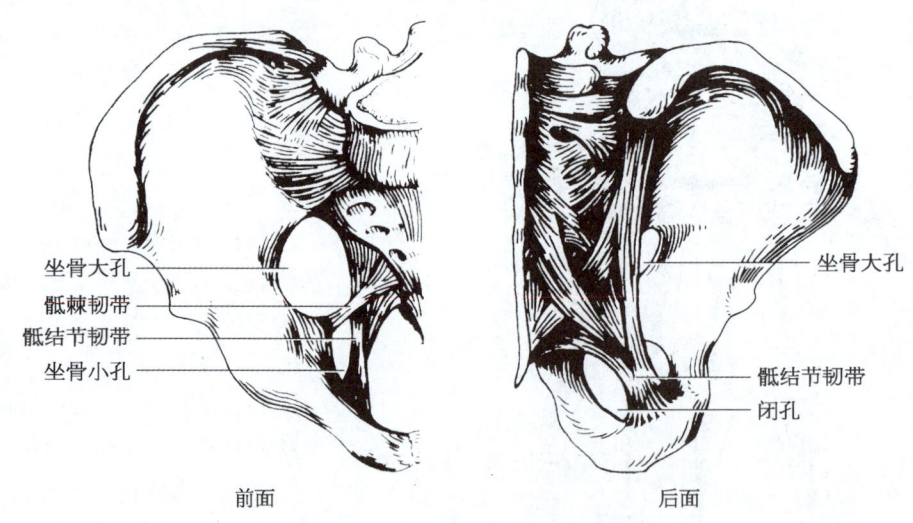

图1-50 骨盆的韧带

1) 骶髂关节(sacroiliac joint):由骶、髂两骨的耳状关节面构成。关节囊紧张,并有坚强的韧带加固其稳定性,运动范围极小,主要是支持体重和缓冲从下肢或骨盆传来的冲击和震动。

2) 骶结节韧带(sacrotuberous ligament):从骶、尾骨的外侧缘连至坐骨结节,是强韧宽阔的韧带。

3) 骶棘韧带(sacrospinous ligament):从骶、尾骨的外侧缘开始,集中地附着于坐骨棘。

上述两个韧带与坐骨大、小切迹分别围成坐骨大孔和坐骨小孔，两孔内有神经、血管和肌通过。

(2) 髋骨间的连结：即耻骨联合(pubic symphysis)(图1-51)，由左、右两侧耻骨的耻骨联合面借纤维软骨构成的耻骨间盘相连而成。耻骨间盘中有纵长裂隙，在女性此软骨较宽而短。耻骨联合的上、下和前方均有韧带加强。耻骨联合的运动在孕妇分娩过程中比较明显，可有轻度的分离，以利胎儿娩出。两侧耻骨相连形成骨性弓，称耻骨弓。

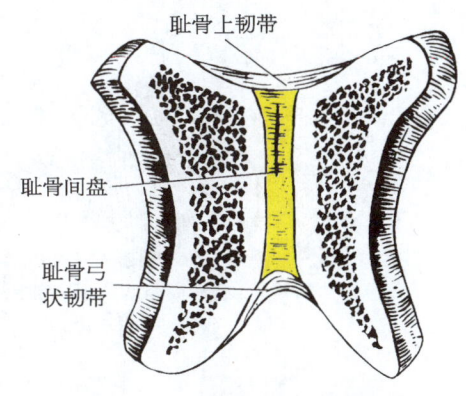

图1-51　耻骨联合(冠状切面)

(3) 骨盆(pelvis)

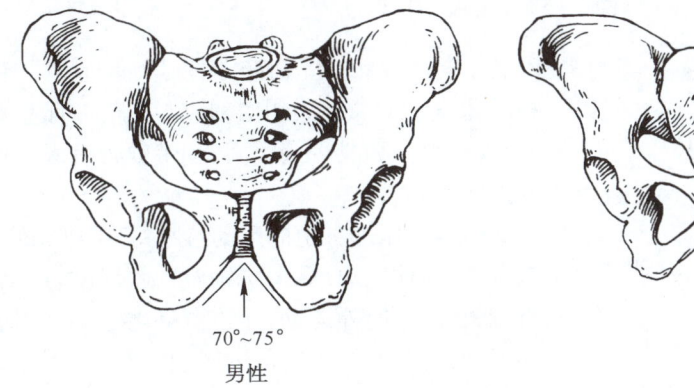

图1-52　男、女性骨盆

1) 组成和分部：骨盆由骶骨、尾骨及左、右髋骨借关节和韧带连结而成(图1-52)。其主要功能是支持体重，保护盆腔脏器，在女性还是胎儿娩出的产道。骨盆由骶骨岬至耻骨联合上缘的两侧连线为界线，可分为上方的大骨盆和下方的小骨盆。大骨盆较宽大，向前开放。小骨盆有上、下两口：骨盆上口由上述的界线围成，骨盆下口由尾骨、骶结节韧带、坐骨结节和耻骨弓等围成。两口之间的空腔，称骨盆腔。

2) 性差：由于女性骨盆要适应孕育胎儿和分娩的功能，故男女骨盆有明显的性别差异。男性骨盆外形窄而长，骨盆上口较小，近似桃形，骨盆腔的形态似漏斗，耻骨弓的角度为70°～75°。女性骨盆外形宽而短，骨盆上口较大，近似椭圆形，骨盆腔的形态呈圆桶状，耻骨弓的角度为90°～100°。

2. 自由下肢连结

(1) 髋关节(hip joint)

1) 组成：由股骨头和髋臼构成(图1-53、图1-54)。

2) 特点：① 髋臼周缘有纤维软骨构成的髋臼唇，加深了髋臼，并缩小其口径，可容纳股骨头的2/3面积，从而紧抱股骨头，增加关节的稳固性。② 关节囊紧张而坚韧，上方附于髋臼周缘，下方前面到达转子间线，后面附于股骨颈的外、中1/3交界处。股骨颈前面全部在囊内，而后面仅内侧2/3在囊内，外侧1/3在囊外，故股骨颈骨折有囊内、囊外和混合性骨折之分。如股骨颈骨折在内侧2/3，则骨折位于囊内，囊内可出现血肿。如位于外侧1/3，则关节囊不受影响。③ 关节囊外有韧带加强，其中最大的是位于前方的髂股韧带，它上端附着于髂前下棘，纤维向下分成两束，分别

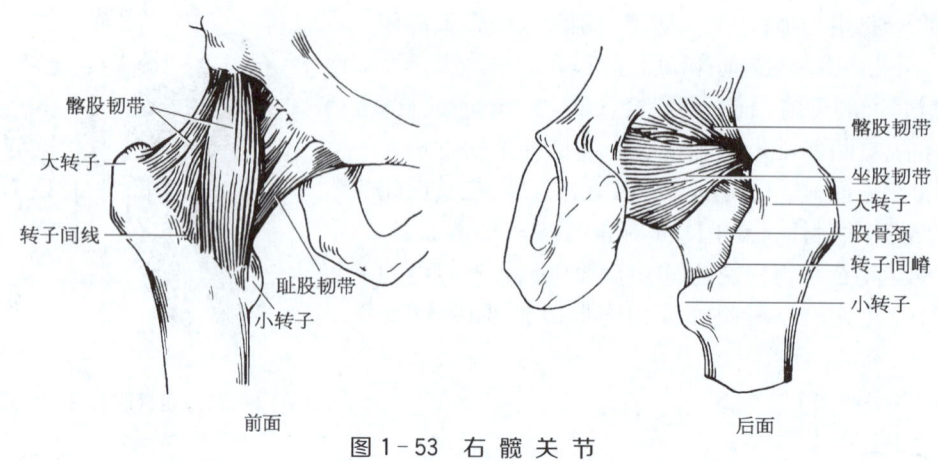

图 1-53 右髋关节

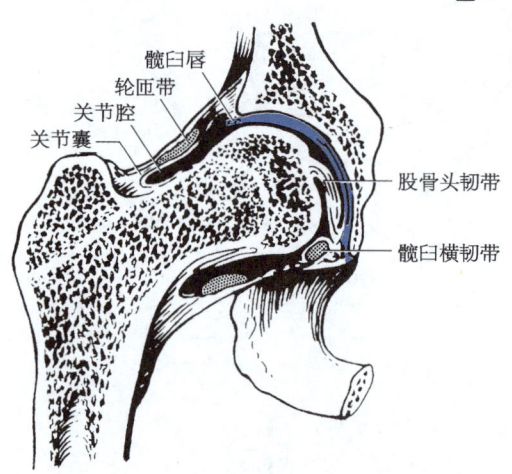

图 1-54 髋关节(冠状切面)

附着于转子间线。此韧带可限制大腿过度后伸,对维持人体直立有很大作用。④ 关节囊内有**股骨头韧带**,连于髋臼和股骨头之间,韧带中含有滋养股骨头的血管。

3) 运动:髋关节的运动与肩关节类似,即能沿冠状轴做屈、伸运动,沿矢状轴做内收、外展运动,沿垂直轴做旋内、旋外运动,还可做环转运动。因受髋臼的限制,髋关节的运动范围较肩关节小,不如肩关节灵活,但其稳固性强,以适应其支持负重和行走的功能。

(2) **膝关节(knee joint)**:膝关节是人体内最大、最复杂的关节(图 1-55～图 1-58)。

1) 组成:由股骨内、外侧髁,胫骨内、外侧髁与髌骨共同构成。

2) 特点:① 关节囊宽阔而松弛,各部厚薄不一。囊外有韧带加强,前方为**髌韧带**,它自髌骨下缘至胫骨粗隆,是股四头肌腱的延续,临床上检查膝跳反射,即叩击此韧带。两侧分别为**胫侧副韧带**和**腓侧副韧带**(图 1-55),两侧的副韧带在伸膝时紧张,屈膝时松弛。② 囊内有连结股骨和胫骨的**前交叉韧带**和**后交叉韧带**(图 1-56),两者相互交叉排列。前交叉韧带位于外侧,于伸膝时最紧张,防止胫骨前移。后交叉韧带位于内侧,于屈膝时最紧张,防止胫骨后移。如果前交叉韧带损伤,胫骨可被动前移,后交叉韧带损伤,胫骨可被动后移,临床上称为"抽屉试验阳性"。③ 在股骨与胫骨相对的内、外侧髁之间有纤维软骨构成的**内侧半月板**和**外侧半月板**,板的外缘厚而内缘薄,呈半月状,下面

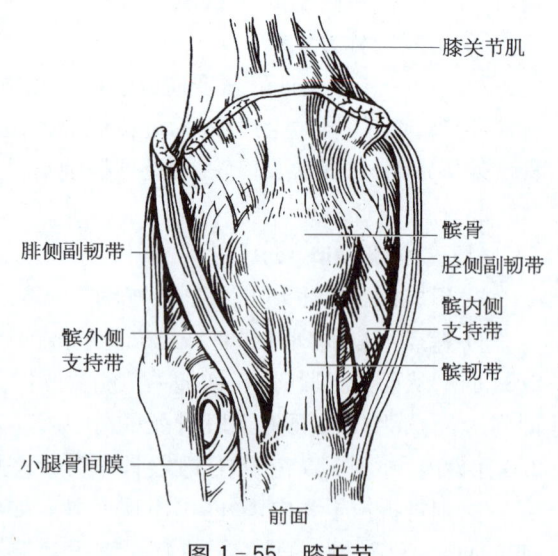

图 1-55 膝关节

平而上面凹陷。内侧半月板较大,呈"C"形,其边缘中份与关节囊和胫侧副韧带紧密相连。外侧半月板较小,近似"O"形(图1-57)。半月板加深了关节窝,从而使关节更加稳固,并可缓冲跳跃和剧烈运动时的震荡。④ 关节囊的滑膜附着各关节软骨的周缘。在髌骨下方中线的两旁,滑膜向关节腔内突出形成一对翼状襞,襞内充以脂肪组织,充填关节内的空隙。⑤ 在膝关节的周围,特别是肌腱附着处有许多滑膜囊,有的与关节腔相通,如髌上囊(图1-58),囊内充满滑液,可减少肌腱运动时与骨面的摩擦。滑膜囊常因外伤而发生滑膜囊炎或囊肿。

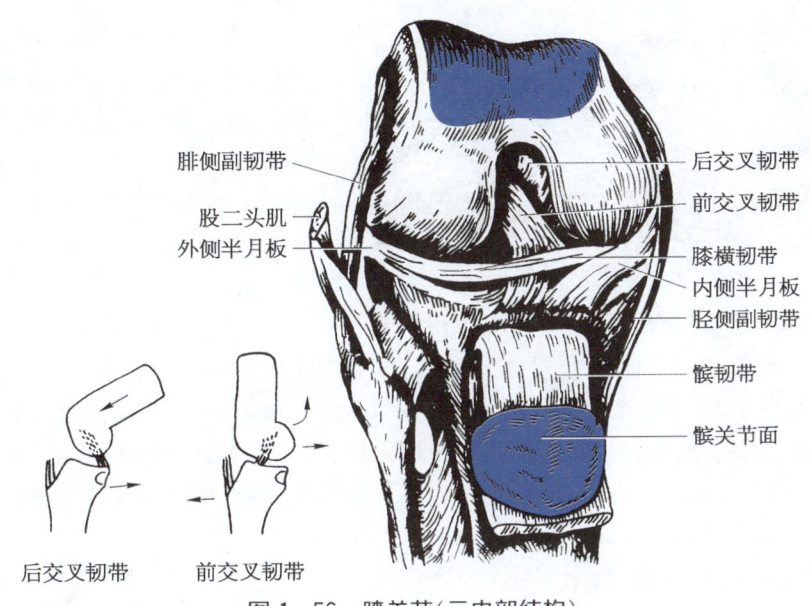

图1-56 膝关节(示内部结构)

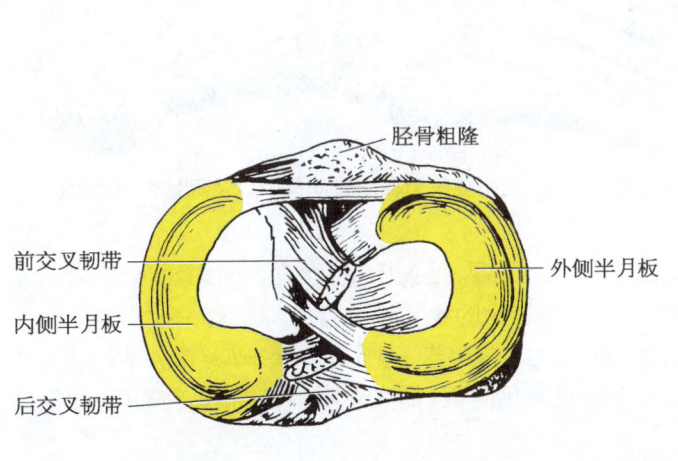

图1-57 膝关节半月板(上面)

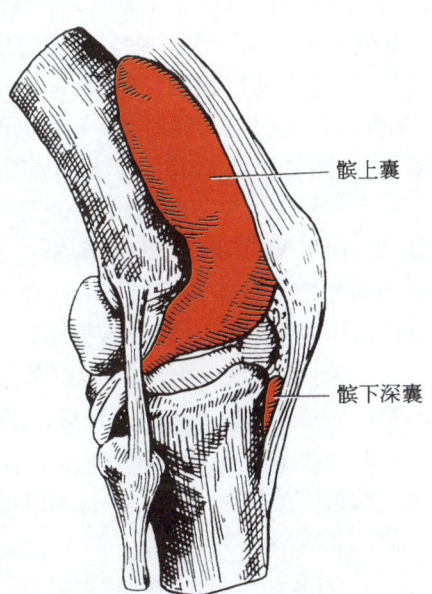

图1-58 膝关节的滑膜囊

3) 运动：膝关节的运动主要是沿冠状轴做屈、伸运动；在屈膝状态下，还可沿垂直轴做轻微的旋内、旋外运动。

(3) 小腿骨间的连结：小腿胫、腓两骨连结紧密，其上端构成可轻微活动的胫腓关节(tibiofibular joint)，下端是靠韧带联合的胫腓连结(tibiofibular syndesmosis)，两骨体之间以小腿骨间膜(crural interosseous membrane)互相连结。所以，在小腿两骨之间，几乎不能运动。

(4) 足关节(joints of foot)：包括距小腿关节、跗骨间关节、跗跖关节、跖骨间关节、跖趾关节和趾骨间关节(图1-59～图1-61)。

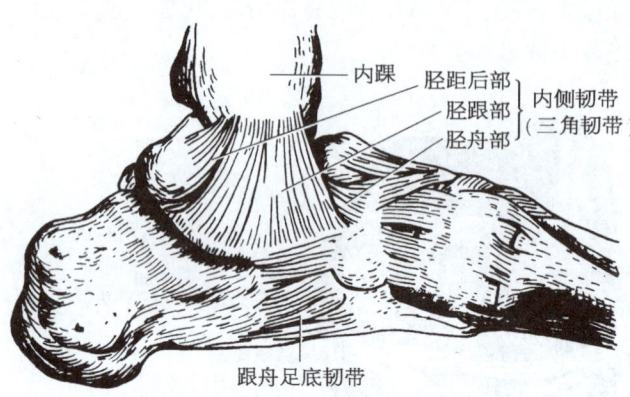

图1-59 距小腿关节和跗骨间关节以及其韧带(内侧面)

1) 距小腿关节(talocrural joint)：又称踝关节(ankle joint)(图1-59～图1-61)。

组成：由胫、腓骨下端的踝关节面和距骨滑车构成。

特点：① 关节囊前、后壁薄而松弛，内侧有内侧韧带(medial ligament)(又称三角韧带)加强，该韧带坚韧，自内踝开始，呈扇形向下展开，附着于足舟骨、距骨和跟骨。外侧有3条独立的韧带，即前面的距腓前韧带(anterior talofibular ligament)、后面的距腓后韧带(posterior talofibular ligament)和外侧的跟腓韧带(calcaneofibular ligament)。3条韧带起自外踝，分别向前内侧、后内侧和下后方形成弓束，前两者止于距骨，后者止于跟骨，外侧韧带相对较薄弱，常因猛力使足内翻过度而损伤，造成韧带扭伤。② 距骨滑车呈前宽后窄状，当背屈时，滑车前宽部被内、外踝夹紧，比较稳固。当跖屈时，滑车后窄部进入关节窝内，故可有轻微的侧方(收、展)运动，此时距小腿关节松动而稳定性较差，易受扭伤，其中以内翻扭伤较多见(即外侧韧带损伤)。

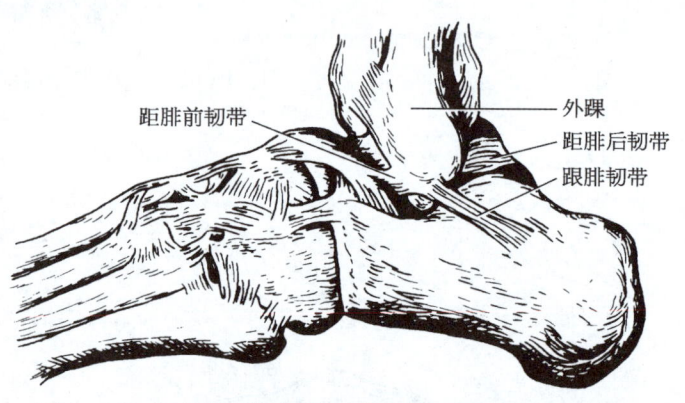

图1-60 距小腿关节和跗骨间关节以及其韧带(外侧面)

运动：在冠状轴上可做背屈(伸，足尖向上)和跖屈(屈，足尖向下)运动。当跖屈时，距骨滑车较窄的后部进入较宽大的关节窝，故可在矢状轴上做轻微的收、展运动。

2) 跗骨间关节(intertarsal joints)：跗骨间的连结比较复杂，包括距下关节(距跟关节)、距跟舟关节和跟骰关节等(图1-61)。跗骨间关节主要可做足内翻(足底朝向内侧)和足外翻(足底朝向外侧)运动。

3) 跗跖关节(tarsometatarsal joints)：是由前列4块跗骨和5块跖骨的底构成的关节(图1-61)，活动甚微。

4) 跖骨间关节(intermetatarsal joints)：位于各跖骨底相邻面之间(图1-61)，连结紧密，活动甚微。

5) 跖趾关节(metatarsophalangeal joints)：由跖骨头和近节趾骨底构成(图1-61)，可做轻微的屈、伸、收、展运动。屈为跖屈，伸为背屈，收为向第2趾靠拢，展为离开第2趾。

6) 趾骨间关节(interphalangeal joints of foot)：是相邻趾骨间的关节(图1-61)，只能做屈伸运动。

7) 足弓(arch of foot)：为跗骨和跖骨借韧带和肌的牵拉，形成的一个凸向上的弓，称足弓(图1-62)。足弓可分为前后方向的**足纵弓**和内外侧方向的**足横弓**。足纵弓较明显，纵弓又可分为内侧和外侧两个弓。当站立时，足骨仅以跟骨结节和第1、第5跖骨头三点着地。足弓具有弹性，可在跳跃和行走时缓冲震荡，同时还具有保护足底血管、神经免受压迫的作用。

(四) 颅骨的连结

各颅骨之间，大多是借缝或软骨相互连结，彼此结合得很牢固。舌骨借韧带和肌与颅底相连，只有下颌骨和颞骨之间构成颞下颌关节。

颞下颌关节(temporomandibular joint)(图1-63)又称**下颌关节**。

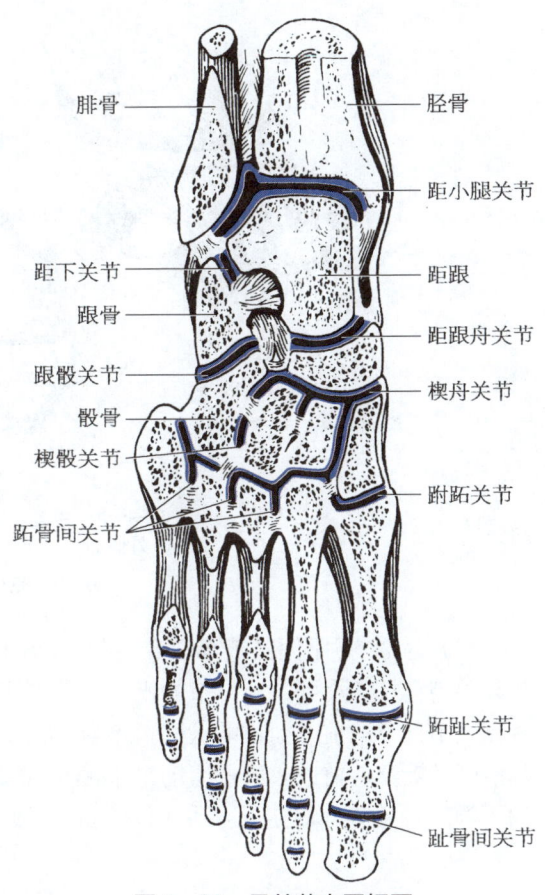

图1-61 足关节水平切面

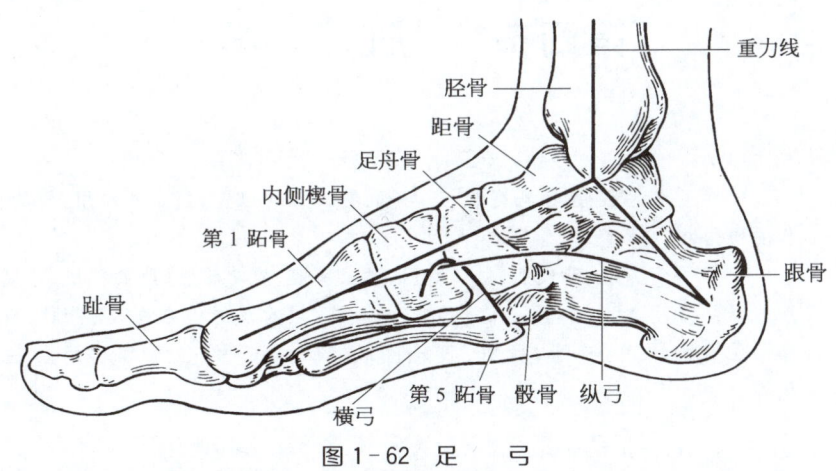

图1-62 足 弓

(1) 组成：由颞骨的下颌窝和下颌骨的下颌头构成。

(2) 特点：覆盖关节面的软骨是纤维软骨。关节囊松弛，上方附着于关节结节和下颌窝的周缘(关节结节包裹在关节囊内)，向下附着于下颌头下方。关节囊前部薄，后部厚，外侧有**外侧韧带**加强。关节腔内有关节盘，其周缘与关节囊相连，将关节腔分为上、下两部分。

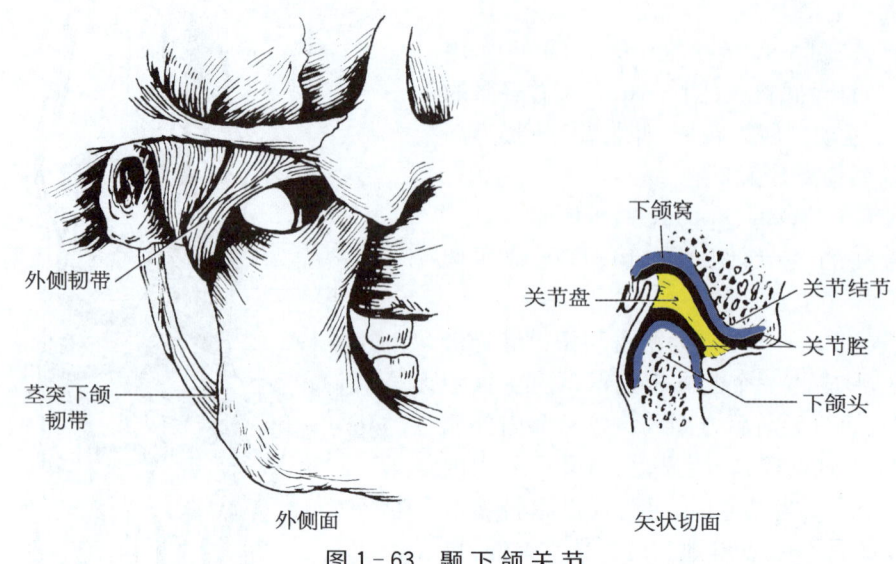

图 1-63 颞下颌关节

(3) 运动：颞下颌关节属联合关节，能做开口、闭口、前进、后退和侧方运动。当张口时，下颌头和关节盘一起滑到关节结节的下方。倘若张口过大、过猛，关节囊又松弛，下颌头和关节盘向前滑到关节结节的前方而不能退回关节窝，则形成颞下颌关节前脱位。闭口时，下颌头和关节盘一起滑回关节窝。前进和后退运动是下颌头和关节盘一起对下颌窝做前后滑动。侧方运动是一侧的下颌头对关节盘做旋转运动，而对侧的下颌头和关节盘对关节窝做前进运动。

第四节　肌　学

导学

1. 掌握胸大肌、胸锁乳突肌、三角肌、臀大肌的位置、起止和作用，膈的位置、作用和孔裂。
2. 熟悉斜方肌、背阔肌、肱二头肌、肱三头肌、旋前圆肌、股四头肌、小腿三头肌的位置、起止和作用，腹肌前外侧群的名称、层次及纤维方向，竖脊肌、胸腰筋膜的位置和作用，咬肌、颞肌、眼轮匝肌、口轮匝肌的位置和作用及斜角肌间隙。

一、总论

人体的肌(muscle)按结构和功能的不同可分为平滑肌、心肌和骨骼肌 3 种。平滑肌主要构成内脏和血管的管壁，具有收缩缓慢、持久、不易疲劳等特点，心肌构成心壁，两者都不随人的意志收缩，故称不随意肌。骨骼肌分布于头、颈、躯干和四肢，通常附着于骨，具有收缩迅速、有力、容易疲劳和随人的意志舒缩等特点,故称随意肌。骨骼肌在显微镜下观察呈横纹状,故也称横纹肌。本节主要叙述骨骼肌(图1-64、图1-65)。

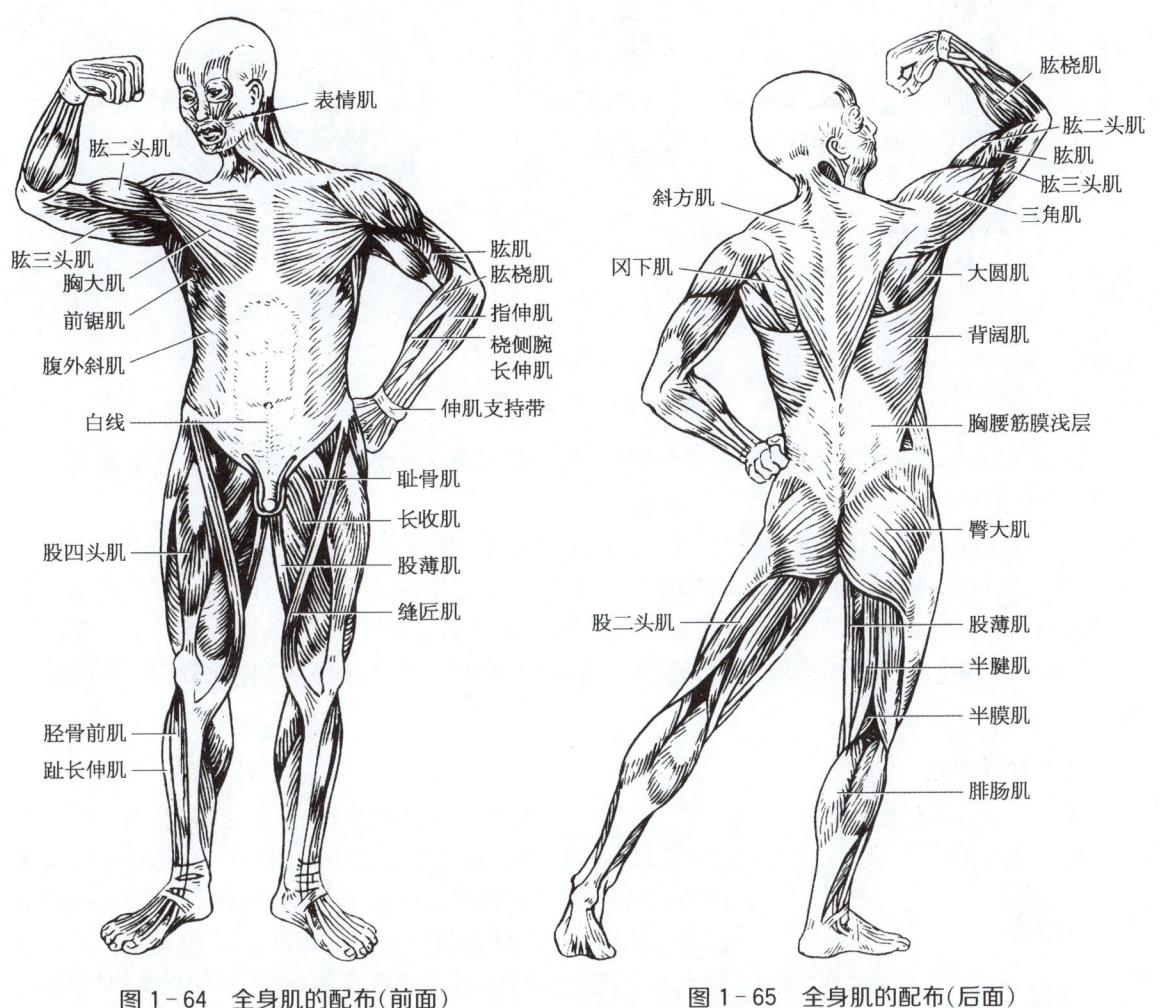

图1-64 全身肌的配布(前面)　　　　图1-65 全身肌的配布(后面)

骨骼肌是运动系统的动力部分,在神经系统的支配下,骨骼肌的收缩,牵引骨产生运动。人体骨骼肌共有600多块,分布广,约占体重的40%。每块骨骼肌都具有一定的形态、结构、位置和辅助装置,并有丰富的血管和淋巴管分布,受一定的神经支配。因此,每块骨骼肌都可看作是一个器官。

(一) 肌的形态和构造

肌的形态多种多样,可概括地分为长肌、短肌、阔肌和轮匝肌4种(图1-66)。长肌多见于四肢,收缩时肌显著缩短而引起大幅度的运动,有的长肌有两个以上的起始头,依其头数被称为二头肌、三头肌和四头肌。短肌多分布于躯干的深层,具有明显的节段性,收缩时运动幅度较小。阔肌扁而薄,多分布于胸、腹壁,收缩时除运动躯干外,还对内脏起保护和支持作用。轮匝肌多呈环形,位于孔、裂的周围,收缩时使孔裂关闭。

每块骨骼肌都由肌腹和肌腱两部分构成。

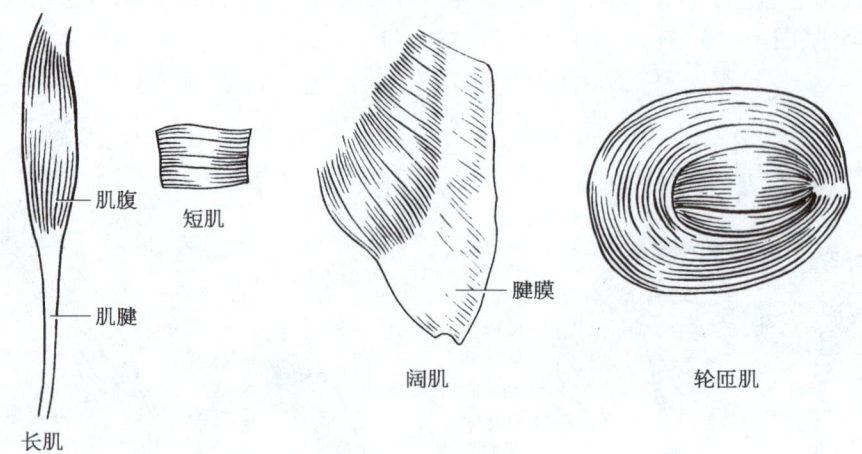

图 1-66 肌的形态

1. **肌腹**(muscle belly) 主要由大量的肌纤维(即肌细胞)构成,色红、柔软而有收缩能力。肌腹的外面被薄层结缔组织构成的肌外膜包裹。

2. **肌腱**(tendon) 主要由腱纤维构成,是胶原纤维束,色白、坚韧而无收缩能力,位于肌腹的两端,能抵抗很大的牵引力。肌腹以肌腱附着于骨。长肌的肌腹呈梭形,两端的肌腱较细小,呈条索状。有的肌腱在两个肌腹之间,称中间腱,这种肌称二腹肌。有的肌有数个腱,将肌腹分割成多个肌腹,这种腱称腱划,如腹直肌。阔肌的腱性部分呈薄膜状,称腱膜,如腹外斜肌腱膜。

(二)肌的起止

肌一般以两端附着于骨上,中间跨过一个或几个关节。当肌收缩时,牵动骨骼,产生运动。肌收缩时,一骨的位置相对固定,另一骨的位置相对移动。通常把肌在固定骨上的附着点称起点或定点,在移动骨上的附着点称止点或动点(图 1-67)。一般接近身体正中线或肢体近侧端的附着点是起点,反之是止点。但起点和止点是相对的,在一定条件下,两者可以互换,即当移动骨被固定时,在肌的收缩牵引下,固定骨则变成移动骨,如此,原来的动点变成了定点,而定点则变成了动点。

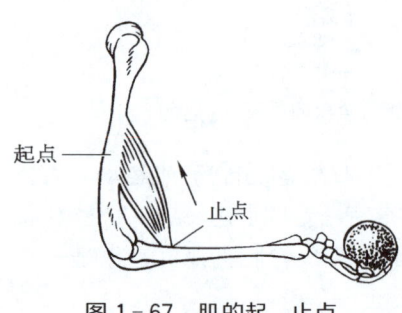

图 1-67 肌的起、止点

(三)肌的配布

骨骼肌大多配布在关节的周围,其规律是在一个运动轴的相对侧有两个作用相反的肌或肌群,称拮抗肌,如肘关节前方的屈肌群和后方的伸肌群。在运动轴一侧,作用相同的肌,称协同肌,如肘关节前方的各块屈肌。

(四)肌的辅助装置

肌的辅助装置有筋膜、滑膜囊和腱鞘等,这些结构是在肌活动的影响下,由肌周围的结缔组织转化而形成,有保护和辅助肌活动的作用。

1. **筋膜**(fascia) 筋膜位于肌的表面,分为浅筋膜和深筋膜两种(图 1-68)。

(1) 浅筋膜(superficial fascia)：又称皮下筋膜，位于皮下，由疏松结缔组织构成，内含脂肪(皮下脂肪)、浅静脉、皮神经、浅淋巴结和淋巴管等。皮下脂肪的多少因个体、性别、身体部位及营养状况而不同。浅筋膜有维持体温和保护深部结构的作用。临床皮下注射，即将药液注入浅筋膜内。

(2) 深筋膜(deep fascia)：又称固有筋膜，位于浅筋膜深面，由致密结缔组织构成，遍布于全身且互相连续，深筋膜包被每块肌，并深入到各肌层之间，形成各肌的筋膜鞘和筋膜间隙。四肢的深筋膜，

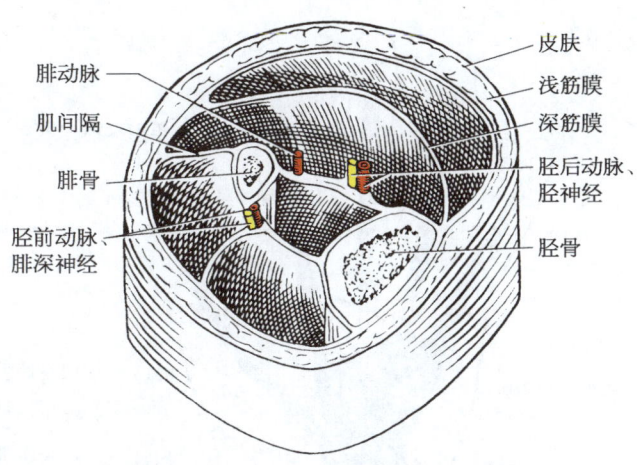

图 1-68　右侧小腿中部横切面(示筋膜)

伸入各肌群之间与长骨的骨膜相连，形成肌间隔，分隔肌群，以利于肌群的活动。在腕部和踝部，深筋膜显著增厚，形成支持带，对深面的肌腱起支持和约束作用。深筋膜还包被血管和神经，形成血管神经束的筋膜鞘。此外，深筋膜还包裹腺体，形成腺体的被膜。深筋膜有重要的功能意义，肌收缩时能在各肌和各肌群之间起缓冲作用，免受摩擦。深筋膜可作为部分肌的起、止点，血管、神经在深筋膜形成的筋膜鞘内有利于血管扩张。另外在炎症时，深筋膜则有限制炎症、脓液扩散流动的作用。因此，熟知深筋膜配布状况，还可推测脓液扩展漫延的去向。

2. 滑膜囊(synovial bursa)　为一密闭的结缔组织扁囊，内有少量滑液。其大小由直径几毫米至几厘米，有的与关节腔相通，有的则独立存在。多位于肌腱和骨面之间，可减少两者之间的摩擦，促进肌腱运动的灵活性。滑膜囊在慢性损伤和感染时，形成滑膜囊炎。

3. 腱鞘(tendinous sheath)　为套在长的肌腱周围的鞘管(图 1-69、图 1-70)。多位于手足摩擦较大部位，如腕部、踝部、手指掌侧和足趾跖侧等处。

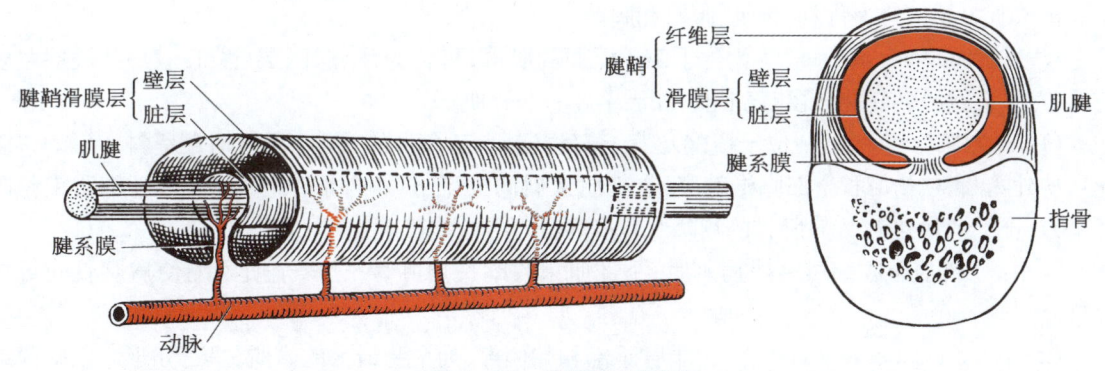

图 1-69　腱鞘示意图

腱鞘分为两层。外层为纤维层(腱纤维鞘)，由增厚的深筋膜和骨膜共同构成，呈管状并附着于骨面，它容纳肌腱并对其有固定作用。内层为滑膜层(腱滑膜鞘)，由滑膜构成，呈双层筒状，又分为脏、壁两层。脏层(内层)紧包于肌腱的表面，壁层(外层)紧贴于腱纤维鞘的内面。脏、壁两层之间含有少量滑液，这两层在肌腱的深面相互移行的部分，称腱系膜，内有血管和神经通过。腱鞘可起

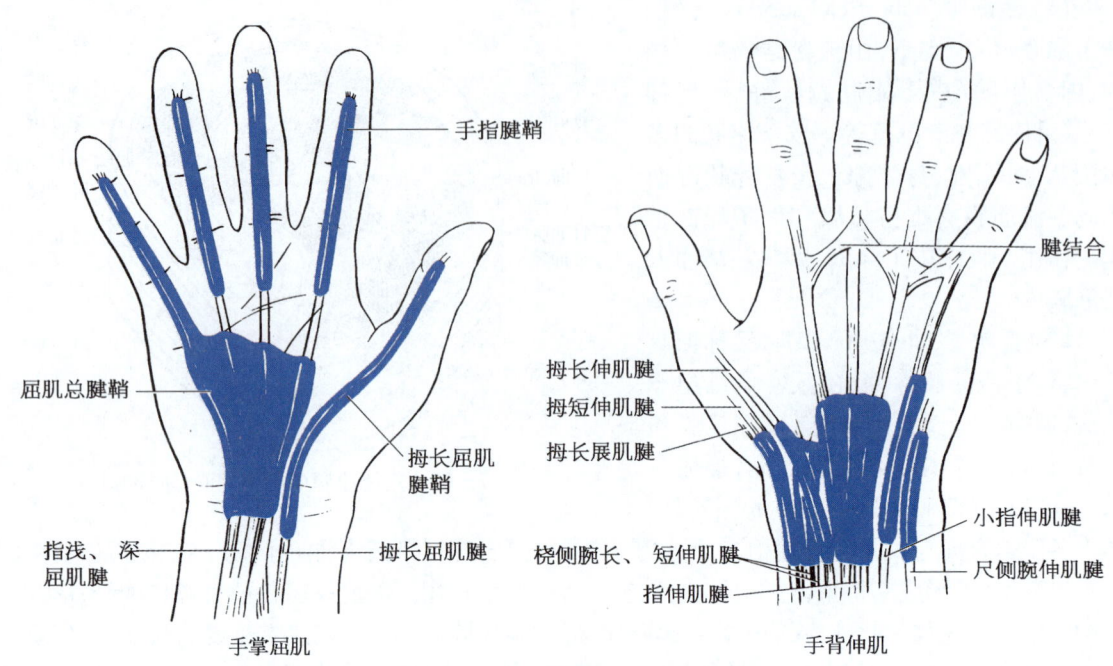

图 1-70 手的腱滑膜鞘

约束肌腱的作用,并可减少肌腱在运动时与骨面的摩擦。临床上常见的腱鞘炎,严重时局部呈结节性肿胀,引起局部疼痛和活动受限。

二、各论

全身的骨骼肌,根据所在部位的不同,可分为躯干肌、头颈肌、上肢肌和下肢肌。

(一) 躯干肌

躯干肌主要可分为背肌、胸肌、腹肌和膈。

1. 背肌(muscles of back) 为位于躯干后面的肌群,可分为浅、深两层(图 1-71)。浅层主要有斜方肌、背阔肌、肩胛提肌和菱形肌,深层主要有竖脊肌。

(1) 斜方肌(trapezius):位于项部及背上部浅层,为三角形的阔肌,两侧相合呈斜方形。该肌起自枕外隆凸、项韧带和全部胸椎棘突,上部肌束斜向外下方,中部肌束平行向外,下部肌束斜向外上方,止于锁骨外 1/3、肩胛骨的肩峰和肩胛冈。

作用:上部肌束收缩可上提肩胛骨,下部肌束收缩使肩胛骨下降,全肌收缩使肩胛骨向脊柱靠拢。

(2) 背阔肌(latissimus dorsi):位于背下部和胸侧部,为全身最大的阔肌,呈三角形。以腱膜起自下 6 个胸椎和全部腰椎的棘突、骶正中嵴及髂嵴后部。肌束向外上方集中,以扁腱止于肱骨小结节嵴。

作用:使肩关节内收、旋内和后伸;当上肢上举被固定时,可上提躯干(如引体向上)。

(3) 肩胛提肌(levator scapulae):位于项部两侧,被斜方肌覆盖。起自上 4 个颈椎横突,肌束向外下方,止于肩胛骨上角。

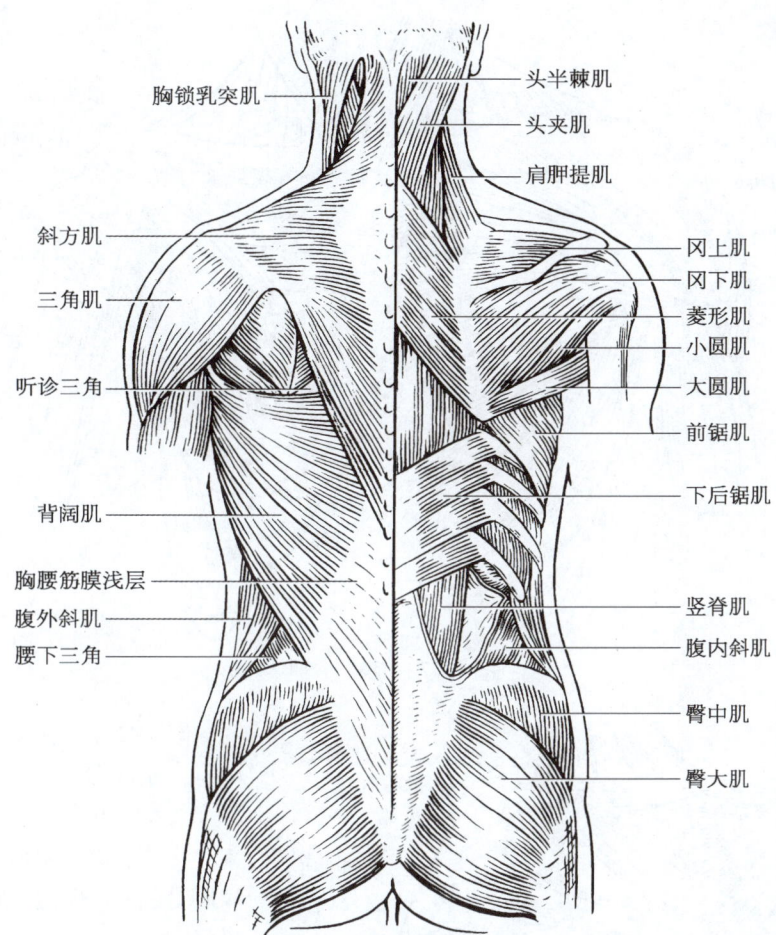

图 1-71 背肌（右侧斜方肌、背阔肌已切除）

作用：收缩时可上提肩胛骨。如肩胛骨固定，可使颈屈向同侧。

(4) 菱形肌(rhomboideus)：位于斜方肌中部的深面，由大、小菱形肌合成，呈四边形。起自下 2 个颈椎和上 4 个胸椎棘突，肌束向外下方，止于肩胛骨内侧缘。

作用：收缩时，可使肩胛骨靠近脊柱并向上移动。

(5) 竖脊肌(erector spinae)：也称骶棘肌，为背肌中最长、最大的肌，纵列于躯干的背面，脊柱两侧的沟内，居上述 4 肌的深部。从外侧向内侧由髂肋肌、最长肌和棘肌 3 列肌束组成。起自骶骨背面及髂嵴的后部，向上分出许多肌束，沿途止于椎骨和肋骨，并到达颞骨乳突。

作用：使脊柱后伸和仰头，是强有力的伸肌，对保持人体直立姿势有重要作用。

2. 胸肌(muscles of thorax)　可分为胸上肢肌和胸固有肌。

(1) 胸上肢肌：均起自胸廓外面，止于上肢带骨或肱骨，主要有胸大肌、胸小肌、前锯肌(图 1-72、图 1-73)。

1) 胸大肌(pectoralis major)：位置表浅，覆盖胸廓前壁的大部，呈扇形，宽而厚。起自锁骨的内侧半、胸骨和第 1～6 肋软骨等处，各部肌束集合向外，以扁腱止于肱骨大结节嵴。

作用：可使肱骨内收和旋内；当上肢上举固定时，可上提躯干，并上提肋，协助吸气。

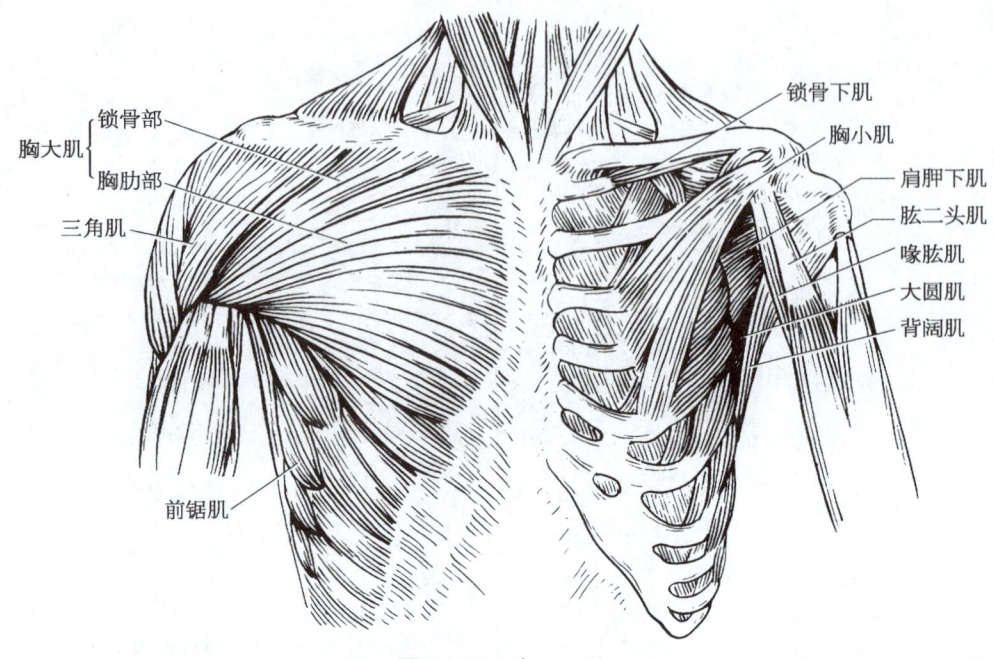

图 1-72 胸　肌

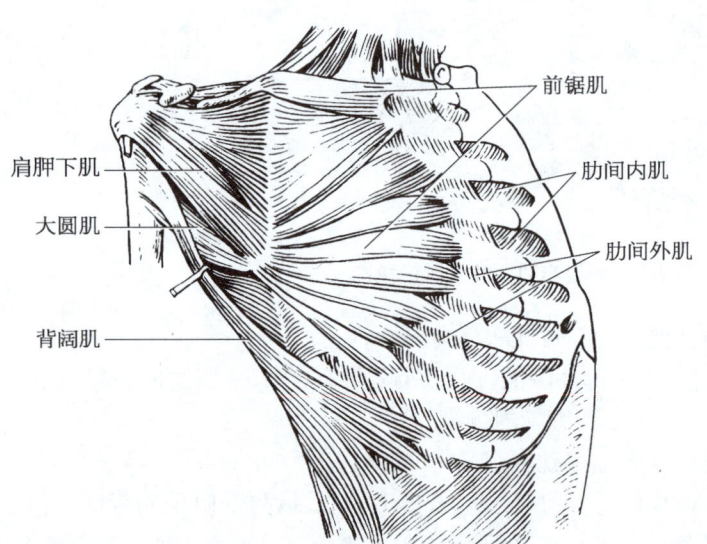

图 1-73 前锯肌和肋间肌

2）胸小肌（pectoralis minor）：位于胸大肌的深面，呈三角形。起自第3～5肋，止于肩胛骨喙突。

作用：牵拉肩胛骨向前下方；如肩胛骨固定，可上提第3～5肋，协助吸气。

3）前锯肌（serratus anterior）：位于胸廓侧面，以肌齿起自上8或9个肋骨外面，肌束向后内行，经肩胛骨前面，止于肩胛骨内侧缘。

作用：可拉肩胛骨向前，并使肩胛骨紧贴胸廓；如肩胛骨固定，则可提肋，协助吸气。前锯肌瘫痪时，肩胛骨内侧缘翘起，称"翼状肩胛"。

（2）胸固有肌：参与构成胸壁，在肋间隙内，主要有肋间外肌和肋间内肌（图1-73）。

1）肋间外肌（intercostales externi）：位于各肋间隙的浅层，起自肋骨下缘，肌束斜向前下，止于下一个肋骨的上缘。在肋软骨间隙处，无肋间外肌，由结缔组织形成的肋间外膜代替。

作用：能提肋，助吸气。

2）肋间内肌（intercostales interni）：位于肋间外肌的深面，肌束方向与肋间外肌相反，后方肌束只到肋角，自此向后内由结缔组织形成的肋间内膜代替。而前方的肌束可达胸骨侧缘处。

作用：能降肋，助呼气。

3. 膈(diaphragm)　膈(图1-74)位于胸、腹腔之间，封闭胸廓下口，为向上膨隆呈穹窿形扁薄阔肌，其周围为肌性部，起自胸廓下口内面及腰椎前面，各部肌束向中央集中移行于腱性部，称中心腱。

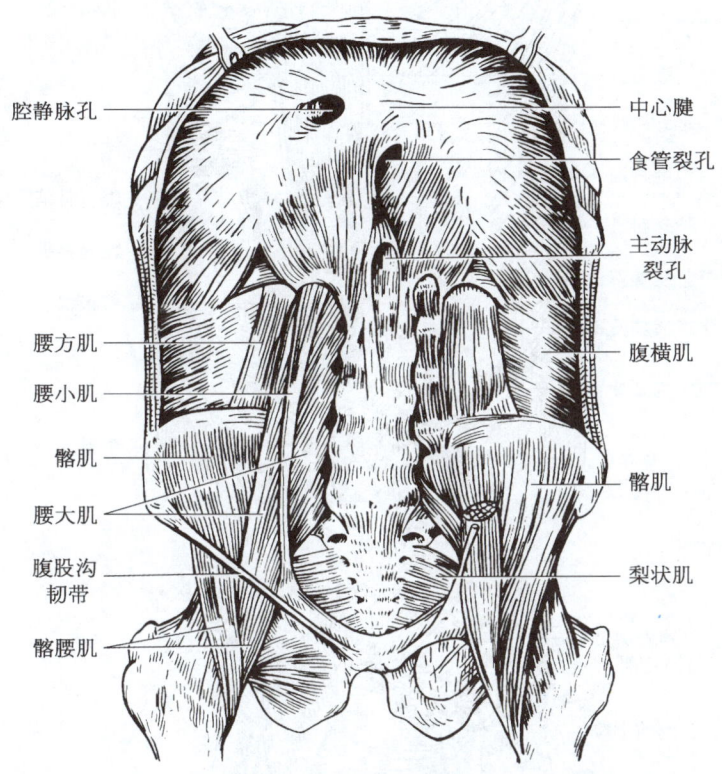

图1-74　膈和腹后壁肌

膈上有3个裂孔：① 主动脉裂孔在膈与脊柱之间，位于第12胸椎前方，有主动脉及胸导管通过；② 食管裂孔位于主动脉裂孔的左前方，约平第10胸椎，有食管和左、右迷走神经通过；③ 腔静脉孔位于食管裂孔右前方的中心腱内，位置最高，约平第8胸椎，有下腔静脉通过。

作用：膈为主要的呼吸肌，收缩时，膈的圆顶下降，胸腔容积扩大，引起吸气；舒张时，膈的圆顶上升恢复原位，胸腔容积减小，引起呼气。膈与腹肌同时收缩，则能增加腹压，可协助排便、呕吐及分娩等活动。

4. 腹肌(muscles of abdomen)　腹肌可分为前外侧群和后群(图1-74～图1-76)。

(1) 前外侧群：形成腹腔的前外侧壁，包括腹直肌、腹外斜肌、腹内斜肌和腹横肌等(图1-75、图1-76)。

1) 腹直肌(rectus abdominis)：位于腹前壁正中线两旁，居腹直肌鞘中，为上宽下窄的带形肌，起自耻骨联合和耻骨结节之间，肌束向上止于胸骨剑突及第5～7肋软骨的前面。肌的全长被3～4条横行的腱划分成多个肌腹，腱划由结缔组织构成，与腹直肌鞘的前层紧密结合。

2) 腹外斜肌(obliquus externus abdominis)：位于腹前外侧壁浅层，为一宽阔扁肌，起自下8个肋骨外面，肌束由后外上方斜向前内下方，一部分止于髂嵴，而大部分在腹直肌外侧缘处移行为腹

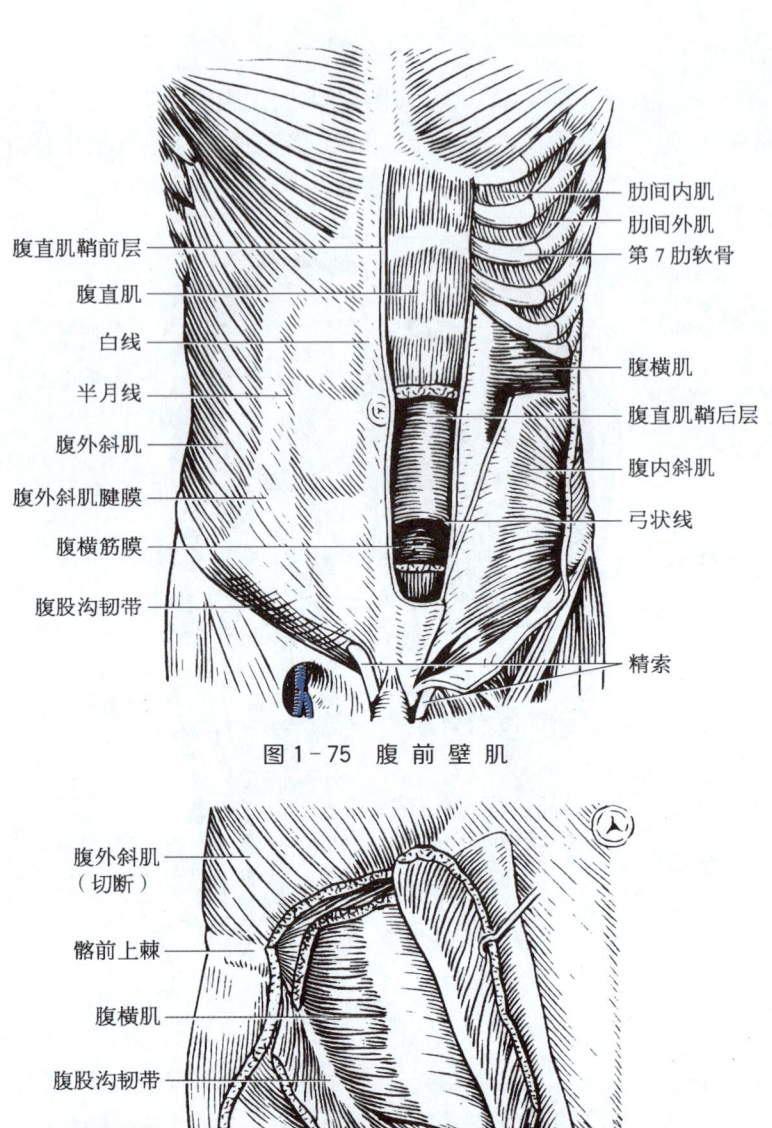

图 1-75 腹前壁肌

图 1-76 腹前壁的下部

外斜肌腱膜。腱膜向内侧参与腹直肌鞘前层的构成,腱膜的下缘卷曲增厚连于髂前上棘和耻骨结节之间,形成**腹股沟韧带**。在耻骨结节外上方,腱膜形成一个小三角形裂隙,称**腹股沟管浅环**(又称**腹股沟管皮下环**)。

3) **腹内斜肌**(obliquus internus abdominis):位于腹外斜肌深面,起自胸腰筋膜、髂嵴和腹股沟韧带外侧半,大部分肌束向内上方,下部肌束向内下方,在腹直肌外侧缘移行为腹内斜肌腱膜。腱膜向内侧分为前、后两层并包裹腹直肌,参与腹直肌鞘前、后两层的构成,肌纤维下部游离呈弓状,其腱膜的下内侧部与腹横肌腱膜形成腹股沟镰(又称联合腱),止于耻骨。腹内斜肌和腹横肌最下部肌束包绕精索和睾丸而成提睾肌。

4) 腹横肌(transversus abdominis):位于腹内斜肌深面,起自下 6 个肋骨内面、胸腰筋膜、髂嵴和腹股沟韧带外侧部,肌束向前内横行,在腹直肌外侧缘移行为腹横肌腱膜,参与构成腹直肌鞘后层。腹横肌最下部肌束和腱膜分别参与形成提睾肌和腹股沟镰。

作用:腹前外侧群肌共同保护和支持腹腔脏器,收缩时可以缩小腹腔,增加腹压,以协助呼气、排便、分娩、呕吐和咳嗽等活动。该肌群还可使脊柱前屈、侧屈和旋转等运动。

(2) 后群:有腰大肌和腰方肌(图 1-74)。腰大肌将在下肢肌中叙述。腰方肌位于腹后壁,呈长方形,在腰椎两侧,其后方有竖脊肌,腰方肌起自髂嵴,向上止于第 12 肋。

作用:可降第 12 肋,并使脊柱腰部侧屈。

(3) 腹直肌鞘(sheath of rectus abdominis):包裹腹直肌,分为前、后两层(图 1-75、图 1-77)。前层由腹外斜肌腱膜和腹内斜肌腱膜的前层愈合而成,后层由腹内斜肌腱膜的后层和腹横肌腱膜愈合而成。在脐下 4~5 cm 以下,腹内斜肌腱膜的后层和腹横肌腱膜全部转至腹直肌前面参与构成鞘的前层,并与其结合。后层的下缘呈凸向上的弓形,称弓状线(又称半环线)。由于弓状线以下缺乏鞘的后层,故腹直肌后面直接与腹横筋膜相贴。

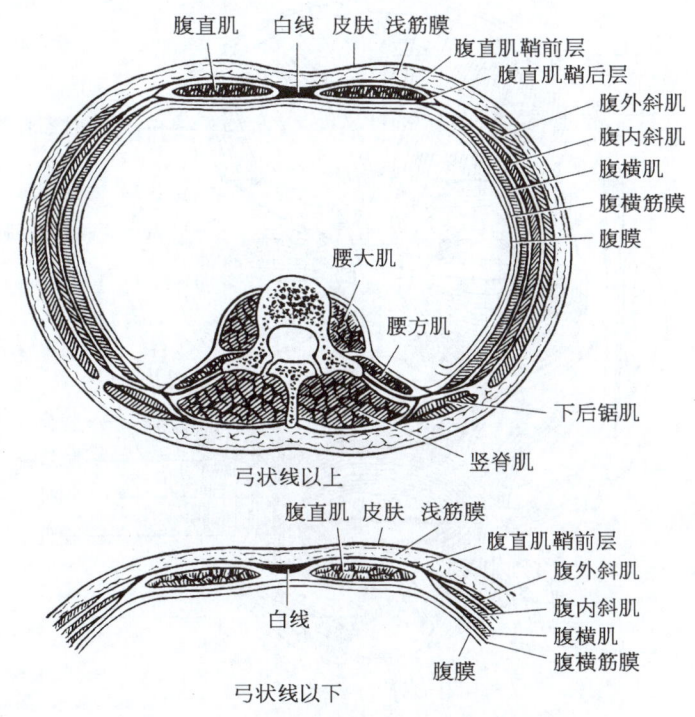

图 1-77 腹壁两个横切面(示腹直肌鞘)

(4) 腹筋膜:包括腹浅筋膜、腹深筋膜和腹内筋膜。

1) 腹浅筋膜:在腹上部为一层,在脐以下分浅、深两层。浅层含有脂肪,称脂肪层(Camper 筋膜);深层内有弹性纤维,称膜性层(Scarpa 筋膜)。

2) 腹深筋膜:可分数层,分别覆盖在前外侧群各肌的表面和深面。

3) 腹内筋膜:贴附在腹腔和盆腔各壁的内面,各部筋膜的名称与所覆盖的肌相同,如膈筋膜、腹横筋膜、髂腰筋膜、盆筋膜等。其中腹横筋膜范围较大(图1-77),贴附于腹横肌、腹直肌鞘和弓状线以下腹直肌的后面。

(5) 白线(linea alba):位于两侧腹直肌之间,为两侧3层腹壁阔肌腱膜的纤维在正中线交织而成,白线上部较宽,下部较窄,其上方起自剑突,下止于耻骨联合,约在白线中部有一脐环。在胎儿时期,有脐血管通过,此处也是腹壁薄弱处,如腹腔内容物由此膨出可引起脐疝(图1-77)。

(6) 腹股沟管(inguinal canal):为男性精索或女性子宫圆韧带所通过的一条裂隙,位于腹前外侧壁下部,由外上斜向内下方,在腹股沟韧带内侧半的上方,长约4.5 cm。管的内口称腹股沟管深环(又称腹股沟管腹环),在腹股沟韧带中点上方约1.5 cm处,为腹横筋膜随精索或子宫圆韧带向外的突口。管的外口即腹股沟管浅环(又称腹股沟管皮下环)。在病理状态下,小肠等腹腔内容物若经腹股沟管深环进入腹股沟管,还可经浅环突出,下降到阴囊,为腹股沟斜疝。如不经过深环而经腹股沟管后壁直接向浅环突出者,则称腹股沟直疝。

(二) 头颈肌

头颈肌包括头肌和颈肌。

1. 头肌(muscles of head) 可分为面肌和咀嚼肌两部分(图1-78、图1-79)。

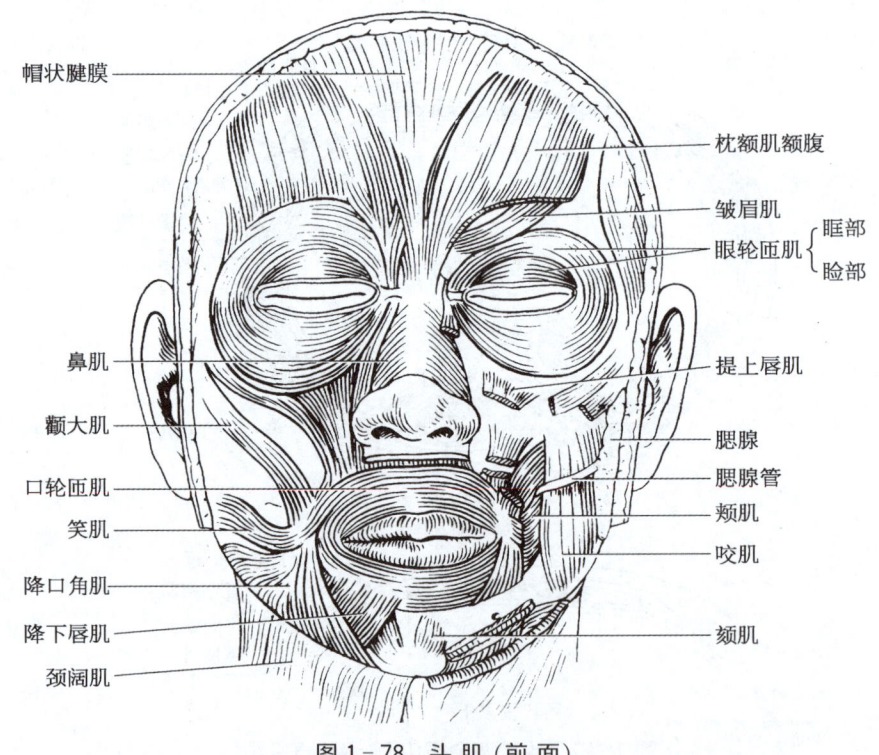

图1-78 头肌(前面)

(1) 面肌(facial muscles):又称表情肌,为扁薄的皮肌,位置表浅,大多起自颅骨的不同部位,止于面部皮肤,并主要在口裂、眼裂和鼻孔的周围,分为环形肌和辐射状肌两种,可开大或闭合上述孔裂,同时牵动面部皮肤显出喜、怒、哀、乐等各种表情。

1) 颅顶肌(epicranius):由枕额肌(occipitofrontalis)组成,覆盖于颅盖外面。枕额肌阔而薄,由成对的枕腹和额腹以及中间的帽状腱膜组成。枕腹(又称枕肌)起自枕骨,止于帽状腱膜,可向下牵

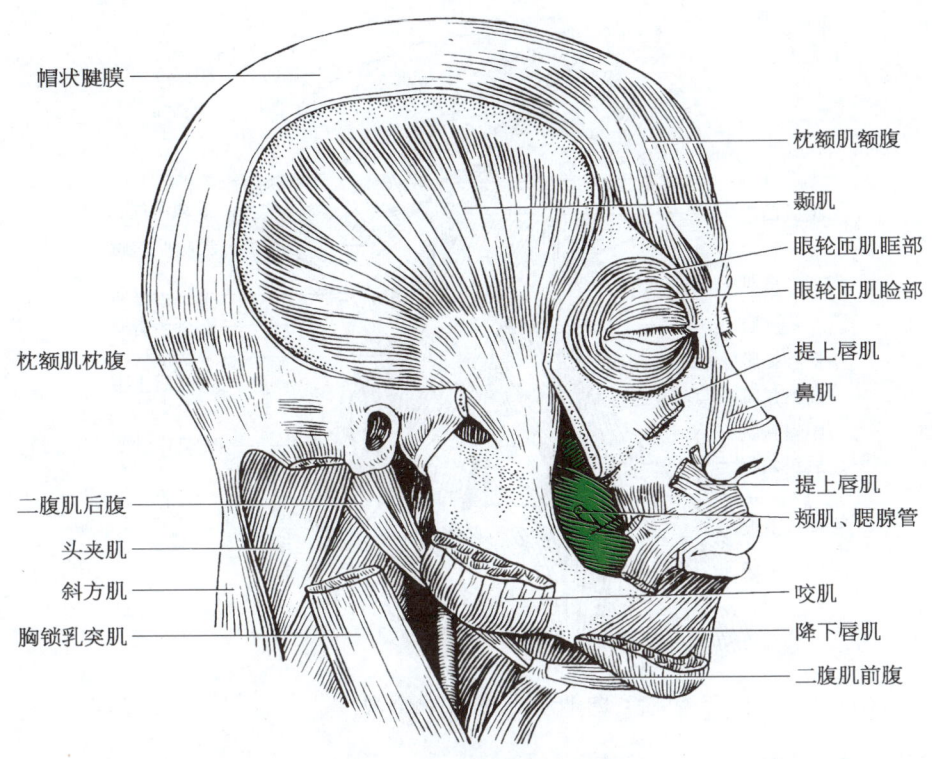

图 1-79 头肌（侧面）

拉腱膜。**额腹**(又称**额肌**)起自帽状腱膜,止于额部皮肤,收缩时可扬眉、皱额。**帽状腱膜**很坚韧,以纤维束垂直穿经浅筋膜与浅层的皮肤相连,三者紧密结合构成头皮。帽状腱膜与深部的骨膜则隔以疏松结缔组织,故头皮可在颅骨表面滑动。头皮外伤时,常在腱膜深面形成血肿或撕脱。

2) 孔裂周围肌：肌纤维呈环形排列者可关闭孔裂,呈放射状排列者则可开大孔裂。

眼轮匝肌(orbicularis oculi)：肌纤维环绕于眶和眼裂周围,呈扁椭圆形。

作用：使眼裂闭合。

口轮匝肌(orbicularis oris)：肌纤维环绕口裂。

作用：使口裂闭合。

颊肌(buccinator)：位于口角两侧面颊深部,紧贴于口腔侧壁的黏膜外面(属放射状肌)。

作用：收缩时可使唇、颊紧贴牙齿,帮助咀嚼和吸吮。

其他放射状肌有很多,如分别排列于唇的上、下方,收缩时可提上唇、降下唇,并可牵拉口角向上、向下或向外。

(2) **咀嚼肌**(masticatory muscles)：这些肌的作用均与咀嚼动作有关,即运动颞下颌关节,故有关的肌都止于下颌骨,包括咬肌、颞肌、翼外肌和翼内肌。

1) **咬肌**(masseter)：呈长方形,起自颧弓,向后下止于下颌角外面。

2) **颞肌**(temporalis)：呈扇形,起自颞窝骨面,肌束向下会聚,通过颧弓的内侧,止于下颌骨冠突。

咬肌和颞肌的作用：主要是上提下颌骨,使上、下颌牙咬合。

2. **颈肌**(muscles of neck)　按其位置可分为颈浅肌群、颈中肌群和颈深肌群(图1-80)。

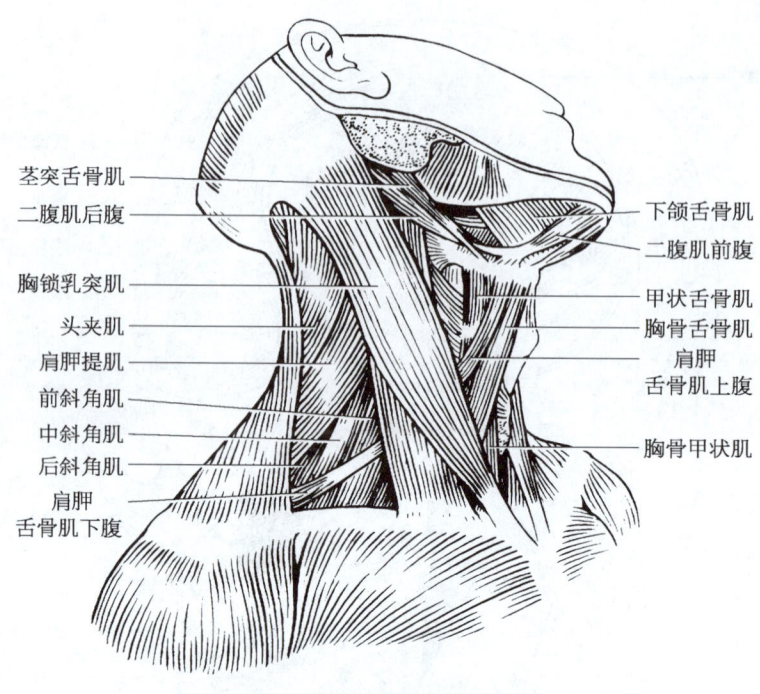

图1-80 颈肌(侧面观)

(1) **颈浅肌群**：主要有胸锁乳突肌。

胸锁乳突肌(sternocleidomastoid)：斜列于颈部两侧，为颈部一对强有力的肌肉，起自胸骨柄前面和锁骨的胸骨端，肌束斜向后上方，止于颞骨的乳突。

作用：两侧收缩，使头向后仰。单侧收缩，使头屈向同侧，面转向对侧。单侧胸锁乳突肌可因胎儿产伤等原因造成肌挛缩，导致小儿斜颈。

(2) **颈中肌群**：包括舌骨上肌和舌骨下肌。

1) **舌骨上肌**：位于舌骨和下颌骨及颅底之间，是一群小肌，共4对。除二腹肌外，都以起止命名，包括二腹肌、茎突舌骨肌、下颌舌骨肌和颏舌骨肌。

2) **舌骨下肌**：位于颈前部，在舌骨和胸骨之间，居喉、气管和甲状腺的前方，分浅、深两层排列，均依据起止命名，包括胸骨舌骨肌、肩胛舌骨肌、胸骨甲状肌和甲状舌骨肌。

(3) **颈深肌群**：位于颈椎两侧，包括前斜角肌(scalenus anterior)、中斜角肌(scalenus medius)和后斜角肌(scalenus posterior)，三者均起自颈椎横突。前、中斜角肌向下止于第1肋骨，后斜角肌止于第2肋骨。在前、中斜角肌和第1肋骨之间，形成三角形裂隙，称斜角肌间隙，有臂丛神经和锁骨下动脉通过，故临床上将麻药注入此间隙，进行臂丛神经阻滞麻醉。在病理情况下，可造成此间隙狭窄，引起臂丛神经、血管受压。

(三) 上肢肌

上肢肌根据其所在部位分为肩肌、臂肌、前臂肌和手肌。

1. 肩肌　肩肌配布于肩关节周围，均起自上肢带骨，跨越肩关节，止于肱骨上端，有稳定和运动肩关节的作用。主要有三角肌、冈上肌、冈下肌、小圆肌、大圆肌和肩胛下肌等(图1-81)。

(1) **三角肌(deltoid)**：位于肩部，呈三角形。起自锁骨的外侧段、肩峰和肩胛冈，肌束逐渐向外下方集中,止于肱骨体外侧面的三角肌粗隆。肱骨上端由于三角肌的覆盖,使肩关节呈圆隆状。如肩关节向下脱位或三角肌瘫痪萎缩,则可形成"方形肩"体征。

作用:主要是使肩关节外展,其前部肌纤维收缩可使肩关节前屈并略旋内,后部肌纤维收缩可使肩关节后伸并略旋外。

(2) 冈上肌(supraspinatus):位于斜方肌的深面。起自冈上窝,肌束向外,经肩峰深面,跨过肩关节之上,止于肱骨大结节上部。此肌损伤或有炎症,当上臂外展时,肩部有疼痛感。

作用:使肩关节外展。

(3) 冈下肌(infraspinatus):大部分被斜方肌和三角肌遮盖,起自冈下窝的骨面,肌束向外跨过肩关节后方,止于肱骨大结节中部。

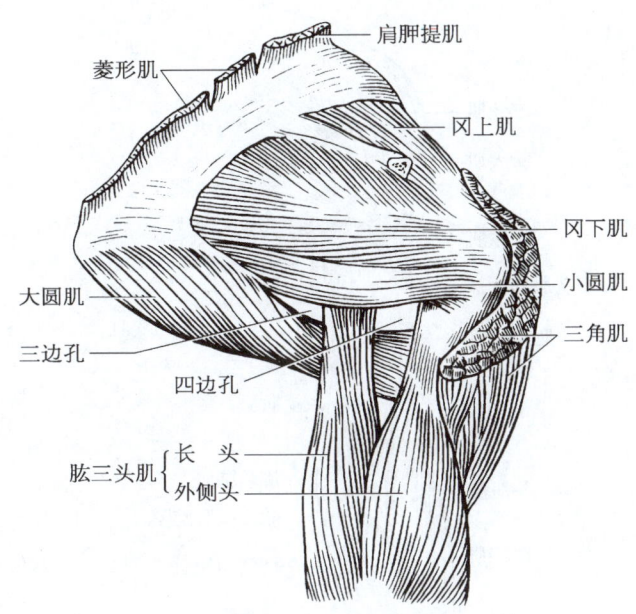

图1-81 肩肌(后面)

作用:使肩关节旋外。

(4) 小圆肌(teres minor):位于冈下肌的下方。起自肩胛骨外侧缘后面,肌束向外上跨过肩关节后方,止于肱骨大结节下部。

作用:使肩关节旋外。

(5) 大圆肌(teres major):位于小圆肌的下方。起自肩胛骨外侧缘和下角,肌束向上外,绕至肱骨之前,止于肱骨小结节嵴。

作用:使肩关节后伸、内收和旋内。

(6) 肩胛下肌(subscapularis):位于肩胛骨前面。起自肩胛下窝,肌束向上外,经肩关节的前方,止于肱骨小结节。

作用:使肩关节内收和旋内。

肩胛下肌、冈上肌、冈下肌和小圆肌在经过肩关节的前方、上方和后方时,与关节囊紧贴,且有许多腱纤维编织入关节囊壁,故这些肌肉的收缩,对稳定肩关节起重要作用。

三角肌和冈上肌可使肩关节外展。三角肌前部肌束、大圆肌和肩胛下肌可使肩关节内收和旋内。三角肌后部肌束、冈下肌和小圆肌可使肩关节旋外。此外,三角肌后部肌束还可使肩关节后伸,前部肌束还可使其前屈。

2. 臂肌 臂肌位于肱骨周围,可分为前群和后群。前群为屈肌,后群为伸肌(图1-82~图1-84)。

(1) 前群:位于肱骨前方,有浅层的肱二头肌,上方的喙肱肌和下方深层的肱肌。

1) 肱二头肌(biceps brachii):位于臂的前面浅层。起端有长、短两头,长头以长腱起自肩胛骨关节盂的上方,穿经肩关节囊,沿结节间沟下降。短头在内侧,起自肩胛骨喙突。两头在臂中部会合成一肌腹,向下延续为肌腱,经肘关节前方,止于桡骨粗隆。另从腱上分出腱膜,向内下越过肘

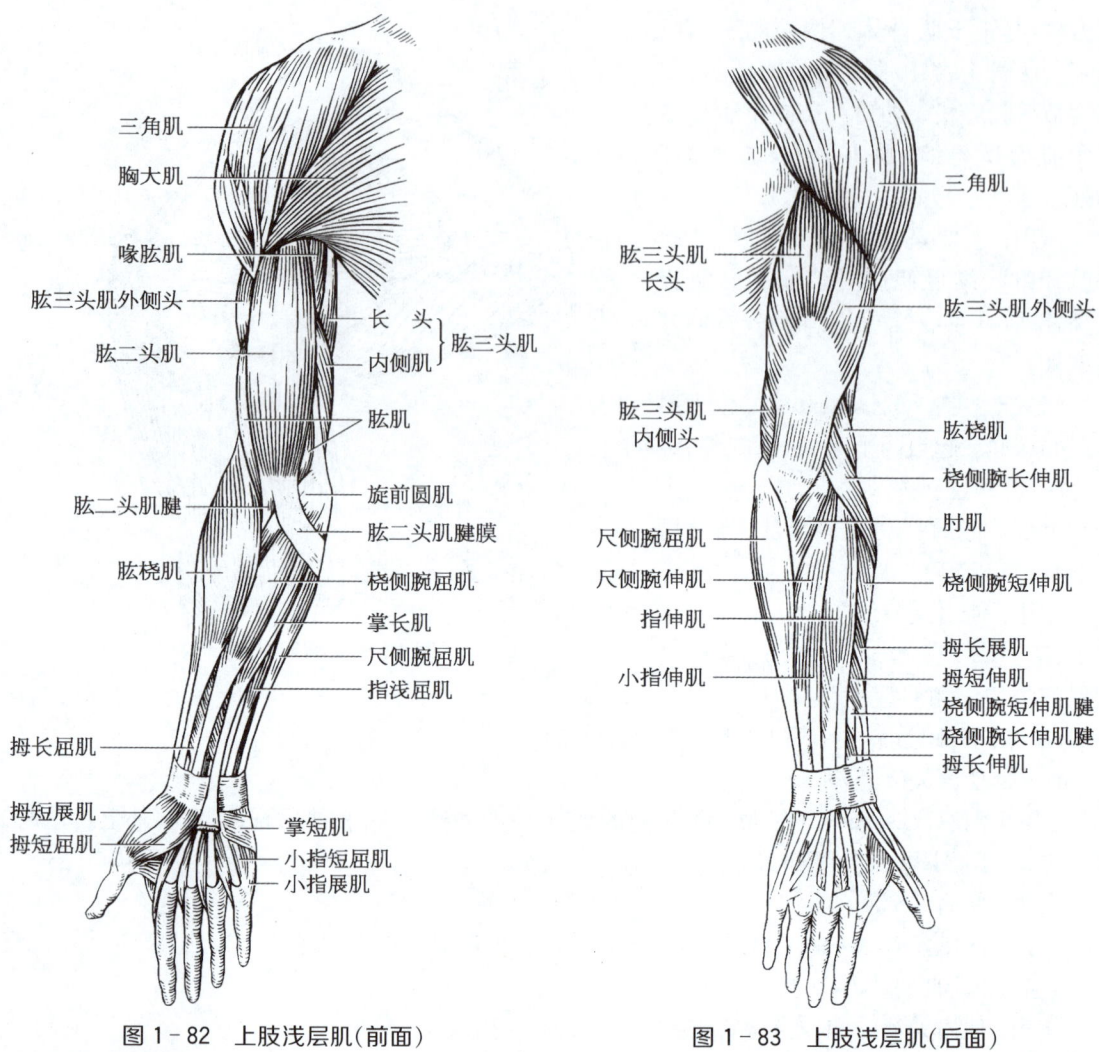

图 1-82　上肢浅层肌(前面)　　　　图 1-83　上肢浅层肌(后面)

窝,移行于前臂筋膜。此肌肌腹的内、外侧各有一沟,分别称**肱二头肌内侧沟**和**肱二头肌外侧沟**。内侧沟内通过重要的血管和神经。

作用:主要为屈肘关节,长头协助屈肩关节,并使已旋前的前臂做旋后动作。

2) **喙肱肌(coracobrachialis):** 位于肱二头肌短头内后侧,起自肩胛骨喙突,止于肱骨中部内侧。

作用:屈和内收肩关节。

3) **肱肌(brachialis):** 位于肱二头肌深面。起自肱骨体下半部的前面,止于尺骨粗隆。

作用:屈肘关节。

(2) 后群:位于肱骨后方,为肱三头肌和肘肌。

1) **肱三头肌(triceps brachii):** 位于臂的后面。起端有三个头,长头起自肩胛骨关节盂下方,外侧头起自肱骨后面桡神经沟的外上方,内侧头起自桡神经沟的内下方,三头合为一个肌腹,以扁腱止于尺骨鹰嘴。

作用:主要是伸肘关节,长头还可使臂后伸。

2) 肘肌(anconeus)：位于肘关节后面，呈三角形，起自肱骨外上髁，止于尺骨上1/3。

作用：伸肘关节。

3. 前臂肌　前臂肌位于尺、桡骨周围，分为前、后两群，每群又分为浅、深两层，共19块肌。各层肌的肌腹大部分在前臂的上半部，向下形成细长的肌腱，因而使前臂呈现近端较粗而向远侧逐渐变细的外形。主要作用于肘关节、桡腕关节和手关节。

(1) 前群(图1-82、图1-85)：位于前臂的前面，共9块。主要为屈腕、屈指和使前臂旋前的肌，称屈肌群，分浅、深两层。

1) 浅层：有6块肌，自桡侧向尺侧依次为肱桡肌、旋前圆肌、桡侧腕屈肌、掌长肌、指浅屈肌和尺侧腕屈肌。

肱桡肌(brachioradialis)：起自肱骨外上髁上方，止于桡骨茎突。

作用：协助屈肘关节。

旋前圆肌(pronator teres)：起自肱骨内上髁，止于桡骨体中部外侧。

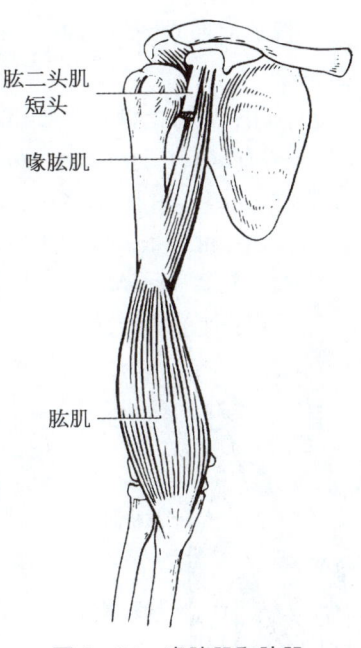

图1-84　喙肱肌和肱肌

作用：使前臂旋前并屈肘。

桡侧腕屈肌(flexor carpi radialis)：起自肱骨内上髁，止于第2掌骨底前面。

作用：屈腕及外展桡腕关节。

掌长肌(palmaris longus)：起自肱骨内上髁，向下以长腱止于掌腱膜。

作用：协助屈桡腕关节，紧张掌腱膜。

尺侧腕屈肌(flexor carpi ulnaris)：起自肱骨内上髁，止于豌豆骨。

作用：屈腕和内收桡腕关节。

指浅屈肌(flexor digitorum superficialis)：位于上述肌的深面，起自肱骨内上髁及桡骨上半部前面，肌纤维向下移行为4条肌腱，经屈肌支持带后方(即腕管)入手掌，至手指后每腱分为两束，分别止于第2~5指中节指骨底两侧。

作用：屈桡腕关节、掌指关节及第2~5指近侧指骨间关节。

2) 深层：有3块肌，桡侧有拇长屈肌，尺侧有指深屈肌，桡、尺骨远端的前面有旋前方肌。

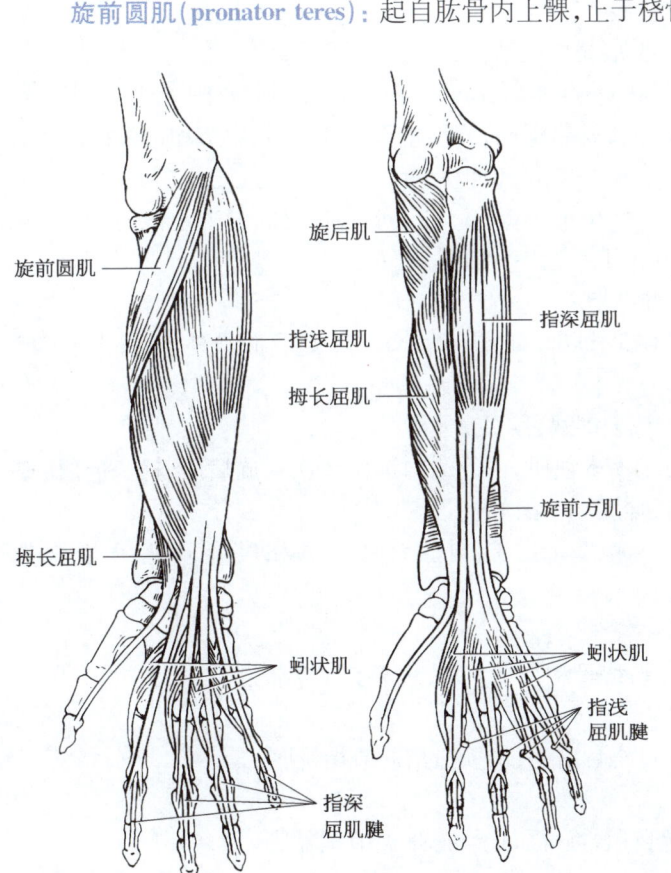

图1-85　前臂前群深层肌

拇长屈肌（flexor pollicis longus）：起自桡骨近侧端前面，以长腱经腕管止于拇指远节指骨底。

作用：屈拇指骨间关节和掌指关节。

指深屈肌（flexor digitorum profundus）：起自尺骨近侧端前面及骨间膜上部，肌腹向下移行为4个肌腱，经腕管和手掌，各腱穿经指浅屈肌腱两脚之间，止于第2~5指远节指骨底前面。

作用：屈第2~5指骨间关节、掌指关节和桡腕关节。

旋前方肌（pronator quadratus）：紧贴桡、尺骨远侧前面，起自尺骨，止于桡骨。

作用：使前臂旋前。

（2）后群（图1-83、图1-86）：位于前臂的后面，共10块肌。主要是伸腕、伸指和旋后的肌，称伸肌群，也分浅、深两层。

1）浅层：有5块肌，由桡侧向尺侧依次为桡侧腕长伸肌、桡侧腕短伸肌、指伸肌、小指伸肌和尺侧腕伸肌。

桡侧腕长伸肌（extensor carpi radialis longus）：起自肱骨外上髁，止于第2掌骨底。

作用：伸、展桡腕关节。

桡侧腕短伸肌（extensor carpi radialis brevis）：起自肱骨外上髁，止于第3掌骨底。

作用：伸、展桡腕关节。

指伸肌（extensor digitorum）：起自肱骨外上髁，肌纤维向下分为4个腱，经伸肌支持带深面，分别止于第2~5指中节和远节指骨底。

作用：伸第2~5指和伸桡腕关节。

小指伸肌（extensor digiti minimi）：起自肱骨外上髁，其肌腱通常分成两根，止于小指指背腱膜。

作用：伸小指。

尺侧腕伸肌（extensor carpi ulnaris）：起自肱骨外上髁，止于第5掌骨底。

作用：伸腕和收桡腕关节。

2）深层：有5块肌，由近侧向远侧依次为旋后肌、拇长展肌、拇短伸肌、拇长伸肌和示指伸肌。

旋后肌（supinator）：起自肱骨外上髁和尺骨上端，止于桡骨近端。

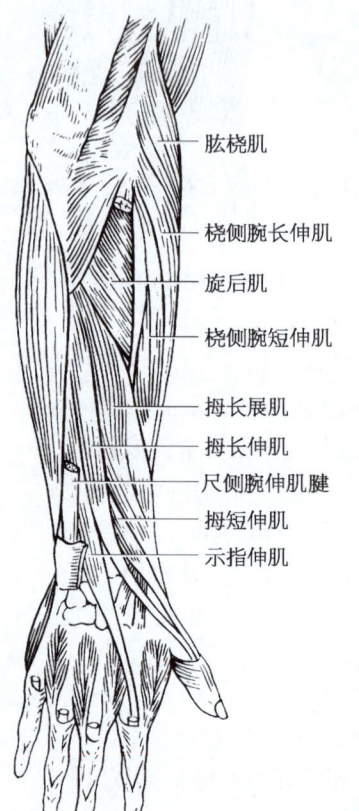

图1-86 前臂后群深层肌

作用：使前臂旋后。

拇长展肌（abductor pollicis longus）：起自桡骨和尺骨上部，止于第1掌骨底。

作用：外展拇指和手。

拇短伸肌（extensor pollicis brevis）：起自桡骨后面，止于拇指近节指骨底。

作用：伸拇指。

拇长伸肌（extensor pollicis longus）：起自尺骨后面，止于拇指近节指骨底。

作用：伸拇指。

示指伸肌（extensor indicis）：起自尺骨后面，止于示指指背腱膜。

作用：伸示指。

4. **手肌** 手指活动有许多肌参与，除有从前臂来的长腱外，还有许多短小的手肌，这些肌都在手掌面，可分为外侧群、中间群和内侧群（图1-87、图1-88）。

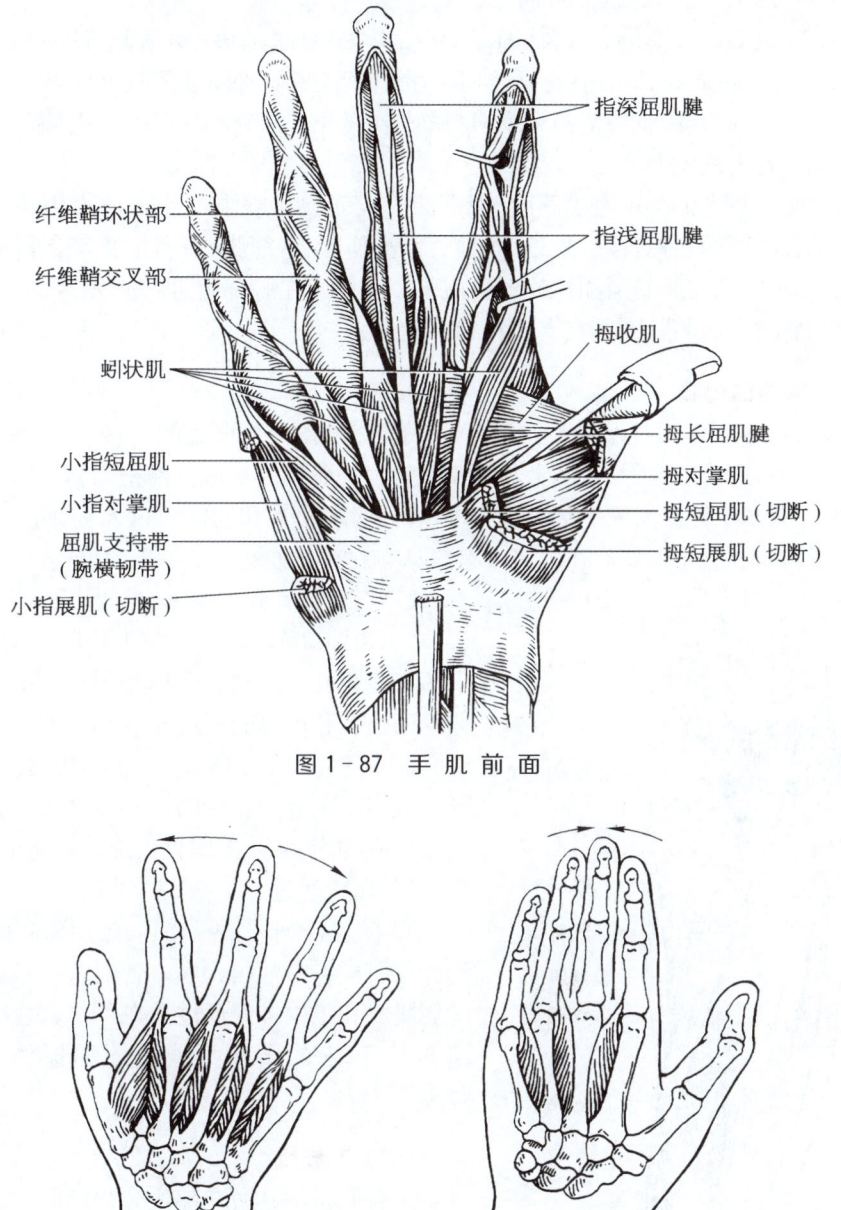

图1-87 手肌前面

图1-88 骨间肌及其作用

（1）外侧群：在拇指侧构成一隆起，称鱼际，有4块肌，分浅、深两层。浅层外侧为拇短展肌，内侧为拇短屈肌。深层依次为拇对掌肌和拇收肌。

作用：分别使拇指外展、前屈、对掌和内收。拇指功能十分重要，尤其是拇对掌肌是人类所独有的一块进化肌。

（2）内侧群：在小指侧，构成**小鱼际**，有 3 块肌，分浅、深两层。浅层内侧为**小指展肌**，外侧为**小指短屈肌**。深层为**小指对掌肌**。

作用：分别为使小指外展、前屈和对掌。

（3）中间群：位于大、小鱼际之间，共 11 块，包括 4 块**蚓状肌**、3 块**骨间掌侧肌**和 4 块**骨间背侧肌**。

作用：蚓状肌可屈第 2~5 掌指关节，伸手指指骨间关节。骨间掌侧肌可使第 2、第 4、第 5 指内收（向中指靠拢）。骨间背侧肌可使第 2、第 4 指外展（离开中指）和第 3 指左、右倾斜。如果骨间掌侧肌群瘫痪，则手指夹纸无力。

5. **上肢筋膜** 上肢筋膜分为浅筋膜、深筋膜。浅筋膜与躯干上部浅筋膜相续。深筋膜较发达，依其所在部位不同而名称各异，如三角肌筋膜、腋筋膜、臂筋膜、前臂筋膜等。臂筋膜伸入臂肌前、后群之间，形成**臂内侧肌间隔**和**臂外侧肌间隔**。深筋膜在腕部附近特别发达，形成**伸肌支持带**和**屈肌支持带**，它对深面的肌腱具有支持和约束作用。

【附】上肢的局部记载

1. **腋窝（axillary fossa）** 为锥形腔隙，位于臂上部和胸外侧壁之间。具有顶、底和 4 个壁。顶由第 1 肋、锁骨和肩胛骨上缘围成，向上与颈相通。底由腋筋膜构成。前壁为胸大肌和胸小肌。后壁为肩胛下肌和背阔肌等。内侧壁为胸廓外侧壁上部的肋骨和肋间肌以及前锯肌。外侧壁为肱二头肌短头、喙肱肌和肱骨上部。在腋窝中有臂丛、腋血管、腋淋巴结等重要结构。

2. **三边孔（trilateral foramen）和四边孔（quadrilateral foramen）** 在小圆肌和大圆肌之间，由于肱三头肌长头穿过，而将此两肌之间的间隙分为外侧的四边孔和内侧的三边孔（图 1-81）。

3. **肘窝（cubital fossa）** 位于肘关节前方呈三角形的浅窝。上界为肱骨内、外上髁之间的连线，外侧界为肱桡肌的内侧缘，内侧界为旋前圆肌的外侧缘，窝内有神经、血管通过。

4. **腕管（carpal canal）** 位于腕部掌侧面，由腕骨沟和屈肌支持带共同构成。管内有拇长屈肌腱，指浅、深屈肌腱和正中神经通过。在外伤、炎症、水肿等病理情况下，管内的结构可能受压和损伤，造成手功能障碍。

（四）下肢肌

下肢肌根据其所在部位分为髋肌、大腿肌、小腿肌和足肌。下肢肌比上肢肌粗壮强大，这与维持人体直立姿势、支持体重和行走有关。

1. **髋肌** 主要起自骨盆的内面或外面，跨过髋关节，止于股骨，能运动髋关节。按其所在部位和作用，分为前、后两群。

（1）前群（图 1-89）：有髂腰肌和阔筋膜张肌。

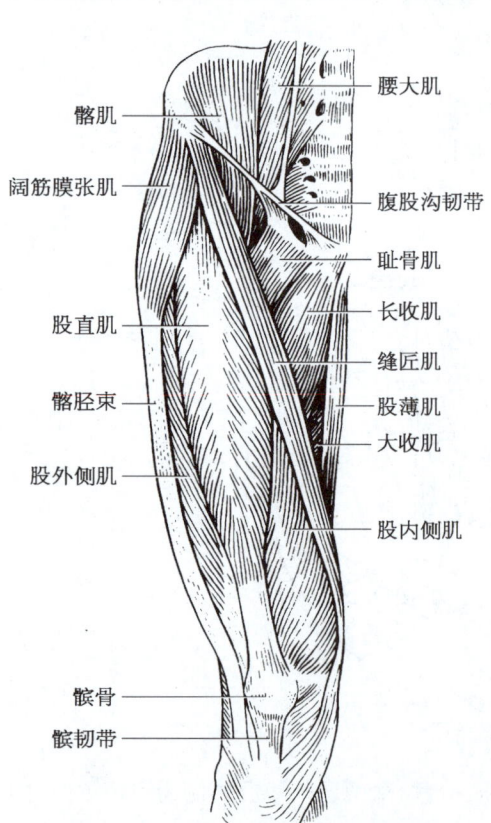

图 1-89 髋肌和大腿肌前群（浅层）

1) **髂腰肌**(iliopsoas)：由**腰大肌**(psoas major)和**髂肌**(iliacus)组成。腰大肌起自腰椎体侧面和横突，髂肌起自髂窝。两肌向下互相结合，经腹股沟韧带深面和髋关节的前内侧，止于股骨小转子。腰大肌被一筋膜鞘包裹，当患腰椎结核时，有时脓液可沿此鞘流入髂窝或大腿根部。

作用：使髋关节前屈和旋外；下肢固定时，可使躯干和骨盆前屈。

2) **阔筋膜张肌**(tensor fasciae latae)：位于大腿的前外侧，起自髂前上棘，肌腹被阔筋膜（大腿深筋膜）包裹，向下移行为髂胫束，止于胫骨外侧髁。临床常选用此肌作肌瓣移植，修复软组织缺损。

作用：可屈髋关节并紧张阔筋膜。

(2) 后群（图1-90、图1-91）：包括臀大肌、臀中肌、臀小肌和梨状肌等。

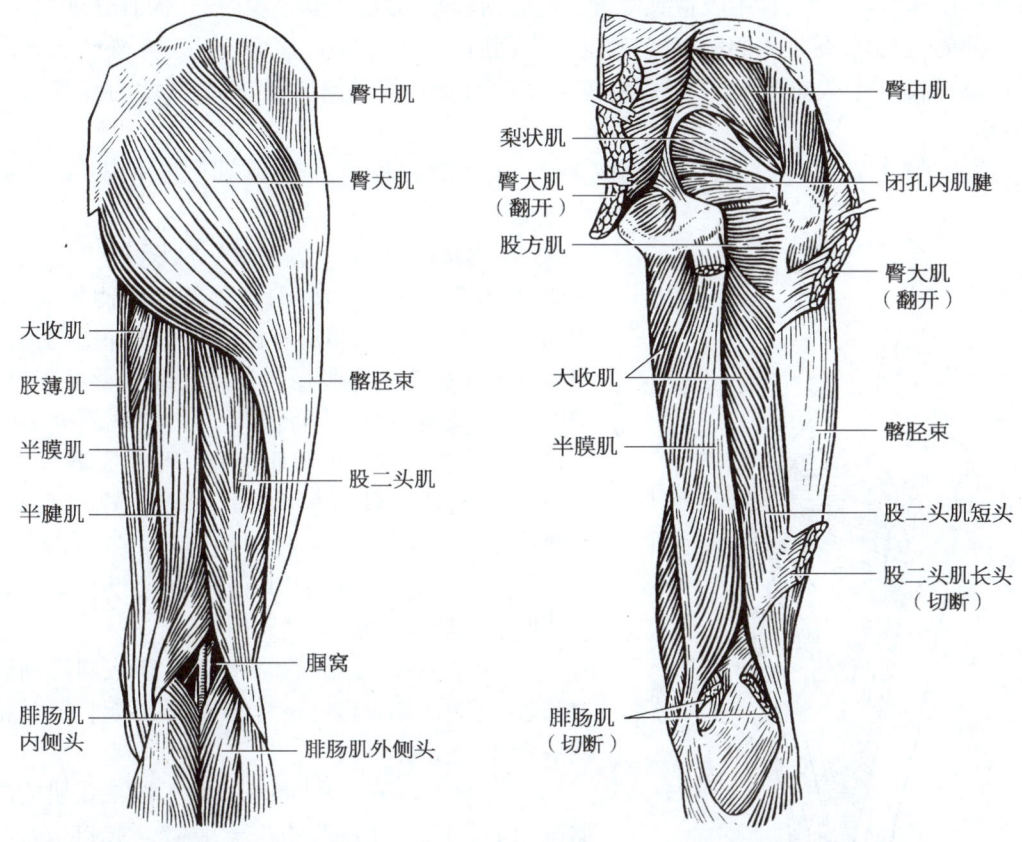

图1-90 髋肌和大腿肌后群（浅层）　　图1-91 髋肌和大腿肌后群（深层）

1) **臀大肌**(gluteus maximus)：位于臀部皮下，人类由于直立姿势的影响，故大而肥厚，形成特有的臀部膨隆。臀大肌起自髂骨外面和骶、尾骨的后面，肌束斜向下外，止于股骨的臀肌粗隆和髂胫束。

作用：伸髋关节，还可使髋关节旋外。下肢固定时，能伸直躯干，防止躯干前倾，是维持人体直立的重要肌肉。

2) **臀中肌**(gluteus medius)和**臀小肌**(gluteus minimus)：两肌均起自髂骨外面，臀中肌掩盖臀小肌。两肌向下止于股骨大转子。

作用：两肌均可外展髋关节。

3) 梨状肌(piriformis)：起自骶骨前面,向外经坐骨大孔,止于股骨大转子。在坐骨大孔处,该肌的上、下缘均有空隙,分别称梨状肌上孔和梨状肌下孔,均有血管和神经通过。

作用：使髋关节外展和旋外。

2. 大腿肌 位于股骨周围,可分为前群、后群和内侧群。

(1) 前群(图1-89)：位于股骨的周围,主要有缝匠肌和股四头肌。

1) 缝匠肌(sartorius)：是全身中最长的肌之一,呈扁带状。起自髂前上棘,经大腿前面,转向内下侧,止于胫骨上端的内侧面。

作用：屈髋关节和膝关节,并使小腿旋内。

2) 股四头肌(quadriceps femoris)：全身中体积最大的肌。起端有4个头,即股直肌、股内侧肌、股外侧肌和股中间肌,其中股直肌位于大腿前面,起自髂前下棘。股内、外侧肌分别位于股直肌的内、外侧,起自股骨粗线的内、外侧唇。股中间肌位于股直肌的深面,在股内、外侧肌之间,起自股骨体前面。4个头向下形成一个腱,包绕髌骨的前面和两侧缘,并向下延续为髌韧带,止于胫骨粗隆。

作用：伸膝关节,其中股直肌还可屈髋关节。当小腿屈曲,叩击髌韧带时,可引出膝跳反射(伸小腿动作)。

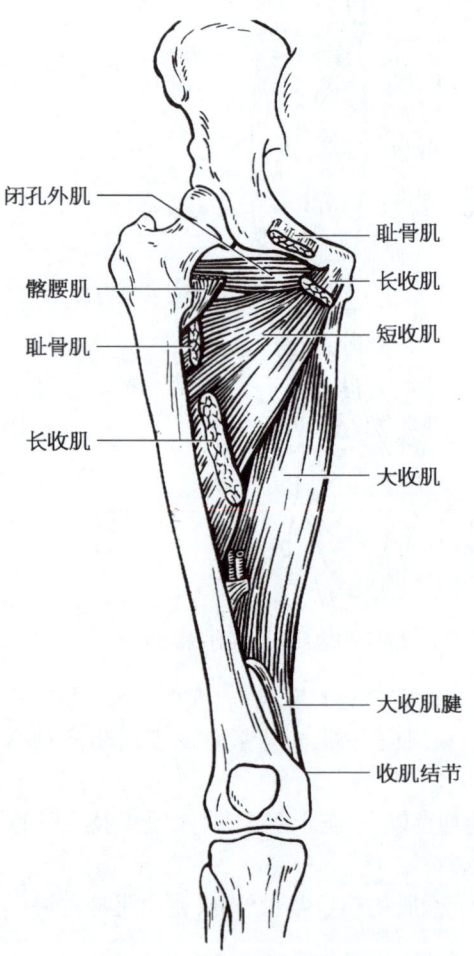

图1-92 大腿肌内侧群(深层)

(2) 内侧群(图1-89、图1-90、图1-92)：也称内收肌群,有5块肌。在浅层,自外侧向内侧依次为耻骨肌、长收肌和股薄肌,中层有位于长收肌深面的短收肌,深层有大收肌。上述肌均起自闭孔周围骨面和坐骨结节的前面,除股薄肌止于胫骨上端的内侧面外,其他各肌都止于股骨粗线。大收肌还有一腱止于股骨内上髁上方,此腱与股骨骨面之间构成收肌腱裂孔,其间有股血管通过。

(3) 后群(图1-90、图1-91)：位于大腿后面,有股二头肌、半腱肌和半膜肌。

1) 股二头肌(biceps femoris)：位于大腿后面外侧,有长、短两头。长头起自坐骨结节,短头起自股骨粗线,两头合并,止于腓骨头。

2) 半腱肌(semitendinosus)：位于股二头肌的内侧,肌腱圆细而长,几乎占肌的一半,故名。起自坐骨结节,止于胫骨上端的内侧。

3) 半膜肌(semimembranosus)：位于半腱肌的深面,上部是扁薄的腱膜,几乎占肌的一半,故名。起自坐骨结节,止于胫骨内侧髁的后面。

作用：3块肌均可屈膝关节、伸髋关节。股二头肌还可使小腿旋外,半腱肌和半膜肌还可使小腿旋内。

3. 小腿肌 分为前群、外侧群和后群(图1-93、图1-94)。

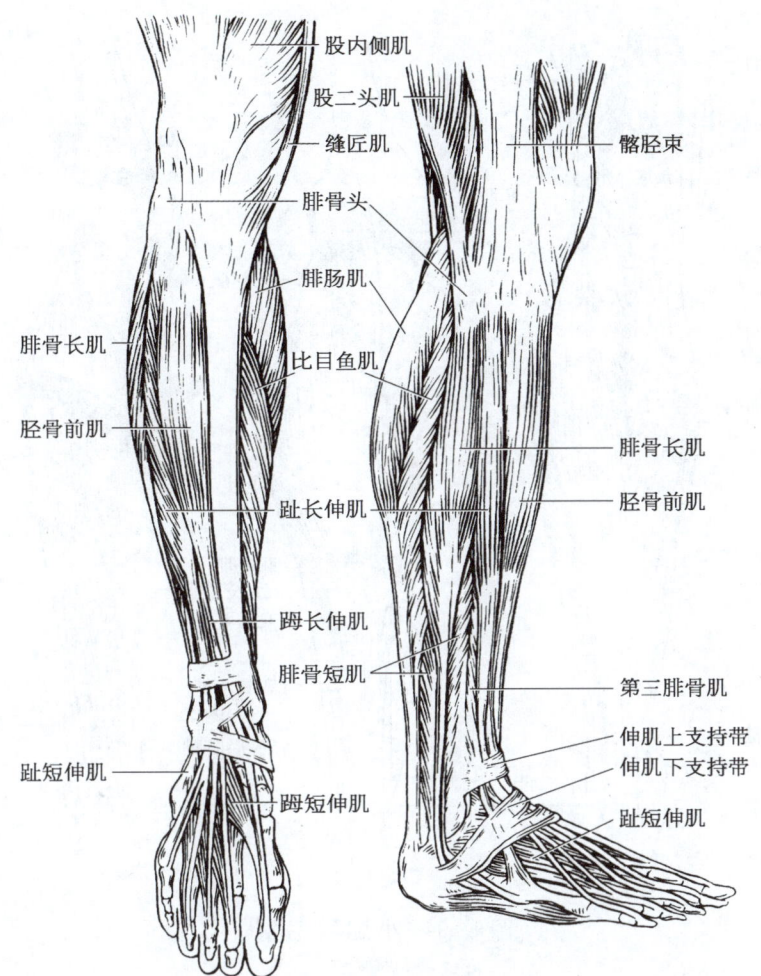

图 1-93 小腿肌前群和外侧群

(1) 前群(图 1-93)：位于小腿骨前方，自胫侧向腓侧依次为胫骨前肌、姆长伸肌和趾长伸肌以及第 3 腓骨肌。

1) **胫骨前肌(tibialis anterior)**：起自胫骨体和小腿骨间膜，止于内侧楔骨和第 1 跖骨底。

作用：使足背屈和足内翻。

2) **姆长伸肌(extensor hallucis longus)**：位于胫骨前肌和趾长伸肌之间。起自腓骨体和小腿骨间膜，止于姆趾远节趾骨底。

作用：伸姆趾，亦可使足背屈。

3) **趾长伸肌(extensor digitorum longus)**：位于胫骨前肌和姆长伸肌的外侧。起自腓骨，向下分为 4 个腱，分别止于第 2~5 趾的中节、远节趾骨底。

作用：伸第 2~5 趾，并可使足背屈。

(2) 外侧群(图 1-93)：有腓骨长肌和腓骨短肌，均位于腓骨的外侧。

1) **腓骨长肌(peroneus longus)**：起自腓骨外侧面，其腱经外踝后方，斜向前内越过足底，止于第 1 跖骨底。

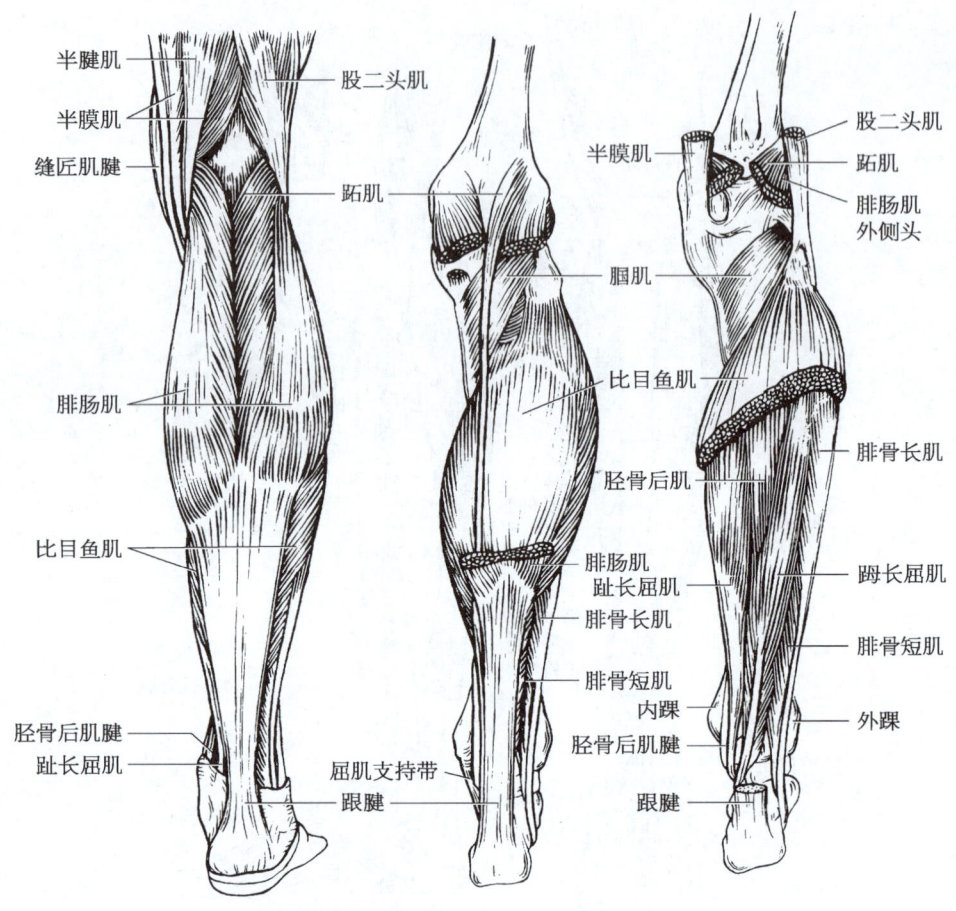

图 1-94 小腿肌后群

2) **腓骨短肌**(peroneus brevis)：起自腓骨外侧面,位于腓骨长肌的深面,其腱经外踝后方,止于第 5 跖骨底。

作用：上述两肌使足外翻并跖屈。

(3) 后群(图 1-94)：位于小腿骨后方,可分为浅、深两层。

1) 浅层：为**小腿三头肌**(triceps surae),该肌强大,由腓肠肌和比目鱼肌构成。

腓肠肌(gastrocnemius)：位于小腿骨后方的浅层,腓肠肌有内、外侧 2 个头,分别起自股骨内、外侧髁的后上面的两侧。

比目鱼肌(soleus)：位于腓肠肌的深面,起自胫、腓骨上端的后面。

腓肠肌内、外侧头及比目鱼肌上端起点共为 3 个头,向下合成一肌腹,故名小腿三头肌,再向下移行为一个粗大的**跟腱**(tendo calcaneus),止于跟骨结节。

作用：小腿三头肌主要作用是屈膝关节和屈距小腿关节(足跖屈)。在站立时,能固定膝关节和距小腿关节,防止身体向前倾斜,故对维持人体直立姿势也有重要作用。如此肌损伤或跟腱撕裂,则不能抬起足跟,会严重影响行走和跑跳。

2) 深层：位于小腿三头肌的深层,有 4 块肌。上方为腘肌,下方自胫侧向腓侧依次为趾长屈肌、胫骨后肌和鉧长屈肌。

趾长屈肌(flexor digitorum longus)：位于胫侧，起于胫骨体后面，长腱经内踝后方至足底，在足底分为4条腱，止于第2～5趾的远节趾骨底。

作用：屈第2～5趾，并使足跖屈。

𧿹长屈肌(flexor hallucis longus)：位于腓侧，起于腓骨和小腿骨间膜的后面，肌腱经内踝后方至足底，与趾长屈肌腱交叉后，止于𧿹趾远节趾骨底。

作用：屈𧿹趾，并使足跖屈。

胫骨后肌(tibialis posterior)：位于趾长屈肌和𧿹长屈肌之间，起自胫骨、腓骨和小腿骨间膜的后面，肌腱经内踝后方至足底内侧，止于足舟骨及内侧、中间和外侧楔骨。

作用：使足跖屈和足内翻。

4. 足肌　可分足背肌和足底肌(图1-93、图1-95)。足背肌较弱小，为伸𧿹趾和伸第2～4趾的小肌。足底肌的配布情况和作用与手掌的肌近似。

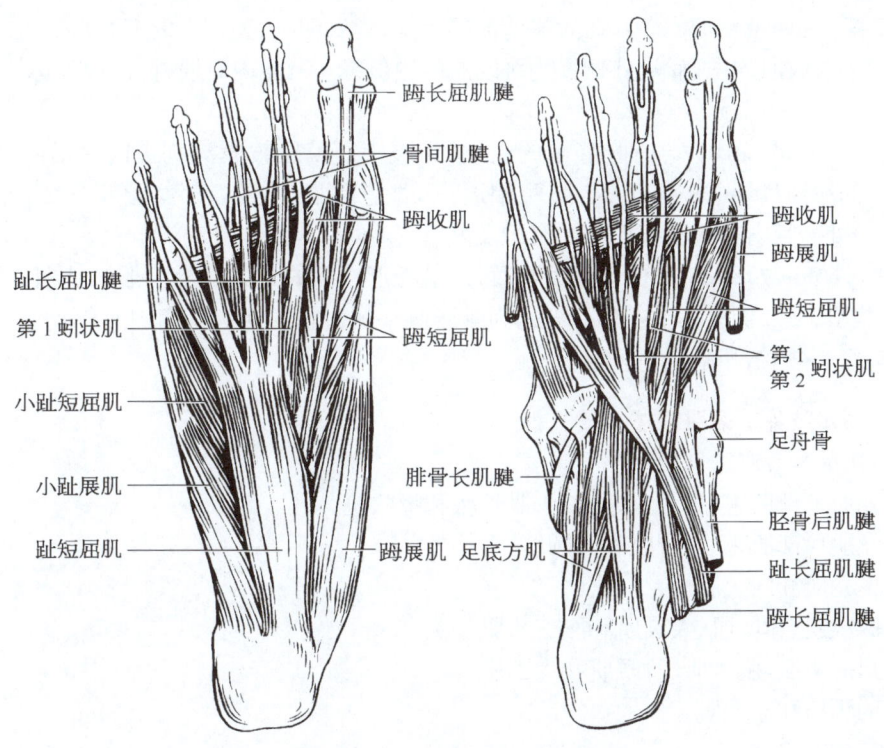

图1-95　足底肌(浅、中层)

(1) 足背肌：位于足背，有2块，即内侧的𧿹短伸肌和外侧的趾短伸肌。

作用：分别伸𧿹趾和伸第2～4趾。

(2) 足底肌：相当于手掌肌，亦可分为内侧、中间和外侧3群。

1) 内侧群：相当于手的外侧群，因足趾不能对跖，故只有3块肌，即浅层内侧的𧿹展肌和外侧的𧿹短屈肌，两者深层为𧿹收肌。

作用：分别为外展𧿹趾、屈𧿹趾和内收𧿹趾。

2) 外侧群：有3块肌，即外侧的小趾展肌和内侧的小趾短屈肌，其深面有小趾对跖肌。

作用：分别为外展小趾、屈小趾和小趾对跖。

3) 中间群：共13块，分3层。浅层为**趾短屈肌**，其表面有致密坚韧的**足底腱膜**。中层后方有**足底方肌**，前方有4条**蚓状肌**。深层有3块**骨间足底肌**和4块**骨间背侧肌**。

作用：屈、内收和外展足趾。足趾的内收和外展以第2趾为中轴。

5. **下肢筋膜** 下肢筋膜分浅、深筋膜。浅筋膜与躯干下部浅筋膜相续。深筋膜比较发达，大腿深筋膜为全身最厚的筋膜，称**阔筋膜**。阔筋膜的外侧部分特别增厚，称**髂胫束**。在耻骨结节的外下方约3 cm处，阔筋膜形成一个卵圆形的浅窝，称**隐静脉裂孔**，有大隐静脉穿过。大腿阔筋膜包裹大腿肌，并增厚形成**股内侧肌间隔**和**股外侧肌间隔**，附着于股骨后面。小腿深筋膜包裹小腿肌，并形成**小腿前肌间隔**和**小腿后肌间隔**。在距小腿关节附近，深筋膜增厚，形成支持带，如在小腿下端前面的**伸肌上支持带**、距小腿关节前方的**伸肌下支持带**、内踝后方的**屈肌支持带**等，这些支持带对深面的肌腱均有约束作用。

【附】下肢的局部记载

1. **股三角**(femoral triangle) 在大腿前面的上部，为底朝上、尖朝下的三角形。上界为腹股沟韧带，内侧界为长收肌的内侧缘，外侧界为缝匠肌的内侧缘。三角内有股神经、股动脉、股静脉和淋巴结等。

2. **股管**(femoral canal) 在股静脉的内侧，为腹横筋膜经腹股沟韧带的深面向外突出的盲囊，囊的上口为**股环**(femoral ring)，与腹腔相通；下端是盲端，伸至**隐静脉裂孔**(saphenous hiatus)（又称**卵圆窝**）处。管内充填有疏松结缔组织及淋巴管等。

3. **腘窝**(popliteal fossa) 位于膝关节后方，呈菱形。窝的上外侧界为股二头肌，上内侧界为半腱肌和半膜肌，下外侧界和下内侧界分别为腓肠肌外侧头和内侧头。窝内有腘动脉、腘静脉、胫神经、腓总神经、淋巴结和脂肪等。

（五）运动四肢关节诸肌综述

1. 运动肩关节的肌

屈：三角肌前部肌束、胸大肌、肱二头肌长头和喙肱肌。

伸：三角肌后部肌束、背阔肌和大圆肌。

外展：三角肌和冈上肌。

内收：胸大肌、背阔肌、大圆肌和肱三头肌长头。

旋内：肩胛下肌、胸大肌、背阔肌和大圆肌。

旋外：冈下肌和小圆肌。

2. 运动肘关节的肌

屈：肱二头肌、肱肌、肱桡肌和旋前圆肌。

伸：肱三头肌。

3. 运动桡尺近侧、远侧关节的肌

旋前：旋前圆肌和旋前方肌。

旋后：旋后肌和肱二头肌。

4. 运动桡腕关节的肌

屈：桡侧腕屈肌、掌长肌、尺侧腕屈肌、指浅屈肌、指深屈肌和拇长屈肌。

伸：桡侧腕长伸肌、桡侧腕短伸肌、尺侧腕伸肌、小指伸肌、示指伸肌和指伸肌。

内收：尺侧腕屈肌和尺侧腕伸肌同时收缩。

外展：桡侧腕屈肌和桡侧腕长、短伸肌同时收缩。

5. 运动指关节的肌

(1) 运动拇指的肌

屈：拇长屈肌、拇短屈肌。

伸：拇长伸肌、拇短伸肌。

内收：拇收肌。

外展：拇长展肌、拇短展肌。

对掌：拇指对掌肌。

(2) 运动第 2~5 指的肌

屈：指浅屈肌、指深屈肌、骨间肌、蚓状肌(后两肌屈第 1 节指骨)及小指短屈肌(屈小指)。

伸：指伸肌、骨间肌、蚓状肌(后两肌伸指关节)、示指伸肌(伸示指)及小指伸肌(伸小指)。

内收：骨间掌侧肌。

外展：骨间背侧肌和小指展肌。

6. 运动髋关节的肌

屈：髂腰肌、股直肌、阔筋膜张肌和缝匠肌。

伸：臀大肌、股二头肌、半腱肌和半膜肌。

外展：臀中肌和臀小肌。

内收：耻骨肌、长收肌、短收肌、大收肌和股薄肌。

旋内：臀中肌和臀小肌的前部肌束。

旋外：髂腰肌、臀大肌、臀中肌和臀小肌的后部肌束及梨状肌。

7. 运动膝关节的肌

屈：股薄肌、缝匠肌、股二头肌、半腱肌、半膜肌和腓肠肌。

伸：股四头肌。

旋内：股薄肌、缝匠肌、半腱肌和半膜肌。

旋外：股二头肌。

8. 运动足关节(距小腿关节、跗骨间关节等)的肌

足跖屈(屈)：小腿三头肌、趾长屈肌、胫骨后肌、踇长屈肌、腓骨长肌和腓骨短肌。

足背屈(伸)：胫骨前肌、踇长伸肌和趾长伸肌。

足内翻：胫骨前肌、胫骨后肌、踇长屈肌和趾长屈肌。

足外翻：腓骨长肌和腓骨短肌。

9. 运动趾关节的肌

(1) 运动踇趾的肌

屈：踇长屈肌和踇短屈肌。

伸：踇长伸肌和踇短伸肌。

(2) 运动第 2~5 趾的肌

屈：趾长屈肌和趾短屈肌。

伸：趾长伸肌和趾短伸肌。

（六）全身主要肌肉简表

头肌见表1-1，颈肌见表1-2，背肌见表1-3，胸肌见表1-4，腹肌见表1-5，上肢肌见表1-6至表1-9，下肢肌见表1-10至表1-13。

表1-1 头 肌

肌群	名称	起点	止点	作用	神经支配
面肌（表情肌）	枕额肌	额腹：帽状腱膜	额部皮肤	提眉、下牵头皮	面神经
		枕腹：枕骨	帽状腱膜	后牵头皮	
	眼轮匝肌	环绕眼裂周围		闭合眼裂	
	口轮匝肌	环绕口裂周围		闭合口裂	
	提上唇肌	上唇上方	口角	提口角与上唇	
	颧肌				
	降口角肌	下唇下方		降口角与下唇	
	降下唇肌				
	颊肌	面颊深部		使唇、颊紧贴牙齿，助咀嚼和吸吮	
咀嚼肌	咬肌	颧弓	下颌角外面	上提下颌骨（闭口）	三叉神经
	颞肌	颞窝	下颌骨冠突		
	翼内肌	翼突	下颌支内面		
	翼外肌	翼突	下颌颈	双侧收缩拉下颌骨向前，单侧收缩拉下颌骨向对侧	

表1-2 颈 肌

肌群	名称	起点	止点	作用	神经支配
颈浅肌群	颈阔肌	胸大肌、三角肌表面的筋膜	口角	颈部皮肤起皱	面神经
	胸锁乳突肌	胸骨柄、锁骨的胸骨端	颞骨乳突	单侧收缩头偏向同侧、面转向对侧，两侧收缩使头后仰	副神经
舌骨上肌	二腹肌	前腹：下颌骨体 后腹：乳突	中间腱附舌骨体	上提舌骨，降下颌骨	前腹：三叉神经 后腹：面神经
	下颌舌骨肌 茎突舌骨肌 颏舌骨肌	与名称一致		上提舌骨	三叉神经 面神经 舌下神经
舌骨下肌	肩胛舌骨肌、胸骨舌骨肌、胸骨甲状肌、甲状舌骨肌	与名称一致		下降舌骨	颈丛（$C_{1\sim 3}$）
颈深肌群	前、中斜角肌	颈椎横突	第1肋	上提第1肋，助吸气	颈神经前支（$C_{3,4}$）
	后斜角肌		第2肋	上提第2肋，助吸气	

表1-3 背 肌

肌群	名称	起点	止点	作用	神经支配
浅层肌	斜方肌	上项线、枕外隆凸、项韧带、全部胸椎棘突	锁骨外1/3、肩峰、肩胛冈	上提、下降、内收肩胛骨	副神经
	背阔肌	下6个胸椎棘突、全部腰椎棘突、骶正中嵴、髂嵴后部	肱骨小结节嵴	臂内收、旋内和后伸	胸背神经
	肩胛提肌	上4个颈椎横突	肩胛骨上角	上提肩胛骨	肩胛背神经
	菱形肌	下2个颈椎和上4个胸椎棘突	肩胛骨内侧缘	上提、内收肩胛骨	
深层肌	竖脊肌	骶骨后面、髂骨后面	椎骨、肋骨和颞骨乳突	伸脊柱、降肋、仰头	脊神经后支

表 1-4　胸　　肌

肌群	名称	起点	止点	作用	神经支配
胸上肢肌	胸大肌	锁骨内侧半、胸骨、第1～6肋软骨	肱骨大结节嵴	臂前屈、内收、旋内	胸内、外侧神经
	胸小肌	第3～5肋前面	肩胛骨喙突	拉肩胛骨向下前	胸内侧神经
	前锯肌	第1～8肋	肩胛骨内侧缘及下角	拉肩胛骨向前	胸长神经
胸固有肌	肋间外肌	上位肋骨下缘	下位肋骨上缘	提肋助吸气	肋间神经
	肋间内肌	下位肋骨上缘	上位肋骨下缘	降肋助呼气	

表 1-5　腹　　肌

肌群	名称	起点	止点	作用	神经支配
腹前外侧群	腹直肌	耻骨嵴	剑突、第5～7肋软骨	脊柱前屈、增加腹压	第5～12对肋间神经、髂腹下神经、髂腹股沟神经
	腹外斜肌	下8肋的外面	白线、髂嵴、腹股沟韧带	增加腹压、脊柱前屈、旋转躯干	
	腹内斜肌	胸腰筋膜、髂嵴、腹股沟韧带	白线		
	腹横肌	下6肋内面、腹股沟韧带、胸腰筋膜、髂嵴	白线		
腹后群	腰方肌	髂嵴	第12肋	降第12肋，脊柱腰部侧屈	腰神经前支

表 1-6　肩　　肌

肌群	名称	起点	止点	作用	神经支配
浅层	三角肌	锁骨外1/3、肩峰、肩胛冈	肱骨三角肌粗隆	臂外展、前屈或后伸	腋神经
深层	冈上肌	肩胛骨冈上窝	肱骨大结节上部	臂外展	肩胛上神经
	冈下肌	肩胛骨冈下窝	肱骨大结节中部	臂外旋	
	小圆肌	肩胛骨外侧缘后面	肱骨大结节下部		腋神经
	大圆肌	肩胛骨外侧缘和下角后面	肱骨小结节嵴	臂内收、旋内和后伸	肩胛下神经
	肩胛下肌	肩胛下窝	肱骨小结节	臂内收、旋内	

表 1-7　臂　　肌

肌群	名称	起点	止点	作用	神经支配
前群	肱二头肌	长头在肩胛骨关节盂的上方，短头在喙突	桡骨粗隆	屈肘、屈肩，使前臂旋后	肌皮神经
	喙肱肌	肩胛骨喙突	肱骨中部内侧	臂前屈、内收	
	肱肌	肱骨下半前面	尺骨粗隆	屈肘	
后群	肱三头肌	长头在肩胛骨关节盂的下方，外侧头和内侧头分别在桡神经沟的外上方、内下方	尺骨鹰嘴	伸肘、伸肩	桡神经
	肘肌	肱骨外上髁	尺骨上1/3	伸肘	

表1-8 前臂肌

肌群		名称	起点	止点	作用	神经支配
前群	浅层	肱桡肌	肱骨外上髁	桡骨茎突	屈肘	桡神经
		旋前圆肌	肱骨内上髁	桡骨体中部	前臂旋前	正中神经
		桡侧腕屈肌		第2掌骨底	屈腕	
		掌长肌		掌腱膜		
		尺侧腕屈肌		豌豆骨		尺神经
	深层	指浅屈肌	肱骨内上髁	第2~5指中节指骨底	屈腕、屈第2~5指	正中神经和尺神经
		指深屈肌	尺骨和前臂骨间膜上部	第2~5指远节指骨底		
		拇长屈肌	桡骨近侧端前面	拇指远节指骨底	屈拇指	正中神经
		旋前方肌	尺骨远端掌面	桡骨远端掌面	前臂旋前	
后群	浅层	桡侧腕长伸肌	肱骨外上髁	第2掌骨底背面	伸腕、展腕	桡神经
		桡侧腕短伸肌		第3掌骨底背面		
		指伸肌		第2~5指中节和远节指骨底	伸腕、伸指	
		小指伸肌		小指指背腱膜		
		尺侧腕伸肌		第5掌骨底	伸腕	
	深层	旋后肌	肱骨外上髁、尺骨	桡骨上端前面	前臂旋后	
		拇长展肌	桡、尺骨上部后面	第1掌骨底	拇指外展	
		拇短伸肌	桡骨背面	拇指近节指骨底	伸拇指	
		拇长伸肌	尺骨背面	拇指远节指骨底		
		示指伸肌		示指指背腱膜	伸示指	

表1-9 手肌

肌群	名称	起点	止点	作用	神经支配
外侧群	拇短展肌	屈肌支持带、腕骨	拇指近节指骨底	外展拇指	正中神经
	拇短屈肌			屈拇指	
	拇指对掌肌		第1掌骨	拇指对掌	
	拇收肌	屈肌支持带、腕骨、第3掌骨	拇指近节指骨	内收拇指	
内侧群	小指展肌	屈肌支持带、腕骨	小指近节指骨	外展小指	尺神经(第1、第2蚓状肌由正中神经支配,第3、第4蚓状肌由尺神经支配)
	小指短屈肌			屈小指	
	小指对掌肌		第5掌骨	小指对掌	
中间群	蚓状肌	指深屈肌腱	第2~5指近节指骨背面和伸肌腱	屈掌指关节、伸指骨间关节	
	骨间掌侧肌	第2、4、5掌骨	第2、4、5指近节指骨底	第2、4、5指内收	
	骨间背侧肌	第1~5掌骨相对缘	第2~4指近节指骨底	第2、4、5指外展	

表 1-10 髋 肌

肌群	名称	起点	止点	作用	神经支配
前群	髂腰肌	髂肌：髂窝 腰大肌：腰椎体两侧	股骨小转子	屈髋关节并使其旋外	腰神经
	阔筋膜张肌	髂前上棘	髂胫束	紧张阔筋膜	臀上神经
后群	臀大肌	髂骨、骶骨后面	股骨臀肌粗隆及髂胫束	伸髋关节并使其旋外	臀下神经
	臀中、小肌	髂骨外面	股骨大转子	外展髋关节	臀上神经
	梨状肌	骶骨前面	股骨大转子	使髋关节外展、旋外	骶丛分支

表 1-11 大 腿 肌

肌群	名称	起点	止点	作用	神经支配
前群	缝匠肌	髂前上棘	胫骨上端内侧面	屈髋关节、屈膝关节	股神经
	股四头肌	股直肌：髂前下棘 股内侧肌：股骨粗线 股外侧肌：股骨粗线 股中间肌：股骨前面	胫骨粗隆	伸膝关节，股直肌又能屈髋关节	
内侧群	股薄肌	耻骨支、坐骨支	胫骨上端内侧面	内收髋关节	闭孔神经
	耻骨肌				
	长收肌		股骨粗线		
	短收肌				
	大收肌				
后群	股二头肌	长头：坐骨结节 短头：股骨粗线	腓骨头	伸髋关节、屈膝关节	坐骨神经
	半腱肌	坐骨结节	胫骨上端内侧面		
	半膜肌		胫骨内侧髁后面		

表 1-12 小 腿 肌

肌群	名称	起点	止点	作用	神经支配
前群	胫骨前肌	胫、腓骨上端及骨间膜前面	内侧楔骨和第1跖骨底	足背屈、内翻	腓深神经
	𧿹长伸肌		𧿹趾远节趾骨底	伸𧿹趾、足背屈	
	趾长伸肌		第2～5趾中、远节趾骨	伸第2～5趾、足背屈	
外侧群	腓骨长肌	腓骨外侧面	第1跖骨底	足跖屈、足外翻	腓浅神经
	腓骨短肌		第5跖骨底		
后群	小腿三头肌	腓肠肌：股骨内、外侧髁后面 比目鱼肌：胫、腓骨上端后面	跟骨结节	足跖屈、腓肠肌又能屈膝关节	胫神经
	趾长屈肌	胫、腓骨后面及骨间膜后面	第2～5趾远节趾骨底	屈2～5趾、足跖屈	
	胫骨后肌		足舟骨、3块楔骨	足跖屈、足内翻	
	𧿹长屈肌		𧿹趾远节趾骨底	屈𧿹趾、足跖屈	

表 1-13 足　肌

肌群		名称	起点	止点	作用	神经支配
足背肌		趾短伸肌	跟骨上面和外侧面	第 2～4 趾近节趾骨底	伸第 2～4 趾	腓深神经
		踇短伸肌		踇趾近节趾骨底	伸踇趾	
足底肌	内侧群	踇展肌	跗骨	踇趾近节趾骨底	外展踇趾	足底内侧神经
		踇短屈肌			屈踇趾	
		踇收肌			内收踇趾	
	外侧群	小趾展肌		小趾近节趾骨底	外展小趾	足底外侧神经
		小趾短屈肌			屈小趾	
	中间群	趾短屈肌	跟骨	第 2～5 趾中节趾骨	屈第 2～5 趾	足底内侧神经
		足底方肌		趾长屈肌腱		足底外侧神经
		蚓状肌	趾长屈肌腱	第 2～5 趾伸肌腱	屈跖趾关节、伸趾骨间关节	足底内、外侧神经
		骨间足底肌	第 3～5 跖骨底	第 3～5 趾近节趾骨底	内收第 3～5 趾	足底外侧神经
		骨间背侧肌	跖骨相对缘	第 2～4 趾近节趾骨底	外展第 2～4 趾	

第五节　体表标志

导学

熟悉全身各部主要的骨性标志和肌性标志。

在活体体表上用肉眼可以观察或用手可以触摸到的骨性突起和凹陷、肌的轮廓以及皮肤皱纹等，均称体表标志（图 1-96～图 1-101）。应用这些体表标志，可以确定体内血管和神经的走行，以及内部器官的位置、形状和大小，也可作为临床检查、治疗和针灸腧穴定位的标志，故有实用意义，现按身体各部分阐述如下。

一、躯干部

（一）项背腰部的骨性和肌性标志

背纵沟：为背部正中纵行的浅沟，在沟底可触及各椎骨的棘突。头俯下时，平肩处可摸到显著突起的第 7 颈椎棘突。脊柱下端可摸到尾骨尖和骶角。

竖脊肌：在背纵沟的两侧，呈纵行隆起。

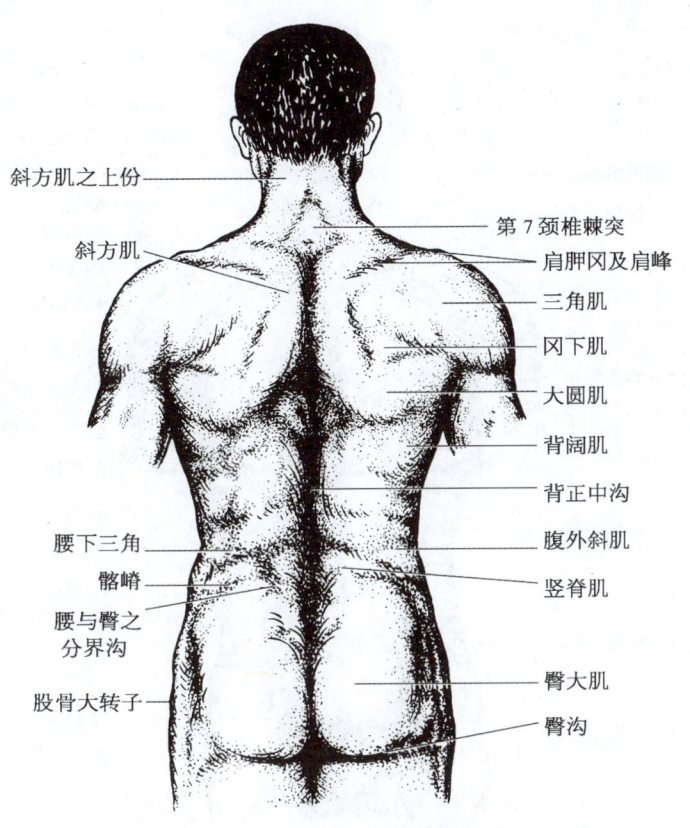

图1-96 躯干背面的体表标志

肩胛骨：位于皮下，可以摸到肩胛冈、肩峰和上、下角。肩胛冈内侧端平第3胸椎棘突，上角对第2肋，下角对第7肋或平第7肋间隙。

髂嵴：位于皮下，其最高点约平第4腰椎棘突。

髂后上棘：为髂嵴的后端，体质消瘦的人为一骨性突起，皮下脂肪较多者则为一皮肤凹陷，此棘平对第2骶椎棘突。

斜方肌：此肌自项部正中线及胸椎棘突向肩峰伸展作三角形的轮廓，运动时略可辨认。

背阔肌：为覆盖腰部及胸部下份的阔肌，运动时可辨认其轮廓。

(二) 胸腹部的骨性和肌性标志

锁骨：全长均可摸到，锁骨的内侧端膨大，突出于胸骨颈静脉切迹的两侧，内侧2/3凸向前，外侧1/3凸向后。

喙突：在锁骨中、外1/3交界处的下方一横指处，向后深按即能触及。

颈静脉切迹：胸骨柄上缘正中，平齐第2胸椎体下缘。

胸骨角：胸骨柄与胸骨体相接处形成突向前方的横行隆起，两侧接第2肋软骨，可依次计数肋和肋间隙。胸骨角相当于第4胸椎体下缘水平。

剑突：在胸骨体的下方两肋弓的夹角处，有一个三角形凹陷，于此处可摸到剑突。

肋弓：由剑突向外下方可摸到。

胸大肌：为胸前壁上部的肌性隆起。

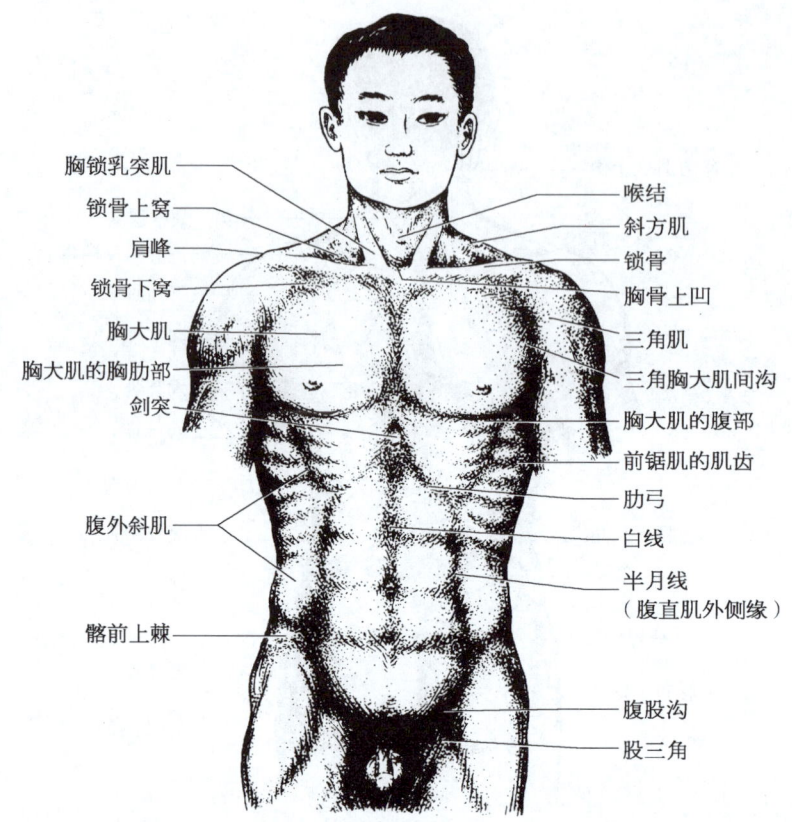

图 1-97 躯干前面的体表标志

腹直肌：位于腹前壁正中线两侧，被 3～4 条横沟分成多个肌腹，这些横沟即腱划，肌收缩时在脐以上可见到。该肌外缘呈半月形的弧线，自第 9 肋软骨开始，下延至耻骨，称 半月线，此线与右侧肋弓相交处，相当于胆囊底的体表投影点，临床常以此部位作为胆囊炎的压痛点。

髂前上棘：为髂嵴的前端。

耻骨联合上缘：在两侧腹股沟内侧端之间可摸到的骨性横嵴，其下有外生殖器。

耻骨结节：为耻骨联合外上方的骨性隆起。

腹股沟：为腹部与股前部分界的沟。

腹外斜肌：在腹外侧，以肌齿起于下数肋，其轮廓较为清楚。

二、头颈部

（一）骨性和肌性标志

枕外隆凸：为头后正中线处的骨性隆起。

乳突：为耳郭后方的骨性突起，属于颞骨。

颧弓：位于耳前方的骨性弓。

眶上缘、眶下缘：为眶口上、下的骨性边界。

眶上切迹：位于眶上缘内、中 1/3 交界处。

眉弓：为眶上缘上方的横行隆起。

下颌头：位于耳郭前方，张口、闭口运动时可移动。
下颌角：为下颌体下缘的后端。
舌骨：在颈前部正中，甲状软骨的上方。
咬肌：咬紧牙关时，在下颌角前上方的肌性隆起。
颞肌：在颧弓上方的颞窝内。
胸锁乳突肌：头转向对侧时，在颈部可明显看到自后上斜向前下的长条状肌性隆起。

（二）皮肤标志

人中：为上唇外面中线上的一纵行浅沟。
鼻唇沟：在颊和上唇分界处的斜行浅沟。

三、四肢部

（一）上肢标志

1. 骨性和肌性标志

肱骨大结节：在肩峰的下方，为三角肌所覆盖。
肱骨小结节：在肩胛骨喙突的稍外方。

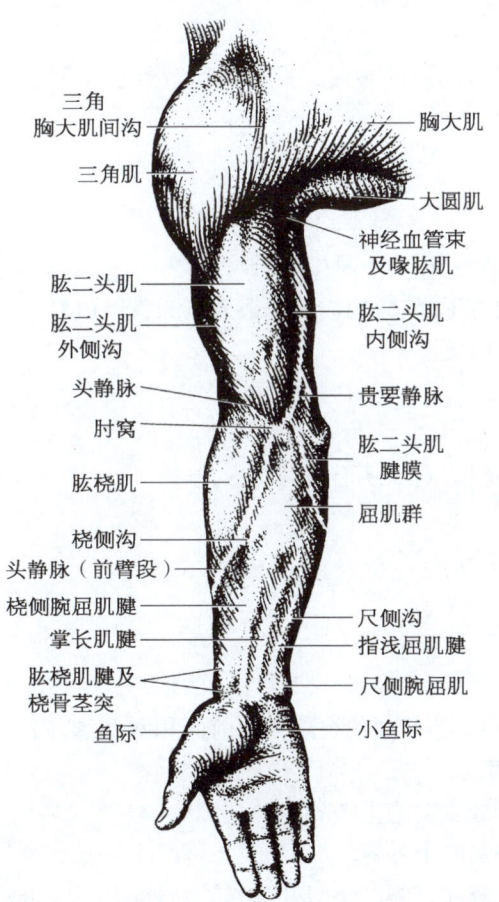

图 1-98　上肢前面的体表标志

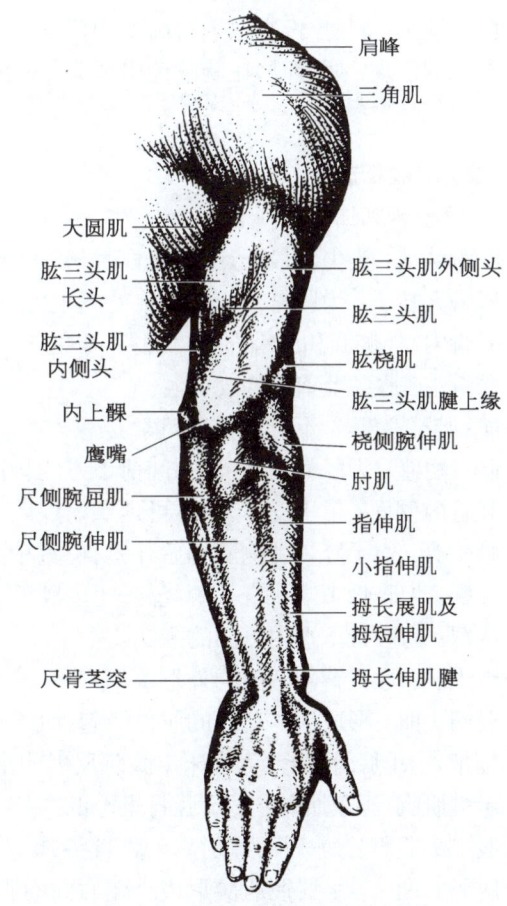

图 1-99　上肢后面的体表标志

肱骨内、外上髁：在肘关节两侧的稍上方，内上髁突出较明显。
尺骨鹰嘴：在肘后方极易摸到。
桡骨头：在肱骨外上髁下方，伸肘时在肘后方容易摸到。
桡骨茎突：位于腕桡侧，为桡骨下端外侧份的骨性隆起，一般比尺骨茎突低。
尺骨茎突：位于腕尺侧，在尺骨头后内侧，前臂旋前时，可在尺骨头下方摸到。在正常情况下，尺骨茎突比桡骨茎突高。
豌豆骨：位于腕前尺侧的皮下。
三角肌：从前、外、后侧三方面包绕肱骨的上端，形成肩部圆隆状的外形。
肱二头肌：在上臂前面，其内、外侧各有一纵行的浅沟，内侧沟较明显；肱二头肌下部肌腱可在肘窝处摸到。
腕掌侧的肌腱：握拳屈腕时，在腕掌侧可见到 3 条肌腱，位于中间者即掌长肌腱，位于桡侧者为桡侧腕屈肌腱，位于尺侧者为尺侧腕屈肌腱。
腕背侧的肌腱：拇指伸直、外展时，在腕背桡侧可看到 3 条肌腱，自桡侧向尺侧依次为拇长展肌腱、拇短伸肌腱和拇长伸肌腱。在拇长伸肌腱的尺侧为指伸肌腱。

2. 皮肤标志

腋前、后襞：上肢下垂时，在腋窝前、后面见到的皮肤皱襞。
肘窝横纹：屈肘时，出现于肘窝处的横纹。
腕掌侧横纹：屈腕时，在腕掌侧出现 2～3 条横行的皮肤皱纹，分别称近侧横纹、中间横纹（不甚恒定）和远侧横纹。

(二) 下肢标志

1. 骨性和肌性标志

坐骨结节：为坐骨最低点，取坐位时与凳子相接触，在皮下易摸到。
股骨大转子：为股骨颈与体交界处向上外侧的方形隆起，构成髋部最外侧的骨性边界。
股骨内、外侧髁和胫骨内、外侧髁：都在膝关节两侧皮下。
髌骨：在膝关节前面的皮下。
髌韧带：为髌骨下方的纵行粗索。
胫骨粗隆：为胫骨内、外侧髁间前下方的骨性隆起，向下续于胫骨前缘。
胫骨内侧面：位于皮下，向下可延至内踝。
腓骨头：位于胫骨外侧髁的后外方，位置稍高于胫骨粗隆。
外踝：为腓骨下端一窄长的隆起，比内踝低。
内踝：为胫骨下端内侧面的隆凸。
臀大肌：形成臀部圆隆的外形。
股四头肌：形成大腿前面的肌性隆起，肌腱经膝关节前面包绕髌骨的前面和两侧缘，向下延伸为髌韧带，止于胫骨粗隆，为临床上膝跳反射叩击部位。
半腱肌腱、半膜肌腱：附于胫骨上端的内侧，构成腘窝的上内界。
股二头肌腱：为一粗索，附着于腓骨头，构成腘窝的上外界。
腓肠肌两个头：腓肠肌腹形成小腿后面的肌性隆起，俗称"小腿肚"。其内、外两个头构成腘窝的下内、下外界。

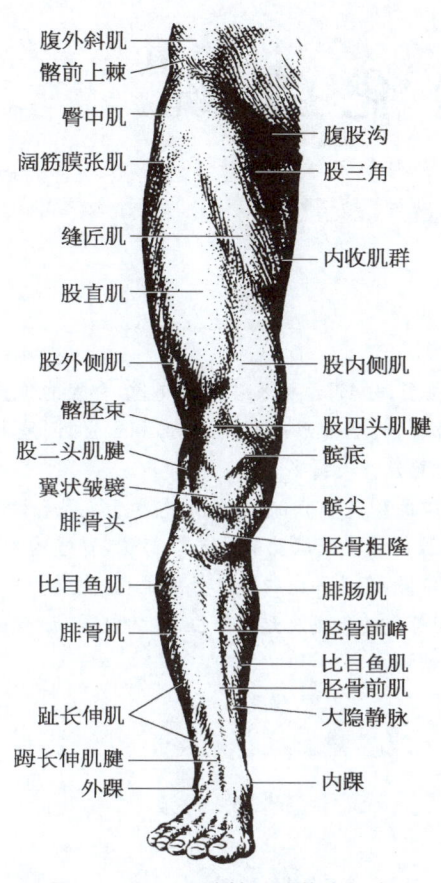
图1-100 下肢前面的体表标志

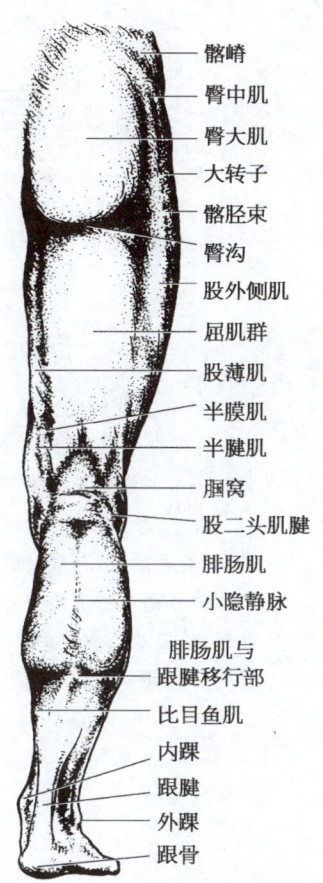
图1-101 下肢后面的体表标志

跟腱：在距小腿关节后方，呈粗索状，向下止于跟骨结节。

2. 皮肤标志

臀股沟：又称臀沟，为一横行的沟，介于臀部和大腿后面之间。

腘窝横纹：在腘窝呈横行的皱纹。

第二章 消化系统

> **导学**
> 1. 掌握咽峡的组成,咽的形态、位置、分部、结构及各部的交通,食管的位置及3个狭窄的部位,胃的形态、分部和位置,大肠的形态特点、分部和位置,阑尾的位置及其根部的体表投影,肝的形态、位置及体表投影。
> 2. 熟悉上、下消化道的划分,口腔的构造和分部,舌的形态和舌乳头,牙的形态、种类和牙式,腭扁桃体的位置,腮腺的位置及腮腺管的开口部位,胃壁的构造,小肠的分部及主要形态结构,直肠的位置、弯曲和结构及肛管的结构,胆囊的形态、分部、位置及胆囊底的体表投影,输胆管道的组成及开口部位,胰的位置、形态和胰管的开口部位,腹膜的概念及形成的结构。

第一节 概述

一、消化系统的组成

消化系统(alimentary system)由消化管和消化腺两大部分组成(图2-1)。

1. **消化管**(alimentary canal) 是指从口腔至肛门的管道,可分为口腔、咽、食管、胃、小肠(十二指肠、空肠和回肠)和大肠(盲肠、阑尾、结肠、直肠和肛管)。临床上通常将口腔至十二指肠的一段,称上消化道。空肠至肛门的一段,称下消化道。

2. **消化腺**(alimentary gland) 是分泌消化液的腺体,可分为大消化腺和小消化腺两种。大消化腺肉眼可见,位于消化管壁外,为独立存在的器官,所分泌的消化液经导管流入消化管腔内,如大唾液腺、肝、胰。小消化腺分布于消化管壁内,位于黏膜或黏膜下层,如唇腺、颊腺、舌腺、食管腺、胃腺和肠腺等。

二、消化系统的主要功能

消化系统的主要功能是摄取食物,消化食物,吸收养料,排出糟粕。此外,口腔、咽等还参与呼吸、发声等活动。

三、消化管的一般结构

消化管是中空性器官,其管壁的一般结构分4层,即由内向外分为黏膜、黏膜下层、肌层和外膜(图2-2)。

1. 黏膜 是消化管壁最内层结构,由上皮、固有膜和黏膜肌层构成。黏膜向腔内突出,形成环行或纵行的皱襞。黏膜内有腺体,分泌消化液和黏液,帮助消化食物、湿润和保护管壁。

2. 黏膜下层 位于黏膜和肌层之间,由疏松结缔组织构成,可使黏膜具有一定的移动性,内含丰富的毛细血管、毛细淋巴管、神经末梢和黏膜下层腺体。

3. 肌层(又称肌织膜) 消化管的食管上1/3以上和肛门周围为骨骼肌,其余部分为平滑肌。平滑肌一般可分为内环、外纵两层。环肌和纵肌交替收缩和舒张,产生消化管的蠕动,促使内容物逐渐向下移动。

4. 外膜 位于消化管的最外层,由结缔组织和间皮构成。腹腔内大部分消化管的外膜主要为一层间皮,称浆膜。浆膜分泌浆液,减少器官间的摩擦。

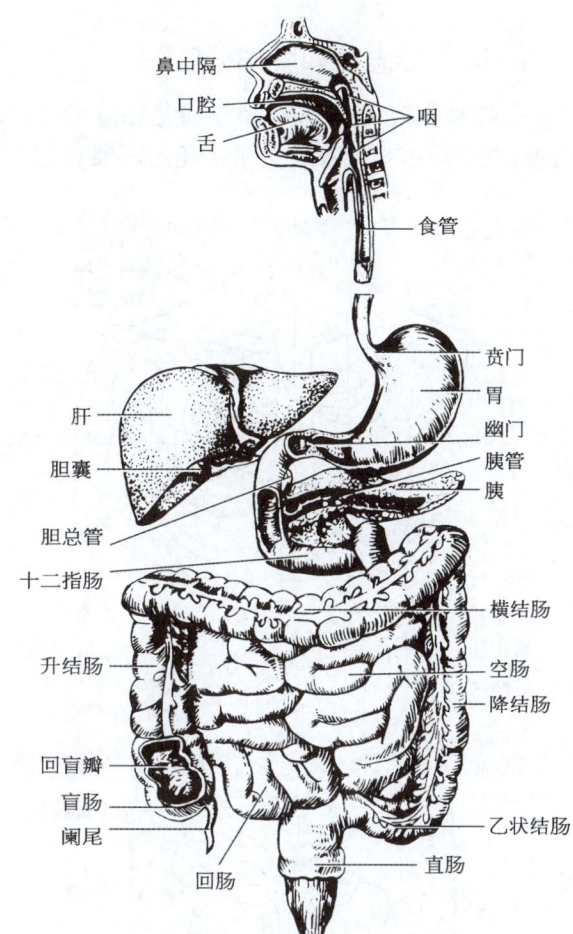

图2-1 消化系统模式图

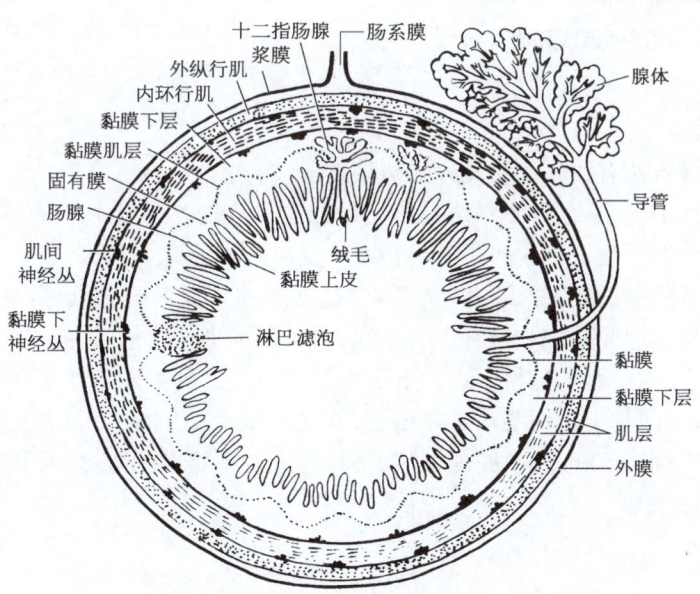

图2-2 消化管组织结构模式图(小肠壁横切面)

四、胸部标志线和腹部分区

内脏器官在胸、腹、盆腔内的位置是相对固定的。因此,掌握内脏器官的正常位置,对于临床诊断检查有重要的实用意义。为了描述内脏器官的位置及其体表投影,通常在胸、腹部体表划出一定的标志线和分区(图2-3)。

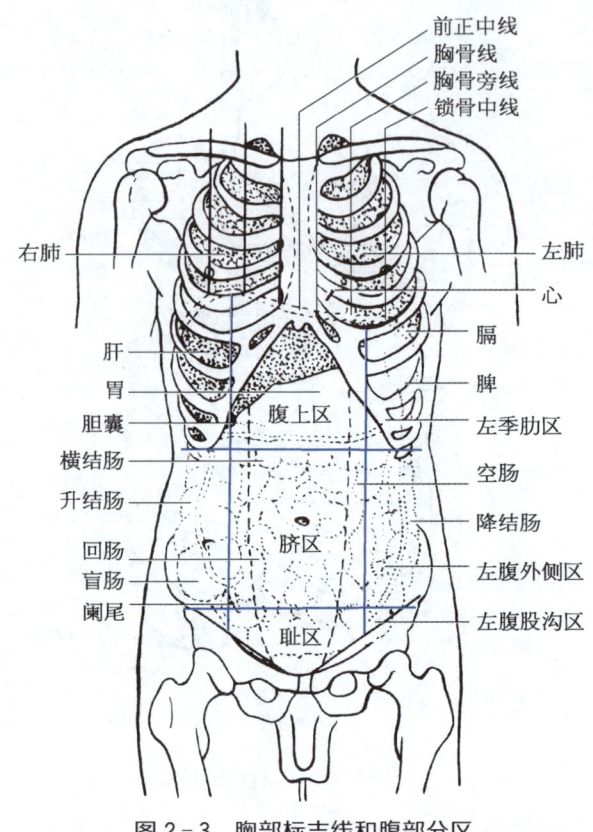

图2-3 胸部标志线和腹部分区

(一)胸部标志线

1. 前正中线(anterior median line) 沿身体前面正中线所作的垂直线。
2. 胸骨线(sternal line) 沿胸骨最宽处的外侧缘所作的垂直线。
3. 锁骨中线(midclavicular line) 经锁骨中点向下所作的垂直线。
4. 胸骨旁线(parasternal line) 经胸骨线和锁骨中线之间连线的中点所作的垂直线。
5. 腋前线(anterior axillary line) 沿腋前襞向下所作的垂直线。
6. 腋中线(midaxillary line) 沿腋窝中点向下所作的垂直线。
7. 腋后线(posterior axillary line) 沿腋后襞向下所作的垂直线。
8. 肩胛线(scapular line) 经肩胛骨下角所作的垂直线。
9. 后正中线(posterior median line) 沿身体后面正中线所作的垂直线。

(二)腹部分区

常用的腹部分区方法有四分法和九分法两种。

1. **四分法** 为临床常用的简便方法。该法是通过脐作一水平线和垂直线,将腹部分为左上腹、右上腹、左下腹和右下腹4个区。

2. **九分法** 一般用两条水平线和两条垂直线,将腹部划分为三部九区。一条水平线是通过左、右肋弓最低点(第10肋的最低点)所作的连线;另一条水平线是通过左、右髂结节之间的连线;两条垂直线是通过左、右腹股沟韧带中点向上所作的垂直线。其中两条水平线将腹部分为上、中、下腹3部,再由两条垂线与上述两条水平线相交,就把腹部分成9区。9区包括上腹部的腹上区和左、右季肋区,中腹部的脐区和左、右腹外侧区(又称腰区),下腹部的耻区(又称腹下区)和左、右腹股沟区(又称髂区)。

第二节 消 化 管

一、口腔

(一) 口腔的构造和分部

1. 口腔的构造 口腔(oral cavity)是消化管的起始部,其前壁为上、下唇,侧壁为颊,上壁为腭,下壁为口腔底。口腔向前以口裂通向外界,向后经咽峡与咽相通(图2-4)。

(1) 口腔的前壁:为口唇,分为上唇和下唇,由皮肤、口轮匝肌和黏膜构成,血管丰富呈红色,缺氧时呈绛紫色,临床上称发绀。上、下唇之间的裂隙称口裂,口裂的两端称口角。上唇表面正中线上有一纵形浅沟称人中。上唇的外面两侧和颊部交界处各有一浅沟,称鼻唇沟。

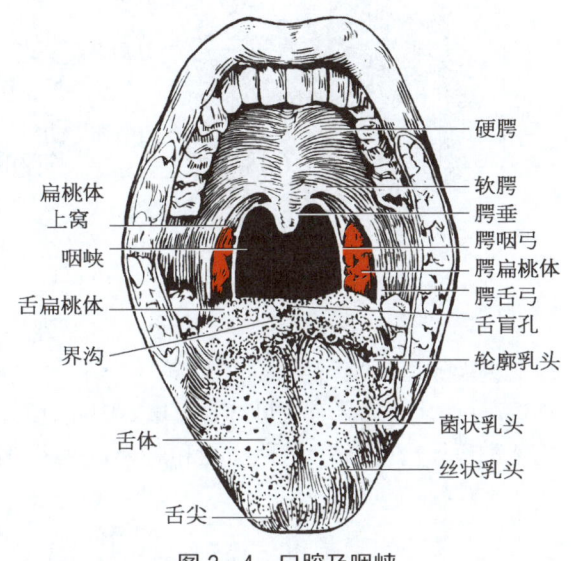

图2-4 口腔及咽峡

(2) 口腔的侧壁:为颊,由皮肤、颊肌和黏膜构成。

(3) 口腔的上壁:即口腔顶,为腭,由硬腭和软腭两部分组成。硬腭位于腭的前2/3,是以骨为基础,表面覆盖着黏膜,黏膜与骨结合紧密。软腭位于腭的后1/3,由骨骼肌和黏膜构成,其后缘游离,中央有一向下悬垂的乳头状突起称腭垂;自腭垂两侧向下各有两条弓形黏膜皱襞,其前方的1对向下连于舌根,称腭舌弓;后方的1对向下连于咽的侧壁,称腭咽弓。

(4) 口腔的下壁:即口腔底,由封闭口腔底的软组织和舌构成。

(5) 咽峡(isthmus of fauces):是口腔通向咽的门户。由腭垂,左、右腭舌弓和舌根共同围成,是口腔和咽的分界处。

2. 口腔的分部 口腔由上、下牙弓分为口腔前庭和固有口腔两部分。牙弓与唇、颊之间有一马蹄铁形腔隙,称口腔前庭。牙弓以内的腔隙,称固有口腔。当上、下牙咬合时,口腔前庭和固有口腔仍可借第3磨牙后方的间隙相通。

(二) 口腔内结构

1. 牙(teeth) 牙是人体最坚硬的器官,嵌入上、下颌骨的牙槽内,分别排列成上牙弓和下牙弓,具有咀嚼食物和辅助发声等功能。

(1) 形态和构造:每个牙可分为牙冠、牙根和牙颈3部分。牙冠是露在牙龈外面的部分,洁白而光泽。切牙的牙冠扁平,尖牙的牙冠呈锥形,前磨牙呈方圆形,磨牙呈方形。牙根嵌入牙槽内,借牙周膜与牙槽骨牢固相连,末端尖细有一小孔,称牙根尖孔,借牙根管与牙冠腔相通,内有神经、血

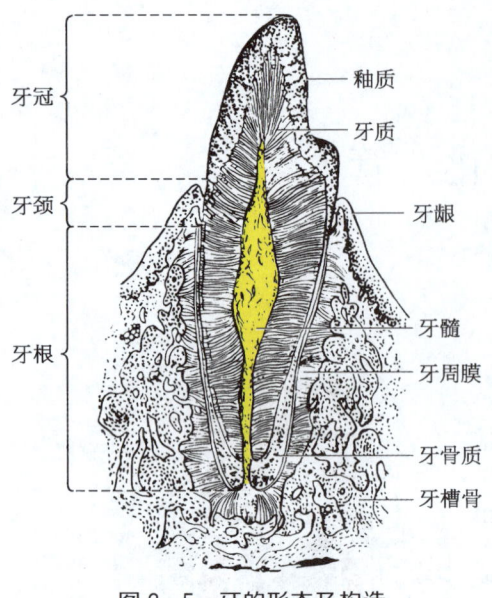

图 2-5 牙的形态及构造

管、淋巴管出入。切牙和尖牙只有 1 个牙根，前磨牙一般只有 1 个牙根，下颌磨牙有 2 个牙根，上颌磨牙有 3 个牙根。牙颈为牙冠和牙根之间稍细的部分，外包的黏膜为牙龈。牙周膜、牙槽骨和牙龈三者合称牙周组织，对牙有保护、固定和营养作用（图 2-5）。

牙由牙质、牙釉质、牙骨质和牙髓构成。牙质致密坚硬，构成牙的主体，位于牙的内部。在牙冠部的牙质外面覆有一层洁白的牙釉质，其钙化程度最高，为人体内最硬的组织。牙根和牙颈外面包有牙骨质，其结构与骨组织类似。牙冠内的空腔称牙冠腔。牙冠腔和牙根管合称牙腔。牙髓位于牙腔内，由神经、血管、淋巴管和结缔组织组成。牙髓发炎时常可引起剧烈疼痛。

(2) 分类和牙式：人的一生中，先后有两组牙发生，第一组称乳牙 (deciduous teeth)，第二组称恒牙 (permanent teeth)（图 2-6）。出生后 6 个月开始萌出乳牙，2～3 岁内出齐，共 20 颗。6～7 岁开始陆续脱落，逐渐更换成恒牙，至 14 岁左右除第 3 磨牙外，全部出齐。但第 3 磨牙长出较晚，18～30 岁萌出，故称迟牙（智牙），迟牙有人可终身不出。因此，恒牙数为 28～32 颗均属正常。根据牙的形态和功能，乳牙和恒牙均可分为切牙、尖牙和磨牙 3 种，但恒牙又有前磨牙和磨牙之分。

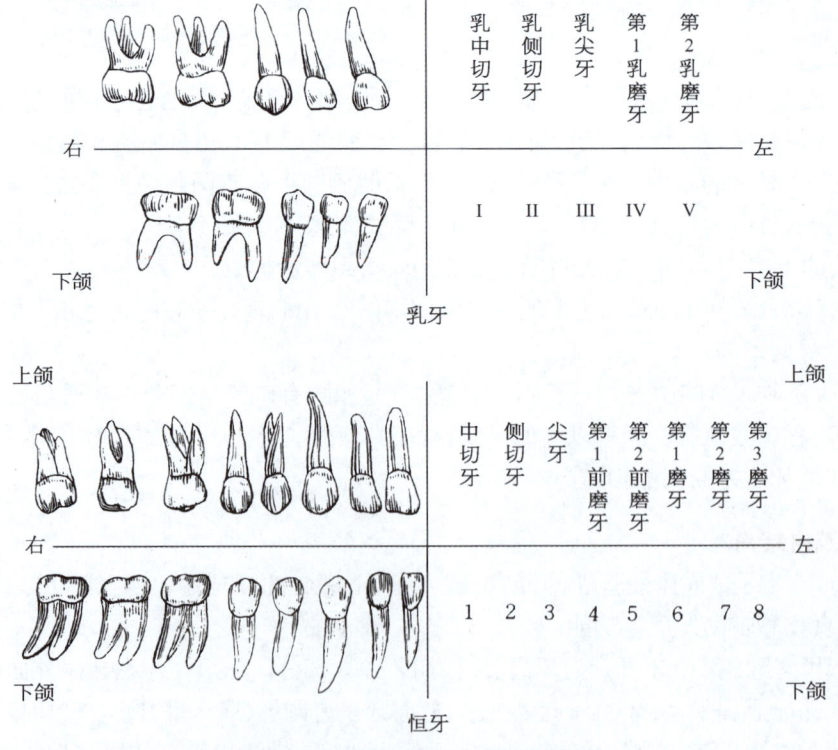

图 2-6 乳牙与恒牙的名称和符号

临床上记录各个牙在口腔中的位置,常以被检查者的方位为准,以横线表示上、下牙列的分界,以纵线表示左、右侧的分界,即"十"字记号来划分四个区域;并以罗马数字Ⅰ~Ⅴ表示乳牙,以阿拉伯数字1~8表示恒牙,如"Ⅴ̄"表示左下颌第2乳磨牙;"6̄"则表示右上颌第1磨牙。

2. **舌**(tongue) 舌位于口腔底,由骨骼肌和黏膜构成。舌有协助咀嚼和吞咽食物、辅助发声和感受味觉等功能。

(1) 舌的形态:舌有上、下两面。上面为舌背,后部有一向前开放的"V"字形的界沟,将舌背分为前2/3的舌体和后1/3的舌根,舌体的前端为舌尖(图2-4)。舌下面正中线处有一连于口腔底前部的黏膜皱襞称舌系带,在舌系带根部的两侧各有一小黏膜隆起称舌下阜,其顶端有下颌下腺管和舌下腺大管的共同开口。由舌下阜向两侧延伸,各有一黏膜隆起称舌下襞,其深面有舌下腺,舌下腺小管开口于舌下襞表面(图2-7)。

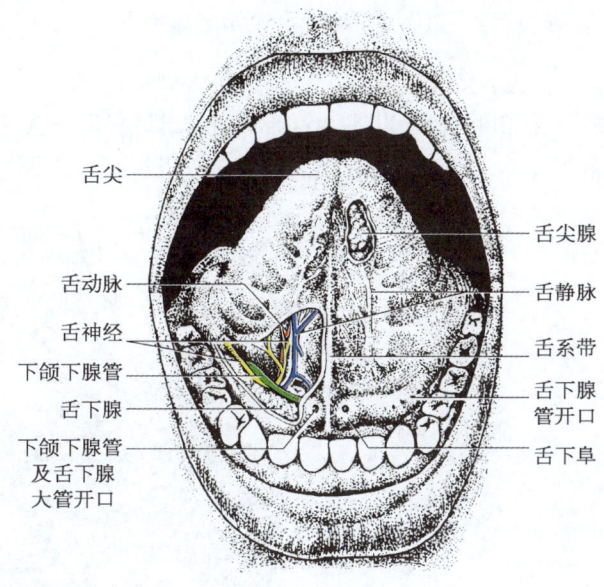

图2-7 舌下面

(2) 舌黏膜:为淡红色,被覆于舌上、下两面。舌上面和边缘部的黏膜上有许多小突起称舌乳头,按其形状可分为丝状乳头、菌状乳头和轮廓乳头等。丝状乳头数量最多,体积最小,呈白色丝绒状,遍布于舌背,具有一般感觉功能。在正常情况下,丝状乳头浅层的上皮细胞不断角化、脱落,与食物残渣、唾液等成分混合,附着于黏膜的表面,组成正常的淡薄白色的舌苔。菌状乳头数量较少,稍大于丝状乳头,为红色钝圆形小突起,形如蕈状,散在于丝状乳头之间,多见于舌尖和舌边缘,内含味蕾,司味觉。轮廓乳头最大,有7~11个,排列于界沟前方,其中央隆起,周围有环状沟,沟壁内的上皮中有许多味蕾,司味觉。

(3) 舌肌:为骨骼肌,可分为舌内肌和舌外肌(图2-8)。舌外肌中最主要的一对为颏舌肌,起自下颌骨体内面的颏棘,肌纤维向后上呈扇形,止于舌体正中线两侧。两侧颏舌肌同时收缩,使舌伸出口腔(伸舌)。单侧收缩时,使舌尖伸向对侧。如一侧颏舌

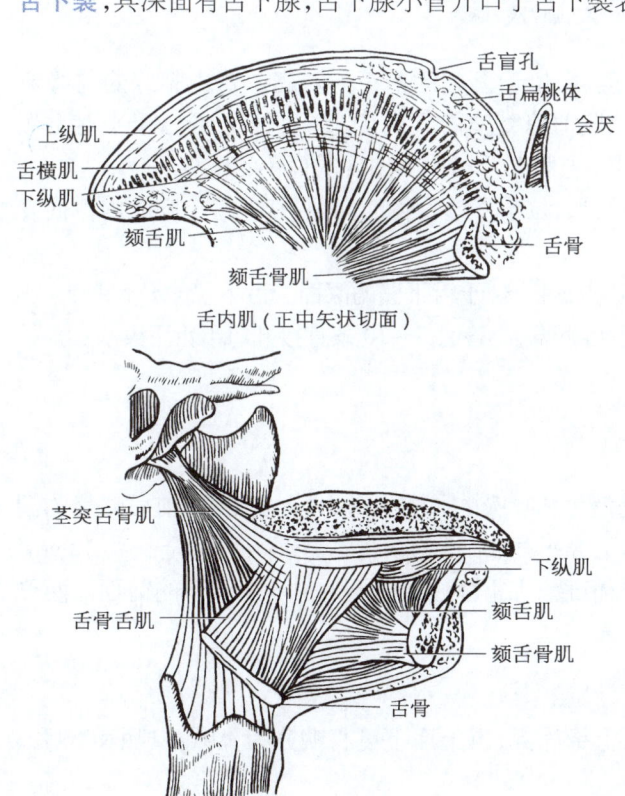

图2-8 舌肌

肌瘫痪,当让患者伸舌时,舌尖偏向瘫痪侧。

(三) 大唾液腺

在口腔周围,共有3对大唾液腺,即腮腺、下颌下腺和舌下腺(图2-9)。一昼夜它们可分泌唾液1 000~1 500 ml,有湿润口腔黏膜、清洁口腔、调和食物及消化淀粉等作用。

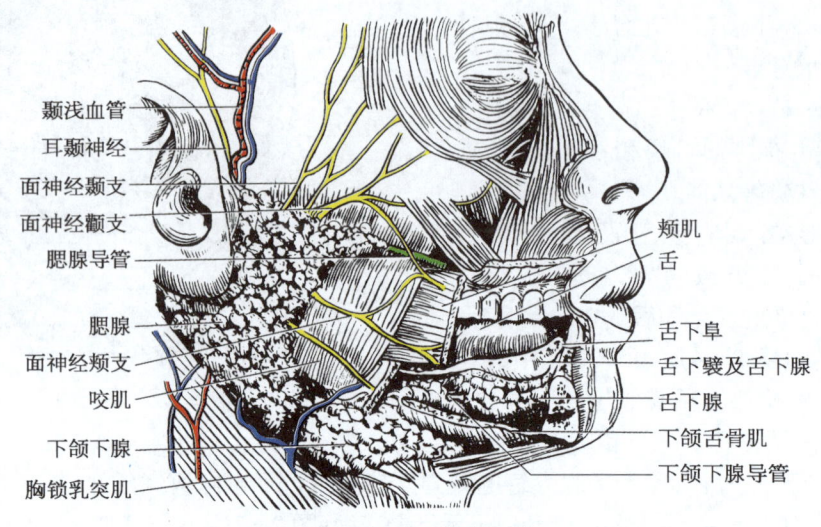

图2-9 大唾液腺

1. **腮腺(parotid gland)** 最大,略呈三角楔形,位于耳郭的前下方。**腮腺管**由腮腺的前缘穿出,在颧弓下一横指处紧贴咬肌表面前行,至咬肌前缘处弯转向内侧,穿过颊肌,开口于平对上颌第2磨牙的颊黏膜上。临床上小儿麻疹早期可在腮腺管开口周围出现灰白色的斑点。

2. **下颌下腺(submandibular gland)** 呈卵圆形,位于下颌骨体的内面,其导管自腺的内侧面发出,开口于舌下阜。

3. **舌下腺(sublingual gland)** 较小,呈扁长杏核状,位于舌下襞的深面。舌下腺的导管有大、小两种。大管有一条,常与下颌下腺管共同开口于舌下阜,小管有5~10条直接开口于舌下襞表面。

二、咽

(一) 咽的形态和位置

咽(pharynx) 是消化管上端膨大的部分,是消化和呼吸的共同通道,为上宽下窄、前后略扁的漏斗形肌性管道。上起自颅底,下至第6颈椎体下缘平面(平环状软骨弓)连于食管,全长约12 cm。前壁不完整,自上而下分别与鼻腔、口腔及喉腔相通。后壁扁平,位于上位6个颈椎的前面。两侧壁与颈部大血管、神经和甲状腺侧叶等相邻。

(二) 咽的分部和结构

根据咽前方的毗邻,以软腭游离缘与会厌上缘为界,自上而下可将咽分为鼻咽、口咽和喉咽3部(图2-10)。

1. **鼻咽(nasopharynx)** 为颅底至软腭游离缘之间的一段。位于鼻腔的后方,向前借鼻后孔与鼻腔相通。在其两侧壁上,相当于下鼻甲后方约1 cm处各有一个**咽鼓管咽口**,空气由此口经咽鼓管进入中耳鼓室,以平衡鼓膜两侧气压。咽部感染时,细菌可经此波及中耳,引起中耳炎。该口的后上方有半环状隆起称**咽鼓管圆枕**,圆枕后方和咽后壁之间有一纵行深窝称**咽隐窝**,该处是鼻咽癌的好发部位。鼻咽上壁后部的黏膜内有丰富的淋巴组织称**咽扁桃体**,幼儿时期较发达,6岁开始萎缩,10岁以后完全退化。有的儿童咽扁桃体出现异常增大,引起咽腔狭窄,影响呼吸,熟睡时表现张口呼吸。

2. **口咽**（oropharynx） 为软腭游离缘和会厌上缘之间的一段。位于口腔的后方,向前借咽峡与口腔相通。在其侧壁上,腭舌弓和腭咽弓之间有一个三角形的凹窝,称**扁桃体窝**,窝内容纳腭扁桃体。**腭扁桃体**是一对扁卵圆形的淋巴上皮器官,具有防御功能,易感染产生肿痛。

3. **喉咽**（laryngopharynx） 为会厌上缘至第6颈椎下缘之间的一段。位于喉的后方,向前经喉口通喉腔。在喉口两侧和咽侧壁之间各有一个深窝,称**梨状隐窝**,是异物易滞留的部位。

咽壁的肌层为骨骼肌,包括咽缩肌和咽提肌。

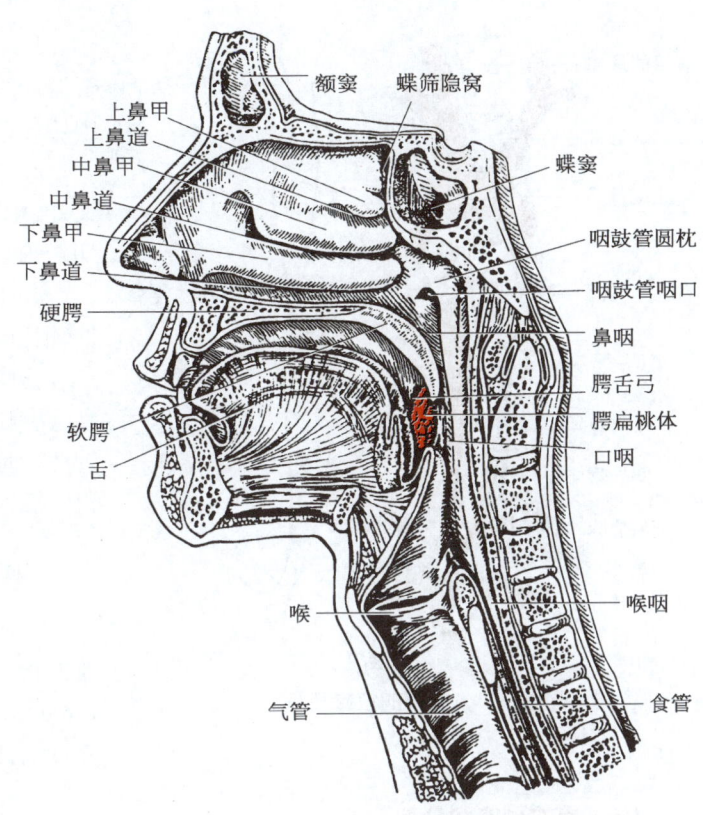

图 2-10 头颈部正中矢状面

三、食管

（一）食管的形态和分部

食管（esophagus）是一前后略扁的肌性管道,是消化管各部中最窄的部分,长约 25 cm。依其行程可分颈、胸、腹 3 部。**颈部**长约 5 cm,位于第 6 颈椎体下缘至胸骨的颈静脉切迹平面之间,前方借结缔组织与气管后壁相贴。**胸部**最长,为 18～20 cm,位于胸骨的颈静脉切迹平面至膈的食管裂孔之间。**腹部**最短,仅 1～2 cm,自膈的食管裂孔至胃的贲门。

（二）食管的位置

食管上端起自第 6 颈椎体下缘处续于咽,下端至第 11 胸椎左侧连于胃。食管在颈部沿脊柱的前方和气管的后方下行入胸腔,在胸部先行于气管与脊柱之间（稍偏左）,继经左主支气管之后,再沿胸主动脉右侧下行,至第 9 胸椎平面斜跨胸主动脉的前方至其左侧,然后穿膈的食管裂孔至腹腔,续于胃的贲门（图 2-11）。

（三）食管的狭窄

食管全长有 3 个生理性狭窄（图 2-11）。

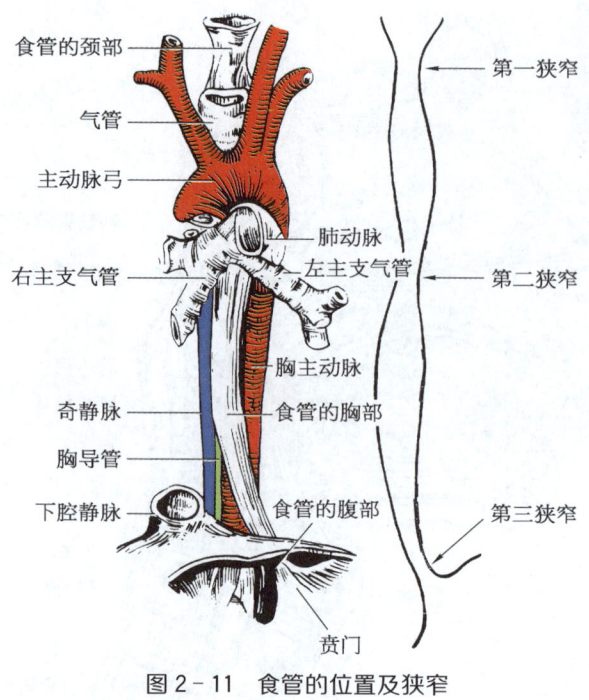

图 2-11 食管的位置及狭窄

1. **第一狭窄** 位于咽和食管相续处，即食管的起始处，相当于第 6 颈椎体下缘平面，距中切牙约 15 cm。

2. **第二狭窄** 位于食管和左主支气管交叉处，相当于第 4、第 5 胸椎体之间平面，距中切牙约 25 cm。

3. **第三狭窄** 位于食管穿过膈的食管裂孔处，相当于第 10 胸椎体平面，距中切牙约 40 cm。

这些狭窄是食管异物易滞留的部位，也是食管癌和静脉曲张的好发部位。临床上进行食管插管时，要注意食管的狭窄处，根据食管镜或胃管插入的距离，可推知器械已到达的部位。

四、胃

胃(stomach)是消化管中最膨大的部分，上连食管，下续十二指肠，成人胃的容量约为 1 500 ml。胃除有受纳食物和分泌胃液的作用外，还有内分泌功能。

(一) 胃的形态和分部

1. **胃的形态** 胃的形态受年龄、性别、体位、体型和充盈状态等多种因素影响，胃在完全空虚时略呈管状，高度充盈时可呈球囊形。

胃有上、下两口，前、后两壁，大、小两弯。上口为入口称贲门，与食管相接。下口为出口称幽门，与十二指肠相连。胃前壁朝向前上方，胃后壁朝向后下方。胃的右上缘为凹缘，称胃小弯，该弯的最低点弯曲呈角状称角切迹。胃的左下缘为凸缘，称胃大弯(图 2-12)。

2. **胃的分部** 胃可分为 4 部(图 2-12)。靠近贲门的部分称贲门部，但界限不明确。贲门平面以上，向左上方膨出的部分称胃底，临床上常称作胃穹窿。自胃底向下至角切迹处胃的中间大部称胃体。自角切迹至幽门之间的部分称幽门部，幽门部紧接幽门而呈管状的部分称幽门管，幽门管向左至角切迹之间膨大的部分称幽门窦。胃小弯和幽门部是溃疡的好发部位。

(二) 胃的位置

胃在中等充盈时，大部分位于左季肋区，小部分位于腹上区。贲门位于第 11 胸椎左侧，幽门位于第 1 腰椎右侧。当胃特别充盈时，胃大弯可降至脐以下。胃前壁的右侧与肝左叶相邻，左侧与膈相邻，被左肋弓掩盖，胃前壁的中间部分位于剑突下，直接与腹前壁相贴，该处是胃触诊的部位。胃后壁与胰、横结肠、左肾和左肾上腺相邻。胃底与膈和脾相邻。

(三) 胃壁的构造

胃壁由黏膜、黏膜下层、肌层和外膜 4 层构成。黏膜呈淡红色，有丰富的胃腺。胃空虚时黏膜形成许多皱襞(图 2-12)，充盈时则变平坦。在胃小弯处皱襞多为纵行，有 4~5 条。在贲门和幽门附近的皱襞则呈放射状排列，在幽门括约肌内表面的黏膜向内形成环状皱襞，称幽门瓣，有阻止胃

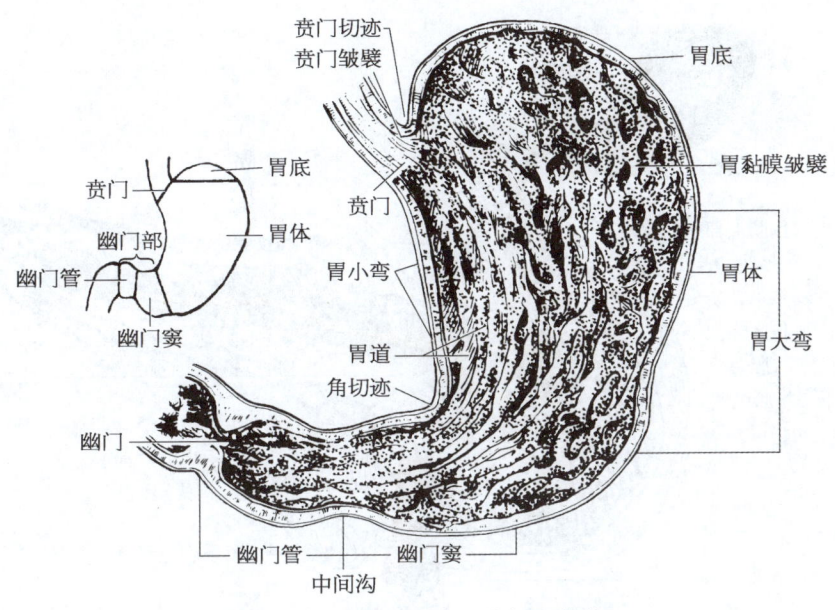

图 2-12 胃的形态、分部及黏膜

内容物进入十二指肠的功能。黏膜下层由疏松结缔组织构成,内含丰富血管、淋巴管和神经丛。肌层比较发达,有内斜、中环、外纵 3 层平滑肌构成(图 2-13)。3 层平滑肌有节律地收缩,形成胃的蠕动波,将食糜推入十二指肠。在幽门处胃的环形肌特别增厚,形成幽门括约肌,有延缓胃内容物排空和防止肠内容物逆流至胃的作用。外膜为浆膜,是由被覆于胃表面的脏腹膜构成。

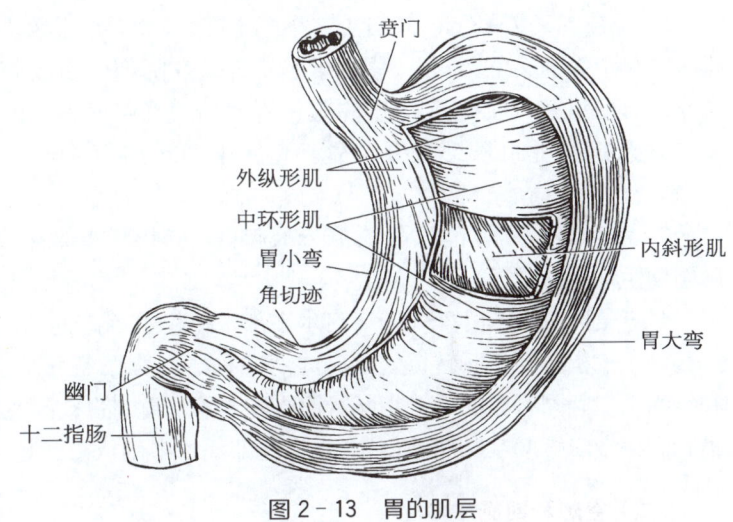

图 2-13 胃的肌层

五、小肠

小肠(small intestine)是消化道中最长的一段,成人全长 5~7 m,上端起于幽门,下端接续盲肠,分为十二指肠、空肠和回肠 3 部,小肠是食物消化和吸收最重要的场所。

(一) 十二指肠

十二指肠(duodenum)为小肠的起始段,长约 25 cm,上端起自幽门,下端续于空肠,呈"C"形包绕胰头,可分为上部、降部、水平部和升部 4 部(图 2-14)。

1. **上部** 长约 5 cm,起自胃的幽门,水平向右,达肝门下方、胆囊颈附近急转向下,移行为降部。上部左侧与幽门相连接的一段肠壁较薄,管径较大,黏膜面光滑无环状襞,临床上称此段为十二指肠球,是十二指肠溃疡的好发部位。

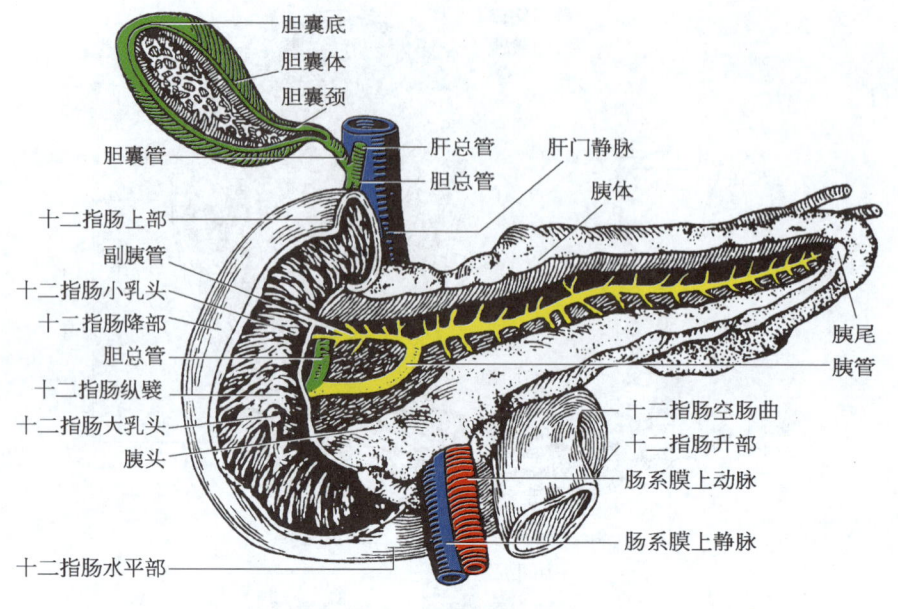

图 2-14 十二指肠和胰

2. **降部** 长 7~8 cm,起自十二指肠上部,垂直下行于第 1~3 腰椎体和胰头的右侧,至第 3 腰椎体右侧下缘处又急转向左,移行于水平部。在降部中份肠腔后内侧壁上有一纵行的黏膜皱襞,称**十二指肠纵襞**,是由斜穿肠壁的胆总管使黏膜隆起而形成的。此襞下端有一乳头状隆起,称**十二指肠大乳头**,是肝胰壶腹开口处。它距中切牙约 75 cm,可作为插放十二指肠引流管深度的参考。

3. **水平部** 又称下部,长约 10 cm,起自十二指肠降部,在第 3 腰椎平面自右向左,横过下腔静脉至腹主动脉前面,移行于升部。

4. **升部** 最短,长 2~3 cm,自水平部末端起始,斜向左上方至第 2 腰椎体左侧转向下,移行于空肠。十二指肠与空肠转折处形成的弯曲称**十二指肠空肠曲**。十二指肠空肠曲被一平滑肌纤维和结缔组织共同构成的十二指肠悬肌固定于腹后壁,临床上称**十二指肠悬韧带**(**Treitz 韧带**),有悬吊和固定十二指肠空肠曲的作用,也是腹部手术中确认空肠起始端的重要标志。

(二)空肠和回肠

空肠(jejunum)和**回肠**(ileum)上端起自十二指肠空肠曲,下端接续盲肠。位于腹腔的中部和下部,周围为大肠所环抱。空、回肠的形态结构不完全一致,但变化是逐渐发生的,两者无明显的界限。一般来说,空肠约占空、回肠全长的近侧 2/5,主要位于腹腔的左上部(左腹外侧区和脐区)。回肠约占空、回肠全长的远侧 3/5,主要位于腹腔的右下部(脐区和右腹股沟区)。从外观上看(图 2-15),空肠管径较粗,管壁较厚,血管较多,颜色较红润,黏膜环状皱襞密而高,黏膜内有许多散在的**孤立淋巴滤泡**。而回肠则管径较细,管壁较薄,血管较少,颜色较淡,黏膜环状皱襞疏而低,黏膜内除有孤立淋巴滤泡以外,还有**集合淋巴滤泡**。集合淋巴滤泡是由 10~70 个孤立淋巴滤泡汇集而成,这些淋巴滤泡具有防御功能。肠伤寒时细菌常侵犯回肠集合淋巴滤泡,从而导致肠出血或肠穿孔。

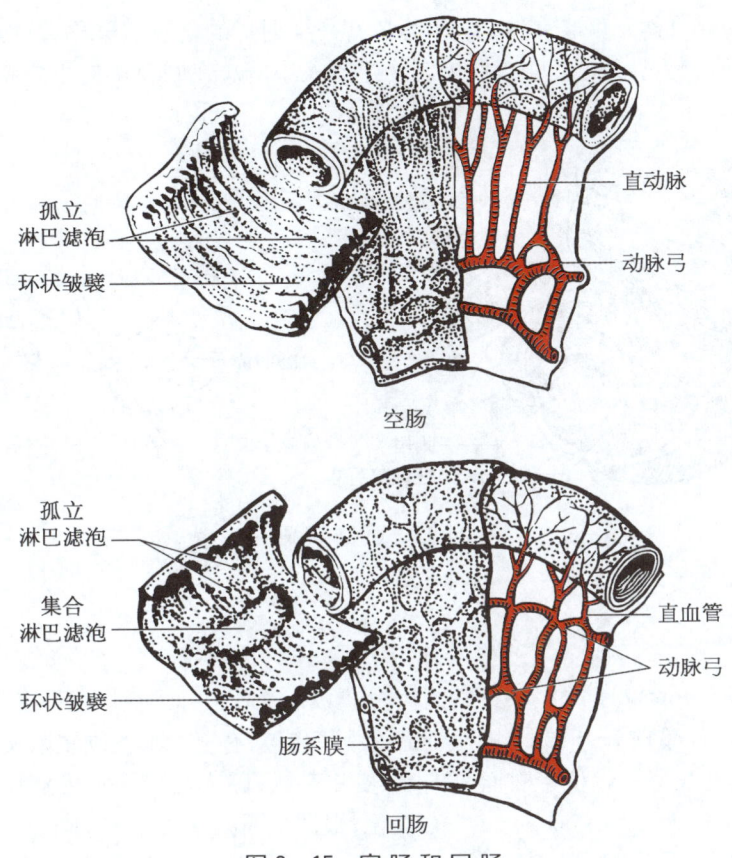

图 2-15 空肠和回肠

六、大肠

大肠(large intestine)是消化管的下段,具有吸收水分、维生素和无机盐的作用,并将食物残渣形成粪便,排出体外。全长约 1.5m,略成方框形,围绕在空、回肠的周围。起自右髂窝内回肠末端,终于肛门。可分为盲肠、阑尾、结肠、直肠和肛管 5 部。

大肠在外形上与小肠有明显不同,大肠口径较粗,肠壁较薄,而盲肠和结肠还具有 3 种特征性结构(图 2-16):一是沿肠的表面排列有 3 条纵行的结肠带,由纵行平滑肌增厚而成;二是由肠壁上的许多横沟隔开而成的环形囊袋状突起,称结肠袋;三是在结肠带附近有许多大小不等的脂肪突起,称肠脂垂。上述三个特征可作为识别盲肠和结肠的标志。

(一) 盲肠

盲肠(cecum)位于右髂窝内,为大肠的起始部,长 6~8 cm,其下端为膨大的盲端,上续于升结肠,左侧与回肠连接。

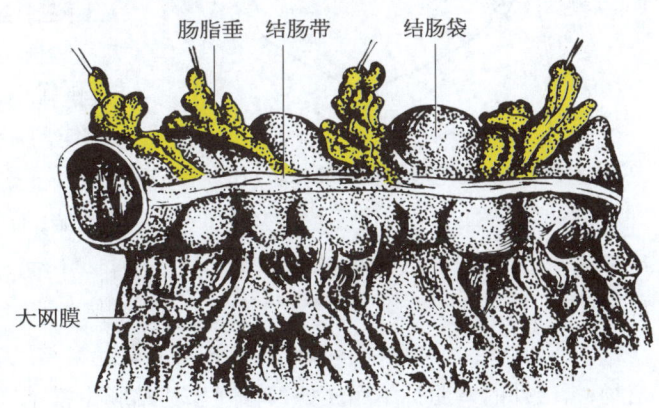

图 2-16 结肠的特征(横结肠)

回肠末端在盲肠的开口称回盲口,口的上、下缘各有一半月形的黏膜皱襞称回盲瓣,此瓣既可阻止小肠内容物过快进入大肠,又可防止大肠内容物逆流入小肠。在回盲瓣的下方约 2 cm 处,有阑尾的开口(图 2-17)。

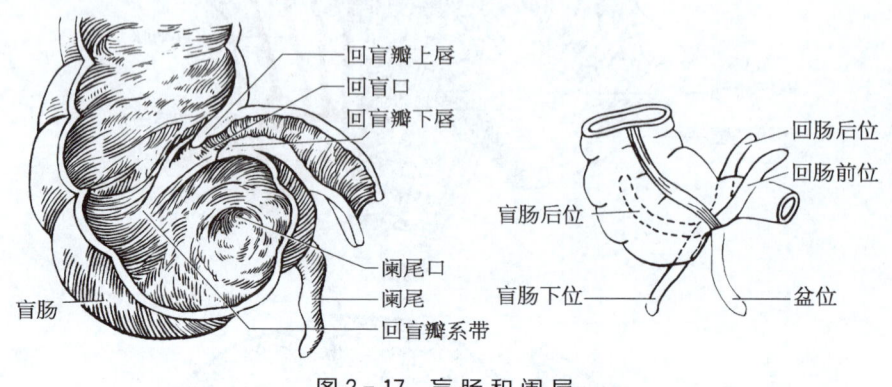

图 2-17 盲肠和阑尾

(二) 阑尾

阑尾(vermiform appendix)是一条细长的盲管,形如蚯蚓,又称蚓突。上端通盲肠后内壁,下端游离,位置不固定。一般长 7~9 cm。阑尾全部为腹膜包被,有三角形的阑尾系膜。

阑尾的位置常与盲肠一起位于右髂窝内,但变化甚大,因人而异。它可随盲肠的位置异常而变化,根据中国的统计资料,阑尾以盆位者多见,其次为盲肠后位及盲肠下位,回肠前位和回肠后位较为罕见(图 2-17)。因为三条结肠带最后都汇集于阑尾根部,故沿结肠带向下追踪,是寻找阑尾的可靠方法。

阑尾根部的体表投影:在脐与右髂前上棘连线的中、外 1/3 交界处,此点称麦克伯尼(McBurney)点(图 2-18)。急性阑尾炎时,此点可有压痛或反跳痛。

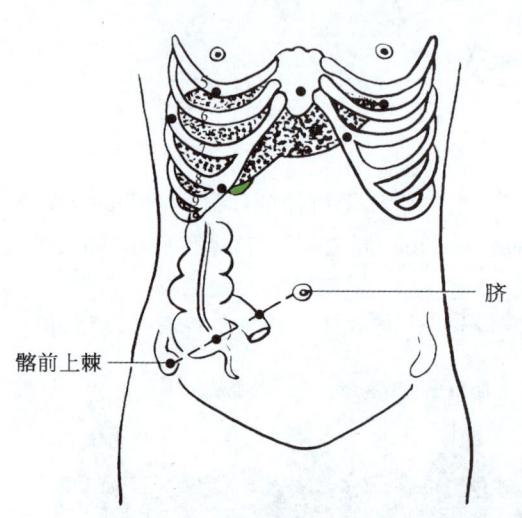

图 2-18 阑尾根部及肝的体表投影

(三) 结肠

结肠(colon)位于盲肠和直肠之间,围绕在空肠和回肠周围。按其位置和形态,可分为升结肠、横结肠、降结肠和乙状结肠 4 部(图 2-1)。

1. **升结肠**(ascending colon) 长约 15 cm,起自盲肠上端,沿腹后壁右侧上升,至肝右叶下面转向左移行于横结肠,转折处的弯曲称结肠右曲(肝曲)。升结肠借结缔组织贴附于腹后壁,因此活动性甚小。

2. **横结肠**(transverse colon) 长约 50 cm,起自结肠右曲,向左至脾的下端折转向下,移行于降结肠,折转处的弯曲称结肠左曲(脾曲)。横结肠由横结肠系膜连于腹后壁,活动度较大,其中间部可下垂至脐或低于脐平面。

3. **降结肠**(descending colon) 长约 20 cm,起自结肠左曲,沿腹后壁左侧下降,至左髂嵴处移行于乙状结肠。降结肠借结缔组织贴附于腹后壁,活动性很小。

4. **乙状结肠**(sigmoid colon) 长约 45 cm,平左髂嵴处起自降结肠,呈"乙"字形弯曲,向下进入盆腔,至第 3 骶椎平面续于直肠。空虚时其前面常被小肠襻遮盖,充盈时在左髂窝可触及。乙状结肠是慢性炎症、憩室、肿瘤的好发部位。

(四)直肠

1. **位置** 直肠(rectum)位于盆腔,全长 10~14 cm,上端平第 3 骶椎处接乙状结肠,下端至盆膈处续于肛管。直肠的后面是骶骨和尾骨,直肠的前面男、女有所不同,在男性直肠的前面有膀胱、前列腺、精囊等,在女性则有子宫和阴道。因此临床指诊时,可触知前列腺或子宫和阴道等。

2. **弯曲和结构** 直肠在正中矢状面上有两个弯曲:上段与骶骨前面的曲度一致,形成一凸向后的弯曲,称**骶曲**。下段绕过尾骨尖前面转向后下方,形成一凸向前的弯曲,称**会阴曲**。直肠的下段肠腔膨大,称**直肠壶腹**。直肠壶腹内面的黏膜形成 2~3 个半月形皱襞,称**直肠横襞**(图 2-19、图 2-20)。其中最大而恒定的一个皱襞在壶腹上份,居直肠前右侧壁,距肛门约 7 cm,有支持粪便的作用,临床上行直肠镜检查时,应顺着直肠的弯曲,以避免损伤直肠横襞。

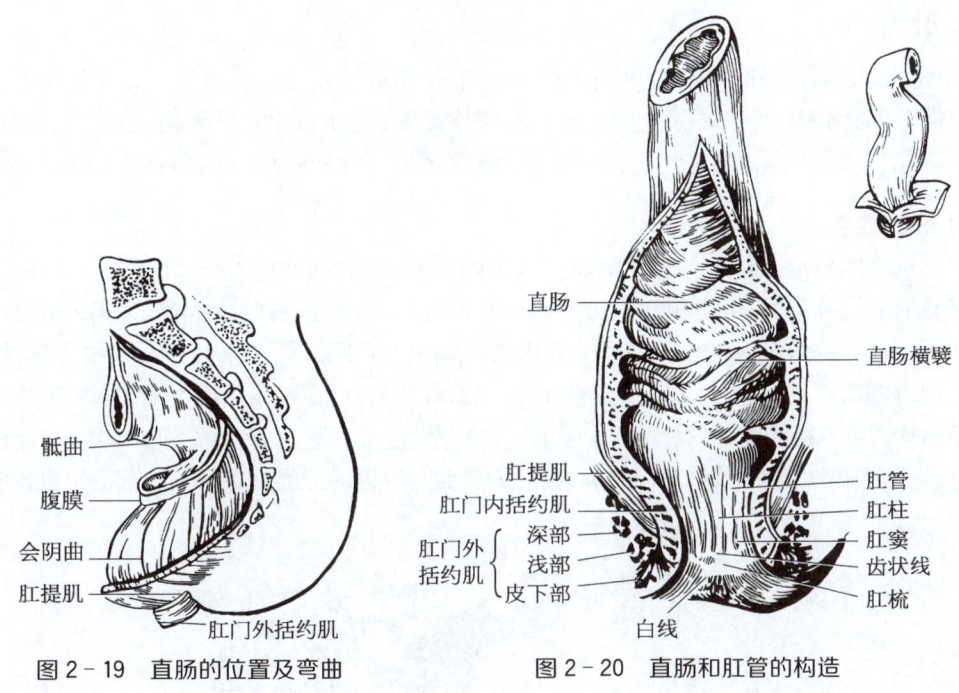

图 2-19 直肠的位置及弯曲   图 2-20 直肠和肛管的构造

(五)肛管

肛管(anal canal)为大肠的末段,上端在盆膈平面续于直肠,下端终于肛门,长 3~4 cm。肛管被肛门括约肌包绕,平时处于收缩状态,有控制排便的作用。

肛管上段的黏膜形成 6~10 条纵行皱襞,称**肛柱**。各肛柱下端间有半月形黏膜皱襞相连,称**肛瓣**。每一肛瓣与其相邻的两个肛柱下端之间形成开口向上的袋状小陷窝,称**肛窦**,底部有肛腺的开口,窦内易积存粪便,易感染而引起肛窦炎、肛周脓肿或肛瘘等。

各肛瓣和肛柱的下端共同连成一锯齿状的环形线,称**齿状线**或**肛皮线**,是皮肤和黏膜的分界线。齿状线以下有一宽约 1 cm 的环状带,表面光滑而略呈浅蓝色,称肛梳或痔环。齿状线以上的黏膜下和肛梳的皮下有丰富的静脉丛,在病理情况下静脉丛淤血曲张则形成痔,发生在齿状线以上者称内痔,发生在齿状线以下者称外痔,也有跨越于齿状线上、下者称混合痔。肛梳下缘有一环状线,称白线,此线恰好位于肛门内、外括约肌的交界处,活体指诊时可触知一环状沟,即上述两肌的分界沟(图2-20)。白线以下的皮肤颜色较深,下方不远即为肛门。

肛管的平滑肌层和其他部分的肠壁一样,都是由内环、外纵两层肌构成。但此处的环形肌层特别增厚,形成肛门内括约肌,此肌可协助排便。环绕在肛门内括约肌周围的骨骼肌则构成肛门外括约肌,有较强的控制排便功能。

第三节 消化腺

一、肝

肝(liver)是人体最大的消化腺,重约 1 350 g。胎儿和新生儿的肝相对较大,可达体重的 1/20。肝的血液供应十分丰富,活体的肝呈棕红色。肝质软而脆,受外力冲击易破裂,引起腹腔内大出血。肝具有分泌胆汁、参与机体的新陈代谢、储存糖原、解毒、吞噬、防御等功能,在胚胎时期还有造血功能。

(一) 肝的形态

肝呈不规则的楔形,可分为上、下两面,左、右两叶和前、后两缘(图2-21、图2-22)。肝的上面凸隆,与膈相贴,称膈面,可由镰状韧带分为肝左叶、肝右叶。肝右叶大而厚,左叶小而薄。肝的下面凹凸不平,与许多内脏接触,称脏面。此面有一略呈"H"形的沟,即左、右纵沟和一条横沟。左纵沟的前部有肝圆韧带通过,后部容纳静脉韧带。右纵沟的前部有一凹窝,称胆囊窝,容纳胆囊,后部有下腔静脉通过。横沟即肝门(porta hepatis),有肝左、右管和肝固有动脉、肝门静脉以及神经、淋巴管通过。肝的前缘(也称下缘)薄而锐利,为肝的膈面与脏面的分界线,肝的后缘圆钝,朝向脊柱。

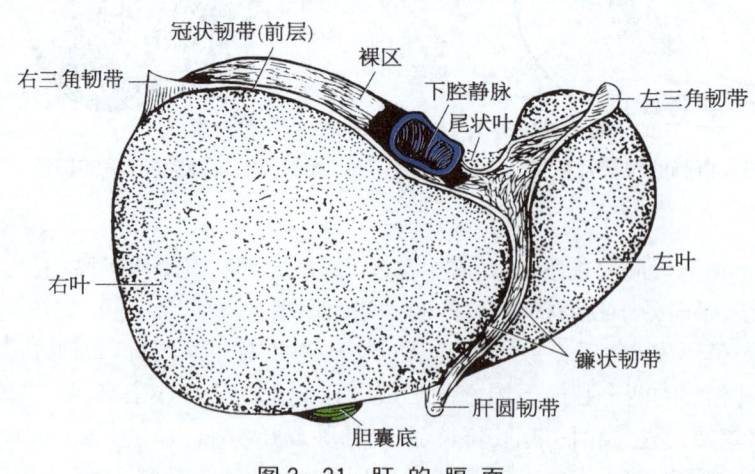

图2-21 肝的膈面

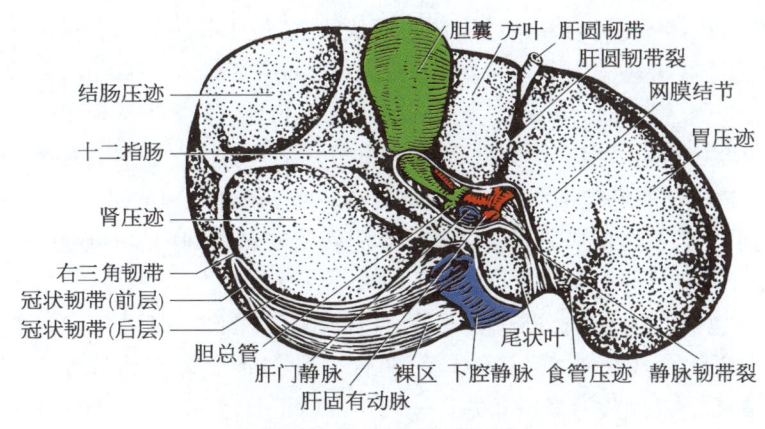

图 2-22 肝的脏面

(二) 肝的位置和体表投影

1. 位置　肝大部分位于右季肋区和腹上区,小部分位于左季肋区。肝大部分为肋弓所覆盖,仅在腹上区的左、右肋弓间露出,并直接接触腹前壁。肝的上面邻膈,脏面邻近腹腔器官。

2. 体表投影

(1) 肝的上界:与膈穹窿一致。在右腋中线处起自第 7 肋,由此向左至右锁骨中线处平第 5 肋,在前正中线处平剑胸结合,至左锁骨中线平第 5 肋间隙。此上凸弧线即为肝的上界(图 2-18)。

(2) 肝的下界:与肝的前(下)缘一致。在右腋中线平 10 肋,向左与右肋弓一致,至右侧第 8、第 9 肋软骨结合处离开肋弓,经剑突下 3~5 cm 处斜向左上,至左肋弓第 7、第 8 肋软骨结合处,进入左季肋区,连于上界左端(图 2-18)。因此,在正常成人,肝的下界在右肋弓下一般不能触及,剑突下可触及。在小儿,肝的体积占比相对较大,肝的下缘可低于右肋弓下缘 1.5~2 cm,在右肋弓下可触及,7 岁以上儿童已不能触及。

(三) 肝外胆道

肝外胆道包括胆囊和输胆管道(图 2-23、图 2-24)。

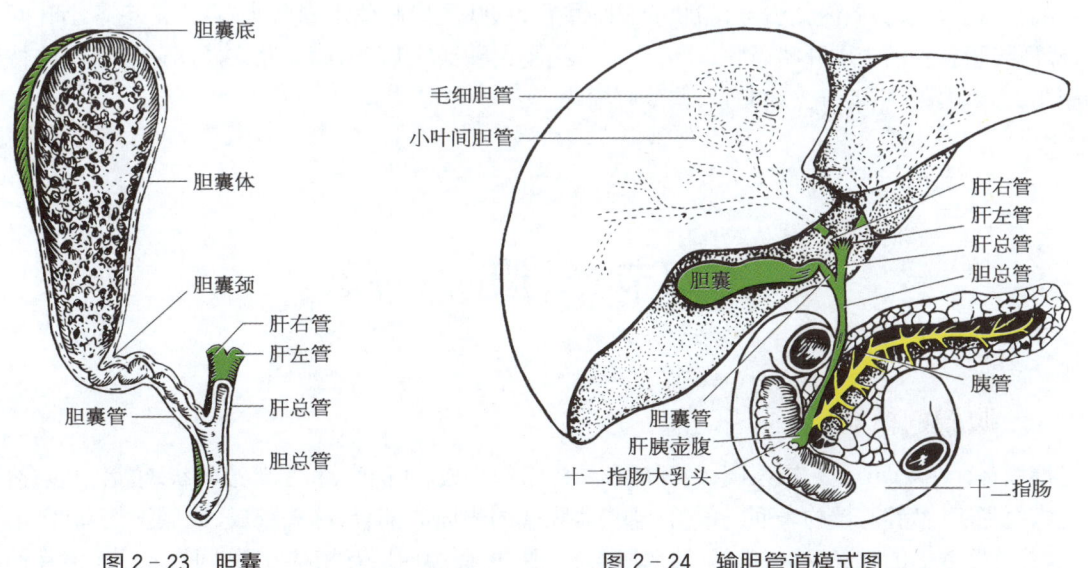

图 2-23 胆囊　　　　　图 2-24 输胆管道模式图

1. 胆囊(gallbladder) 为贮存和浓缩胆汁的囊状器官,位于肝脏面的胆囊窝内,上面借结缔组织与肝相连,下面由腹膜覆盖。胆囊呈长梨形,长 8～12 cm,容量 40～60 ml,常被胆汁染成绿色。胆囊一般分为底、体、颈、管 4 部。胆囊底为突向前下方的盲端,常在肝下缘露出,其体表投影相当于右侧腹直肌外侧缘和右肋弓相交处。胆囊炎时,此处可有压痛。胆囊体占胆囊中央大部分,约在肝门右侧移行于胆囊颈。胆囊颈细而短,以直角弯向左侧,移行于胆囊管。胆囊管是胆囊颈的延续,长 3～4 cm,与肝总管汇合成胆总管。胆囊颈和胆囊管的黏膜向内呈螺旋状突出,形成螺旋襞,可控制胆汁的出入,胆结石也常嵌顿于此。

2. 输胆管道 包括肝左、右管,肝总管,胆囊管及胆总管(图 2-24)。

肝内胆小管逐渐汇合成肝左管和肝右管,两管出肝门不远即汇合成肝总管。肝总管长约 3 cm,末端与位于其右侧的胆囊管呈锐角并行一段距离后汇合成胆总管。胆总管长 4～8 cm,在肝十二指肠韧带内,它位于肝固有动脉右侧、肝门静脉右前方,继而下行经十二指肠上部的后方,至胰头和十二指肠降部之间进入十二指肠降部的后内侧壁,在此与胰管汇合,形成略膨大的总管称肝胰壶腹(Vater 壶腹)开口于十二指肠大乳头。在肝胰壶腹的管壁内,有环形平滑肌,称肝胰壶腹括约肌(Oddi 括约肌),可控制胆汁的排出和防止十二指肠内容物逆流入胆总管和胰管内。肝胰壶腹括约肌平时保持收缩状态,由肝分泌的胆汁,经肝左、右管和肝总管、胆囊管进入胆囊内储存。进食后,尤其是进高脂肪食物,在神经、体液因素调节下,胆囊收缩,肝胰壶腹括约肌舒张,使胆汁自胆囊经胆囊管、胆总管、肝胰壶腹、十二指肠大乳头排入十二指肠腔内。

二、胰

(一) 胰的位置

胰(pancreas)位于胃的后方,位置较深,于第 1、第 2 腰椎水平横贴于腹后壁,为腹膜外位器官。

(二) 胰的形态

胰呈三棱柱状,可分为头、体和尾 3 部,重约 100 g。胰头被十二指肠所环抱。胰体是胰的中间大部分。胰尾是左端狭细部,抵达脾门后下方。

胰管位于在胰实质内偏后方,与胰的长轴平行,从胰尾经胰体走向胰头,沿途汇集各小叶间导管,最后与胆总管汇合成肝胰壶腹,开口于十二指肠大乳头(图 2-14)。胰实质内还散在一些特殊细胞团,称为胰岛,主要分泌胰岛素,调节血糖浓度。

第四节 腹 膜

一、腹膜的概念

腹膜(peritoneum)是一层浆膜,由间皮和结缔组织构成,薄而光滑,呈半透明状,覆盖于腹、盆腔壁的内面和腹、盆腔脏器的表面。覆盖于腹、盆腔壁内表面的部分,称壁腹膜(腹膜壁层)。覆盖于腹、盆腔脏器表面的部分,称脏腹膜(腹膜脏层)。脏、壁腹膜两层互相移行,共同形成一个潜在性腔隙，称腹膜腔，腔内仅有少量浆液。男性腹膜腔是一封闭的囊，与外界不通。而女性腹膜腔则借输卵管腹腔口，经输卵管、子宫、阴道与外界相通。

腹膜能分泌少量浆液，润滑脏器表面，减少脏器间的摩擦。腹膜对脏器还具有支持、固定、修复及防御等功能。腹膜的易粘连性，可促进损伤的修复和防止腹腔炎症的扩散，但同时也易产生肠粘连。在病理情况下，腹膜渗出液增多，可形成腹水。此外，腹膜还具有吸收功能，上腹部吸收能力较下腹部强，为减缓腹腔炎症或术后有害物质的吸收，患者易采取半卧位。

二、腹膜与腹盆腔脏器的关系

根据腹膜覆盖脏器表面的多少，可分为3类（图2-25、图2-26）。

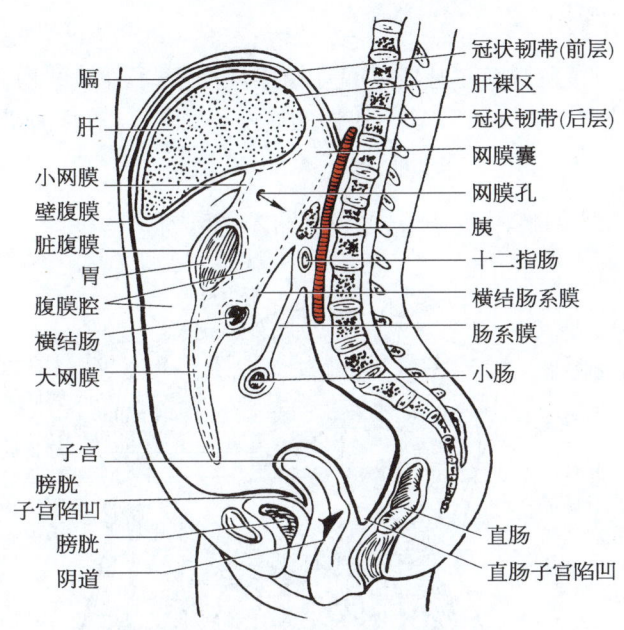

图2-25 腹膜（正中矢状切面，女）

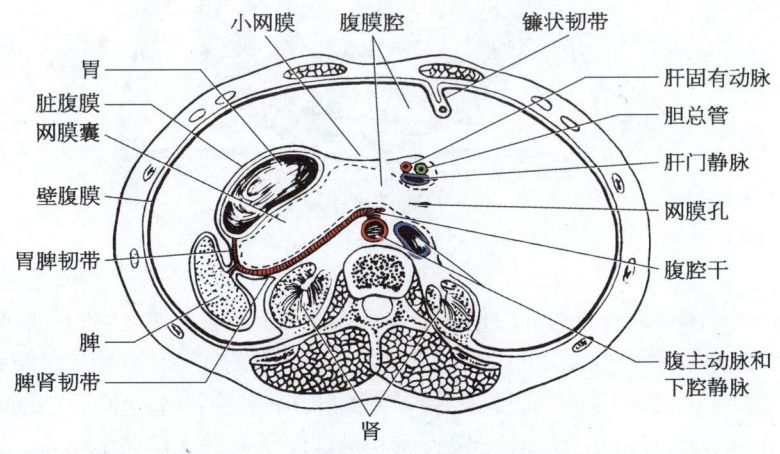

图2-26 腹膜（通过网膜孔的横切面）

1. 腹膜内位器官 凡脏器表面几乎完全被腹膜所覆盖者,称腹膜内位器官,如胃、十二指肠上部、空肠、回肠、盲肠、阑尾、横结肠、乙状结肠、脾、卵巢和输卵管。这些器官具有较大的活动性。

2. 腹膜间位器官 凡脏器的三面或大部分被腹膜所覆盖者,称腹膜间位器官,如肝、胆囊、升结肠、降结肠、直肠上段、膀胱和子宫。

3. 腹膜外位器官 凡脏器仅一面被腹膜所覆盖者,称腹膜外位器官,如肾、肾上腺、胰、十二指肠降部和水平部、输尿管、直肠中段和下段。

了解腹膜与脏器的关系,有重要的临床意义。如对腹膜内位器官进行手术,必须通过腹膜腔。但对肾、输尿管等腹膜外位器官和膀胱等腹膜间位器官施术,可不必打开腹膜腔而于腹膜外进行手术,从而可避免术后腹膜腔的感染和脏器粘连。

三、腹膜形成的结构

壁腹膜与脏腹膜之间或脏腹膜在脏器之间互相移行,形成了许多结构,这些结构不仅对器官起着连接和固定作用,也是血管、神经等出入脏器的途径。如网膜、系膜、韧带和陷凹等。

(一) 网膜

网膜(omentum)包括小网膜、大网膜及网膜囊(图2-25、图2-27)。

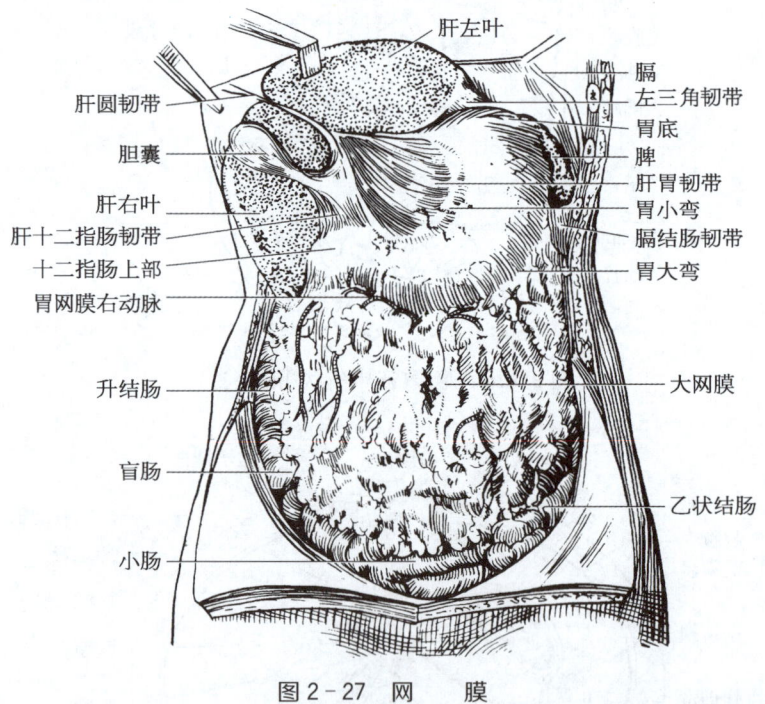

图 2-27 网 膜

1. 小网膜(lesser omentum) 是由肝门移行至胃小弯和十二指肠上部之间的双层腹膜结构。由肝门至胃小弯之间的部分称肝胃韧带,由肝门至十二指肠上部之间的部分称肝十二指肠韧带。肝十二指肠韧带内含3个重要结构:即右前方的胆总管,左前方的肝固有动脉,两者之间后方的肝门静脉。

2. 大网膜(greater omentum) 是连于胃大弯和横结肠之间的4层腹膜结构。形似围裙,悬垂于结肠和小肠的前面。前两层是来自胃前、后壁的腹膜,自胃大弯和十二指肠起始部下垂至近骨盆缘时再急转向上，形成大网膜的后两层，向上包绕横结肠，且与横结肠系膜和腹后壁腹膜相续。大网膜具有重要防御功能，当腹内发生病变（阑尾炎、胃穿孔等）时，它可向病灶处移动并将病灶包裹以限制炎症蔓延。

3. 网膜囊(omental bursa)　是位于小网膜和胃后壁、腹后壁的腹膜之间的一个扁窄间隙，是腹膜腔的一部分，又称小腹膜腔。肝十二指肠韧带的后方为网膜孔，可容1～2指通过。该孔是网膜囊和腹膜腔的唯一通道，当胃后壁穿孔时，胃内容物首先流入网膜囊，也可经此孔流至腹膜腔，引起弥散性腹膜炎。

（二）系膜

系膜是指将肠管连于腹后壁的双层腹膜结构。两层中间夹有到达该器官的神经、血管、淋巴管、淋巴结和脂肪等。主要的系膜有肠系膜、阑尾系膜、横结肠系膜和乙状结肠系膜等。

肠系膜(mesentery)最长，呈扇形，是将空肠、回肠系于腹后壁的双层腹膜结构。它附着于腹后壁的部分称肠系膜根。肠系膜根起自第2腰椎左侧，斜向右下，止于右骶髂关节前方，长约15 cm（图2-28）。

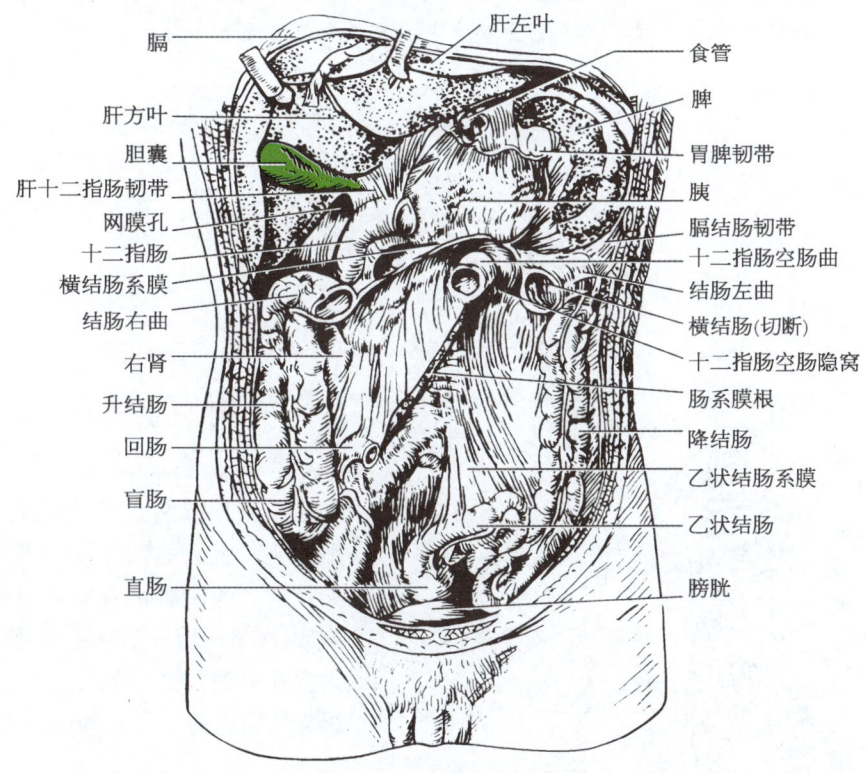

图2-28　腹膜形成的结构

（三）腹膜陷凹

腹膜陷凹主要位于盆腔内，为腹膜在脏器之间移行返折形成的凹陷。在男性，膀胱和直肠之间有直肠膀胱陷凹。在女性，子宫和膀胱之间有一较浅的膀胱子宫陷凹；直肠和子宫之间有直肠子宫陷凹（又称Douglas腔），且与阴道穹后部相邻（图2-25）。站立或坐位时，男性的直肠膀胱陷凹和女性的直肠子宫陷凹是腹膜腔的最低点，故腹膜腔积液、积血或积脓多积聚于此，可经直肠前壁或阴道穹后部穿刺以进行诊断和引流。

第三章 呼吸系统

导学

1. 掌握喉的位置及主要喉软骨的名称,左、右主支气管的区别,肺的形态、结构,壁胸膜分部和胸膜腔的概念,胸膜顶和肋膈隐窝的位置,肺下缘和胸膜下界的体表投影。

2. 熟悉呼吸系统的组成,上、下呼吸道的划分,鼻腔的分部,喉黏膜的主要形态结构,喉腔分部,气管的位置及结构,纵隔的概念、位置和分部。

第一节 概述

一、呼吸系统的组成

呼吸系统(respiratory system)是由肺外呼吸道和肺两大部分组成。呼吸道包括鼻、咽、喉、气管、主支气管和肺内各级支气管。肺由肺泡及肺内各级支气管等构成(图3-1)。临床上常把鼻、咽、喉称为上呼吸道,把气管、主支气管和肺内各级支气管合称为下呼吸道。

二、呼吸系统的主要功能

呼吸系统的主要功能是进行气体交换,即吸入氧,排出二氧化碳。机体在进行新陈代谢的过程中,经过呼吸系统不断地从外界吸入氧,由循环系统将氧运送至全身的组织和细胞,经过氧化,产生组织细胞所需要的能量,同时在氧化过程中所

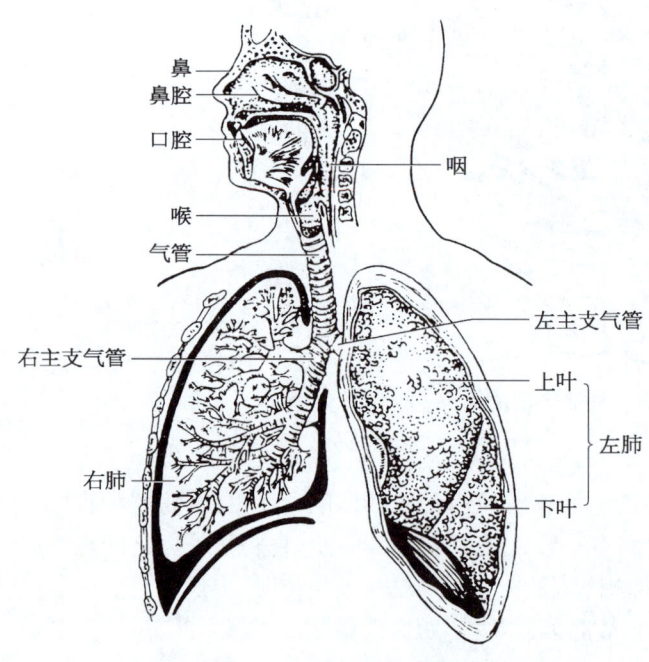

图3-1 呼吸系统全图

产生的二氧化碳,再通过循环系统送至呼吸系统,排出体外,以保证机体生理活动的正常进行。此外,还有发音、嗅觉等功能。

第二节 肺外呼吸道

一、鼻

鼻(nose)是呼吸道的起始部,又是嗅觉器官,是由外鼻、鼻腔和鼻旁窦3部分组成。

(一) 外鼻

外鼻(external nose)位于面部中央。上部狭窄,突于两眶之间,称为鼻根。向下延伸为隆起的鼻背,鼻背下端的最突点称为鼻尖,尖的两侧扩大为鼻翼。在平静呼吸时鼻翼无显著活动,当呼吸困难时,可出现鼻孔一张一缩的活动,称鼻翼扇动。外鼻下方的一对开口称鼻孔。

(二) 鼻腔

鼻腔(nasal cavity)由骨和软骨作支架,内面衬以黏膜和皮肤构成。鼻腔被鼻中隔分为左右两个腔。向前经鼻孔通外界,向后由鼻后孔通鼻咽。每侧鼻腔均分为前方的鼻前庭和后方的固有鼻腔两部。

1. 鼻前庭　为鼻翼所围成的空间。内面衬以皮肤,生有鼻毛,有滤过和净化空气的功能。

2. 固有鼻腔　为鼻腔的主要部分,由鼻前庭以后的鼻腔覆以黏膜而成。临床上所称鼻腔常指该部而言。鼻腔底壁为腭。顶壁隔筛板邻颅前窝。当颅前窝骨折时,脑脊液或血液可经鼻腔流出。内侧壁为鼻中隔。由于鼻中隔居正中位者较少,以偏向左侧者居多,故两侧鼻腔常不对称,称为鼻中隔偏曲,严重者可引起鼻塞、头痛或出血等。在鼻中隔的前下部有一区域,黏膜下有丰富的毛细血管丛,称易出血区,90%的鼻衄均发生于此。外侧壁上有上、中、下3个平行排列的长形隆起,分别称为上鼻甲、中鼻甲和下鼻甲。各鼻甲下方所围成的空间形成上、中、下3个鼻道。上鼻道和中鼻道有鼻旁窦的开口,下鼻道的前部有鼻泪管的开口(图3-2、图3-3)。

固有鼻腔的黏膜分为嗅区和呼吸区两部分。嗅区位于鼻腔顶、上鼻甲及其相对应的鼻中隔部的黏膜,此部黏膜内含有嗅细胞,能感受嗅觉刺激。呼吸区为嗅区以外黏膜部,黏膜上皮有纤毛,黏膜内含丰富的血管、黏液腺,对吸入的空气起加温、湿润及净化其中的灰尘和细菌等作用。

(三) 鼻旁窦

参见第一章第二节相关内容。

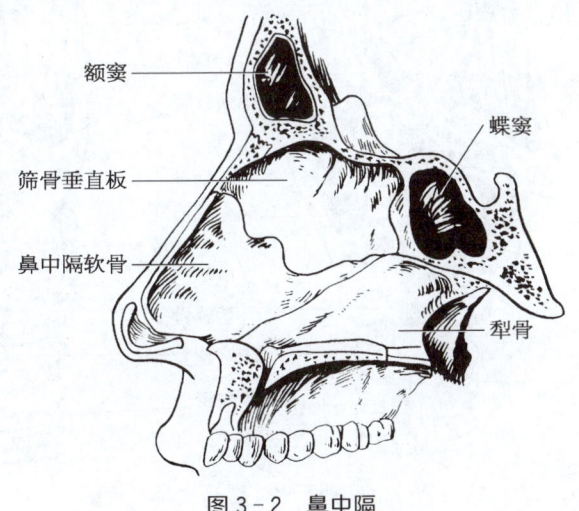

图 3-2　鼻中隔

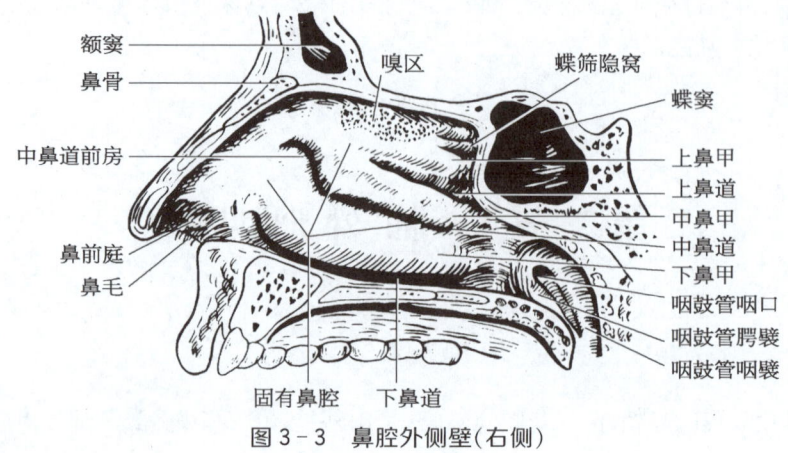

图3-3 鼻腔外侧壁(右侧)

二、咽

参见第二章第二节相关内容。

三、喉

(一) 喉的位置

喉(larynx)既是呼吸道,又是发声器官。位于颈前部正中,位置表浅,前方被皮肤、浅筋膜、深筋膜和舌骨下肌群所覆盖。后方与喉咽相邻。两侧有颈部大血管、神经和甲状腺左、右叶。

喉向上开口于喉咽,向下与气管相连。成年人喉的上界约平对第4、第5颈椎体之间,下界平对第6颈椎体下缘,女性者略高。由于喉与舌骨和咽紧密连结,故当吞咽时,喉可随之上、下移动。

(二) 喉的结构

喉是复杂的管状器官,由软骨、软骨的连结、喉肌和黏膜构成。

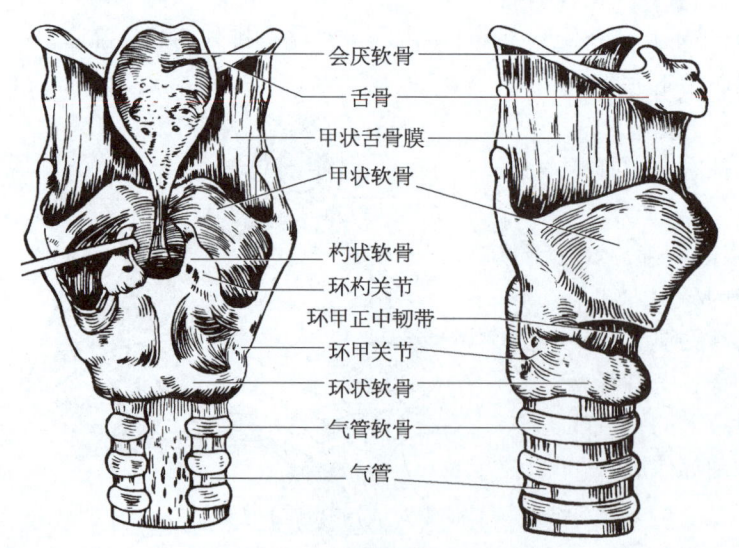

图3-4 喉软骨及其连结

1. **喉软骨(laryngeal cartilages)**
喉软骨是喉的支架,主要包括甲状软骨、环状软骨、会厌软骨和杓状软骨等(图3-4)。

(1) **甲状软骨(thyroid cartilage)**:是最大的喉软骨,位于舌骨的下方,环状软骨的上方,构成喉的前壁和两侧壁。由左右对称的两个方形软骨板构成,两板前缘以直角互相愈着形成前角,前角上端向前突出称为**喉结**。

(2) **环状软骨(cricoid cartilage)**:位于甲状软骨的下方,形成喉的底座。外形似指环,前部低窄呈弓形,称环状软骨弓。后部高宽呈板状,称环状软骨板。环状软骨是喉软骨中唯一完整的软骨环。

(3) 杓状软骨(arytenoid cartilage):位于环状软骨板上方,左右各一,呈三棱锥体形,尖朝上,底与环状软骨上缘形成关节。杓状软骨底有向前的突起,称为声带突,有声韧带附着。

(4) 会厌软骨(epiglottic cartilage):形似树叶,稍呈卷曲状,下端狭细,附着于甲状软骨前角的后面,上端宽阔,斜向后上,游离于喉口上方。

2. 喉软骨的连结 喉软骨的连结包括关节和膜性连结两种。关节有环甲关节和环杓关节,膜性连结主要有弹性圆锥。

(1) 环甲关节(cricothyroid joint)和环杓关节(cricoarytenoid joint):环甲关节由甲状软骨下角与环状软骨两侧的关节面构成,可使甲状软骨做前倾和复位的运动。环杓关节是由杓状软骨底与环状软骨板上缘关节面构成,可使杓状软骨做旋转运动。

(2) 弹性圆锥(conus elasticus)(图3-5):又称环声膜。为圆锥形弹性纤维膜,其下缘附着于环状软骨上缘,上缘游离,张于甲状软骨前角后面与杓状软骨声带突之间,称为声韧带,是发声的结构基础。

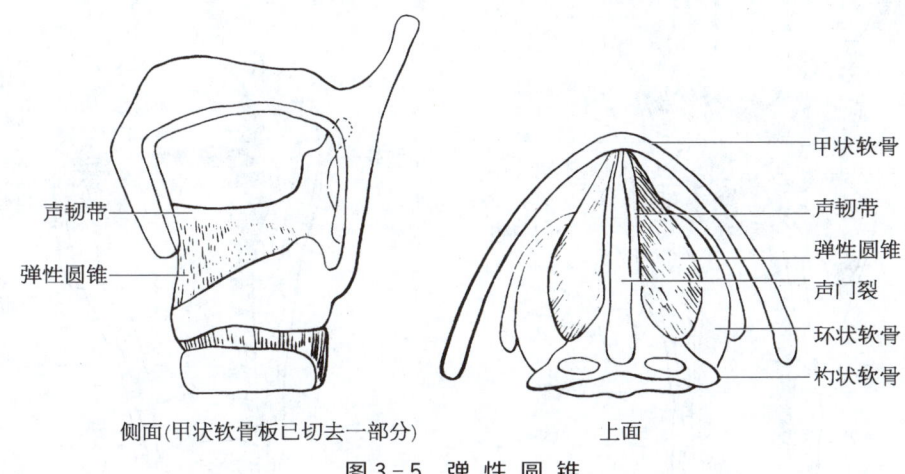

图 3-5 弹性圆锥

弹性圆锥前部较厚,张于环状软骨弓上缘和甲状软骨下缘中部之间,称为环甲正中韧带(即环甲膜)。因该处位置表浅,临床如遇急性喉阻塞患者,可经此直接插入粗针头,以建立暂时的通气道。

3. 喉肌(muscles of larynx) 为骨骼肌,肌腹细小,附着于喉软骨的内面和外面,作用于环杓和环甲关节,调节声门裂的大小、声韧带的紧张和松弛以及喉口的开合等(表3-1)。

表 3-1 喉肌的名称、起止及作用简表

名称	起止	作用
环杓后肌	起于环状软骨板后面,止于杓状软骨肌突	开大声门、紧张声韧带
环杓侧肌	起于环状软骨弓上缘和外面,止于杓状软骨肌突	缩小声门裂
杓横肌	肌束横行连于两侧杓状软骨的后面	缩小声门裂和喉口
杓斜肌	起于杓状软骨肌突,止于对侧杓状软骨尖	缩小喉口和声门裂
环甲肌	起于环状软骨弓前外面,止于甲状软骨下缘	紧张声韧带
甲杓肌	起于甲状软骨前角的后面,止于杓状软骨声带突至肌突	松弛声韧带、缩小声门裂

4. **喉腔**(laryngeal cavity) 喉腔是由喉壁围成的管形腔。喉壁由喉软骨及其连结、喉肌与喉黏膜等构成。由喉口至环状软骨下缘,上通咽,下通气管。喉腔的黏膜与咽和气管的黏膜相延续。

在喉腔的两侧壁,有上、下两对呈前后方向的黏膜皱襞,上方一对称为**前庭襞**,与发声无直接关系。下方一对称为**声襞**,声襞及其内的声韧带和声带肌,三者合称声带。两侧前庭襞间的裂隙称**前庭裂**,两侧声襞及杓状软骨间的裂隙称为**声门裂**。声门裂是喉腔最狭窄的部位,此裂前3/5为膜间部,与发声有关,为喉癌的好发部位。后2/5为软骨间部,是喉结核的好发部位。

喉腔可分3部分:前庭裂以上的部分称**喉前庭**;前庭裂和声门裂之间的部分称**喉中间腔**,喉中间腔向两侧突出的隐窝称**喉室**;声门裂以下的部分称**声门下腔**(图3-6、图3-7)。

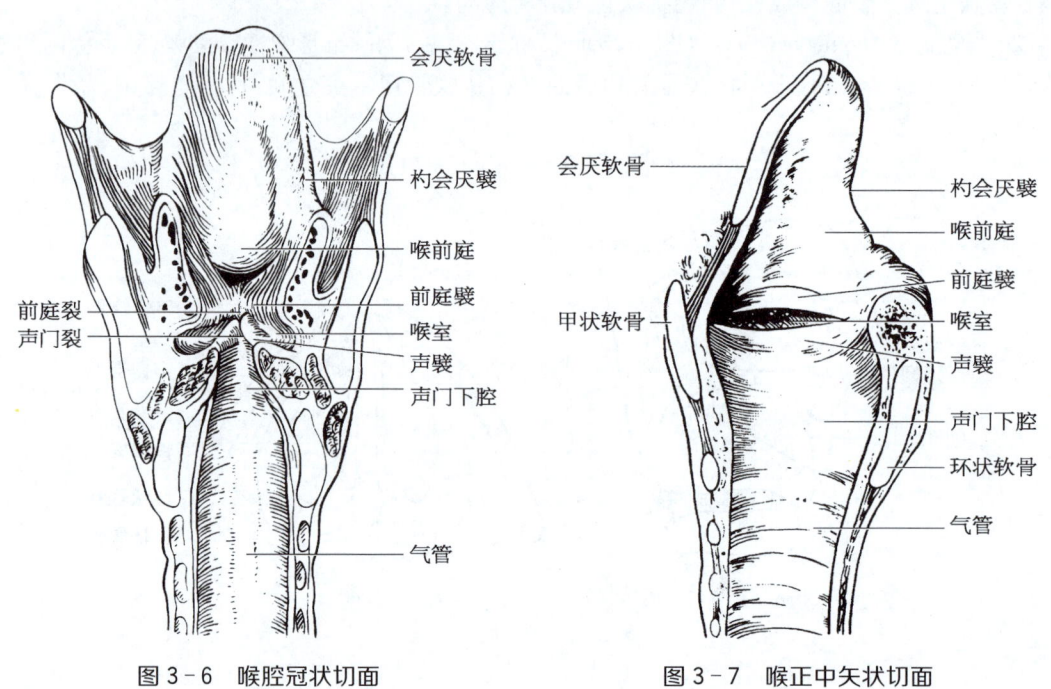

图3-6 喉腔冠状切面　　　　　图3-7 喉正中矢状切面

四、气管和主支气管

(一) 气管

气管(trachea)为后壁略扁的圆筒状管道,主要由气管软骨、平滑肌和结缔组织构成。气管软骨呈"C"形,一般为14～16个,其间由致密结缔组织的环状韧带相连结,后壁无软骨,由平滑肌和结缔组织的膜壁所封闭,管腔内面衬以黏膜(图3-8)。

气管的位置上端平第6颈椎体下缘高度起自环状软骨,向下至第4、第5胸椎之间平面(相当于胸骨角平面)分为左、右主支气管,分叉处称**气管杈**。按其行程位置,可分为颈、胸两部。**颈部**较短,沿颈前正中线下行,其前面除有舌骨下肌群外,在第2～4气管环软骨的前面还有甲状腺峡,两侧有甲状腺左、右叶和颈部大血管,后面贴食管。**胸部**较长,位于后纵隔内,两侧纵隔胸膜之间,前方有胸腺、左头臂静脉、主动脉弓,后方仍贴邻食管。临床气管切开术常在第3、第4或第4、第5气管软骨处进行。

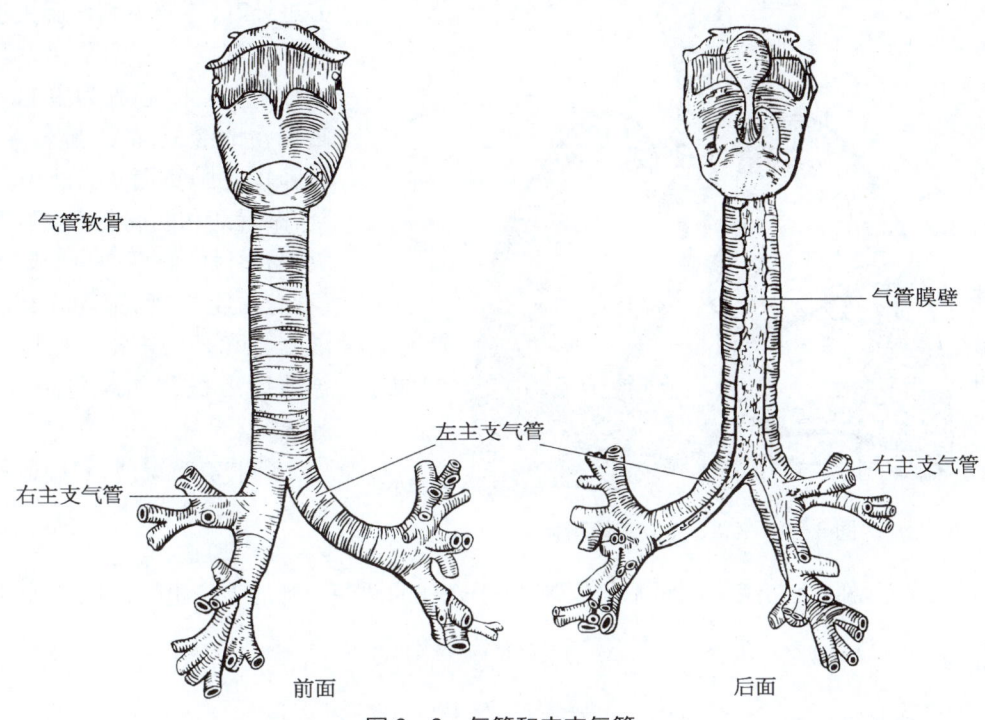

图 3-8 气管和主支气管

(二) 主支气管

主支气管(principal bronchus)是指由气管杈至肺门之间的管道,左右各一,分别称为左主支气管和右主支气管。左主支气管细、长而行径较水平,右主支气管粗、短而行径较陡直。因此,气管异物容易落入右主支气管。主支气管的构造与气管相似。

第三节　肺

肺(lungs)为呼吸系统最重要的器官,是进行气体交换的场所,左右各一。幼儿新鲜肺呈淡红色,随着年龄的增长,吸入的灰尘沉积于肺内,故成人的肺可变为暗红色,老年人的肺为蓝黑色。

一、肺的位置

肺位于胸腔内,纵隔的两侧,膈的上方,肺尖高出胸廓上口。

二、肺的形态和结构

肺的形态近似圆锥状,具有一尖、一底、两面、三缘(图 3-9、图 3-10)。

肺尖呈钝圆形,经胸廓上口向上突至颈根部,高出锁骨内侧段上方 2～3 cm。所以,在锁骨上

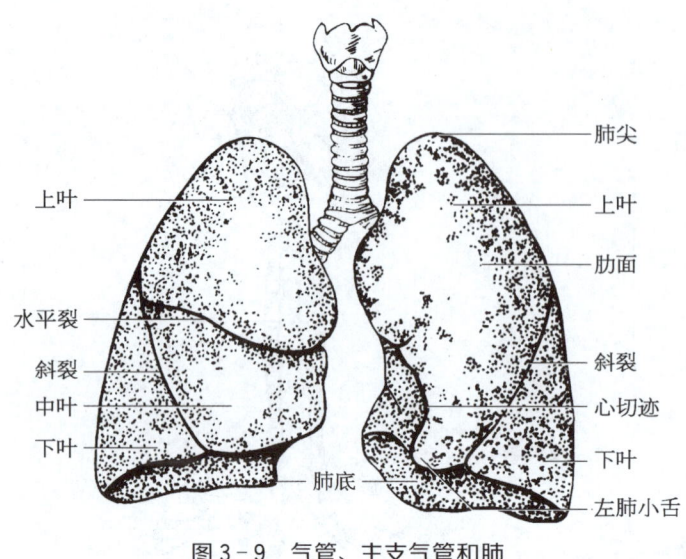

图 3-9 气管、主支气管和肺

方进针时,要避免刺伤肺尖造成气胸。**肺底**向上方凹陷,与膈相贴,又称**膈面**。因心脏为主的纵隔器官偏左的缘故,故左肺较狭长,而右肺较左肺宽而短。**肋面**广阔圆隆,贴近肋和肋间肌。**内侧面**贴近纵隔和脊柱,此面中央凹陷处称**肺门**,有主支气管、肺动脉、肺静脉、淋巴管和神经等出入。这些结构被结缔组织和胸膜包绕成束,称**肺根**。

肺的**前缘**锐薄,右肺前缘近于垂直,左肺前缘下半有一明显凹陷,称**心切迹**,切迹下方有一向前内方的舌状突起,称**左肺小舌**。肺的**后缘**圆钝,贴于脊柱的两旁。肺的**下缘**也较锐薄,伸向膈和胸壁之间。

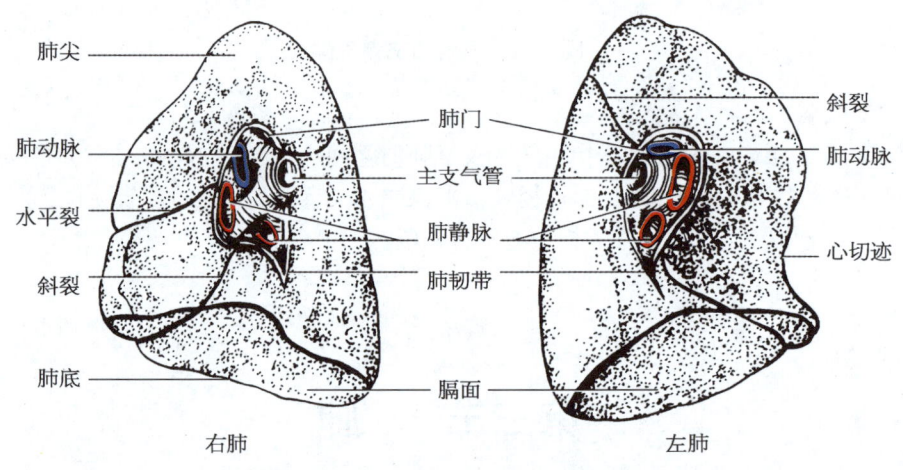

图 3-10 左、右肺内侧面

肺被肺裂分为若干叶,左肺由自后上斜向前下的**斜裂**分为**左肺上叶**、**左肺下叶**两叶。右肺除有与左肺相应的斜裂外,其上方尚有一右肺**水平裂**,故右肺被分为**右肺上叶**、**右肺中叶**和**右肺下叶**3叶。

支气管在肺内的分支:左、右主支气管在肺门处首先分出肺叶支气管,肺叶支气管入肺叶后再分为肺段支气管,以下反复分支,越分越细,形似树枝,故称**支气管树**。支气管分支可达23~25级,最后连于肺泡。

右胸膜腔的屏障。

(一) 纵隔的位置

纵隔呈矢状位,上窄下宽,略偏向左侧,这是由于心偏左的缘故。纵隔的前界为胸骨,后界为脊柱胸段,两侧界为纵隔胸膜,上界为胸廓上口,下界为膈。

(二) 纵隔的分部和内容

纵隔通常以通过胸骨角和第4胸椎下缘平面将其分为上、下纵隔两部。下纵隔再以心包为界分为前、中、后3部分,即胸骨和心包前面之间为前纵隔,心包后面和脊柱胸段之间为后纵隔,前、后纵隔之间即相当于心包的位置为中纵隔(图3-13)。

上纵隔内主要含有胸腺、出入心的大血管、迷走神经、膈神经、气管、食管、胸导管等。前纵隔仅含少量结缔组织和淋巴结,中纵隔主要含心包、心及出入心的大血管根部,后纵隔内则含胸主动脉、奇静脉及其属支、主支气管、食管、胸导管、迷走神经、交感神经和淋巴结等。

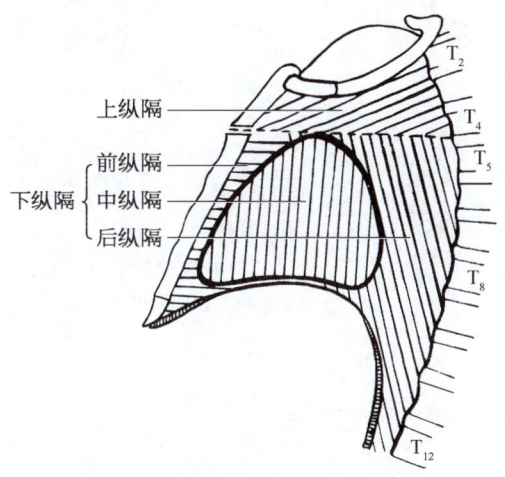

图3-13 纵隔的分部示意图

第四章 泌尿系统

导学

1. 掌握泌尿系统的组成,肾的形态、位置和内部结构,输尿管的分段及3个狭窄的部位。
2. 熟悉肾的被膜,输尿管的走行位置和毗邻,膀胱的形态、位置和膀胱三角的结构特点,女性尿道的位置、结构特点及开口部位。

第一节 概述

一、泌尿系统的组成

泌尿系统(urinary system)包括肾、输尿管、膀胱和尿道4部分(图4-1)。

二、泌尿系统的主要功能

泌尿系统的主要功能是排出机体中溶于水的代谢产物。机体在代谢过程中所产生的废物如尿素、尿酸等,通过血液循环到达肾脏,经肾脏的生理作用产生尿液,通过一系列管道汇集于肾盂,然后经输尿管输送到膀胱暂时储存。排尿时,膀胱收缩经尿道排出体外。

第二节 肾

一、肾的形态

肾(kidney)是实质性器官,新鲜肾呈红褐色,表面光滑,质柔软,重120~150 g。形似蚕豆,分上、下两端,前、后两面,内、外侧两缘。外侧缘隆凸,内侧缘中央部凹陷,称肾门(renal hilum),有肾静脉、肾动脉、肾盂、淋巴管和神经等出入。它们被结缔组织包裹成束,称肾蒂。由肾门伸入肾实质之间的腔隙称肾窦(renal sinus),窦内容纳肾盏、肾盂、肾血管及脂肪组织等(图4-2)。

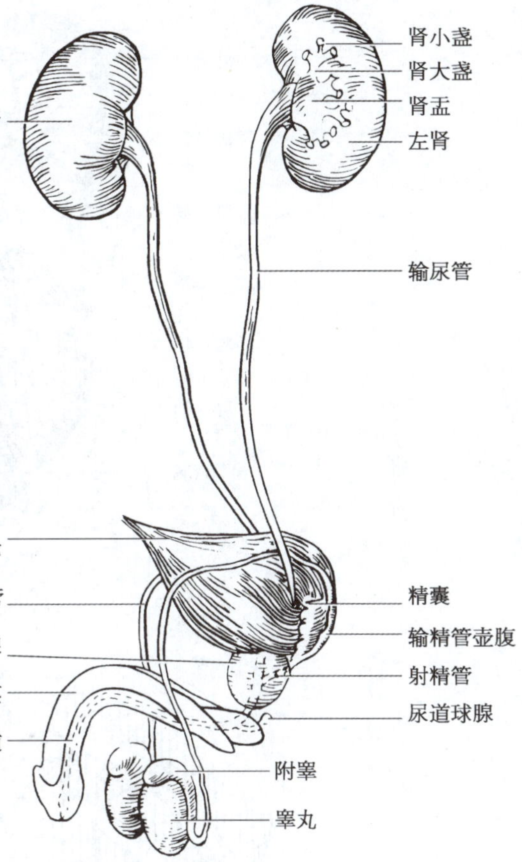

二、肾的位置

肾位于腹腔的后上部,脊柱的两侧,前面有腹膜覆盖,左、右肾的位置并不对称(图4-3)。左肾上端平第11胸椎下缘,下端平第2腰椎下缘。右肾上端有肝,故右肾比左肾约低半个椎体。左侧第12肋斜过左肾后面中部,右侧第12肋斜过右肾后面的上部(图4-4)。肾门约平第1腰椎体,距正中线约5cm。临床上常将竖脊肌外侧缘和第12肋之间的部位称为肾区(脊肋角)。当肾病变时,叩击或触压该区时,常引起疼痛。

三、肾的毗邻

两肾的上端紧邻肾上腺。肾前面的毗邻左、右不同,左肾前面上部邻接胃底,中部与胰尾相邻,下部与空肠和结肠左曲相邻。右肾前面上部邻接肝右叶,下部为结肠右曲,内侧有十二指肠降部。后方第12肋以上部分借膈与胸膜腔相邻。

图4-1 男泌尿生殖器模式图

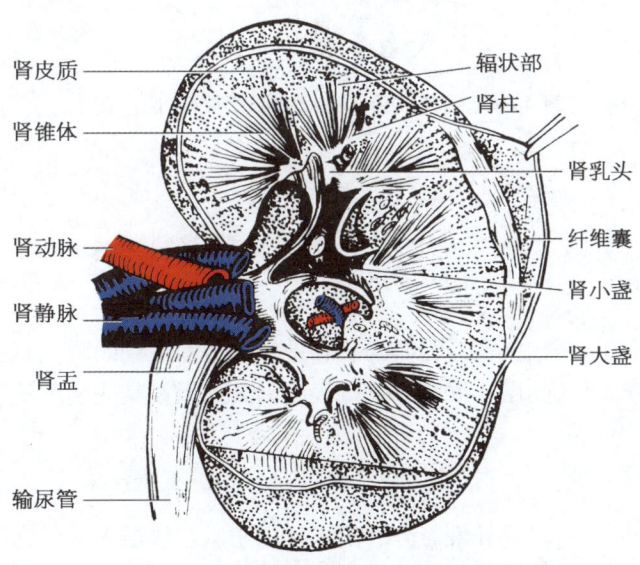

图4-2 左肾冠状切面(前面)

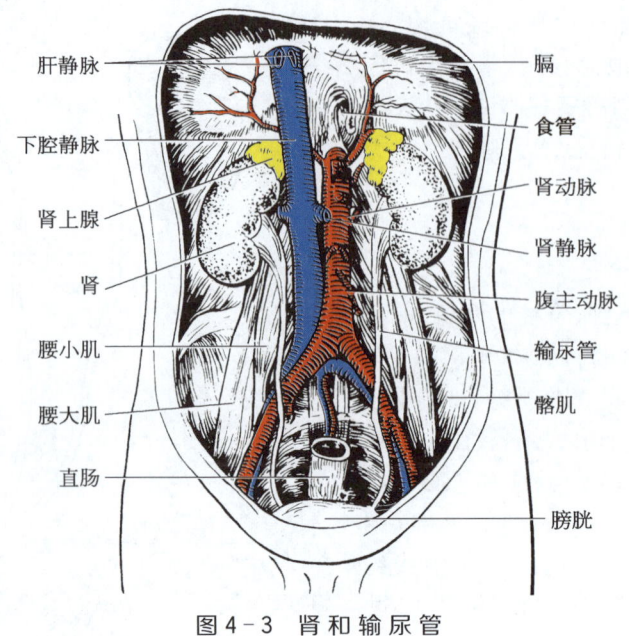

图 4-3 肾和输尿管

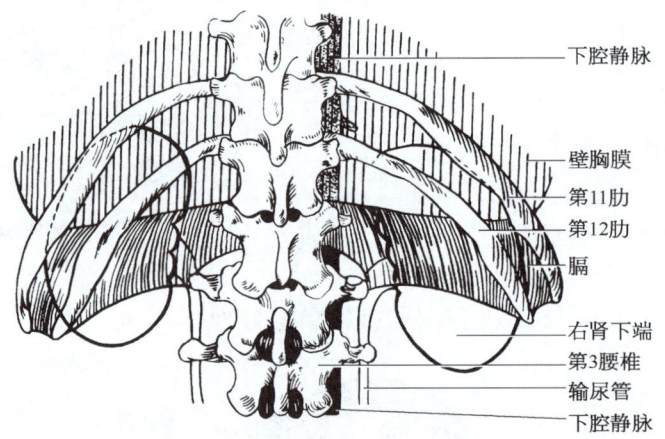

图 4-4 肾与肋骨、椎骨的位置关系（后面观）

四、肾的被膜

肾的表面包有 3 层被膜,由内向外为纤维囊、脂肪囊和肾筋膜(图 4-5)。

(一) 纤维囊

纤维囊(fibrous capsule)紧贴肾实质的表面,它是一层薄而坚韧的膜,由致密结缔组织和少量弹力纤维组成。在正常状态下,此层膜很容易从肾表面剥离。但在某些病理状态下,则与肾实质紧密粘连,不易剥离。

(二) 脂肪囊

脂肪囊(fatty renal capsule)为纤维囊外面的囊状脂肪层。该层大部分为脂肪组织,包裹肾及肾上腺,并与肾窦内的脂肪组织相延续。脂肪囊对肾起缓冲外力的弹性垫作用。临床上的肾囊封闭,

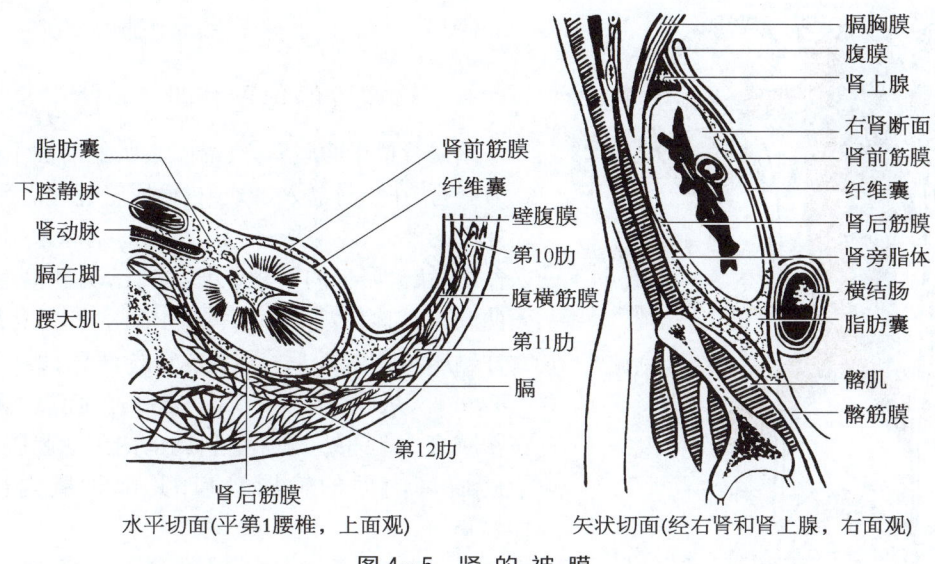

图 4-5 肾的被膜

即是将药液注入此层内。

(三) 肾筋膜

肾筋膜(renal fascia)位于脂肪囊的外面,分前、后两层,在肾上腺上方和肾的外侧缘,前、后两层互相融合。向下两层互相分离,其间有输尿管通过。肾筋膜向内侧,前层延至腹主动脉和下腔静脉的前面,与大血管周围的结缔组织及对侧肾筋膜前层相续。后层与腰大肌筋膜相融合。自筋膜深面还发出许多结缔组织小束,穿过脂肪囊连至纤维囊,对肾起固定作用。

肾的被膜、肾蒂、肾周围器官、腹膜及腹内压等因素对肾的正常位置起重要的固定作用。当肾的固定装置不健全时,肾可向下移位造成肾下垂或游走肾。

五、肾的内部结构

在肾的冠状切面上,肾实质分为皮质和髓质两部分(图4-2)。肾皮质(renal cortex)位于肾实质的表层,富含血管,新鲜标本呈红褐色,密布红色小点状颗粒,由肾小体和肾小管组成。肾髓质(renal medulla)位于肾实质的深部,呈淡红色,由15~20个肾锥体(renal pyramids)构成。肾锥体呈圆锥状,底朝向皮质,尖钝圆伸向肾窦称肾乳头(renal papillae),2~3个肾锥体的尖端合成1个肾乳头突入肾小盏。肾乳头上有许多乳头孔,肾产生的终尿经乳头孔流入肾小盏内。肾皮质伸入肾锥体之间的部分称肾柱。漏斗状的肾小盏包绕肾乳头。2~3个肾小盏合成一个肾大盏。每个肾有2~3个肾大盏,再汇合成一个前后扁平、略成漏斗状的肾盂。肾盂出肾门后弯向下行,逐渐变细移行为输尿管。

第三节 输尿管

输尿管(ureter)是一对细长的肌性管道,呈扁圆柱状,左右各一,长20~30 cm,其管径0.5~

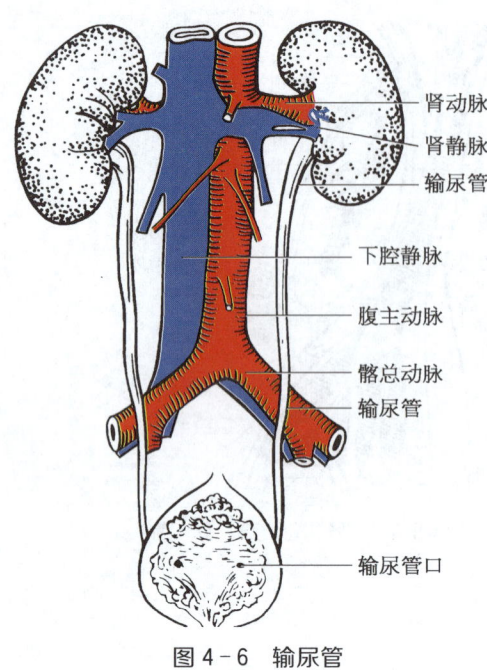

图 4-6 输尿管

1 cm(图 4-6)。起于肾盂,终于膀胱。

一、输尿管的位置和毗邻

输尿管位于腹膜后方,沿腰大肌的前面下降,向内下方斜行,在小骨盆入口处,右输尿管越过右髂外动脉起始部的前方,左输尿管越过左髂总动脉末端的前方。入盆腔后,输尿管的行程,男女各异,男性沿骨盆侧壁弯曲向前,与输精管交叉后转向前内,而后达膀胱底。女性输尿管入盆腔后,行于子宫颈两侧,距子宫颈约 2.5 cm 处,从子宫动脉的后下方经过,而后达膀胱底。在膀胱底外上角处,输尿管斜向前内到达膀胱底,开口于膀胱底内面的输尿管口,此部称壁内部,长约 1.5 cm。

当膀胱充盈时,压迫输尿管壁内部,管腔闭合,起到瓣膜的作用,从而防止尿液逆流入输尿管(图 4-3)。

二、输尿管的分部和狭窄

输尿管根据其位置和走行,全长分腹部、盆部和壁内部 3 部。**腹部**为起始部至越过髂血管处的一段,**盆部**为越过髂血管处和膀胱壁之间的一段,**壁内部**为位于膀胱壁内的一段。

输尿管全长有 3 处狭窄:上狭窄位于输尿管起始处,即肾盂和输尿管移行处;中狭窄位于小骨盆上口,输尿管跨过髂血管处;下狭窄在输尿管的壁内部。这些狭窄部位是结石易滞留处。

第四节 膀 胱

膀胱(urinary bladder)是储存尿液的肌性囊状器官,伸缩性大,其大小、形状、位置及壁的厚度均随尿液充盈程度、年龄、性别差异有所不同。正常成人的膀胱容量为 350~500 ml,最大容量可达 800 ml,女性膀胱容量小于男性,新生儿容量约为 50 ml(图 4-7)。

一、膀胱的形态

空虚的膀胱呈三棱锥体形,分尖、底、体、颈 4 部。顶端尖细,朝向前上方,称**膀胱尖 (apex of bladder)**。底部呈三角形,朝向后下

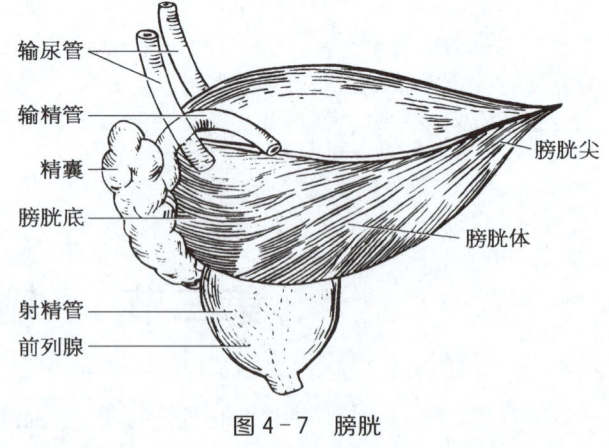

图 4-7 膀胱

方,称膀胱底(fundus of bladder)。尖、底之间的大部分,称膀胱体(body of bladder)。膀胱下部,即尿道内口起始的部分,称膀胱颈(neck of bladder)。膀胱各部间没有明显的界线,当膀胱充盈时呈卵圆形(图4-8、图4-9)。

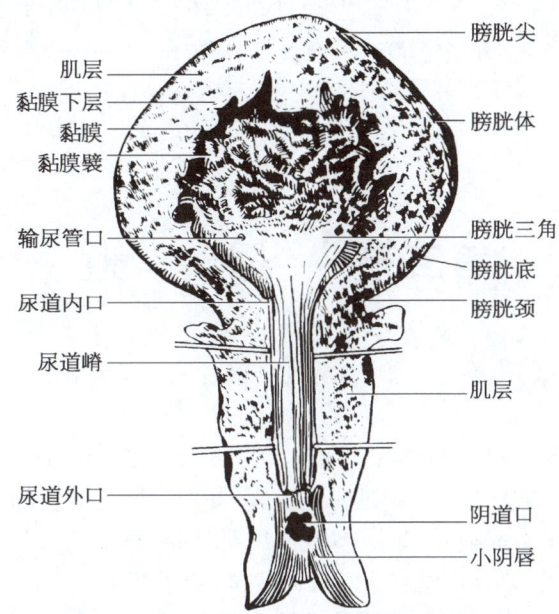

图4-8 女性膀胱及尿道冠状切面(前面观)

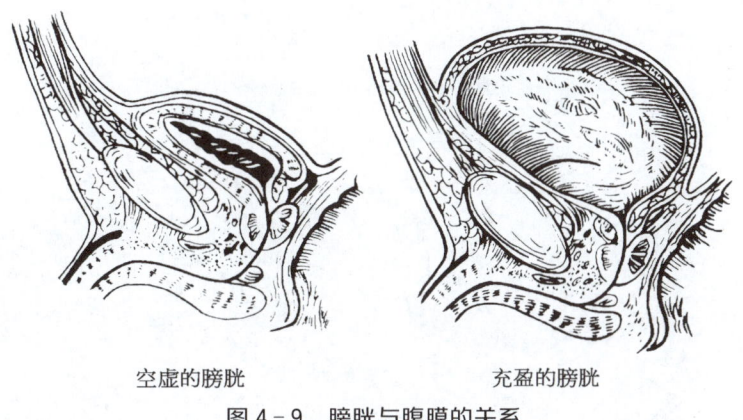

图4-9 膀胱与腹膜的关系

二、膀胱的位置

成人的膀胱位于小骨盆的前部。其前方有耻骨联合,后方在男性有精囊、输精管壶腹和直肠,女性则为子宫和阴道。膀胱下方,男性邻接前列腺,女性邻接尿生殖膈。

膀胱空虚时膀胱尖不超过耻骨联合上缘,充盈时膀胱尖即高出耻骨联合上缘(图4-9),此时由腹前壁折向膀胱上面的腹膜也随之上移,使膀胱前下壁直接与腹前壁接触。因此,当膀胱极度充盈时,临床上在耻骨联合上方,经腹前壁进行膀胱穿刺或膀胱手术,可不经腹膜腔而直达膀胱。

三、膀胱壁内面的结构

膀胱的内面被覆黏膜,当膀胱空虚时黏膜形成许多皱襞,充盈时皱襞消失。在膀胱底内面的两个输尿管口和尿道内口之间的区域呈三角形,称为膀胱三角(trigone of bladder)(图 4-8)。此处缺乏黏膜下层,其黏膜直接与肌层紧密结合,无论膀胱充盈或是空虚,黏膜均保持平滑状态,膀胱三角是结核、肿瘤和炎症的好发部位。

第五节 尿 道

男、女性尿道的功能和结构不完全相同,男性尿道除有排尿功能外,兼有排精功能,故在生殖系统中叙述。

女尿道(female urethra)较男尿道短、宽且直,易于扩张。长 3～5 cm,直径约 0.6 cm(图 4-8)。起自膀胱的尿道内口,在阴道前方下行穿过尿生殖膈,开口于阴道前庭的尿道外口(external orifice of urethra)。女尿道穿过尿生殖膈时,其周围有横纹肌环绕,称为尿道阴道括约肌(urethrovaginal sphincter),能随意括约尿道和阴道,尿道外口呈矢状位,位于阴道口前方,距阴蒂约 2.5 cm。由于女尿道的上述解剖结构特征,故较易引起逆行性尿道感染。

第五章 生殖系统

> **导学**
> 1. 掌握睾丸、附睾的位置,精索的位置及其组成,男尿道的分部、狭窄及弯曲,卵巢的位置、形态,输卵管的形态、位置和分部。
> 2. 熟悉睾丸、附睾的形态和结构,输精管的行程、位置和分部,前列腺的位置和形态,阴茎的分部和形态结构,射精管的组成,子宫的位置、形态结构,阴道的结构,女性乳房的结构,会阴的位置和分部。

第一节 概 述

一、生殖系统的组成

生殖系统(reproductive system)分为男性生殖器和女性生殖器,两者均可分为内生殖器和外生殖器两部分。男性内生殖器包括睾丸、输精管道和附属腺。睾丸是产生精子和分泌男性激素的生殖腺。输精管道是输送精子并将其排出体外的管道,包括附睾、输精管、射精管和男尿道。附属腺有精囊、前列腺和尿道球腺。它们的分泌物与精子共同组成精液,并对精子具有营养和促进其活力的作用。男性外生殖器包括阴囊和阴茎。

女性内生殖器包括卵巢、输卵管、子宫、阴道和附属腺。卵巢为产生卵子和分泌女性激素的生殖腺,输卵管、子宫和阴道为生殖管道。附属腺为前庭大腺,其分泌物润滑阴道口。女性外生殖器即女阴。

二、生殖系统的主要功能

男女生殖系统的结构组成虽不相同,但它们的基本功能是一致的,即一是产生生殖细胞,繁衍后代;二是分泌性激素以维持性的特征。

第二节 男性生殖器

一、男性内生殖器

（一）睾丸

1. 位置和形态 睾丸(testis)位于阴囊内，左右各一。睾丸呈扁卵圆形，表面光滑，分为内、外侧两面，前、后两缘和上、下两端。前缘游离，后缘和上端有附睾附着，血管、神经和淋巴管经此进出睾丸(图5-1、图5-2)。

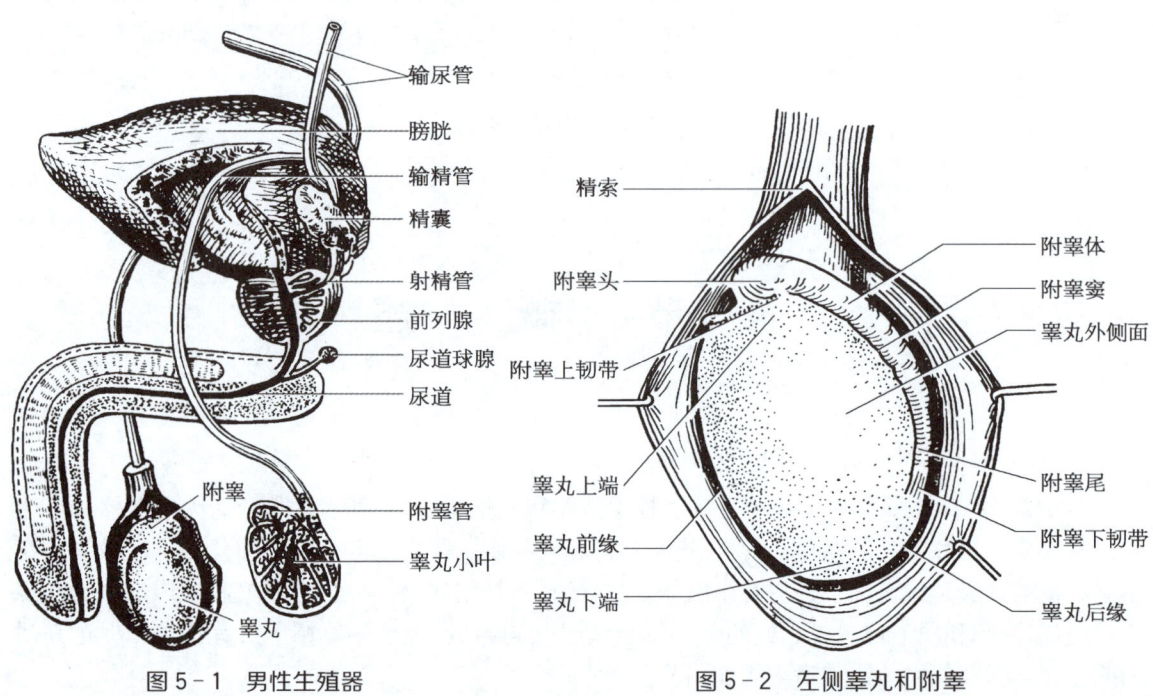

图5-1 男性生殖器　　　　　图5-2 左侧睾丸和附睾

2. 结构 睾丸表面包有一层坚韧的致密结缔组织膜，称为睾丸白膜。白膜在睾丸后缘增厚伸入睾丸内形成睾丸纵隔，并发出一些小隔，呈放射状展开，将睾丸实质分隔为许多锥形的睾丸小叶。睾丸小叶内有2~4条精曲小管。各睾丸小叶中的精曲小管汇合成精直小管，进入睾丸纵隔交织成网，即睾丸网。从睾丸网发出的12~15条睾丸输出小管，经睾丸后缘的上部进入附睾头(图5-3)。精曲小管的上皮是精子发生的部位，精曲小管之间的结缔组织内有分泌雄性激素的间质细胞。

（二）附睾

附睾(epididymis)紧贴睾丸的上端和后缘，为一粗细不等的长条状结构，迂回盘曲，可分为3部。上端膨大的附睾头、中部扁圆的附睾体和下端较细的附睾尾(图5-3)。

附睾头由睾丸输出小管盘曲而成，各输出小管的末端汇合成一条**附睾管**。附睾管向下方迂回曲折，构成附睾体和附睾尾。附睾管的末端向后上方弯曲，移行为输精管。

附睾除有储存精子的作用外，还分泌液体供给精子营养，促进精子继续发育成熟。附睾为男性生殖器结核病好发处，在病变部位往往出现硬结，影响精子成熟。

（三）输精管和射精管

1. **输精管**（ductus deferens） 是附睾的直接延续，长约 50 cm（图 5-3）。管壁较厚，肌层发达，活体触摸时呈坚实的圆索状。输精管全长按行程可分为 4 部：① **睾丸部**最短，起自附睾尾，沿睾丸后缘和附睾内侧迂曲上行至睾丸上端。② **精索部**介于睾丸上端和腹股沟管浅环之间。此段位于皮下，又称**皮下部**，为输精管结扎的部位。③ **腹股沟管部**位于腹股沟

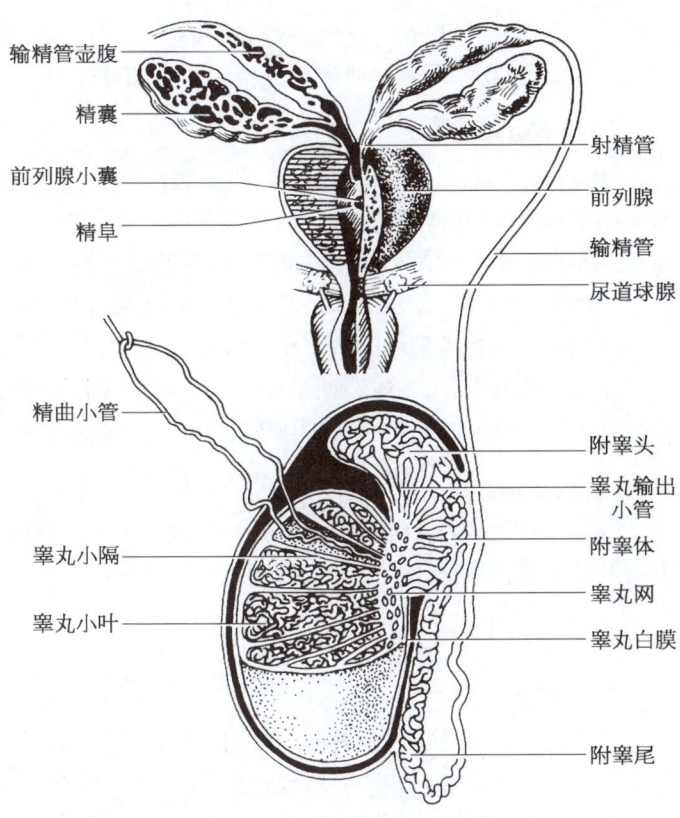

图 5-3 睾丸和附睾结构及排精径路模式图

管内。在疝修补术时，应注意勿伤及输精管和血管。④ **盆部**最长，自腹股沟管深环弯向内下入盆腔，沿盆腔侧壁行向后下，再弯曲向内经输尿管末端前上方至膀胱底的后面，在此两侧输精管逐渐接近，其末端膨大部分称**输精管壶腹**。壶腹的末段变细，与精囊排泄管汇合成射精管。

精索（spermatic cord）是柔软的圆索状结构，由腹股沟管深环延至睾丸上端。精索的主要结构为输精管、睾丸动脉、蔓状静脉丛、神经丛和淋巴管等，其表面有被膜包裹。

2. **射精管** 由输精管末端与精囊排泄管汇合而成，长约 2 cm。射精管从前列腺底穿入前列腺实质，开口于尿道前列腺部（图 5-4）。

（四）精囊

精囊（seminal vesicle）又称**精囊腺**，是一对长椭圆形的囊状器官，表面

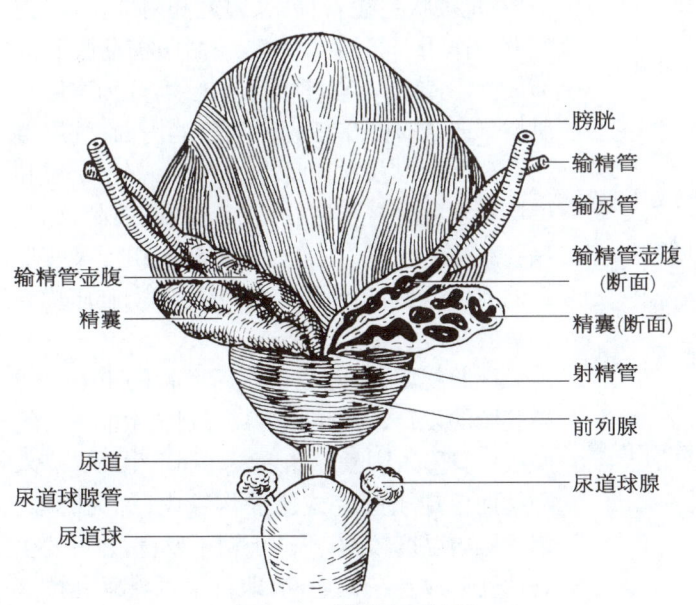

图 5-4 前列腺和精囊

凹凸不平,位于膀胱底后方及输精管壶腹的外侧,其排泄管与输精管壶腹的末端汇合成射精管(图5-4)。精囊分泌的弱碱性液体组成精液的一部分。

(五) 前列腺

前列腺(prostate gland)为不成对的实质性器官,由腺组织、平滑肌和结缔组织构成,位于膀胱和尿生殖膈之间,包绕尿道起始部(图5-4)。其形状和大小均似前后稍扁的栗子。上端宽大,与膀胱颈相接,下端尖细,与尿生殖膈相邻,体的后面较平坦,中间有一纵行浅沟,称前列腺沟,可经直肠指诊触及此沟,前列腺肥大时,此沟消失。前列腺的排泄管开口于尿道前列腺部的后壁。前列腺分泌弱碱性的液体是精液的主要组成部分。

小儿前列腺很小,性成熟期迅速生长。老年人腺组织逐渐退化,常见腺内结缔组织增生,形成前列腺肥大,可压迫尿道,引起排尿困难。

(六) 尿道球腺

尿道球腺(bulbourethral gland)为一对豌豆大小的球形器官,位于尿道膜部后外侧,以细长的排泄管开口于尿道球部(图5-4)。

二、男性外生殖器

(一) 阴囊

阴囊(scrotum)为一皮肤囊袋,位于阴茎后下方。阴囊的皮肤薄而柔软,生有少量阴毛,色素沉着明显。阴囊壁由皮肤和肉膜组成(图5-5)。肉膜是阴囊的浅筋膜,含有平滑肌纤维,可随外界温度的变化而舒缩,以调节阴囊内的温度,有利于精子的生长发育。在正中线,肉膜向深部发出阴囊中隔,将阴囊分为左、右两腔,容纳睾丸和附睾等。

阴囊壁的深部有包裹睾丸、附睾及精索的被膜,均由腹前壁的相应各层延续而来,从外向内依次为:① 精索外筋膜是腹外斜肌腱膜的延续。② 提睾肌是腹内斜肌和腹横肌的肌纤维向下延续而成,呈襻状包绕着精索、睾丸和附睾,有上提睾丸的作用。③ 精索内筋膜由腹横筋膜延续而成。④ 睾丸鞘膜是腹膜的延续,分为壁层和脏层。壁层衬贴在精索内筋膜的内面,脏层覆盖在睾丸和附睾的表面,在睾丸后缘处,脏层和壁层相互移行。脏层和壁层之间的腔隙,称为鞘膜腔(图5-5),内含少量液体。由于某些疾病的原因,可引起鞘膜腔内液体贮积,临床称为鞘膜腔积液。

胚胎初期,睾丸位于腹后壁肾的下方。随着胚胎的发育,逐渐向下移位,到出生前不久经腹股沟管降入阴囊。如果睾丸在出生后未降入阴囊而停滞于腹腔或腹股沟管内,称为隐睾。因腹腔内温度较高,不适于精子发育,并可发生恶性变。故宜在儿童期,即行手术将睾丸拉入阴囊(图5-6)。

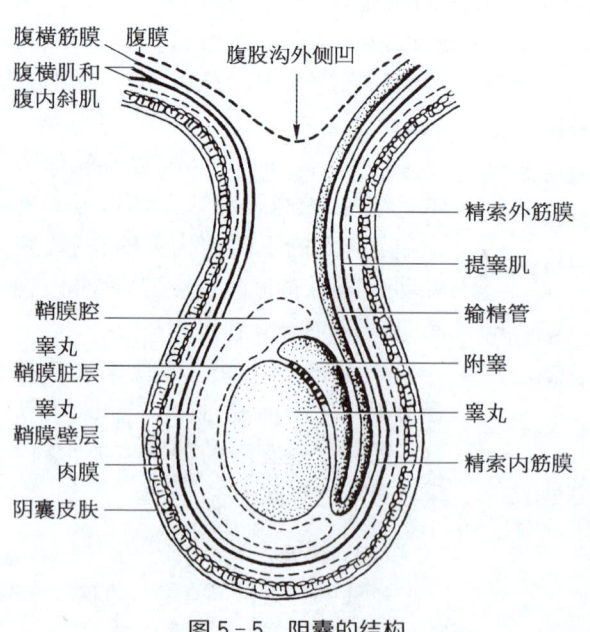

图5-5 阴囊的结构

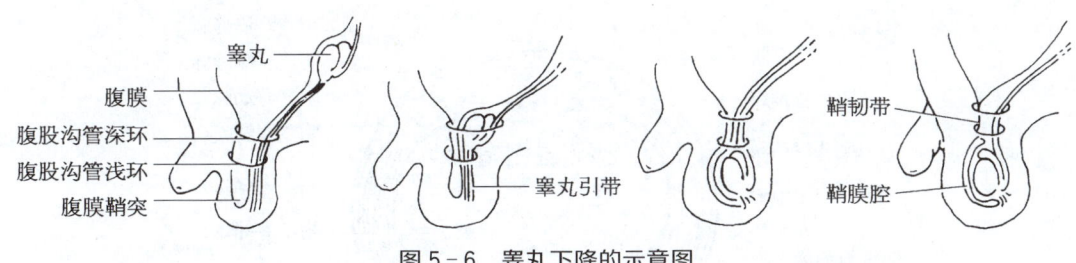

图 5-6 睾丸下降的示意图

(二) 阴茎

阴茎(penis)可分为头、体和根 3 部分。阴茎头的前端有矢状位的尿道外口。阴茎头和阴茎体交接处缩窄,称为阴茎颈,临床称冠状沟。阴茎根附着于耻骨和尿生殖膈上。

阴茎主要由两个阴茎海绵体和一个尿道海绵体构成,外面包有筋膜和皮肤(图 5-7)。

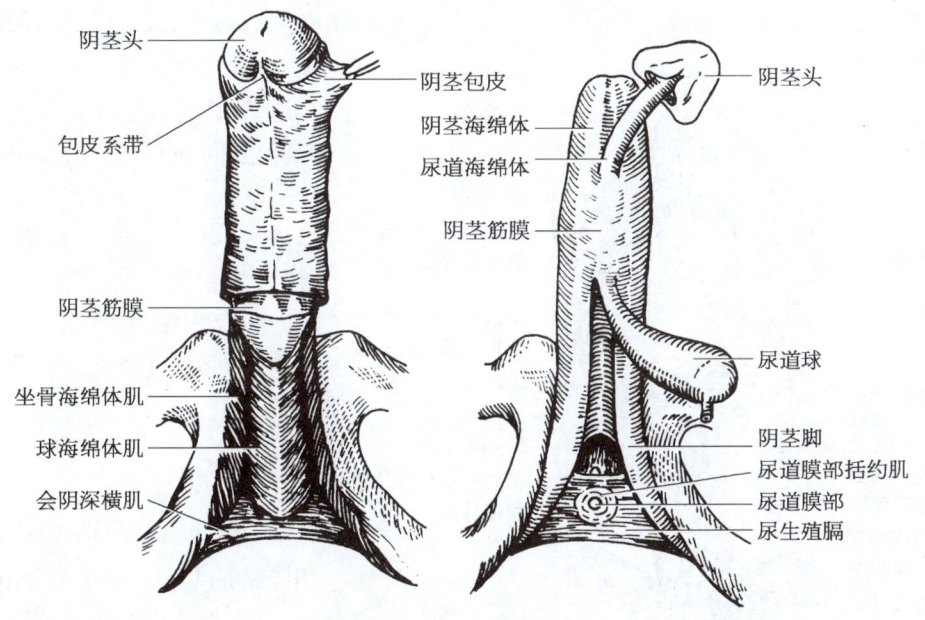

图 5-7 阴茎的外形和结构

阴茎海绵体左、右各一,互相紧密结合,并列于阴茎的背侧部,构成阴茎的主体。其前端变细嵌入阴茎头底面的凹陷内,后端分开,成为左、右阴茎脚,附着于耻骨弓。尿道海绵体呈细长圆柱形,位于两个阴茎海绵体的腹侧,有尿道贯穿其全长,前端显著扩大,形成阴茎头,后端膨大成尿道球,固定于尿生殖膈的下面。

每个海绵体的外面包有一层坚厚的纤维膜,分别称为阴茎海绵体白膜和尿道海绵体白膜,并在两个阴茎海绵体间形成阴茎中隔,隔上有许多裂隙,左右血管经此相通(图 5-8)。海绵体内部是由结缔组织、弹力纤维和平滑肌交织而成的海绵体样结构,其中含有许多腔隙,直接与血管相连,腔隙充血时则阴茎勃起。

阴茎的皮肤薄而柔软,富于伸展性。皮肤至阴茎颈游离向前,然后向内后方折叠附于阴茎颈,形成包绕阴茎头的双层环形皱襞,称为阴茎包皮。包皮前端的游离缘围成包皮口,阴茎头及尿道

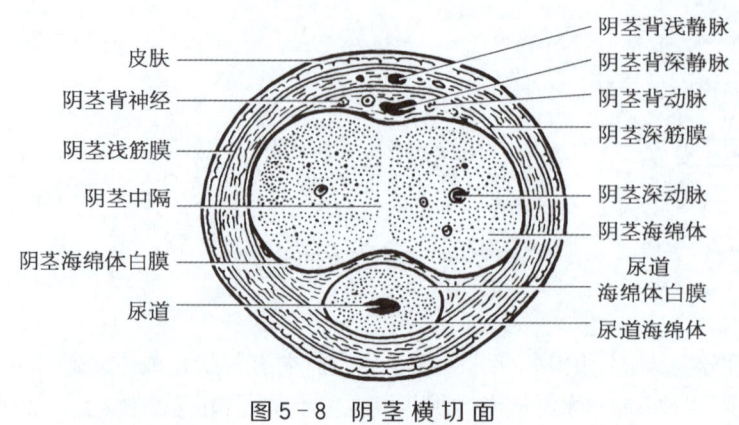

图 5-8 阴茎横切面

外口由此露出。在阴茎头腹侧中线上，包皮与尿道外口相连的皮肤皱襞，称为**包皮系带**。

幼儿的阴茎包皮较长，包裹整个阴茎头，包皮口较小。随着年龄的增长，包皮逐渐向阴茎颈退缩，包皮口也逐渐扩大。如包皮未完全退缩，仍滞留包裹尿道外口外面，但能上翻到阴茎颈处，露出尿道外口和阴茎头，则称为包皮过长。若包皮口过小，包皮不能上翻露出阴茎头时，称为包茎。以上情况，可使包皮腔内积存污垢，由于长期刺激，可引起阴茎头炎，也是诱发阴茎癌的原因之一。

三、男尿道

男尿道(male urethra)兼有排尿和排精的功能，起于膀胱的尿道内口，终于阴茎头的尿道外口。成人尿道长约 18 cm，管径平均为 0.5～0.7 cm，有一定的扩展性(图 5-9、图 5-10)。

1. 分部 尿道全长可分为 3 部，即前列腺部、膜部和海绵体部。临床上将前列腺部和膜部称后尿道，海绵体部称前尿道。

(1) **前列腺部**：为尿道通过前列腺内的一段，管腔最宽，在该段周围包绕着前列腺组织。射精管和前列腺的排泄管开口于此部。

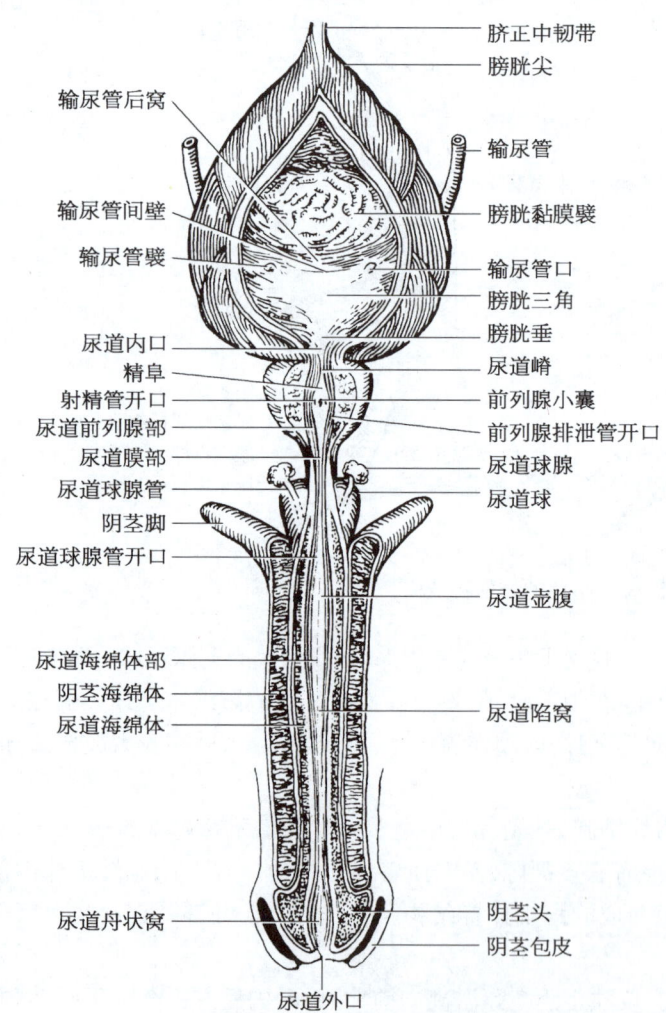

图 5-9 膀胱和男性尿道的冠状切面(前面观)

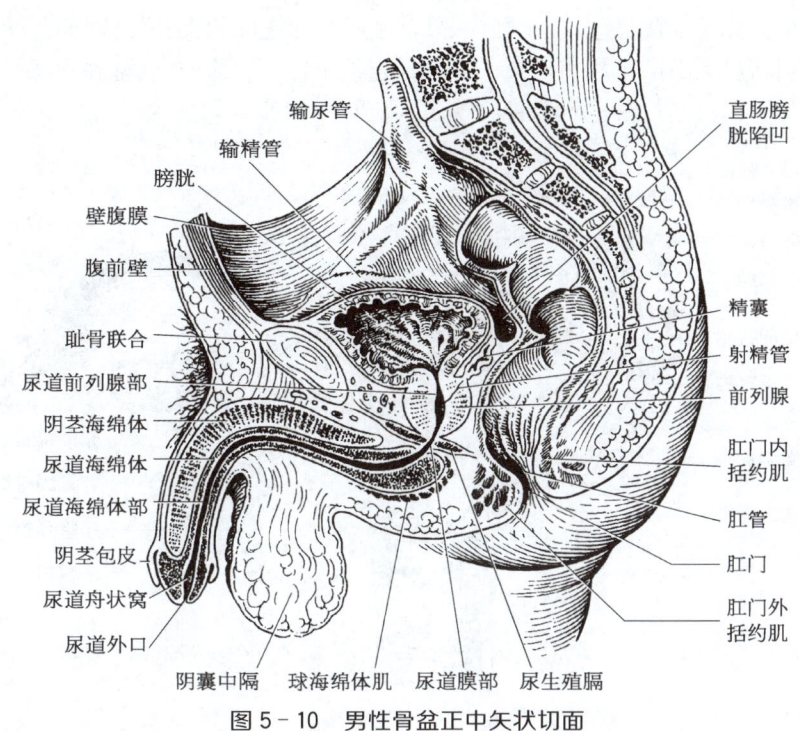

图 5-10 男性骨盆正中矢状切面

(2) **膜部**：为尿道通过尿生殖膈的一段，为男尿道三部中最短的一部，周围有尿道膜部括约肌，为横纹肌，能受意志支配，可随意收缩阻止排尿。此部管腔最为狭窄，位置比较固定。

(3) **海绵体部**：为尿道通过尿道海绵体的部分，为男尿道 3 部中最长的一段，成人长约 15 cm。起于膜部下端，斜行进入尿道海绵体，其中位于尿道球内的尿道管腔较宽，称为尿道球部，尿道球腺开口于此，尿道球部是尿道损伤的常见部位，多发生于骑跨姿势。

2. **狭窄和弯曲** 男尿道管径全长粗细不一，有三处狭窄和两个弯曲。三个狭窄分别位于尿道内口、尿道膜部和尿道外口。两个弯曲：一是位于耻骨联合下方，凹向上方的 **耻骨下弯**，由尿道前列腺部、膜部和海绵体部转折而成，此弯曲恒定不变；另一弯曲是位于耻骨联合的前下方，凹向下方的 **耻骨前弯**。当阴茎体上提时，耻骨前弯即变直而消失。因此临床上向尿道插入器械或导尿管时，均应采取阴茎体上提位，并在通过尿道膜部狭窄处小心谨慎，以防损伤尿道。临床上尿道狭窄处也是尿路结石经常停留的部位。

第三节 女性生殖器

一、女性内生殖器

(一) 卵巢

卵巢(ovary) 位于盆腔内，为成对的实质性器官，呈扁卵圆形。分内、外侧两面，前、后两缘和上、下两端。外侧面贴于盆腔侧壁,位于髂内、外动脉起始部之间的夹角处,内侧面朝向子宫。上端借**卵巢悬韧带**与骨盆壁相连,下端借**卵巢固有韧带**连于子宫。后缘游离,称独立缘。前缘有系膜附着,称卵巢系膜缘,并有血管、淋巴管和神经等出入(图5-11)。

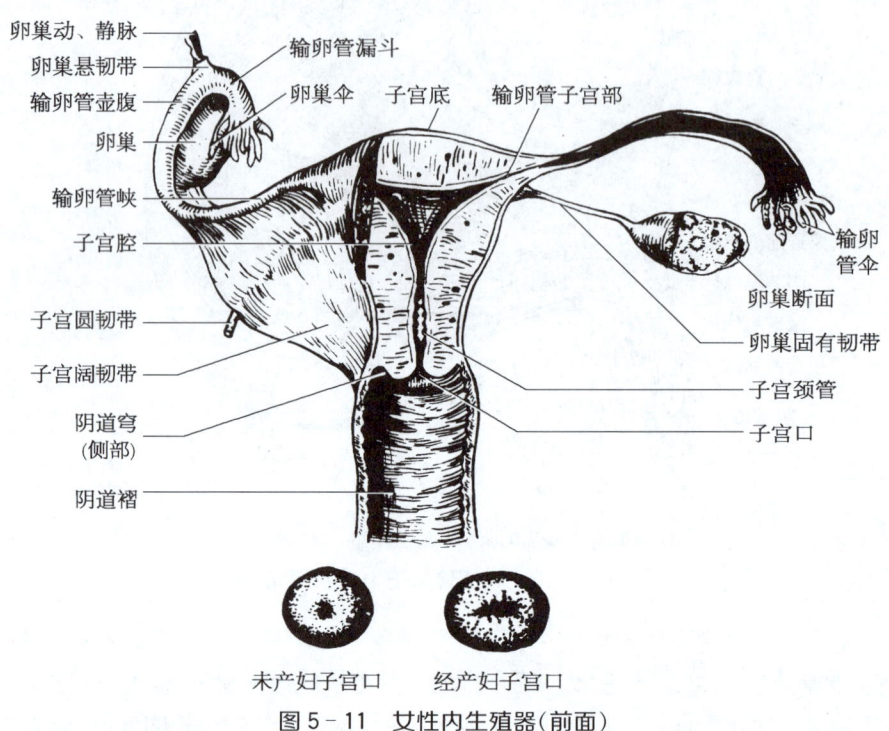

图5-11 女性内生殖器(前面)

卵巢的大小和形状随年龄的增长而有改变。幼女的卵巢表面光滑。青春期后,由于多次排卵,卵巢表面形成瘢痕,显得凹凸不平。性成熟期卵巢较大,35～40岁卵巢开始缩小,50岁左右随月经停止而逐渐萎缩。

(二) 输卵管

输卵管(uterine tube)是一对输送卵子的肌性管道,长10～14 cm,连于子宫底的两侧,包裹在子宫阔韧带上缘内,其内侧端连于子宫壁,开口于子宫腔,称**输卵管子宫口**。外侧端游离,开口于腹膜腔,称**输卵管腹腔口**。因此,女性的腹膜腔可经输卵管腹腔口、输卵管、子宫和阴道与外界相通(图5-11、图5-14)。输卵管由内侧向外侧分为4部:① **输卵管子宫部**为贯穿子宫壁的部分,很短,其内侧端有输卵管子宫口通子宫腔,外侧续连于输卵管峡。② **输卵管峡**短而狭窄,输卵管结扎术多在此部进行。此段向外侧移行为输卵管壶腹。③ **输卵管壶腹**管腔膨大成壶腹状,约占输卵管全长的2/3,卵子通常在此部受精。若受精卵未能移入子宫,而在输卵管内发育,即称宫外孕。④ **输卵管漏斗**为输卵管的外侧端,管腔扩大呈漏斗状,漏斗中央有输卵管腹腔口,与腹膜腔相通。漏斗的周缘为许多指状突起,称**输卵管伞**。

(三) 子宫

子宫(uterus)是一壁厚腔小的肌性器官(图5-12),具有产生月经和孕育胎儿的作用。其形态、结构及位置随年龄、月经周期和妊娠情况而发生变化。

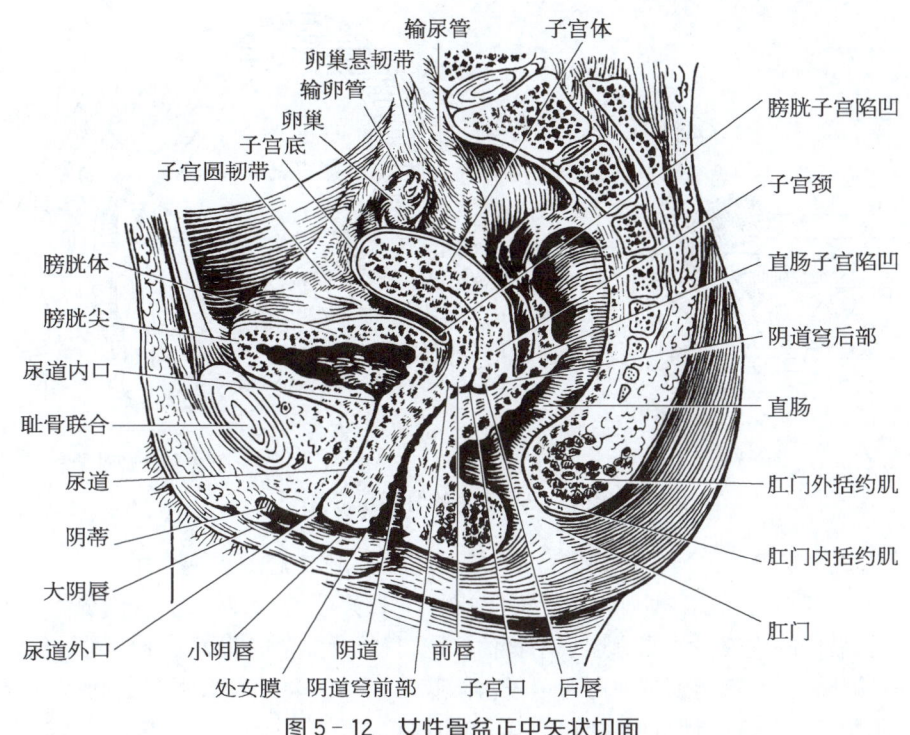

图 5-12 女性骨盆正中矢状切面

1. **子宫的形态** 成年未孕的子宫,呈前后略扁、倒置的鸭梨形,长约 8 cm,最大宽径约 4 cm,壁厚约 2 cm。子宫可分为 3 部:上端在两侧输卵管子宫口以上的圆凸部分称子宫底。下端细圆的部分称子宫颈,为癌的好发部位。底与颈之间的部分称子宫体。子宫颈又分为两部分,其中下 1/3 突入阴道,称子宫颈阴道部。在阴道以上的部分,称子宫颈阴道上部。子宫与输卵管相接处,称子宫角。子宫颈与子宫体连接的部位,稍狭细,称子宫峡,在非妊娠期此部不明显,仅 1 cm 长,而在妊娠期,特别是妊娠中期以后至妊娠后期,随着子宫形态的变化,子宫峡逐渐扩张伸长,可达 7~12 cm,形成明显的子宫下段(图 5-13)。

子宫的内腔甚为狭窄,分为上、下两部。上部位于子宫体内,称子宫腔。下部在子宫颈内,称子宫颈管。子宫腔在冠状位呈前后略扁的三角形腔隙,其基底两侧角通输卵管,尖向下通子宫颈管。子宫颈管呈梭形,其上口通子宫腔,下口称为子宫口,通阴道。未产妇的子宫口为圆形或椭圆形,边缘光滑整齐。经产妇的子宫口呈横裂状(图 5-11)。子宫口的前、后缘分别称为前唇和后唇,后唇稍长,位置较高。

2. **子宫壁的结构** 子宫壁分为 3 层,由内向外分别是内层、肌层和外层。内层为黏膜,称子宫内膜。从青春期到绝经期,子宫底和体部的黏膜随月经周期而有变化,呈周期性的增生和脱落。子宫颈管的黏膜不随月经周期变化。肌层较厚,由平滑肌构成。外层为浆膜,是腹膜脏层。

3. **子宫的位置** 子宫位于骨盆腔的中央,膀胱和直肠之间。成年女子,子宫的正常体位为前倾和前屈位。前倾是指整个子宫向前倾斜,子宫的长轴和阴道的长轴形成一个向前开放的钝角,稍大于 90°。前屈是指子宫颈和子宫体之间形成一个向前开放的钝角,约为 170°。子宫的活动性较大,膀胱和直肠的充盈程度影响子宫的位置(图 5-13)。

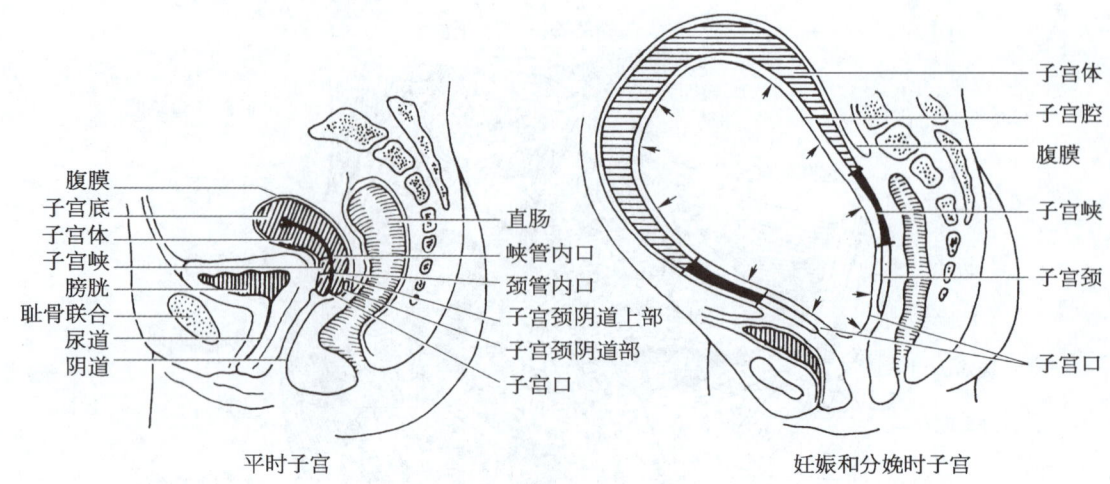

图 5-13　子宫的分部和位置

4. 子宫的固定装置　下列 4 对韧带对子宫正常位置的固定起着重要作用。

(1) **子宫阔韧带**：在子宫的两侧，呈冠状位（图 5-11），分前、后两层。其内侧缘附于子宫，并移行为子宫前、后面的腹膜。外侧缘连于小骨盆侧壁，移行为盆壁的腹膜。下缘附于盆底。上缘游离，其内包有输卵管。子宫阔韧带前层覆盖子宫圆韧带，后层包被卵巢，两层之间有血管、淋巴管、神经和结缔组织等。子宫阔韧带可限制子宫向侧方移位。

(2) **子宫圆韧带**：是一对长条形的圆索，由平滑肌和结缔组织构成（图 5-14）。起于子宫外侧缘，输卵管子宫口的前下方。在子宫阔韧带前层的覆盖下，走向前外侧，经腹股沟管，止于阴阜及大阴唇的皮下。此韧带是维持子宫前倾位的主要结构。

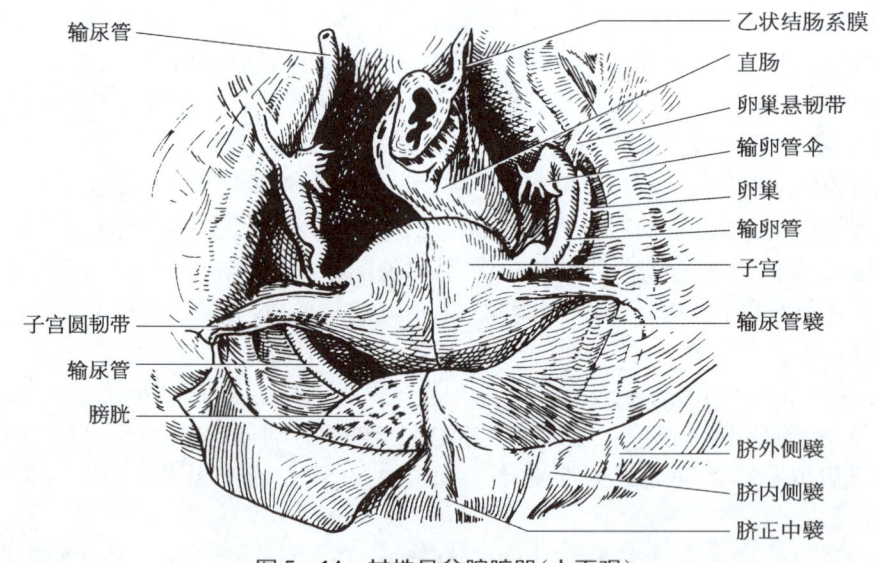

图 5-14　女性骨盆腔脏器（上面观）

(3) **子宫主韧带**：由结缔组织和平滑肌纤维构成，位于子宫阔韧带的下部两层之间，自子宫颈两侧连至盆腔侧壁（图 5-15）。其主要作用是固定子宫颈，防止子宫向下脱垂。

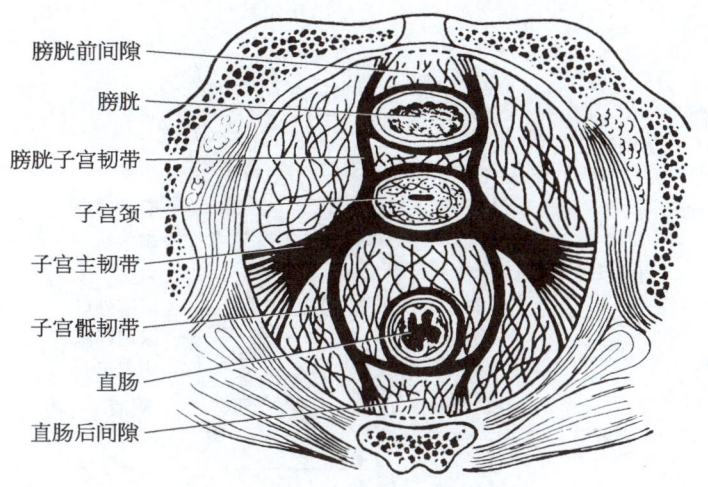

图 5-15 子宫固定装置模式图

(4) **子宫骶韧带**：由平滑肌和结缔组织构成。起于子宫颈后面，向后绕过直肠，附于骶骨前面（图 5-15）。此韧带有牵引子宫颈向后上的作用，维持子宫前屈位。

（四）阴道

阴道（vagina）为前后略扁的肌性管道，连接子宫和外生殖器，是导入精液、排出月经和娩出胎儿的通路（图 5-11~图 5-13）。阴道下端开口于阴道前庭，称为**阴道口**。阴道口周缘有**处女膜**或**处女膜痕**。阴道的上端较宽，围绕子宫颈阴道部，两者间形成环状的腔隙，称为**阴道穹**，可分为前、后部及两个侧部，以后部为最深，后部与直肠子宫陷凹紧密相邻，彼此之间仅隔有阴道后壁和一层腹膜。当直肠子宫陷凹有积液时，可经阴道穹后部进行穿刺或引流（图 5-12）。阴道前方邻接膀胱底和尿道，后方邻接直肠。

（五）前庭大腺

前庭大腺（greater vestibular gland）位于阴道口的两侧，形如豌豆，其排泄管向内侧开口于阴道前庭，分泌物有润滑阴道口的作用。

二、女性外生殖器

女性外生殖器又称**女阴**（图 5-16、图 5-17），包括以下结构。

（一）阴阜

阴阜（mons pubis）为耻骨联合前方的皮肤隆起区，皮下脂肪较多。性成熟期以后，皮肤生有阴毛。

（二）大阴唇

大阴唇（greater lip of pudendum）是一对纵行隆起的皮肤皱襞，自阴阜向下方构成阴裂的外侧壁，后方连于会阴。

（三）小阴唇

小阴唇（lesser lip of pudendum）位于大阴唇的内侧，为一对较薄的皮肤皱襞，表面光滑无毛。两

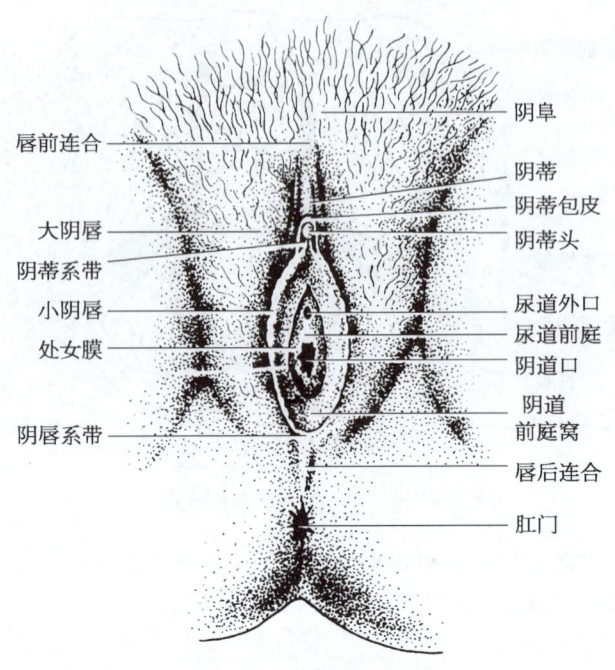

图 5-16 女性外生殖器

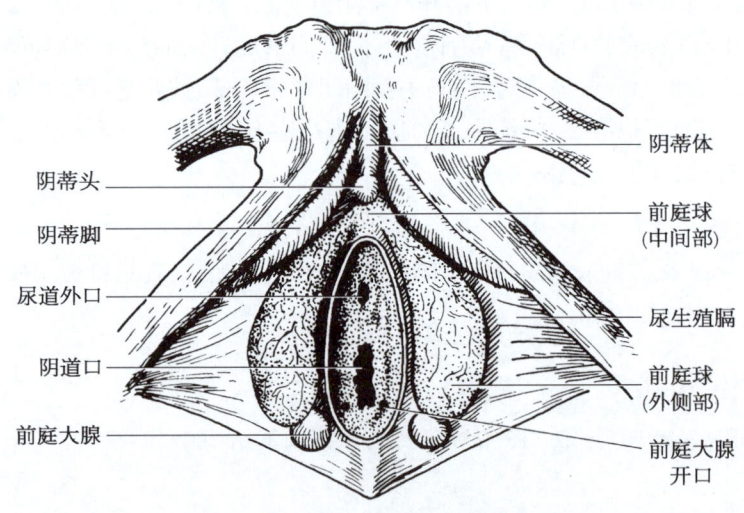

图 5-17 阴蒂、前庭球及前庭大腺

侧小阴唇后端互相联合,形成阴唇系带。

(四) 阴道前庭

阴道前庭(vaginal vestibule)为两侧小阴唇之间的裂隙。其前部有尿道外口,后部有阴道口。阴道口两侧各有一个前庭大腺导管的开口。

(五) 阴蒂

阴蒂(clitoris)位于尿道外口的前方,由两个阴蒂海绵体构成。相当于男性的阴茎海绵体,其后端为阴蒂脚,附于耻骨弓,左、右两脚向前互相结合为阴蒂体,表面盖有阴蒂包皮。阴蒂的前端露于表面的部分,称为阴蒂头,富有感觉神经末梢,感觉敏锐。

(六)前庭球

前庭球(bulb of vestibule)相当于男性的尿道海绵体,呈马蹄形,两外侧部较大,位于大阴唇的皮下,中间部细小,在尿道外口与阴蒂体之间的皮下。

【附】 乳房、会阴

(一)乳房

乳房为人类和哺乳类动物特有的结构。男性不发达,女性于青春期后开始发育生长,妊娠和哺乳期的乳房有分泌活动。

1. **位置** 乳房位于前胸部,在胸大肌及其筋膜的表面,上起自第2、第3肋,下至第6、第7肋,内侧至胸骨旁线,外侧可达腋中线。

2. **形态** 成年女性尚未哺乳的乳房呈半球形,紧张而富有弹性(图5-18)。乳房中央的圆形突起为乳头,通常在第4肋间隙或第5肋与锁骨中线相交处,其表面有乳腺管的开口。乳头周围颜色较深的环形区域称乳晕,表面有许多小隆起,其深面为乳晕腺,可分泌脂性物质润滑乳头。

3. **结构** 乳房由皮肤、乳腺组织和脂肪组织构成(图5-19)。乳腺组织

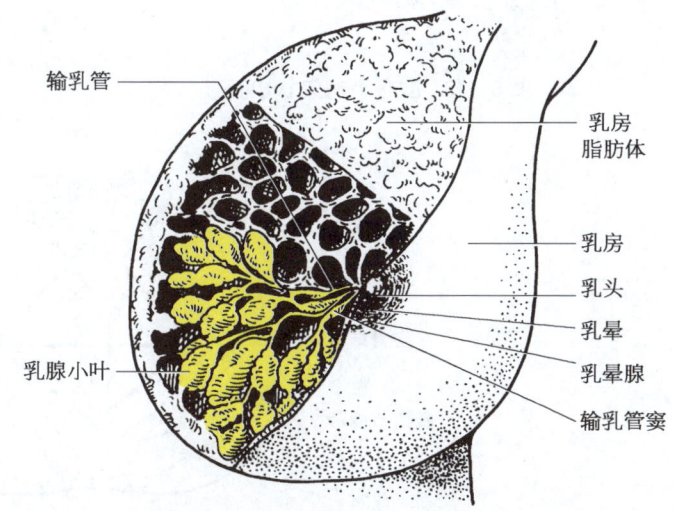

图5-18 成年女性乳房(右半剥去皮肤)

被脂肪组织分隔为15~20个乳腺小叶,以乳头为中心呈放射状排列。每个腺叶有一条排泄管,称输乳管,由该腺叶中各乳腺小叶的导管汇合而成,开口于乳头。临床上进行乳房浅部脓肿切开手术时,应尽量采用放射状切口,以免损伤乳腺叶和输乳管。在乳房深部自胸筋膜发出结缔组织束穿过乳腺小叶之间连于皮肤,称乳房悬韧带或称Cooper韧带,对乳腺有支持作用。乳腺癌时,由于癌细胞侵犯此韧带,引起结缔组织束缩短,牵引皮肤向内形成凹陷,皮肤呈橘皮样,为乳腺癌早期的常见体征。

(二)会阴

1. **位置和分部** 会阴(perineum)有广义和狭义之分。广义的会阴是指封闭骨盆下口的全部软组织。此区呈菱形,其境界:前为耻骨联合下缘,后为尾骨尖,两侧为耻骨、坐骨和骶结节韧带。经两坐骨结节之间的连线将会阴分为前、后两部分:前部为尿生殖区(尿生殖三角),男性有尿道通

过,女性有尿道和阴道穿过。后部为肛区(肛门三角),有肛管穿过(图 5-20)。狭义的会阴是指肛门和外生殖器之间软组织。产妇分娩时,要保护此区,以免造成会阴撕裂。

2. 尿生殖膈(urogenital diaphragm) 由尿生殖膈上筋膜、尿生殖膈下筋膜和其间的横纹肌(会阴深横肌)共同构成,位于尿生殖区最深部,从前下方封闭骨盆下口,介于左、右耻骨和坐骨之间,作用是加强盆底,协助承托盆腔脏器。尿生殖膈在男性有尿道通过,女性有尿道和阴道通过。两层筋膜间的横纹肌在男性围绕尿道膜部者称尿道括约肌,在女性围绕尿道和阴道者则称尿道阴道括约肌。

3. 盆膈(pelvic diaphragm) 由盆膈上筋膜、盆膈下筋膜和肛提肌等共同构成,位于肛区的深部,封闭骨盆下口的大部,中央有肛管通过。

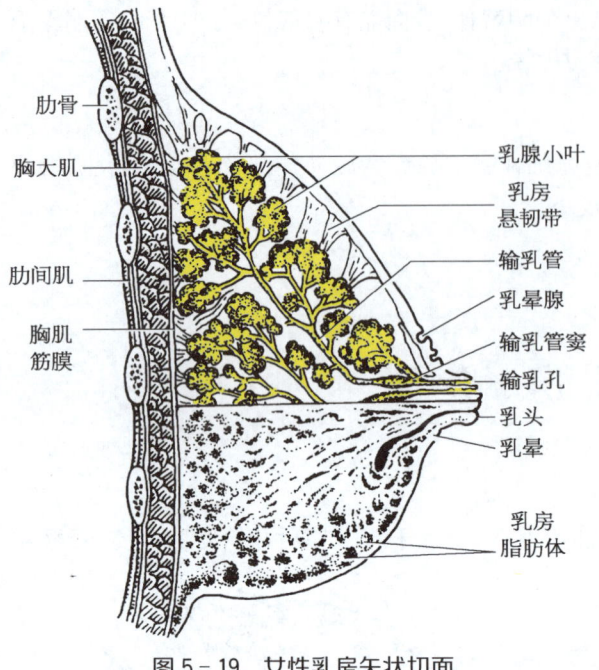

图 5-19 女性乳房矢状切面

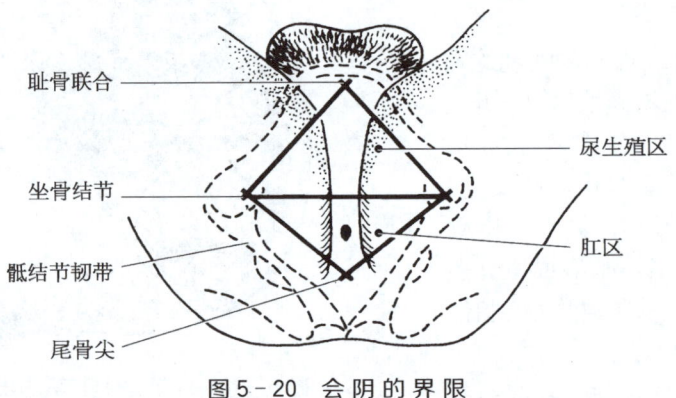

图 5-20 会阴的界限

第六章 脉管系统

第一节 概 述

导学

1. 掌握心血管系统和淋巴系统的组成,体循环和肺循环的径路。
2. 熟悉血管吻合的形式及侧支循环的概念。

一、脉管系统的组成和主要功能

脉管系统(vascular system)是人体内执行运输功能并相互连续而封闭的管道系统,包括心血管系统和淋巴系统两部分。

心血管系统(cardiovascular system)由心、动脉、毛细血管和静脉组成,内有血液周而复始地循环流动。**心**(heart)是中空的肌性器官,在神经、体液的调节下,有节律地收缩和舒张,像泵一样不停地将血液从静脉吸入,由动脉射出,从而推动血液不停地循环流动。**动脉**(artery)是运送血液离开心的管道,由心室发出,在行程中逐渐分为大动脉、中动脉和小动脉,愈分愈细,最后移行为毛细血管。**毛细血管**(capillary)是连于最小的动、静脉之间的微细血管,管壁极薄,血流缓慢,是血液与组织、细胞间进行物质及气体交换的场所。**静脉**(vein)是引导血液返回心的管道,起自毛细血管,在回心的过程中不断地接纳属支,逐级汇合,由细变粗,最后注入心房。大多数静脉内有静脉瓣,可防止血液逆流。

心血管系统的主要功能是将消化管吸收的营养物质、肺吸入的氧气和内分泌腺产生的激素运送到全身各器官、组织和细胞;同时又将它们的代谢产物及二氧化碳等运送到肺、肾、皮肤等器官排出体外,以保证机体新陈代谢的正常进行。

淋巴系统(lymphatic system)由淋巴管道、淋巴器官和淋巴组织组成。淋巴管道内流动着无色透明的液体,称**淋巴**(淋巴液)。当血液流经毛细血管时,部分液体经毛细血管壁滤出,进入组织间隙,形成**组织液**。组织液与细胞进行物质交换后,大部分在毛细血管静脉端吸收,进入静脉,小部分进入毛细淋巴管内形成淋巴。淋巴沿各级淋巴管向心流动,最后注入静脉。因此,淋巴系统是心血管系统的辅助系统,协助静脉引流淋巴。此外,淋巴器官和淋巴组织具有产生淋巴细胞、过滤淋巴液和进行免疫应答的功能。

二、血液循环的径路

血液由心室射出,经动脉、毛细血管和静脉返回心房,这种周而复始的循环流动称血液循环。依循环途径不同,可分为体循环和肺循环两部分。这两个循环是同步进行的,彼此通过房室口相通(图6-1)。

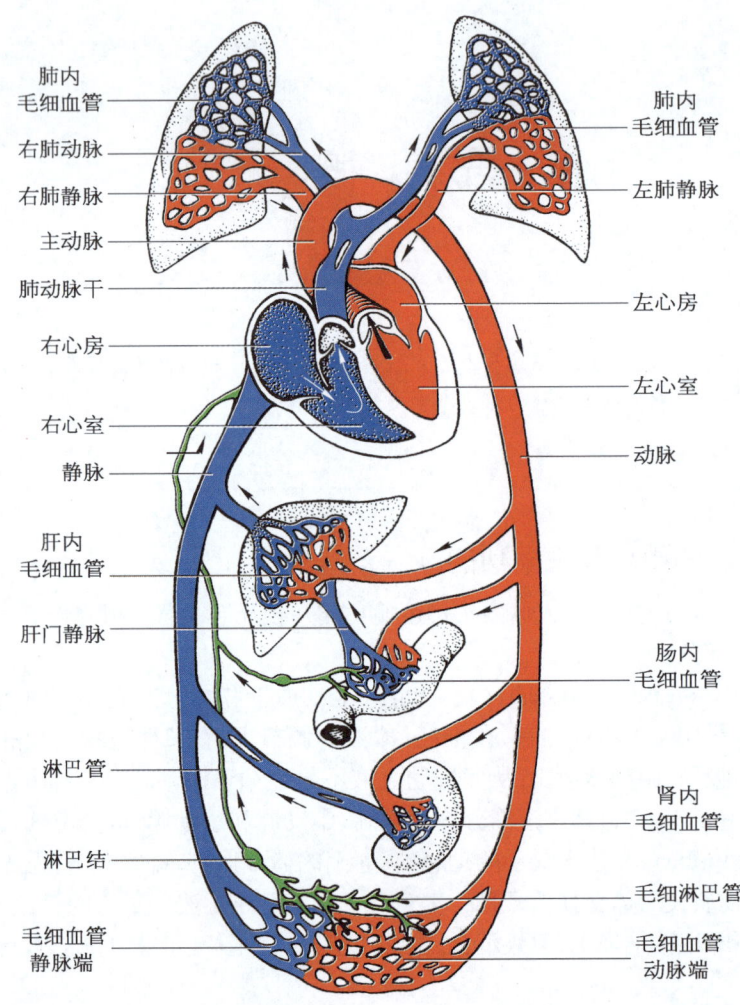

图6-1 血液循环示意图

1. **体循环**(systemic circulation) 又称**大循环**。左心室收缩时,含氧丰富的动脉血由左心室射入主动脉,再经主动脉的各级分支到达全身的毛细血管,血液在此与周围组织、细胞进行物质和气体交换,此时鲜红色的动脉血变成了暗红色的静脉血,再经各级静脉,最后经上、下腔静脉和冠状窦返回右心房。体循环的特点是行程长、流经范围广,其主要功能是以含氧高和营养物质丰富的动脉血滋养全身各部,并将代谢产物和二氧化碳经静脉运回心。

2. **肺循环**(pulmonary circulation) 又称**小循环**。右心室收缩时,含二氧化碳浓度高的静脉血由右心室射入肺动脉,经肺动脉各级分支到达肺泡周围的毛细血管网,在此进行气体交换,使静脉血重新变成含氧丰富的动脉血,再经肺静脉进入左心房。肺循环的特点是行程短,血液只经过肺,其主要功能是完成气体交换。

三、血管吻合及侧支循环

人体的血管除动脉、毛细血管和静脉互相沟通外,还存在着广泛的多形式的血管吻合(vascular anastomosis)。毛细血管在组织内普遍吻合成网称毛细血管网,动脉和动脉之间的吻合常见有动脉网、动脉弓和动脉环等(图6-2),静脉和静脉之间的吻合常见有静脉网、静脉弓和静脉丛等,甚至小动脉和小静脉之间借动静脉吻合直接连通。这种吻合对维持血液循环,保证器官的血液供应有着重要作用。

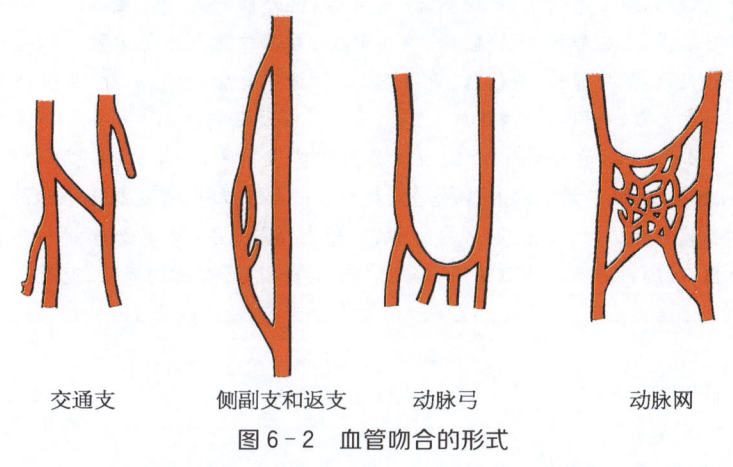

交通支　　　侧副支和返支　　　动脉弓　　　动脉网

图6-2 血管吻合的形式

此外,较大的动脉还发出与主干平行的侧副管,它自主干近端发出,又汇合于主干的远侧端。在正常情况下,侧副管的管腔很小,血流量少,如果主干血流受阻(如结扎或血栓),则侧副管即变粗大,代替主干发挥运血的作用,形成侧支循环(collateral circulation)(图6-3)。因此,侧副管在血管主干血流中断时,对恢复血液供应具有重要作用。

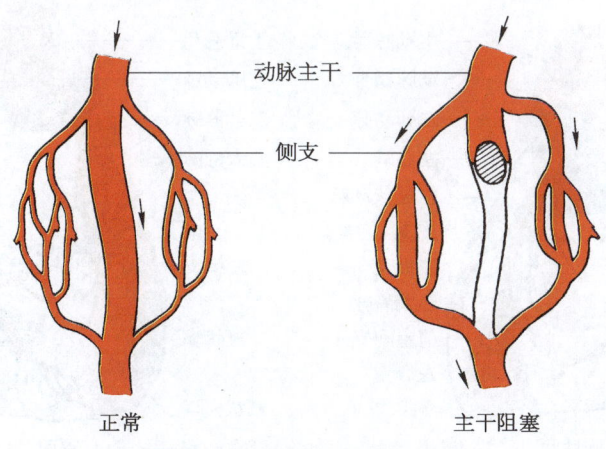

正常　　　　　主干阻塞

图6-3 侧支吻合与侧支循环

第二节　心血管系统

> **导学**
>
> 1. 掌握心的位置、外形和各腔结构，主动脉的分段和其重要分支，颈总动脉、颈内动脉、颈外动脉、面动脉、颞浅动脉、锁骨下动脉、腋动脉、肱动脉、尺动脉、桡动脉、股动脉、腘动脉、胫前动脉、胫后动脉、足背动脉的起始和走行位置，腹腔干三大分支、肠系膜上下动脉、肾动脉、髂总动脉、髂外动脉走行位置，髂内动脉的起始和分布范围；上腔静脉、下腔静脉、头臂静脉、颈内静脉及锁骨下静脉的组成、收纳范围和汇入，颈外静脉、头静脉、贵要静脉、肘正中静脉、大隐静脉、小隐静脉的起始、走行及汇入，肝门静脉的组成、位置、收纳范围及侧支循环。
> 2. 熟悉心的传导系、心的血管分布和体表投影，心壁的构造和心包的形态结构，肺动脉干、肺动脉和肺静脉起止及所含的血液成分，甲状腺上下动脉、上颌动脉和脑膜中动脉、椎动脉、胸廓内动脉、直肠上动脉、阴部内动脉起始和分布范围；静脉角，胸廓内静脉的收纳范围，髂总静脉、肾静脉、肝静脉的起始、走行及汇入。

一、心

(一) 心的外形

心近似倒置、前后略扁的圆锥体，大小似本人拳头。可分为一尖、一底、两面、三缘，表面尚有3条沟（图6-4、图6-5）。**心尖**（cardiac apex）朝向左前下方，由左心室构成，圆钝而游离，其体表投影位置在左侧第5肋间隙、锁骨中线内侧1~2 cm处，在此处可扪及心尖的搏动。**心底**（cardiac base）朝向右后上方，与出入心的大血管相连，故心底比较固定。**胸肋面**（前面）朝向前上方，大部

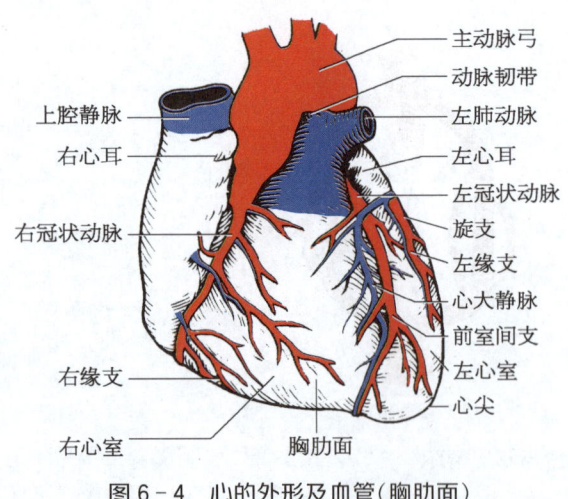

图6-4　心的外形及血管（胸肋面）

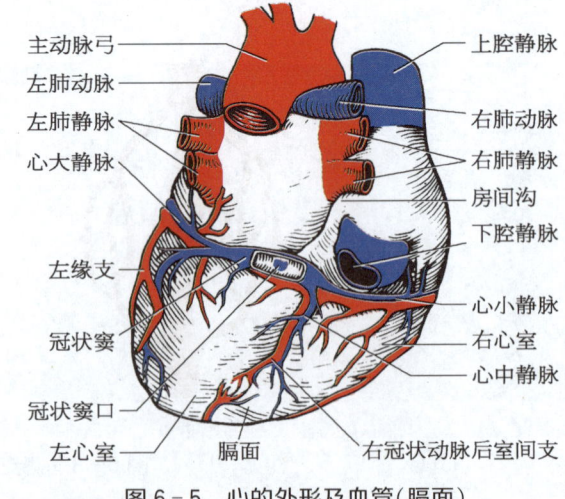

图6-5　心的外形及血管（膈面）

由上方,大部分由右心房和右心室构成。膈面(下面)朝向后下方,邻接膈,大部分由左心室、小部分右心室构成。心的右缘垂直向下,由右心房构成,向上延续为上腔静脉。心的左缘钝圆,斜向左下,主要由左心室构成。心的下缘接近水平位,由右心室和心尖构成。

心表面尚有 3 条浅沟,沟内有血管走行并被脂肪组织覆盖,可作为心腔在心表面的分界线。冠状沟(coronary sulcus)靠近心底处,略呈环形,前方被肺动脉干所中断,是心房与心室的表面分界线。在心室的胸肋面和膈面各有一条自冠状沟延伸至心尖右侧的浅沟,分别称为前室间沟(anterior interventricular groove)和后室间沟(posterior interventricular groove),前、后室间沟是左、右心室的表面分界线。

(二)心的位置

心位于胸腔纵隔内,外面包有心包,约 2/3 位于身体正中线的左侧,1/3 在其右侧。上方与出入心的大血管相连,下方为膈。两侧借纵隔胸膜、胸膜腔与肺相邻(图 6-6)。后方有食管、迷走神经和胸主动脉等,平对第 5~8 胸椎。前方平对胸骨体和第 2~6 肋软骨,大部分被肺和胸膜遮盖,只有左肺心切迹内侧的部分借心包与胸骨体下部左半及左侧第 4~6 肋软骨相邻。因此,临床上在抢救患者做心内注射时,应在左侧第 4 肋间隙,紧贴胸骨左缘进针,将药物注射至右心室内。

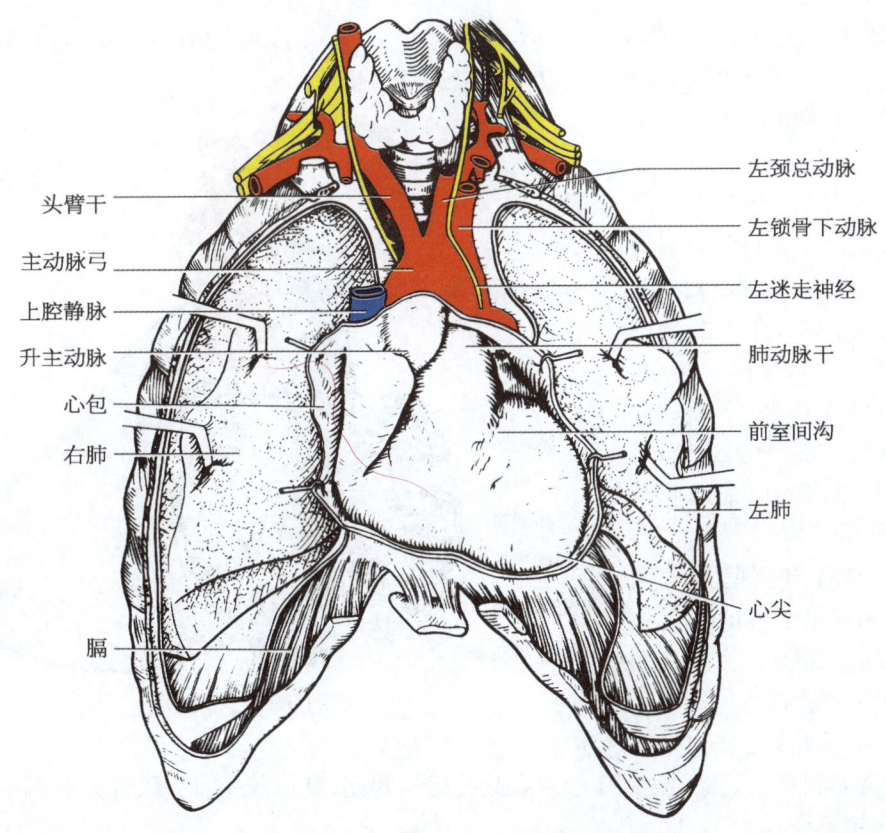

图 6-6 心的位置

(三)心的体表投影

心在胸前壁的体表投影通常采用 4 点及其连线来确定(图 6-7)。

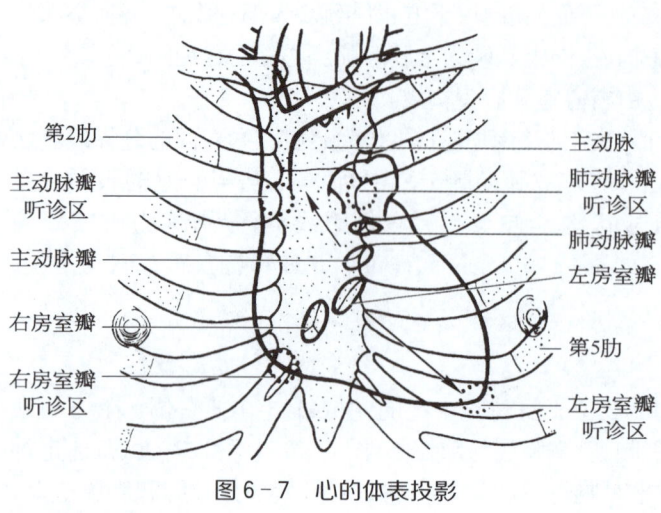

图6-7 心的体表投影

1. **左上点** 在左侧第2肋软骨下缘，距胸骨左缘1.2 cm处。
2. **右上点** 在右侧第3肋软骨上缘，距胸骨右缘1 cm处。
3. **右下点** 在右侧第6胸肋关节处。
4. **左下点** 在左侧第5肋间隙，距前正中线7~9 cm(或锁骨中线内侧1~2 cm处)，即心尖部位。

左、右上点的连线为心的上界；左、右下点的连线为心的下界；右上、下点的连线为心的右界，略向右凸；左上、下点的连线为心的左界，略向左凸。了解心在胸前壁的体表投影，对叩诊时判断心界是否扩大有实用意义。

(四) 心的各腔

心有4个腔，即右心房、右心室、左心房、左心室。左、右心房间有房间隔，左、右心室间有室间隔，故左半心与右半心不相通，同侧心房和心室借房室口相通。

1. **右心房(right atrium)** 位于心的右上方，其向左前方突出的部分称**右心耳**，内面的肌性隆起称**梳状肌**。右心房有3个入口和1个出口：上方有**上腔静脉口**，下方有**下腔静脉口**，在下腔静脉口和右房室口之间有**冠状窦口**，它们分别引导人体上、下半身和心壁的血液汇入右心房。出口是**右房室口**，右心房的血液由此流入右心室(图6-8)。

右心房的后内侧壁为房间隔，其下部有一卵圆形的浅窝称**卵圆窝(fossa ovalis)**。胎儿时期此处为卵圆孔，左、右心房借此孔相通。出生以后此孔逐渐封闭，遗留的凹陷称卵圆窝。如果出生后1年左右此孔仍未封闭，就形成一种先天性心脏病即房间隔缺损(卵圆孔闭锁不全)。

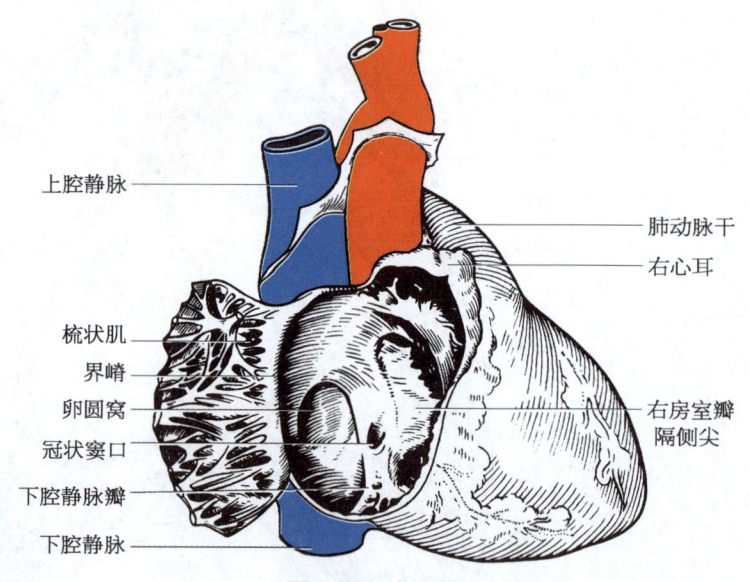

图6-8 右心房

2. **右心室(right ventricle)** 位于右心房的左前下方，有出入两口：入口即**右房室口**，口周缘的纤维环上附有3片三角形的瓣膜，称**右房室瓣(right atrioventricular valve)**(又称**三尖瓣**)。室壁上有3个突起的乳头肌，乳头肌尖端有数条**腱索**，分别连到相邻的两个瓣膜的边缘上(图6-9、图6-10)。心

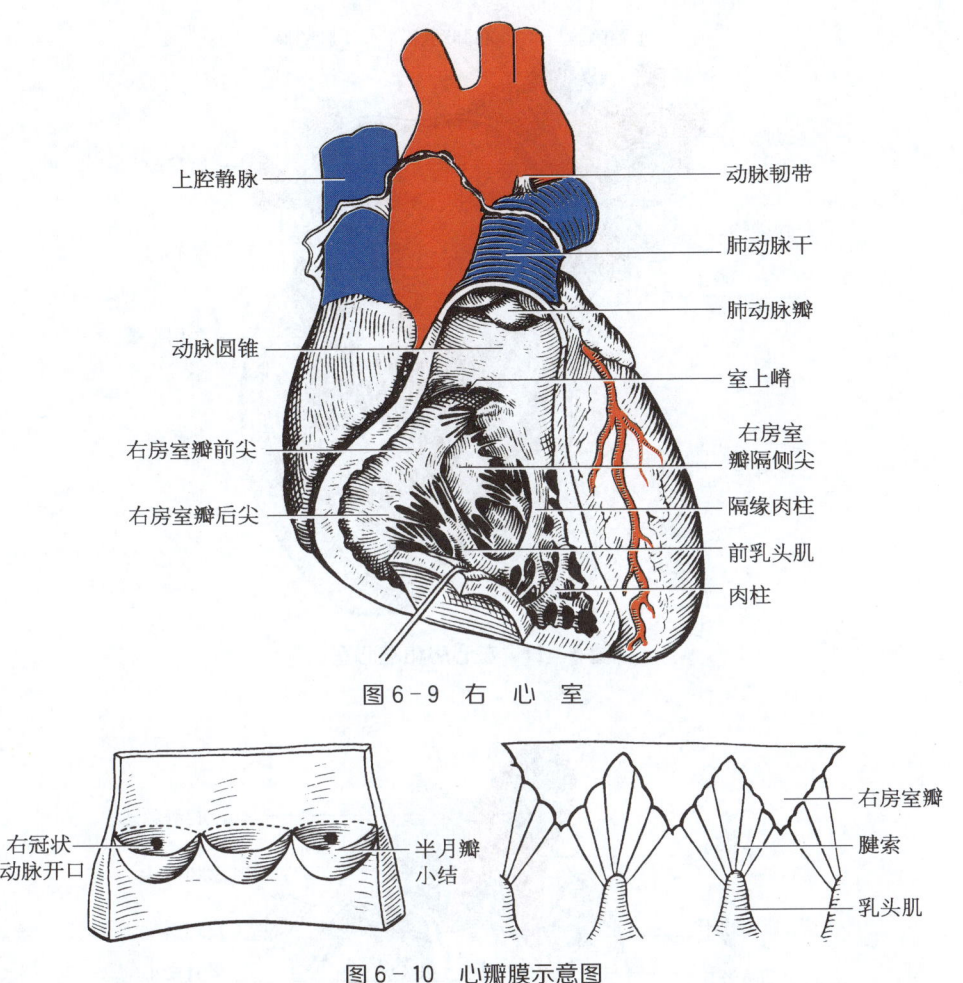

图 6-9 右心室

图 6-10 心瓣膜示意图

室收缩时,右房室瓣受血流推挤,封闭右房室口,由于腱索的牵引,瓣膜不致翻向右心房,可防止血液向右心房逆流。

右心室腔向左上方延伸的部分逐渐变细,形似倒置的漏斗,称动脉圆锥,其上端即右心室的出口,称肺动脉口,口周围的纤维环上附有3个袋口向上的半月形瓣膜,称肺动脉瓣(pulmonary valve)。当右心室收缩时,血流冲开肺动脉瓣进入肺动脉。当右心室舒张时,瓣膜袋口被血液充盈而关闭,防止血液从肺动脉逆流入右心室。

3. 左心房(left atrium)　位于右心房的左后方,构成心底的大部,其向右前方突出的部分称左心耳,内有与右心耳相似的梳状肌。左心耳与左房室瓣邻近,为心外科常用的手术入路之一。左心房有4个入口和1个出口:入口均为肺静脉口,即左上、左下肺静脉口和右上、右下肺静脉口。出口是前下方的左房室口,左心房的血液由此流向左心室(图6-11)。

4. 左心室(left ventricle)　位于右心室的左后方,构成心尖及心左缘。左心室有出入两口:入口即左房室口,口周围的纤维环上有两片近似三角形的瓣膜称左房室瓣(left atrioventricular valve)(又称二尖瓣)(图6-12)。瓣膜的边缘也有数条腱索连到乳头肌上。左心室的乳头肌较右心室的强大,有前后两个。出口位于前内侧部,称主动脉口,口周围的纤维环上也有3个袋口向上的半月形瓣膜,称主动脉瓣(aortic valve)。

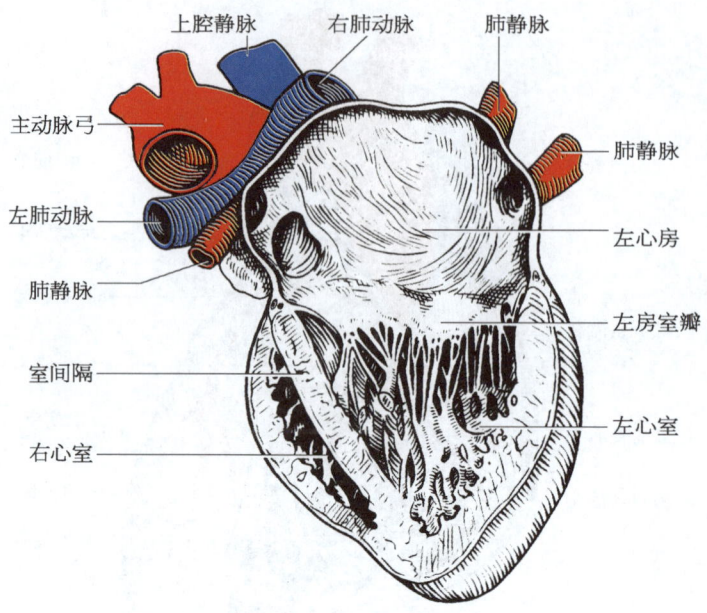

图 6-11 左心房和左心室

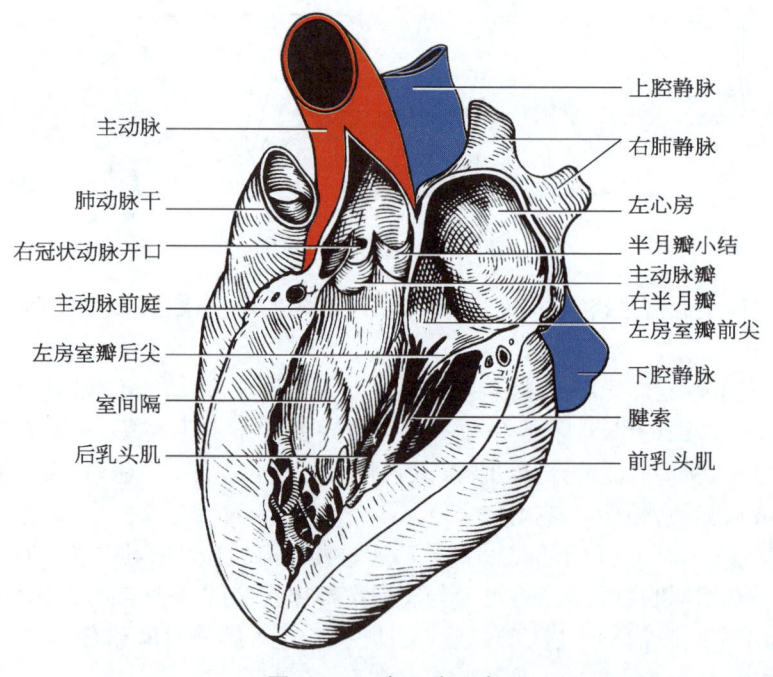

图 6-12 左 心 室

心如同一个"动力泵",各瓣膜如同泵的"阀门",它们顺血流开放,逆血流关闭,保障了血液的定向流动。当心室收缩时,左房室瓣和右房室瓣关闭,主动脉瓣和肺动脉瓣开放,血液由心室射入动脉。当心室舒张时,左房室瓣和右房室瓣开放,主动脉瓣和肺动脉瓣关闭,血液由心房进入心室(图6-13)。

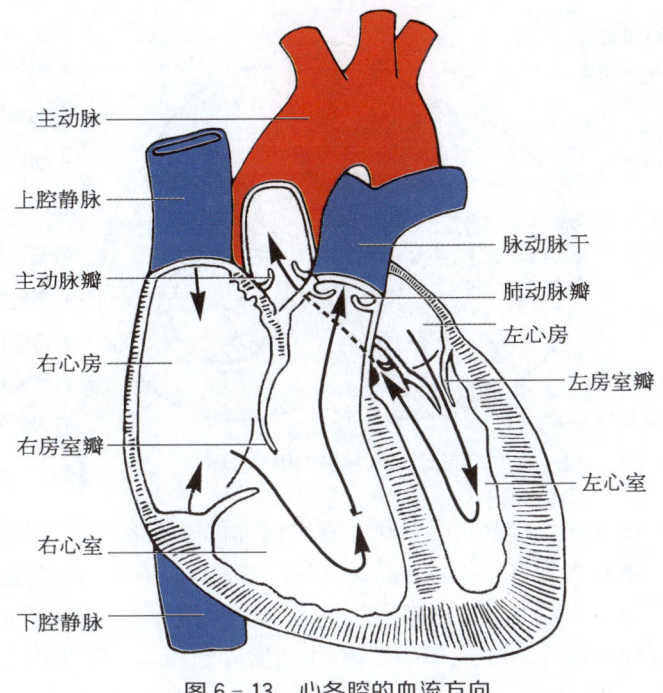

图 6-13 心各腔的血流方向

(五) 心的构造

1. 心壁的构造 心壁由心内膜、心肌和心外膜构成,心肌是构成心壁的主要部分(图 6-14、图 6-15)。

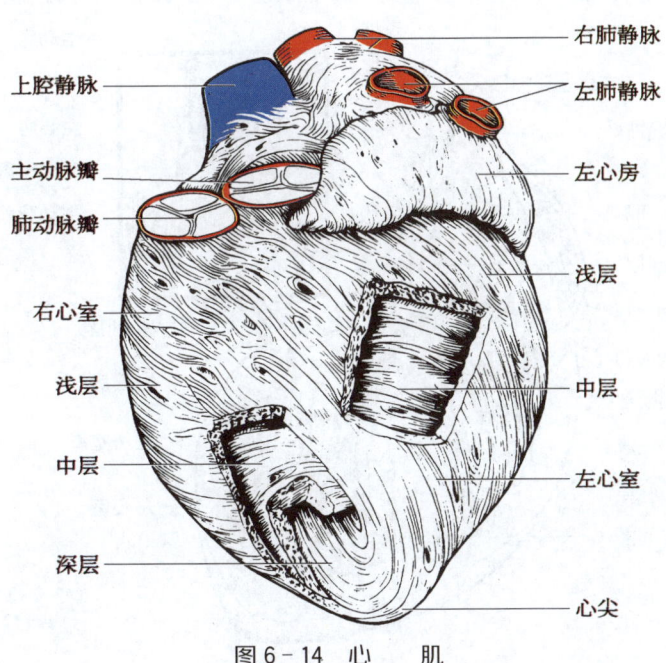

图 6-14 心 肌

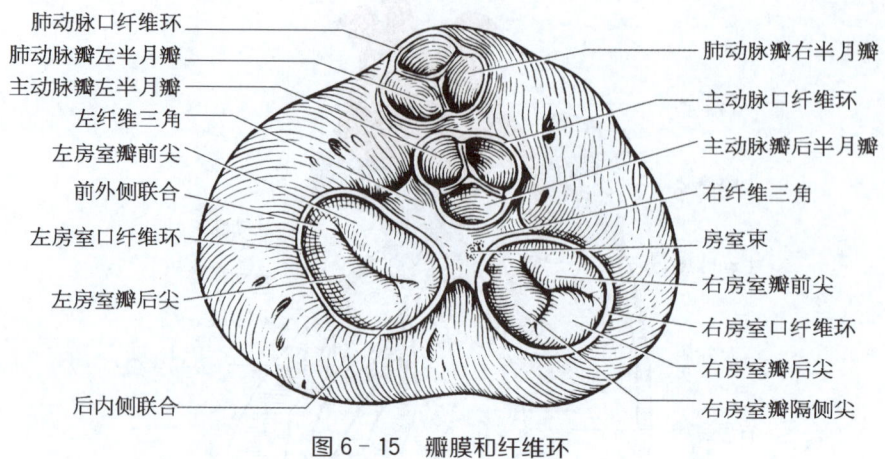

图 6-15 瓣膜和纤维环

(1) **心内膜**(endocardium)：是衬于心房和心室壁内面的一层光滑的薄膜，与血管的内膜相连续。心的各瓣膜由心内膜在各房室口和动脉口处折叠而构成。心内膜为风湿性疾病易侵犯的部位，易引起结缔组织增生，使瓣膜发生变形、粘连等，从而引起瓣膜闭锁不全、瓣膜间隙狭窄等病理变化。

(2) **心肌**(myocardium)：是构成心壁的主体，由心肌细胞和细胞间质构成，包括**心房肌**和**心室肌**。心房肌较薄，心室肌肥厚，尤以左心室肌最发达，是右心室肌的 3 倍。心房肌与心室肌被房室口周围的纤维环隔开而互不延续，故心房肌和心室肌不同时收缩。

(3) **心外膜**(epicardium)：是包在心肌外面的一层光滑的浆膜，即浆膜心包的脏层。

2. **房间隔和室间隔** 房间隔位于左、右心房之间，由两层心内膜夹少量心肌和结缔组织构成，在卵圆窝处最薄。室间隔位于左、右心室之间，分为肌部和膜部。肌部较厚，位于左、右心室之间。膜部为不规则的膜性结构，位于心房和心室交界部位，是室间隔缺损的好发部位(图 6-16)。

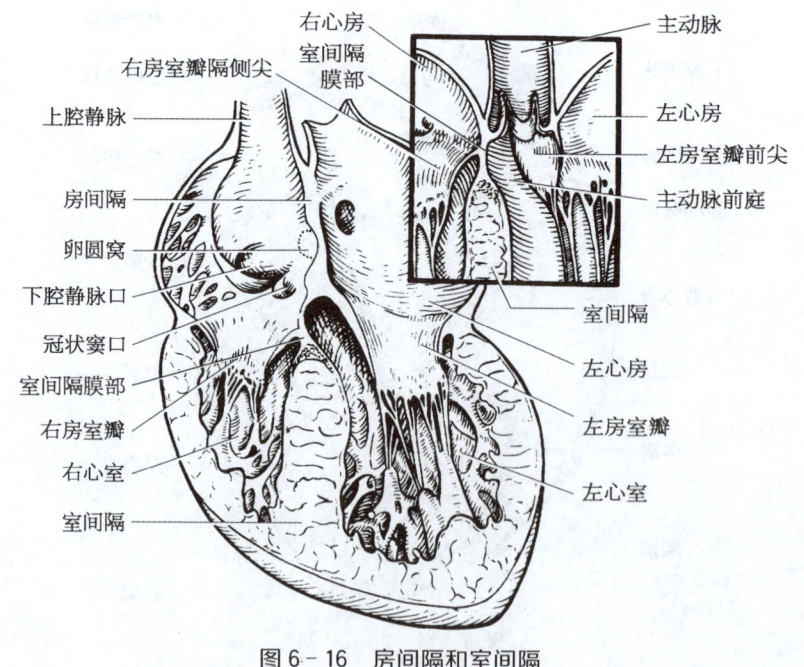

图 6-16 房间隔和室间隔

(六) 心的传导系统

心的传导系统由特殊分化的心肌纤维构成,它们形成结或束,位于心壁内,具有产生兴奋、传导冲动和维持心正常节律性搏动的功能,包括窦房结、房室结、房室束及其分支(图6-17)。

1. 窦房结(sinuatrial node) 位于上腔静脉根部和右心耳之间的心外膜深面,呈椭圆形,是心自动节律性兴奋的发源地,即心的正常起搏点。

2. 房室结(atrioventricular node) 位于房间隔下部右心房的心内膜深面,冠状窦口的前上方,呈扁椭圆形,它从前下方发出房室束入室间隔。房室结的主要功能是将窦房结传来的冲动传向心室,保证心房收缩后再开始心室的收缩。

3. 房室束(atrioventricular bundle) 又称希氏(His)束,自房室结发出后入室间隔膜部,至室间隔肌部上缘分为左、右束支。房室束是心房到心室冲动传导的唯一通路。

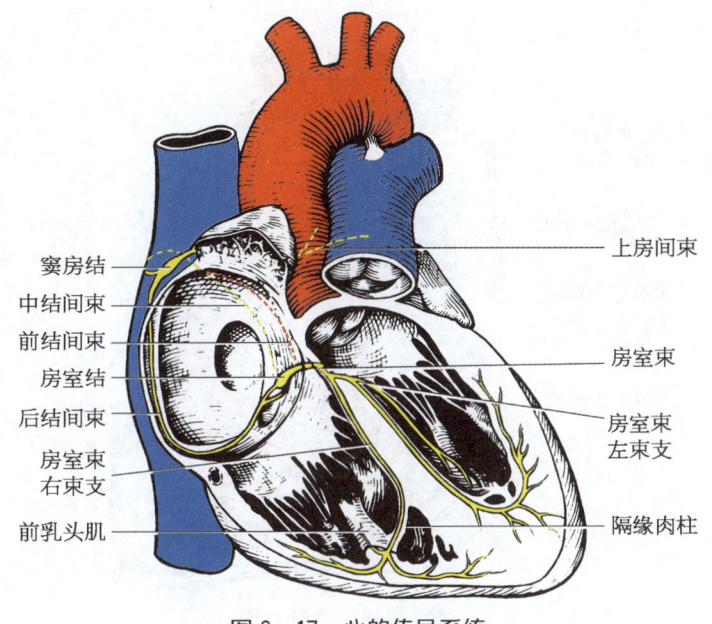

图6-17 心的传导系统

4. 左、右束支 分别沿室间隔左、右侧心内膜深面下行到左、右心室。左束支在下行中又分为前支和后支,分别分布到左心室的前壁和后壁。左、右束支在心室的心内膜深面分散成许多细小的分支,交织成网,称为心内膜下支[浦肯野(Purkinje)纤维网],与心室的心肌细胞相连,支配其收缩。

(七) 心的血管

1. 动脉 心的动脉供应主要来自左、右冠状动脉(图6-4、图6-5)。

(1) 左冠状动脉(left coronary artery):起自升主动脉的左冠状动脉窦,在肺动脉干和左心耳之间左行,随即分为前室间支和旋支。前室间支沿前室间沟下行,绕过心尖右侧,至后室间沟下部与右冠状动脉的后室间支吻合。前室间支沿途发出分支到左心室前壁、室间隔前2/3和右心室前壁一部分。旋支沿冠状沟左行,绕过心左缘至左心室膈面,分支分布到左心房、左心室侧壁和膈面。

左冠状动脉分支分布到左心房、左心室、室间隔前2/3和右心室前壁一部分。

(2) 右冠状动脉(right coronary artery):起自升主动脉的右冠状动脉窦,经右心耳和肺动脉根部之间进入冠状沟向右行,绕过心右缘至冠状沟后部分为后室间支和右旋支。后室间支沿后室间沟下行,至其下部与前室间支末梢吻合。右旋支较细小,继续向左行,分布于左心室壁的右侧部分。

右冠状动脉分支分布到右心房、右心室、室间隔后1/3和左心室壁的一部分,另还分支分布到窦房结和房室结。

2. 静脉 心壁的静脉绝大部分都汇集于冠状窦,再经冠状窦口注入右心房。冠状窦(coronary sinus)位于心膈面左心房和左心室之间的冠状沟内,其主要属支有3条(图6-5):

(1) 心大静脉:起自心尖,在前室间沟内与前室间支伴行,向左行绕到心膈面,注入冠状窦的左端。

(2) 心中静脉:起自心尖,在后室间沟与后室间支伴行,向上注入冠状窦的右端。

(3) 心小静脉:在冠状沟内与右冠状动脉伴行,向左注入冠状窦的右端。

(八) 心包

心包(pericardium)为包裹心和出入心大血管根部的锥形囊,可分为纤维心包和浆膜心包两部分(图6-18)。

1. 纤维心包(fibrous pericardium)为心包外层,是坚韧的结缔组织囊,上方与出入心的大血管外膜相移行,下方与膈的中心腱愈着。

2. 浆膜心包(serous pericardium)薄而光滑,位于纤维心包的内面,可分为脏、壁两层。脏层紧贴在心肌的表面,构成心外膜。壁层贴在纤维心包的内面。脏、壁两层在出入心的大血管根部相互移行,两层之间的潜在性腔隙称

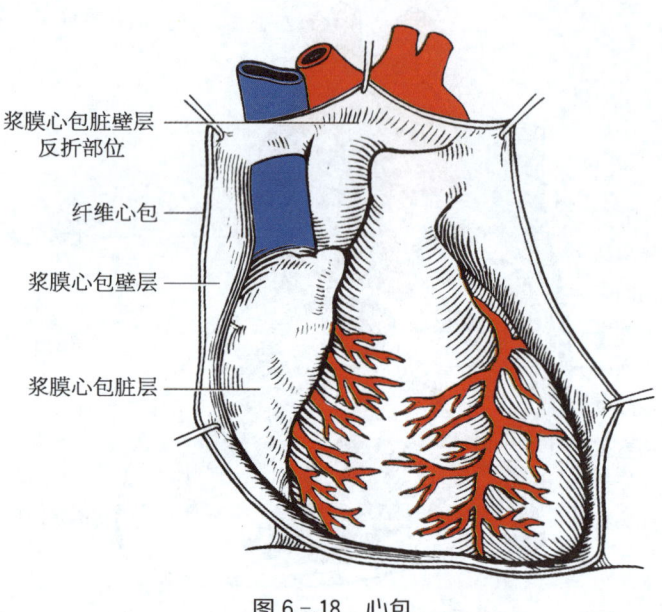

图6-18 心包

心包腔,内含少量浆液,起润滑作用,可减少心搏动时的摩擦。

二、肺循环的血管

(一) 动脉

肺动脉干(pulmonary trunk)位于心包内,为一粗短的动脉干,起自右心室的肺动脉口,在升主动脉前方向左后上方斜行,至主动脉弓下方分为左、右肺动脉。

左肺动脉(left pulmonary artery)较短,在左主支气管前方横行到左肺门处分为上、下两支,分别进入左肺上、下叶。右肺动脉(right pulmonary artery)比左肺动脉稍长,经升主动脉和上腔静脉后方横行向右,到右肺门处分为3支,分别进入右肺上、中、下叶。左、右肺动脉在肺内与支气管的分支相伴行,最后在肺泡壁上形成毛细血管网。

在肺动脉干分叉处稍左侧,有一结缔组织短圆索连于主动脉弓下缘,称动脉韧带(arterial ligament)(图6-9),是胚胎时期动脉导管闭锁后的遗迹。动脉导管在胎儿时期将肺动脉中血流导向主动脉,出生后不久即闭锁。如出生6个月后仍未闭锁,为动脉导管未闭,是常见的先天性心脏病之一。

(二) 静脉

肺静脉(pulmonary veins):左右各一对,分别为左上、左下肺静脉和右上、右下肺静脉。这些静脉均起自肺门,向内行走穿过心包,将含氧丰富的血液输送到左心房。

三、体循环的血管

(一) 动脉

1. **主动脉(aorta)** 为体循环的动脉主干,按行程可分为升主动脉、主动脉弓和降主动脉3部分(图6-19)。

(1) **升主动脉(ascending aorta)**:起自左心室的主动脉口,位于上腔静脉和肺动脉干之间,向右上方斜行,至右侧第2胸肋关节后方移行为主动脉弓。升主动脉起始部发出左、右冠状动脉。

(2) **主动脉弓(aortic arch)**:接升主动脉,在胸骨柄后方呈向上的弓形弯向左后方,至第4胸椎体下缘水平移行为降主动脉。在主动脉弓的凸侧,由右向左依次发出头臂干、左颈总动脉和左锁骨下动脉三大分支。头臂干为一粗短动脉干,向右上斜行至右侧胸锁关节后方,分为右颈总动脉和右锁骨下动脉。

(3) **降主动脉(descending aorta)**:为主动脉最长的一段,续于主动脉弓,沿脊柱左前方下降,穿膈的主动脉裂孔至腹腔,至第4腰椎体下缘水平,分为左、右髂总动脉。以膈为界,降主动脉位于主动脉裂孔以上的部分称胸主动脉,位于主动脉裂孔以下的部分称腹主动脉。

2. **头颈部的动脉**

(1) **颈总动脉(common carotid artery)**:是头颈部的动脉主干,左右各一条。左侧发自主动脉弓,右侧起自头臂干。两侧颈总动脉均经胸锁关节后方,沿

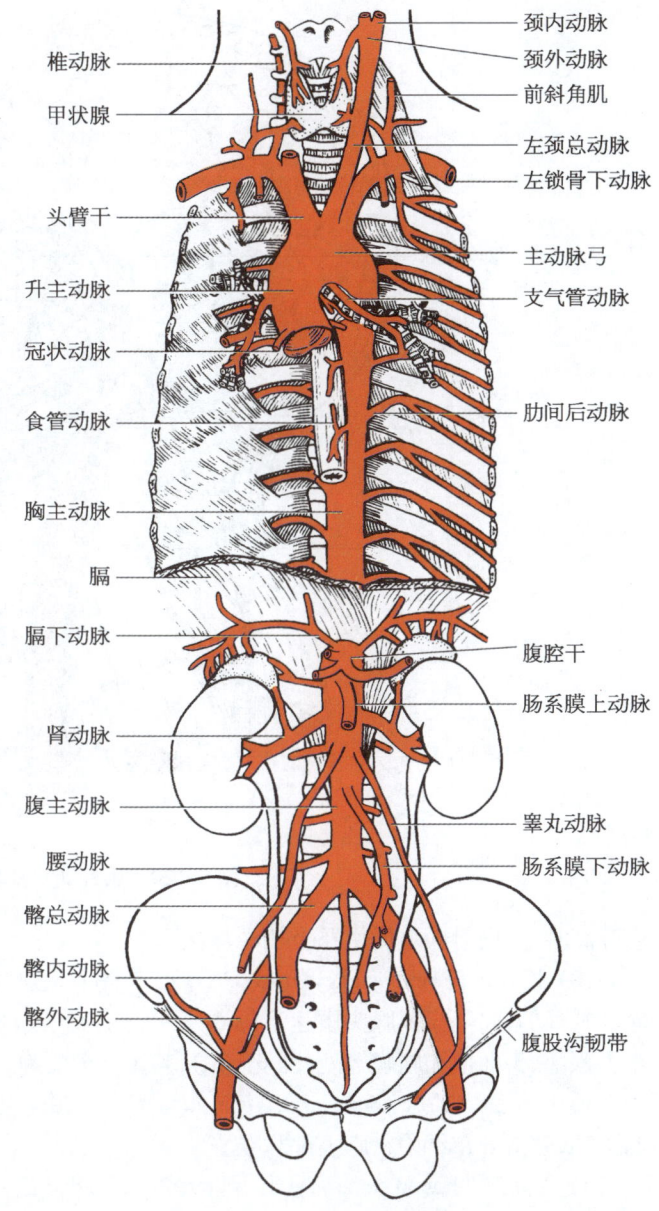

图 6-19 主动脉分部及其分支

食管、气管和喉的两侧上升,至甲状软骨上缘水平分为颈内动脉和颈外动脉(图6-20)。颈总动脉的外侧有颈内静脉,两者之间的后方有迷走神经,三者共同被包裹在颈动脉鞘中。在颈总动脉分为颈内动脉和颈外动脉的分叉处,有两个重要结构,即颈动脉窦和颈动脉小球。

颈动脉窦(carotid sinus) 为颈总动脉末端和颈内动脉起始部的膨大部分,壁内有特殊的感觉神经末梢,为压力感受器。当血压增高时,窦壁扩张,刺激压力感受器,可反射性地引起心跳减慢,末梢血管扩张,血压下降。

颈动脉小球(carotid glomus) 是一个扁椭圆形小体,位于颈内动脉和颈外动脉分叉处的后方,借结缔组织连于动脉壁上,为化学感受器,能感受血液中二氧化碳和氧浓度的变化。当二氧化碳浓

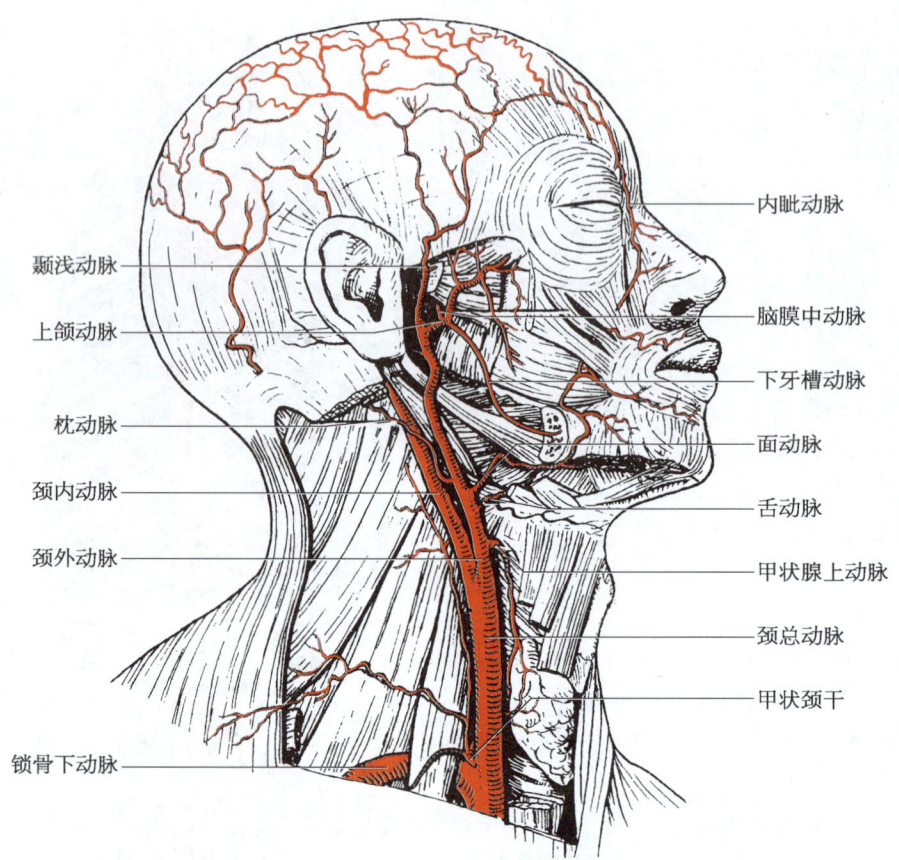

图 6-20 颈外动脉及其分支

度升高时,可反射性地促使呼吸加深加快。

(2) 颈外动脉(external carotid artery):自颈总动脉发出后,先行于颈内动脉内侧,后从其前方跨至其外侧,向上穿腮腺实质达下颌颈水平,分为颞浅动脉和上颌动脉两终支。颈外动脉分支分布于颈部、头面部和脑膜等处(图 6-20),其主要分支有:

1) 甲状腺上动脉(superior thyroid artery):自颈外动脉起始部发出,向前下方行至甲状腺侧叶的上端,分支分布于甲状腺上部和喉。

2) 舌动脉(lingual artery):平舌骨大角水平起自颈外动脉,向前内上方行至口腔底入舌,分支分布于舌、口底结构和腭扁桃体。

3) 面动脉(facial artery):在舌动脉稍上方起自颈外动脉,向前上经下颌下腺深面,于咬肌前缘处绕过下颌骨下缘至面部后,沿口角、鼻翼外侧迂曲上行到眼内眦改名为内眦动脉。面动脉沿途分支分布于下颌下腺、面部和腭扁桃体。面动脉在咬肌前缘绕下颌骨下缘处位置表浅,体表可摸到其搏动,当面部出血时,可在此处压迫止血。

4) 颞浅动脉(superficial temporal artery):为颈外动脉终支之一,在外耳门前方跨颧弓根部至颞部,分支分布于腮腺和颞、顶、额部软组织。颞浅动脉行经外耳门前方处位置表浅,体表可以摸到其搏动,该处是临床上常用的压迫止血点和摸脉点。

5) 上颌动脉(maxillary artery):为颈外动脉的另一终支,在下颌颈水平发出后,向前内行达上颌骨后面,沿途分支分布于上、下颌牙和鼻腔、腭、颊、咀嚼肌等处。上颌动脉的主要分支有脑膜中动脉(middle meningeal artery)。该分支向上穿棘孔进入颅腔,随即分为前、后两支供应硬脑膜。其前支在翼点内面紧贴骨面上行,当翼点处骨折时易受损伤,形成硬膜外血肿。

(3) 颈内动脉(internal carotid artery):由颈总动脉发出后,向上经颅底颈动脉管进入颅腔(图6-21),分支分布于脑和视器(详见神经系统)。

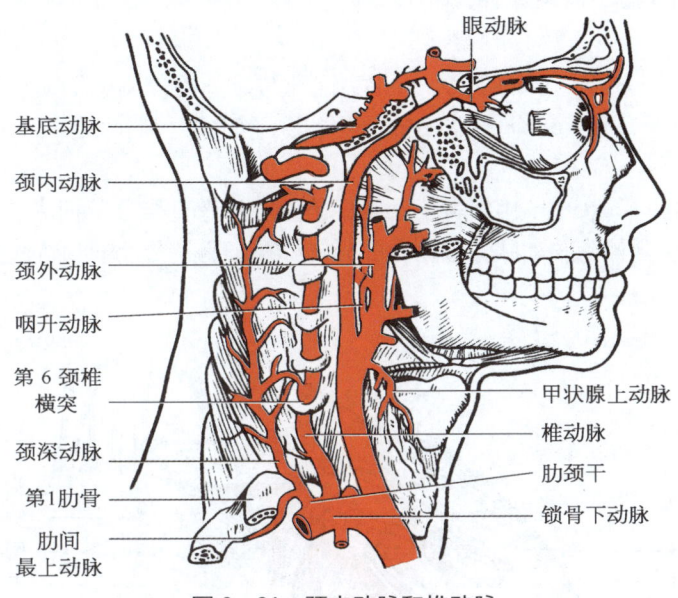

图6-21 颈内动脉和椎动脉

(4) 锁骨下动脉(subclavian artery):左侧起自主动脉弓,右侧起自头臂干,分别沿肺尖内侧出胸廓上口到颈根部。斜越胸膜顶前上方,穿斜角肌间隙向外侧,横过第1肋上面,在第1肋外缘移行为腋动脉。锁骨下动脉的主要分支(图6-21、图6-22)有:

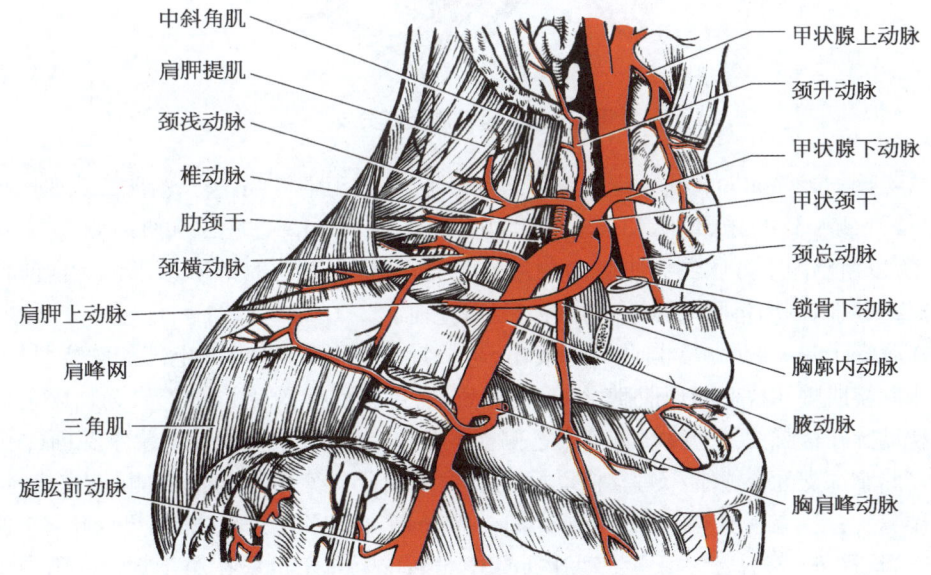

图6-22 右锁骨下动脉

1) **椎动脉**(vertebral artery)：在前斜角肌内侧起自锁骨下动脉，向上穿第 6～1 颈椎横突孔，再经枕骨大孔入颅，分支分布于脊髓和脑(详见神经系统)。

2) **胸廓内动脉**(internal thoracic artery)：在椎动脉起点处的相对侧发出，向下入胸腔，沿胸骨外侧缘约 1 cm，贴第 1～7 肋软骨后面下行，行程中分支分布于胸前壁、心包和乳房等处。其末支继续向下越肋弓内面穿膈至腹前壁，改名为**腹壁上动脉**(superior epigastric artery)，分支分布于膈和腹直肌。

3) **甲状颈干**(thyrocervical trunk)：为一粗短干，于椎动脉的外侧起于锁骨下动脉，其主要分支有**甲状腺下动脉**(inferior thyroid artery)，分布于甲状腺下部、喉和咽等处。

3. 上肢的动脉

(1) **腋动脉**(axillary artery)：由锁骨下动脉经第 1 肋外缘直接移行而来(图 6-23)，在腋窝深部下降，到背阔肌下缘延伸为肱动脉。腋动脉的分支分布于肩关节、胸肌、背阔肌、乳房和第 1、第 2 肋间隙等处。

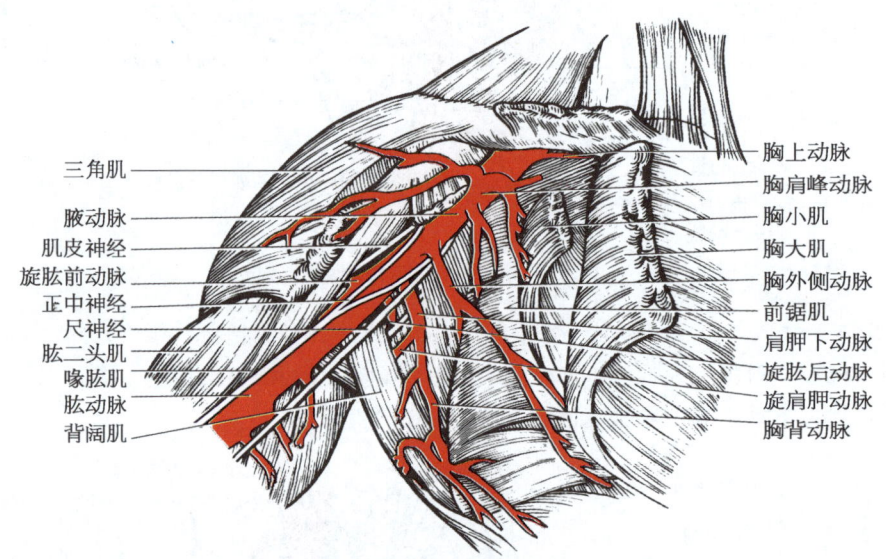

图 6-23 腋动脉及其分支

(2) **肱动脉** (brachial artery)：是腋动脉的直接延续，与正中神经伴行，沿肱二头肌内侧沟下降至肘窝，平桡骨颈水平分成尺动脉和桡动脉(图 6-24、图 6-25)。在肱二头肌内侧沟内，可触及肱动脉的搏动，以肘窝内上方肱二头肌腱内侧最为明显，是测量血压时的听诊部位。当前臂大出血时，可在肱二头肌内侧沟将肱动脉压向肱骨以暂时止血。

(3) **桡动脉**(radial artery)：自肱动脉发出，与桡骨平行下降，在前臂上部被肱桡肌掩盖，在前臂下部行于肱桡肌腱和桡侧腕屈肌腱之间，位置表浅，可摸到搏动(图 6-25)，为临床上最常用的摸脉点。桡动脉在桡腕关节处绕桡骨茎突远侧至手背，再经第 1 掌骨间隙入手掌深面(图 6-26)，末端与尺动脉掌深支吻合成掌深弓。桡动脉在行程中除分支分布于前臂桡侧肌肉、桡骨外，还发出以下主要分支：① **掌浅支**(superficial palmar branch)在桡腕关节处发出，与尺动脉终支吻合成掌浅弓(图 6-25、图 6-27)。② **拇主要动脉**(principal artery of thumb)在第 1 掌骨间隙内由桡动脉发出，立即再分为 3 支，分布于拇指两侧和示指桡侧(图 6-28)。

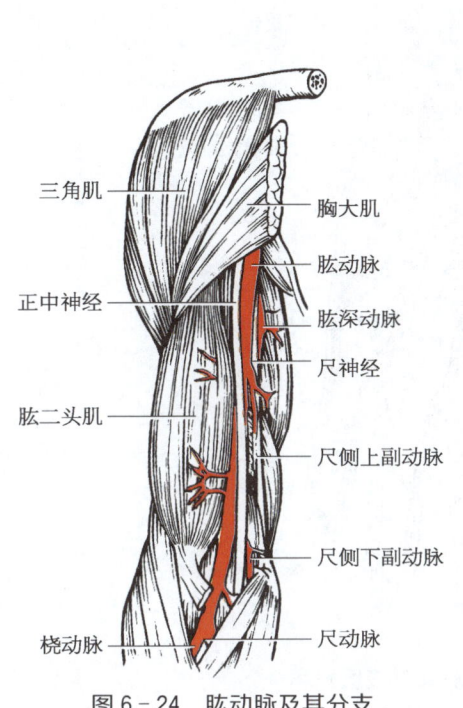

图 6-24 肱动脉及其分支

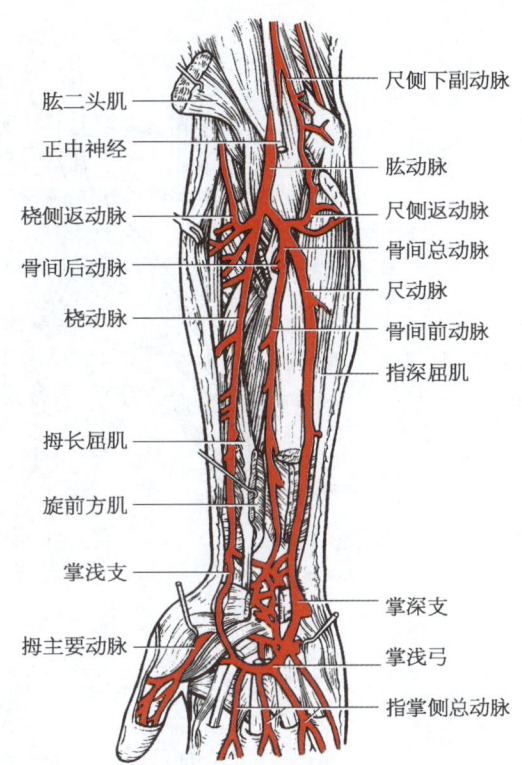

图 6-25 前臂的动脉（前面）

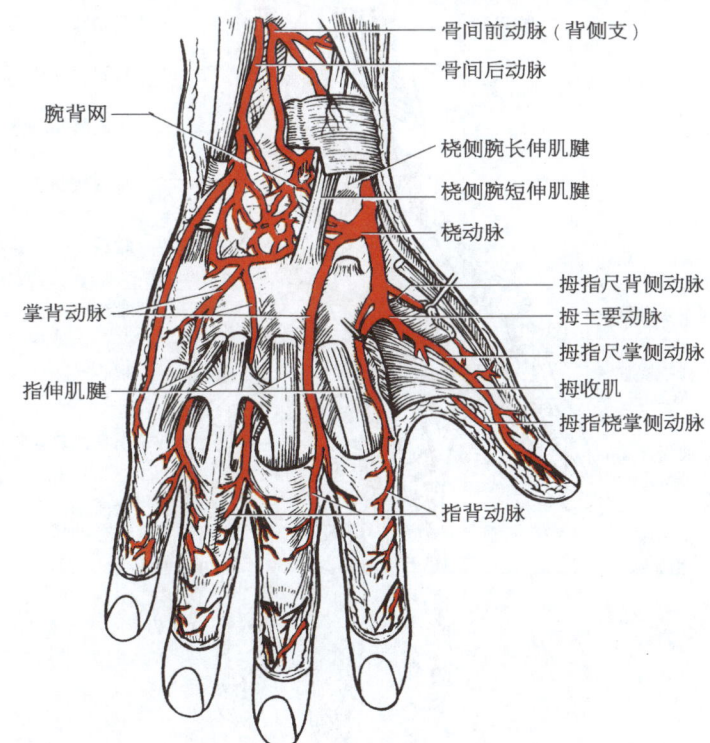

图 6-26 手部的动脉（背侧）

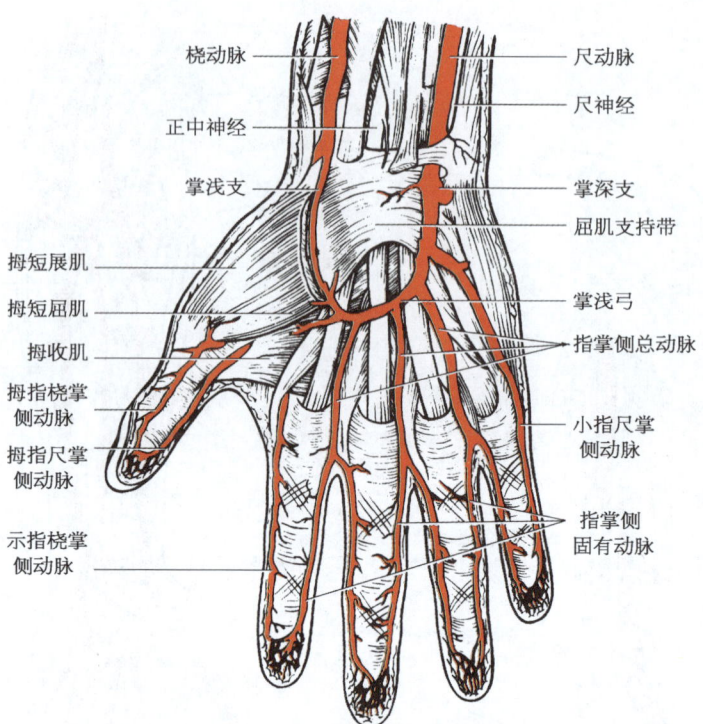

图 6-27 手部的动脉（掌侧浅层）

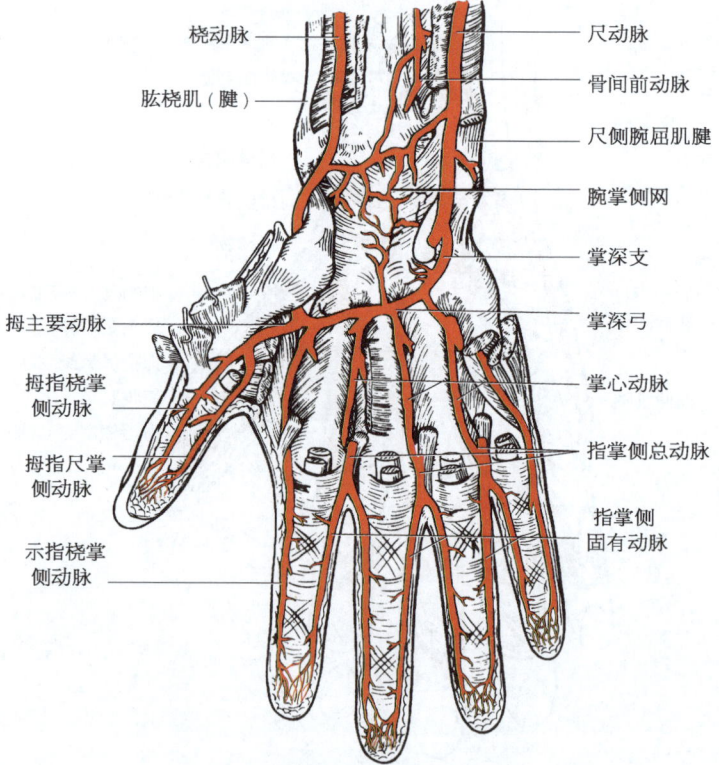

图 6-28 手部的动脉（掌侧深层）

桡动脉可出现行程异常,其主干在臂中部绕到桡骨背面下行,中医学中的"反关脉"即为此异常桡动脉。

(4) **尺动脉**(ulnar artery):自肱动脉发出后,在尺侧腕屈肌和指浅屈肌之间下行,经豌豆骨桡侧至手掌(图6-25、图6-27、图6-28)。其终支与桡动脉掌浅支吻合成掌浅弓。尺动脉除在行程中分支分布于前臂尺侧肌肉、尺骨外,进入手掌后发出**掌深支**,穿小鱼际肌至手掌深面与桡动脉终支吻合成掌深弓(图6-28)。

(5) **掌浅弓**(superficial palmar arch):由尺动脉终支和桡动脉掌浅支吻合而成,位于屈指肌腱浅面。掌浅弓凸侧缘发出3条**指掌侧总动脉**和1条**小指尺掌侧动脉**。前者下行至掌指关节附近,每支再分为2条**指掌侧固有动脉**,分别分布于第2~5指相对缘,后者分布于小指掌面尺侧缘(图6-27)。

(6) **掌深弓**(deep palmar arch):由桡动脉终支和尺动脉掌深支吻合而成,位于屈指肌腱深面。掌深弓凸侧发出3条**掌心动脉**,行至掌指关节附近分别与指掌侧总动脉吻合(图6-28)。

4. 胸部的动脉 胸部的动脉主干是**胸主动脉**(thoracic aorta),为主动脉弓的直接延续,于后纵隔内下行,渐由脊柱左侧转向脊柱前方,穿膈的主动脉裂孔后移行为腹主动脉(图6-19)。胸主动脉的分支有壁支和脏支。

(1) 壁支:有9对**肋间后动脉**(posterior intercostal arteries)走行于第3~11肋间隙相应的肋沟内,还有1对**肋下动脉**沿第12肋下缘走行。第1、第2肋间隙内的肋间后动脉来自锁骨下动脉的分支(图6-19、图6-29)。壁支主要分布于胸壁和腹壁上部。

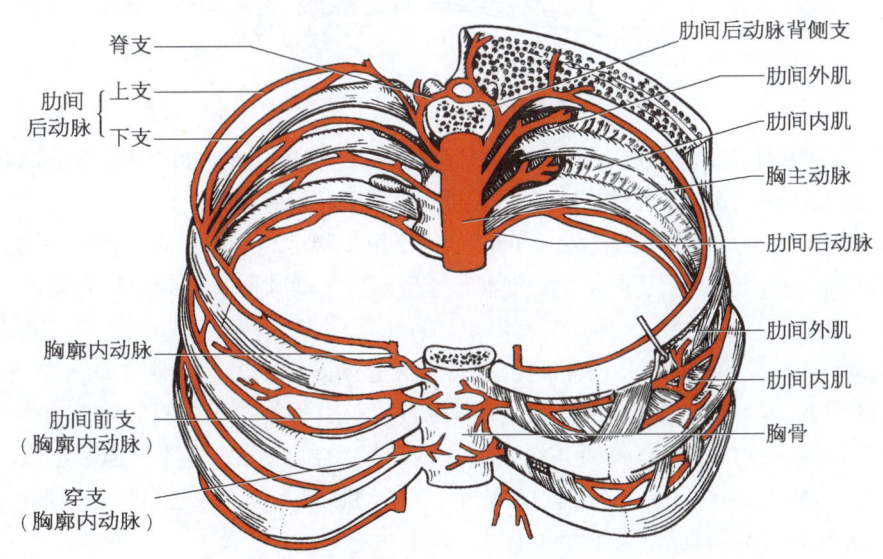

图6-29 主动脉弓、胸主动脉及其分支

(2) 脏支:包括支气管支、食管支、心包支等细小分支,分布于同名器官。

5. 腹部的动脉 腹部的动脉主干是**腹主动脉**(abdominal aorta),在主动脉裂孔处接胸主动脉,沿脊柱前方下降,右侧有下腔静脉伴行,至第4腰椎体下缘水平,分为左、右髂总动脉(图6-30)。腹主动脉的分支有壁支和脏支。

(1) 壁支:主要有腰动脉(4对)、膈下动脉、骶正中动脉等,分布于腹后壁、脊髓、膈和盆腔后壁等处。

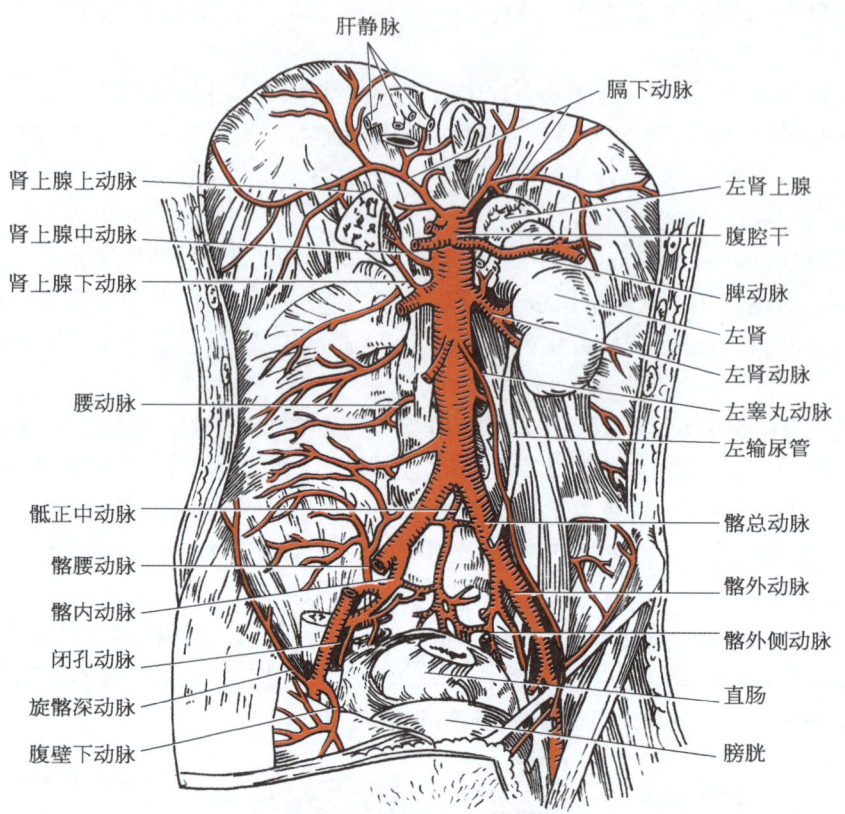

图 6-30 腹主动脉及其分支

(2) 脏支:分成对脏支和不成对脏支。成对脏支有肾上腺中动脉、肾动脉、睾丸动脉(男性)或卵巢动脉(女性),不成对脏支有腹腔干、肠系膜上动脉和肠系膜下动脉。

1) 肾上腺中动脉(middle suprarenal artery):约平第1腰椎高度起自腹主动脉,分布到肾上腺。

2) 肾动脉(renal artery):约平第1腰椎体下缘起自腹主动脉侧壁,横行向外,至肾门分为4~5支入肾(图6-30)。

3) 睾丸动脉(testicular artery):细而长,在肾动脉起始处稍下方起自腹主动脉前壁,沿腰大肌表面斜行向外下,经深环进入腹股沟管,参与组成精索,入阴囊分布于睾丸和附睾(图6-30)。该动脉在女性为卵巢动脉(ovarian artery),经卵巢悬韧带降入盆腔,分布于卵巢和输卵管。

4) 腹腔干(celiac trunk):为一粗短的动脉干,在主动脉裂孔稍下方起自腹主动脉前壁,立即分为胃左动脉、肝总动脉和脾动脉(图6-31、图6-32)。

胃左动脉(left gastric artery):较细,先向左上方行至贲门,再沿胃小弯向右行,最后与胃右动脉吻合,沿途分支分布于食管腹部、贲门和胃小弯附近胃壁。

肝总动脉(common hepatic artery):向右行,进入肝十二指肠韧带后,分为肝固有动脉和胃十二指肠动脉两支。

肝固有动脉(proper hepatic artery)继续在肝十二指肠韧带内沿胆总管左侧上行,至肝门附近分为左支、右支入肝。在肝固有动脉起始部还发出胃右动脉(right gastric artery),经幽门上方进入胃小弯左行,与胃左动脉吻合,沿途分支分布于胃小弯侧的胃壁。肝固有动脉右支在进入肝门前

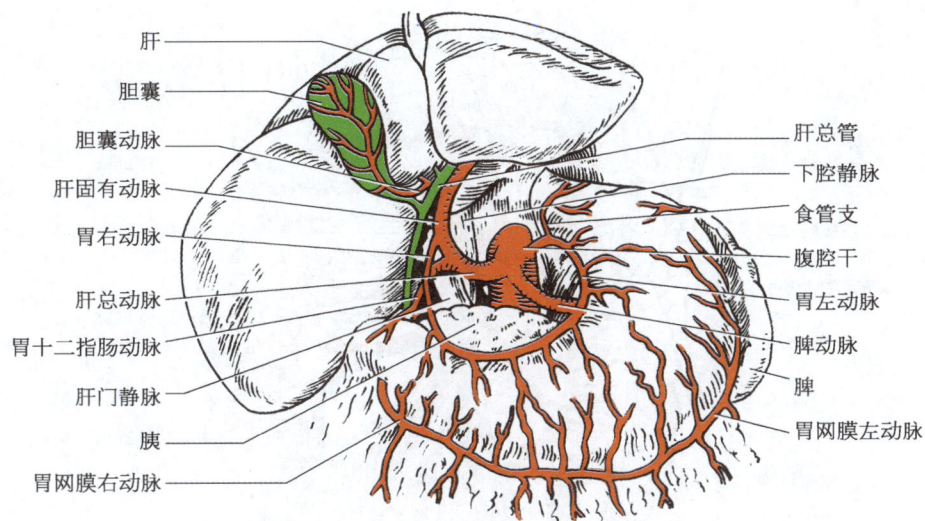

图 6-31 腹腔干及其分支（前面）

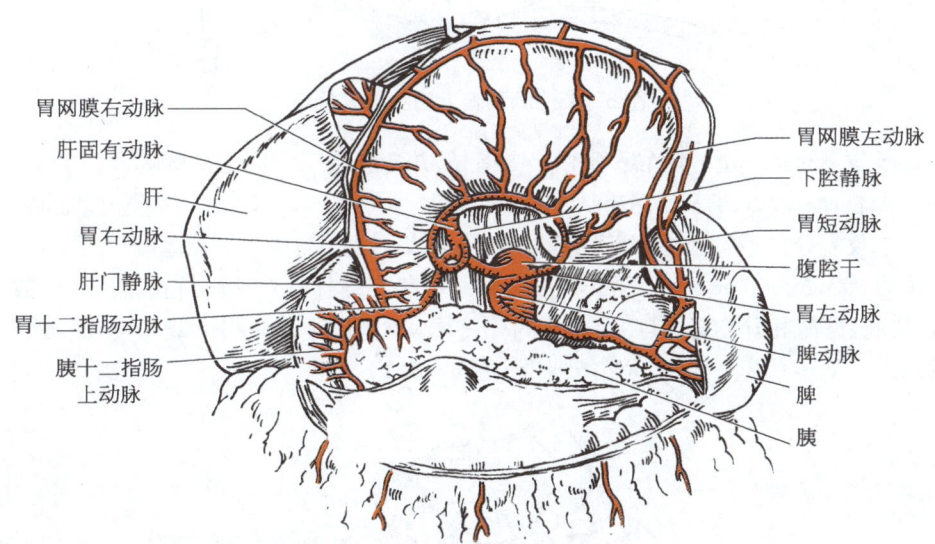

图 6-32 腹腔干及其分支（胃翻向上）

还发出**胆囊动脉**(cystic artery)分布到胆囊。

胃十二指肠动脉(gastroduodenal artery)经幽门后方至幽门下缘分为**胃网膜右动脉**和**胰十二指肠上动脉**。前者沿胃大弯左行，沿途分支分布于胃大弯右侧胃壁和大网膜，末端与胃网膜左动脉吻合。后者行于十二指肠降部和胰头之间，分支分布于胰头和十二指肠。

脾动脉(splenic artery)：较粗大，沿胰上缘向左行，到脾门处分数支入脾。行程中分支分布于胰体和胰尾。在进入脾门前还发出胃网膜左动脉和胃短动脉（图 6-32）。

胃网膜左动脉沿胃大弯向右行沿途分支分布于胃大弯左侧胃壁和大网膜，末端与胃网膜右动脉吻合。**胃短动脉**有 3~5 支，经脾胃韧带至胃底。

5) **肠系膜上动脉**(superior mesenteric artery)：在腹腔干稍下方，约平第 1 腰椎高度起自腹主动脉前壁，经胰头和十二指肠水平部之间进入肠系膜根（图 6-33）。其主要分支有：

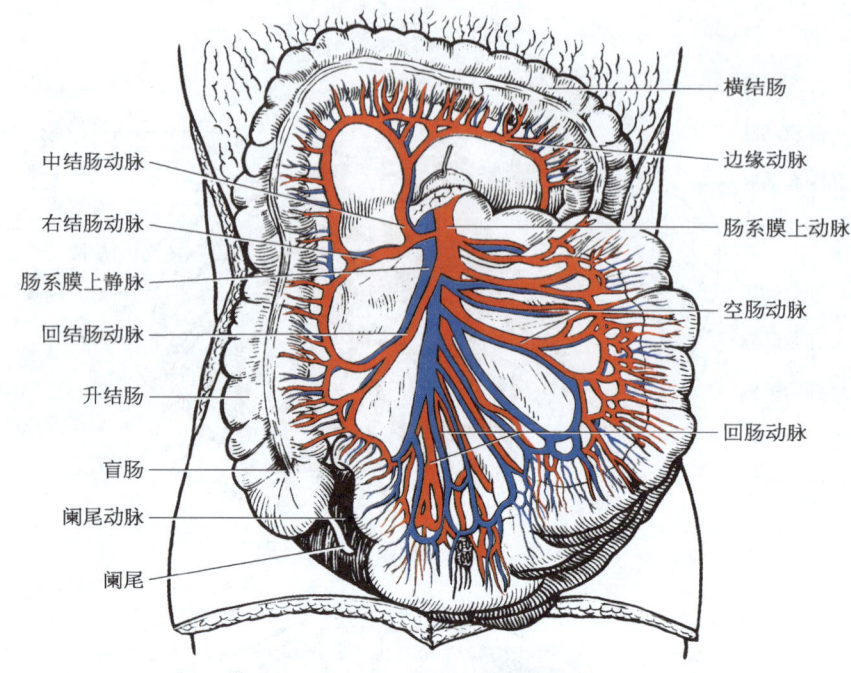

图 6-33 肠系膜上动脉及其分支

胰十二指肠下动脉：分支分布于胰和十二指肠，并与胰十二指肠上动脉吻合。

空肠动脉（jejunal arteries）和**回肠动脉**（ileal arteries）：共有 13~18 支，由肠系膜上动脉左侧壁发出，行于肠系膜内，反复分支并吻合成多级动脉弓，由最后一级弓发出直支进入肠壁，分布于空、回肠。

回结肠动脉（ileocolic artery）：为肠系膜上动脉的终支，斜向右下行至盲肠附近，分数支分布于回肠末端、盲肠、阑尾和升结肠，其中至阑尾的分支称**阑尾动脉**（appendicular artery），该分支经回肠末端的后方进入阑尾系膜游离缘，分布于阑尾（图 6-34）。

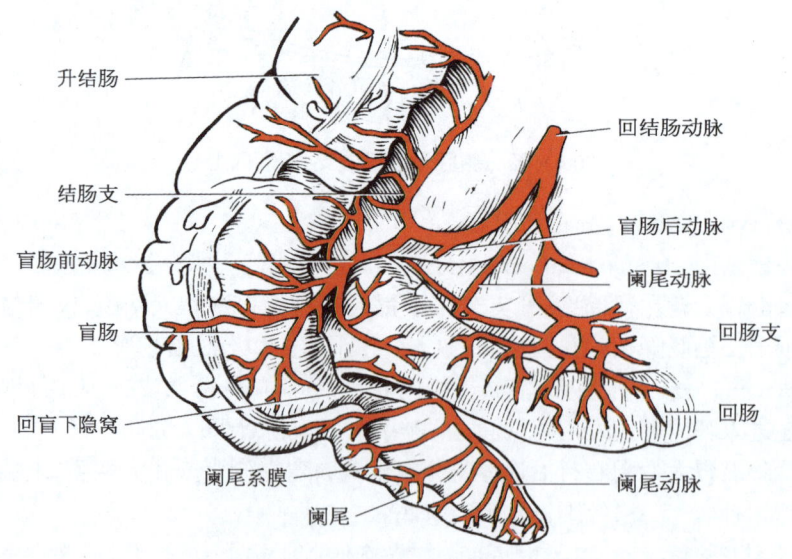

图 6-34 回结肠动脉及其分支

右结肠动脉(right colic artery)：在回结肠动脉上方起自肠系膜上动脉的右侧，右行分布于升结肠，并与回结肠动脉和中结肠动脉吻合。

中结肠动脉(middle colic artery)：起自肠系膜上动脉上段右侧壁，行于横结肠系膜内，分布于横结肠，并与左、右结肠动脉吻合。

6) 肠系膜下动脉(inferior mesenteric artery)：约在第3腰椎水平起自腹主动脉前壁，沿腹后壁行向左下(图6-35)。其主要分支有：

左结肠动脉(left colic artery)：横行向左，至降结肠附近分支分布于降结肠，并与中结肠动脉和乙状结肠动脉吻合。

乙状结肠动脉(sigmoid arteries)：有2～3支，斜向左下，进入乙状结肠系膜内，分支分布于乙状结肠，并与左结肠动脉吻合。

直肠上动脉(superior rectal artery)：为肠系膜下动脉的直接延续，经乙状结肠系膜降入盆腔，行于直肠后面，分布于直肠上部，并与直肠下动脉吻合。

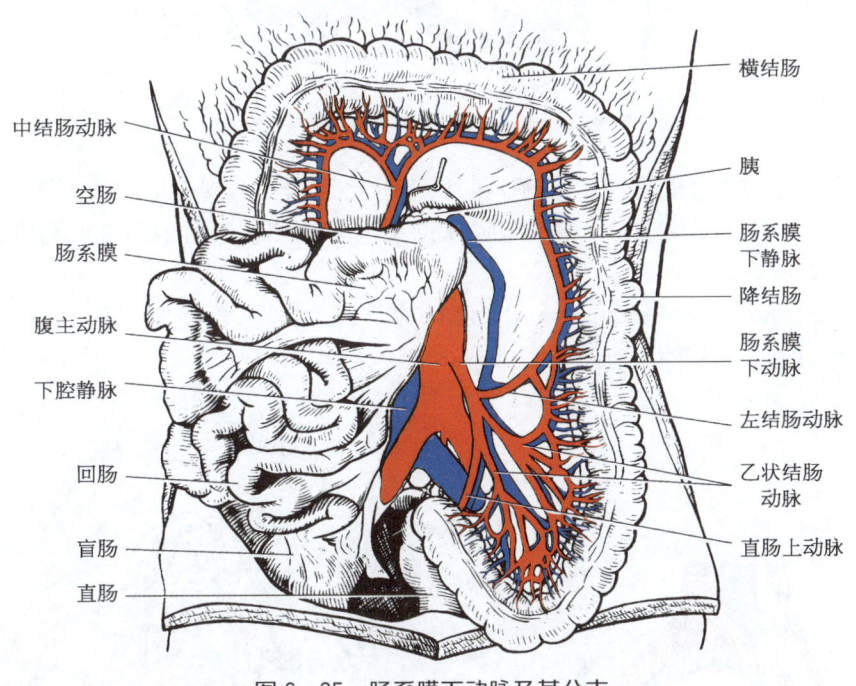

图6-35 肠系膜下动脉及其分支

6. 盆部的动脉

(1) 髂总动脉(common iliac artery)：左右各一，自腹主动脉发出后，沿腰大肌内侧斜向外下方，至骶髂关节处分为髂内动脉和髂外动脉(图6-36)。

(2) 髂内动脉(internal iliac artery)：为一短干，斜向内下降入盆腔，分为脏支和壁支(图6-36)。

1) 脏支：主要有直肠下动脉、子宫动脉和阴部内动脉(图6-36、图6-37)。

直肠下动脉(inferior rectal artery)：分布到直肠下部、肛管、前列腺(阴道)等处，并与直肠上动脉和肛动脉吻合。

子宫动脉(uterine artery)：自髂内动脉发出后，沿盆腔侧壁下行，进入子宫阔韧带，在子宫颈外

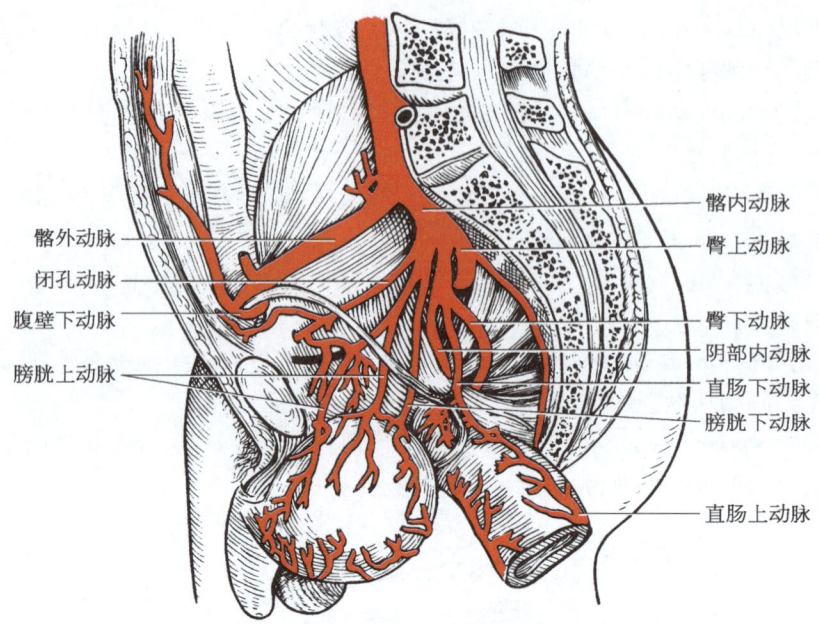

图 6-36 髂、内外动脉及其分支

侧约 2 cm 处从前上方跨过输尿管,再沿子宫两侧迂曲上行,分支分布于子宫、输卵管、卵巢和阴道,并与卵巢动脉吻合(图 6-37)。在行子宫切除术结扎子宫动脉时,要注意该动脉与输尿管的关系,以免误伤输尿管。

阴部内动脉(internal pudendal artery):经梨状肌下孔出盆腔,再经坐骨小孔入坐骨肛门窝,发出分支分布于肛门、会阴和外生殖器等(图 6-38)。

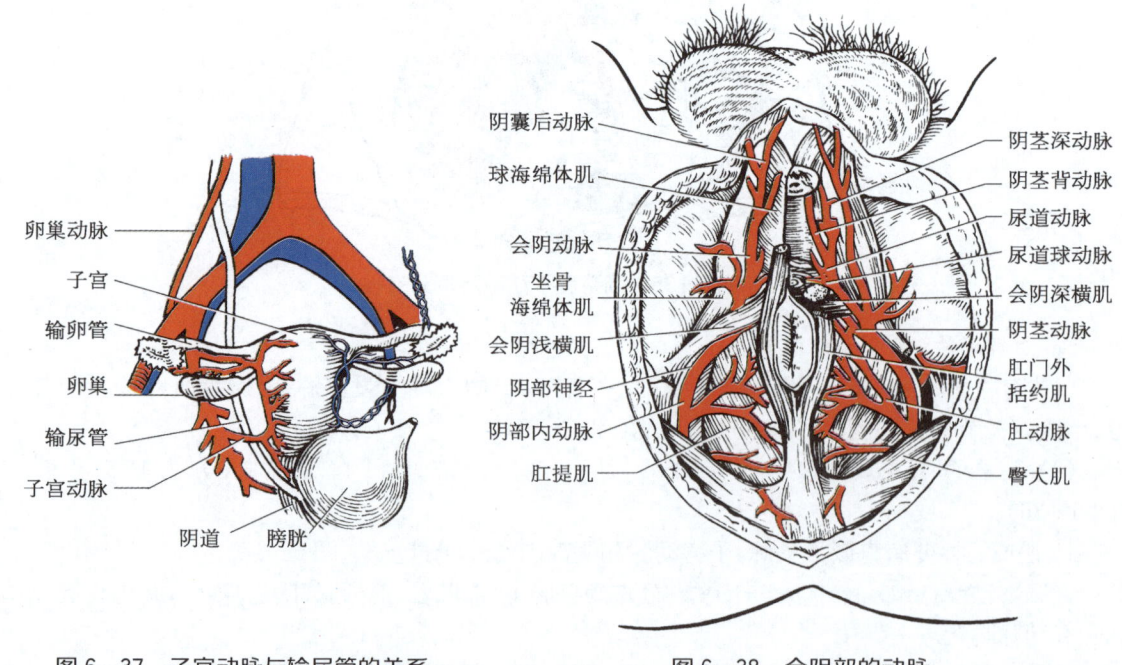

图 6-37 子宫动脉与输尿管的关系　　　　图 6-38 会阴部的动脉

2) 壁支：主要有闭孔动脉、臀上动脉和臀下动脉(图6-36)。

闭孔动脉(obturator artery)：沿骨盆侧壁前行，穿闭膜管出骨盆至大腿内侧，分支分布于大腿内侧群肌和髋关节。

臀上动脉(superior gluteal artery)和**臀下动脉**(inferior gluteal artery)：分别经梨状肌上孔和梨状肌下孔出盆腔到臀部，分支分布于臀肌和髋关节等。

(3) **髂外动脉**(external iliac artery)：自髂总动脉发出后，沿腰大肌内侧缘下降，经腹股沟韧带中点深面入股三角，移行为股动脉。髂外动脉在腹股沟韧带稍上方发出**腹壁下动脉**(inferior epigastric artery)，经腹股沟管深环内侧上行，进入腹直肌鞘，分布于腹直肌，并与腹壁上动脉吻合(图6-36)。

7. 下肢的动脉

(1) **股动脉**(femoral artery)：在腹股沟韧带中点深面直接由髂外动脉移行而来。在股三角底部，其内侧有股静脉，外侧有股神经与之伴行，向下经收肌管下降入腘窝，移行为腘动脉。股动脉的主要分支有**股深动脉**(deep femoral artery)，该分支自股动脉起始部下方2~5 cm处发出，分支分布于大腿诸肌(图6-39)。在腹股沟韧带中点稍下方，股动脉位置表浅，可摸到其搏动。当下肢出血时，可在此处将股动脉压向耻骨上支进行止血。

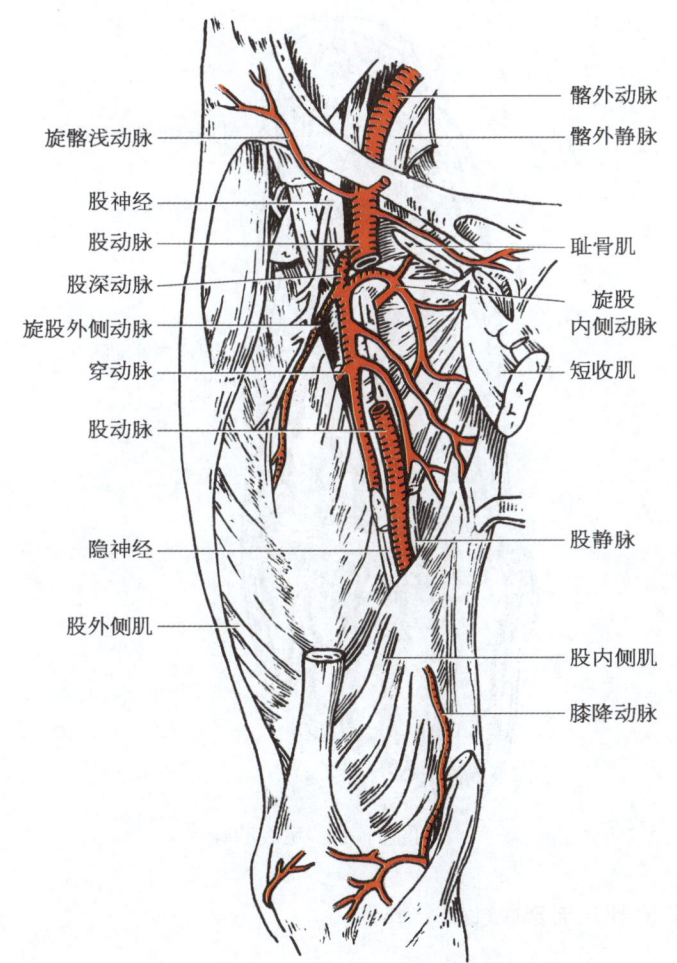

图6-39 股动脉及其分支

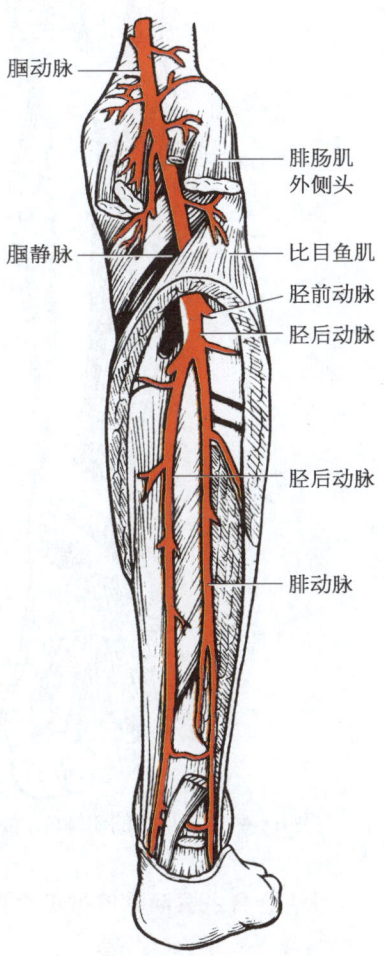

图6-40 右小腿动脉(后面)

(2) 腘动脉(popliteal artery)：由股动脉直接移行而来，在腘窝深面下降(图 6-40)，至腘窝下角处分为胫前动脉和胫后动脉。腘动脉的分支分布于膝关节及附近诸肌。

(3) 胫前动脉(anterior tibial artery)：为腘动脉的终支之一(图 6-40、图 6-41)，经小腿骨间膜上方的孔穿至小腿前群肌深面下行，至距小腿关节前方移行为足背动脉(图 6-41)。胫前动脉在行程中分支分布于小腿前群肌。

(4) 足背动脉(dorsal artery of foot)：在距小腿关节前方，经𧿹长伸肌腱和趾长伸肌腱之间前行，沿途分支分布于足背、足趾等处(图 6-41)。足背动脉在距小腿关节前方，𧿹长伸肌腱外侧位置表浅，可摸到其搏动，中医称趺阳脉。

(5) 胫后动脉(posterior tibial artery)：为腘动脉的另一终支，在小腿后群浅、深层肌间下行(图 6-40)，经内踝后方入足底，分为足底内侧动脉和足底外侧动脉(图 6-42)。胫后动脉在行程中分支分布于小腿后群肌、外侧群肌和足底结构。

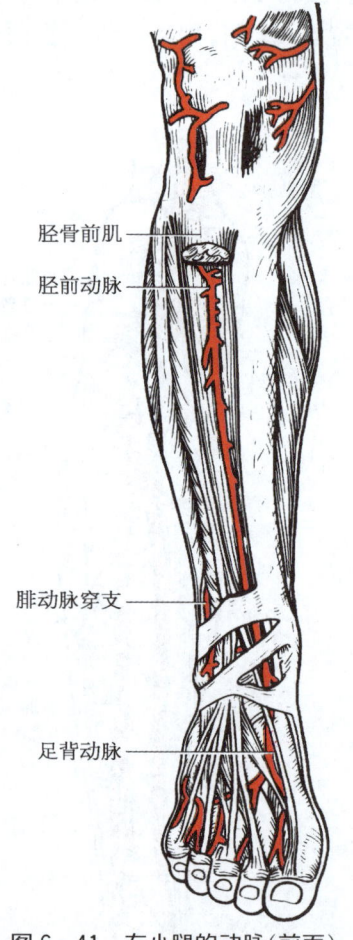

图 6-41 右小腿的动脉(前面)

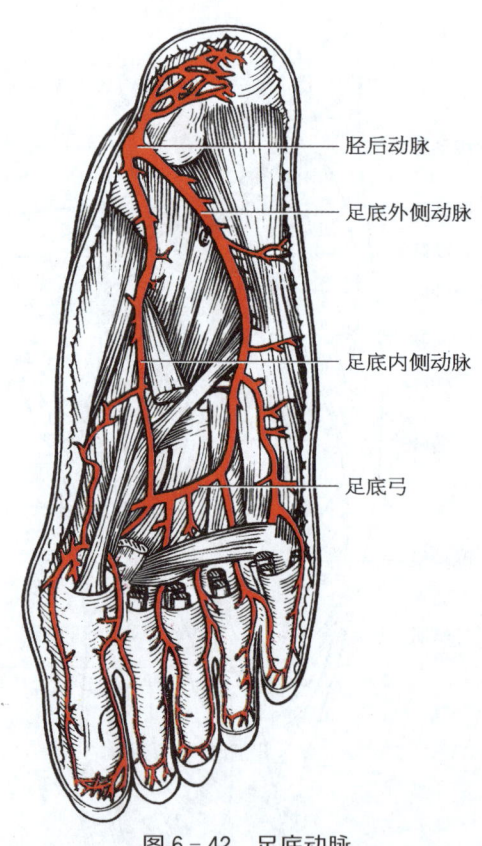

图 6-42 足底动脉

【附】全身主要动脉的体表投影、摸脉点和止血部位(图 6-43)

1. 颈总动脉和颈外动脉

(1) 体表投影：取下颌角和乳突尖连线的中点，由此点至胸锁关节引一连线，为这两条动脉的体表投影线。又以甲状软骨上缘为界,下方为颈总动脉,上方为颈外动脉的体表投影线。

(2) 摸脉点和止血部位:于环状软骨外侧方胸锁乳突肌前缘可摸到颈总动脉的搏动,将动脉向后压迫于第 6 颈椎横突上,可使一侧头部止血。

2. 面动脉

(1) 体表投影:自咬肌下端前缘至目内眦的连线。

(2) 摸脉点和止血部位:在咬肌前缘下颌骨下缘处,可摸到搏动。将面动脉压向下颌骨,可使眼裂以下面部止血。

3. 颞浅动脉

摸脉点和止血部位:在外耳门前方,颧弓后端可摸到颞浅动脉的搏动,压迫该处可使颞部和头顶部止血。

4. 锁骨下动脉

(1) 体表投影:从胸锁关节到锁骨中点引一条凸向上的弓状线,弓的最高点距锁骨上缘 1.2 cm。

(2) 止血部位:于锁骨上窝中点向下压,将动脉压在第 1 肋上,可使肩部和上肢止血。

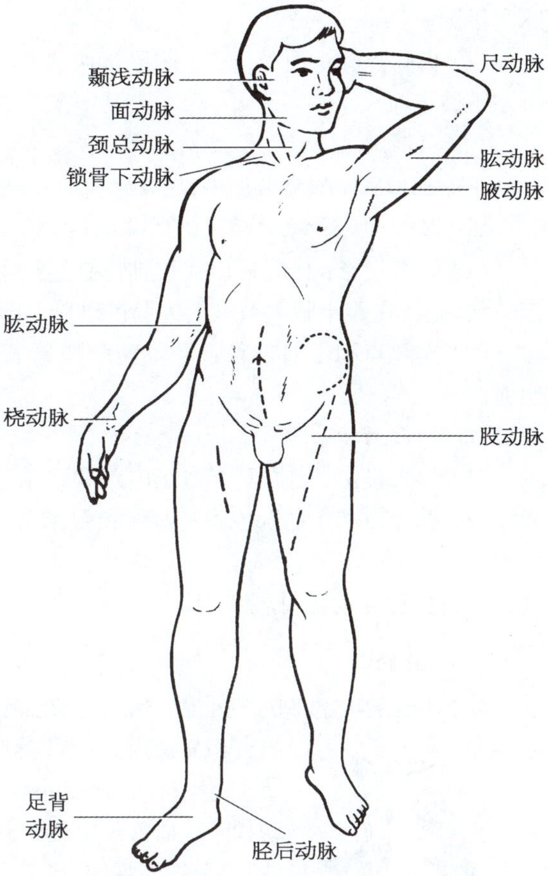

图 6-43 全身主要动脉止血点

5. 腋动脉和肱动脉

(1) 体表投影:上肢外展 90°,手掌向上,由锁骨中点至肱骨内、外上髁中点稍下引一线,为这两条动脉的投影线。背阔肌下缘以上为腋动脉,以下为肱动脉。

(2) 摸脉点和止血部位:在肱二头肌内侧沟可摸到肱动脉的搏动,将其压向肱骨,可使压迫点以下的上肢止血。

6. 桡动脉

(1) 体表投影:自肱骨内、外上髁中点稍下方至桡骨茎突的连线。

(2) 摸脉点:在腕上方桡侧腕屈肌腱外侧,可摸到搏动,为中医诊脉的摸脉点。

7. 尺动脉

(1) 体表投影:自肱骨内上髁至豌豆骨桡侧缘连一线,该线的下 2/3 段为尺动脉下段的投影。自肱骨内、外上髁中点稍下方,向内下方引一条线至上述连线的上、中 1/3 交接点,为尺动脉上段的投影。

(2) 止血部位:在腕横纹两端同时向深部压迫,可压住桡、尺动脉,使手部止血。

8. 指掌侧固有动脉

止血部位:在手指根部两侧压向指骨,可使手指止血。

9. 股动脉

(1) 体表投影:大腿外展外旋,自腹股沟中点至股骨内侧髁上方连一线,该线的上 2/3 为股动脉的投影。

(2) 摸脉点和止血部位：在腹股沟中点稍下方可摸到股动脉搏动。把股动脉压向耻骨上支，可使下肢止血。

10. 腘动脉
止血部位：在腘窝中加垫，屈膝包扎，可压迫腘动脉，使小腿和足止血。

11. 胫前动脉和足背动脉
(1) 体表投影：自胫骨粗隆和腓骨头连线中点起，经足背内、外踝中点，至第 1 跖骨间隙近侧部连一线，此线在距小腿关节以上为胫前动脉，距小腿关节以下为足背动脉的投影。

(2) 摸脉点和止血部位：足背动脉在踇长伸肌腱外侧可摸到搏动，向深部压迫可减轻足背出血。

12. 胫后动脉
(1) 体表投影：自腘窝下方至内踝和跟结节中点的连线。

(2) 摸脉点和止血部位：在内踝和跟结节之间可摸到搏动。将该动脉压向深部，可减轻足底出血。

全身体循环动脉见表 6-1。

(二) 静脉

静脉是运送血液回心的血管，起自毛细血管，最后注入心房，在向心汇集的过程中，接受各级属支。其特点是：① 静脉管壁薄而弹性小，管腔较大，压力较低，血流缓慢。② 管壁内有静脉瓣(图 6-44)，呈半月形，游离缘朝向心，有保证血液向心流动和防止血液逆流的作用。③ 体循环的静脉分浅、深两种：浅静脉（皮下静脉）位于浅筋膜内，多数不与动脉伴行，浅静脉最终注入深静脉。深静脉位于深筋膜深面，多与同名动脉伴行，引流范围与伴行动脉的分布范围大体一致。

体循环的静脉包括上腔静脉系、下腔静脉系（包括肝门静脉系）和心静脉系（图 6-45）。

1. 上腔静脉系 由上腔静脉及其各级属支组成，收纳头颈部、上肢、胸部（心和肺除外）的静脉血。

上腔静脉(superior vena cava)是收纳上半身静脉血的主干，由左、右头臂静脉在右侧胸肋结合处的后方汇合而成，沿升主动脉的右侧垂直下降，平右侧第 3 胸肋关节处，注入右心房。在注入右心房之前，尚有奇静脉汇入（图 6-45）。

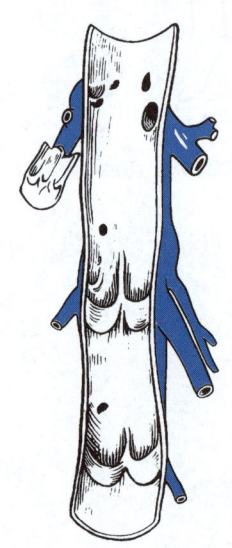

图 6-44 静脉瓣

头臂静脉(brachiocephalic vein)左右各一，是收纳头颈部及上肢静脉血的主干，由颈内静脉和锁骨下静脉在同侧的胸锁关节后方汇合而成。两静脉汇合处形成的夹角称**静脉角(venous angle)**，有淋巴导管注入。

(1) 头颈部的静脉：主要有颈内静脉、颈外静脉和锁骨下静脉等（图 6-46、图 6-47）。

1) **颈内静脉(internal jugular vein)**：在颈静脉孔处续于乙状窦，在颈动脉鞘内沿颈内动脉、颈总动脉的外侧下降，至同侧胸锁关节的后方与锁骨下静脉汇合，形成头臂静脉，其收纳范围相当于颈总动脉的分布范围，有颅内属支和颅外属支两种。

表 6-1 体循环动脉表

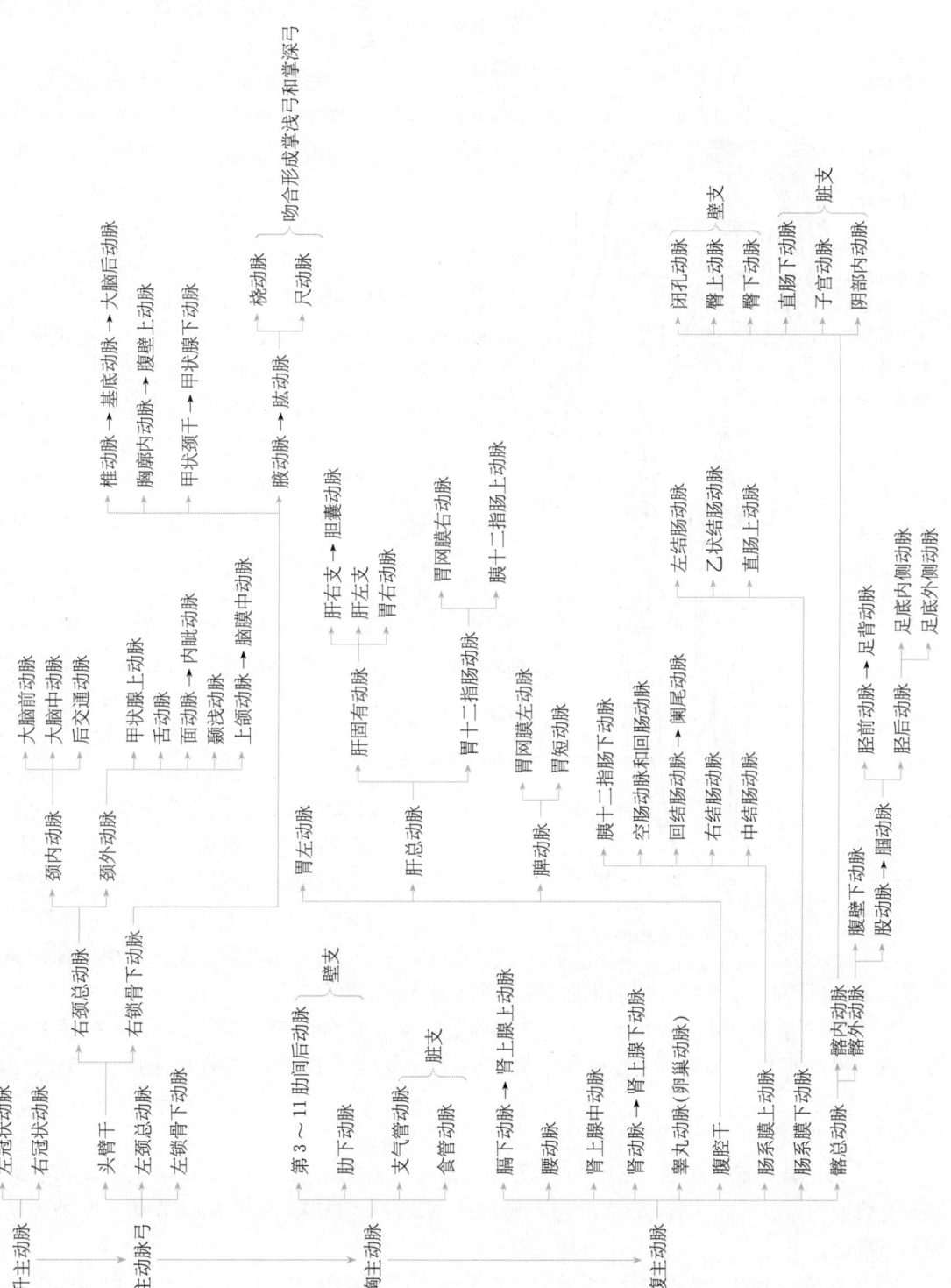

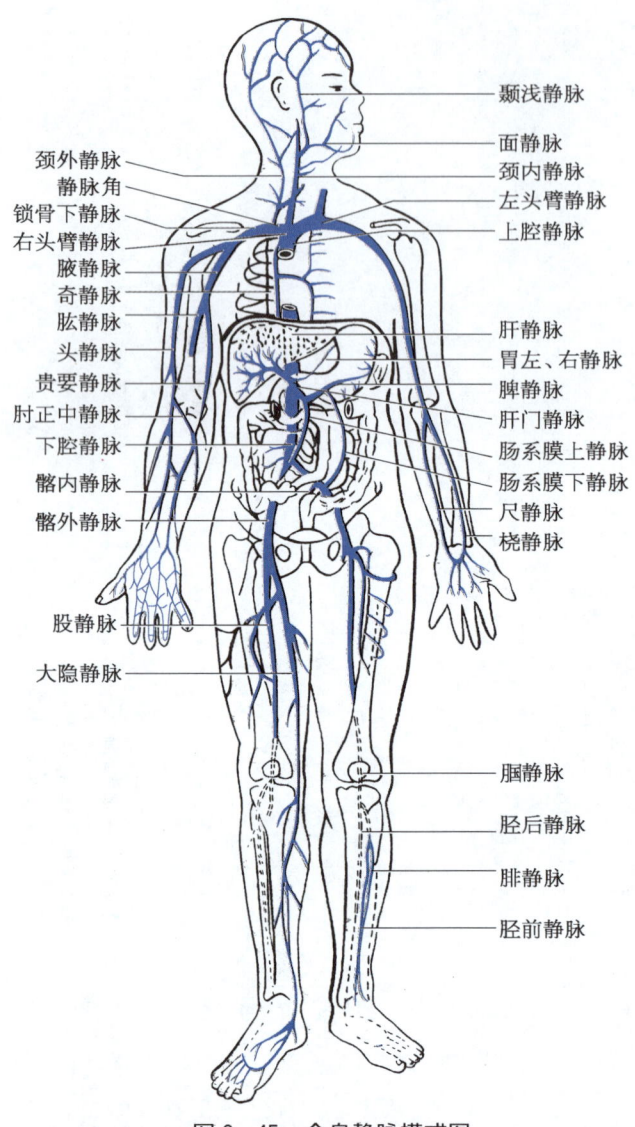

图 6-45 全身静脉模式图

颅内属支：通过硬脑膜窦收集脑、脑膜等部位的静脉血（见"中枢神经系统"），经颈静脉孔入颈内静脉。

颅外属支：收纳咽、舌、甲状腺、面部和颈部的静脉血。这些静脉一部分直接注入颈内静脉，另一部分先汇合成面静脉、下颌后静脉，再注入颈内静脉（图6-46、图6-47）。

面静脉（facial vein）起自内眦静脉，伴面动脉下行，至下颌角下方与下颌后静脉前支汇成一短干，注入颈内静脉。面静脉经内眦静脉、眼静脉与颅内海绵窦相通，又因缺少静脉瓣，故在面部，尤其是鼻根至两侧口角之间的三角形区内发生感染时，切忌挤压，以防细菌经上述途径进入颅内，引起颅内感染，故该三角称面部的"危险三角"。

下颌后静脉（retromandibular vein）由颞浅静脉和上颌静脉在腮腺内汇合而成。在下颌角高度分前、后两支，前支与面静脉汇合后注入颈内静脉，后支与耳后静脉、枕静脉等汇合成颈外静脉。

2) **颈外静脉（external jugular vein）**：由下颌后静脉的后支与耳后静脉、枕静脉等汇合而成，在胸锁乳突肌表面下行注入锁骨下静脉。颈外静脉浅居于皮下，属于浅静脉。右心衰竭的患者，上腔静脉压升高，可见颈外静脉怒张。由于颈外静脉的位置浅表，也是临床上儿科常用的采血、输液或注射药物的部位（图6-47）。

3) **锁骨下静脉（subclavian vein）**：由腋静脉越过第1肋外缘延续而成，向内至胸锁关节的后方与颈内静脉汇成**头臂静脉**（图6-46、图6-47）。锁骨下静脉主要收纳上肢、颈部浅层的静脉血。

(2) 上肢的静脉：分浅静脉和深静脉，最后都汇入腋静脉。

1) 上肢的深静脉：从手掌至腋窝，各段静脉都与同名的动脉伴行，且多为两条，两条肱静脉在腋窝处合成一条腋静脉。腋静脉位于腋动脉前内侧，收纳上肢深、浅静脉血，在第1肋外缘延续成锁骨下静脉。

2) 上肢的浅静脉：位于皮下，手背的浅静脉形成手背静脉网，再向上汇合成尺侧的贵要静脉和桡侧的头静脉（图6-48）。

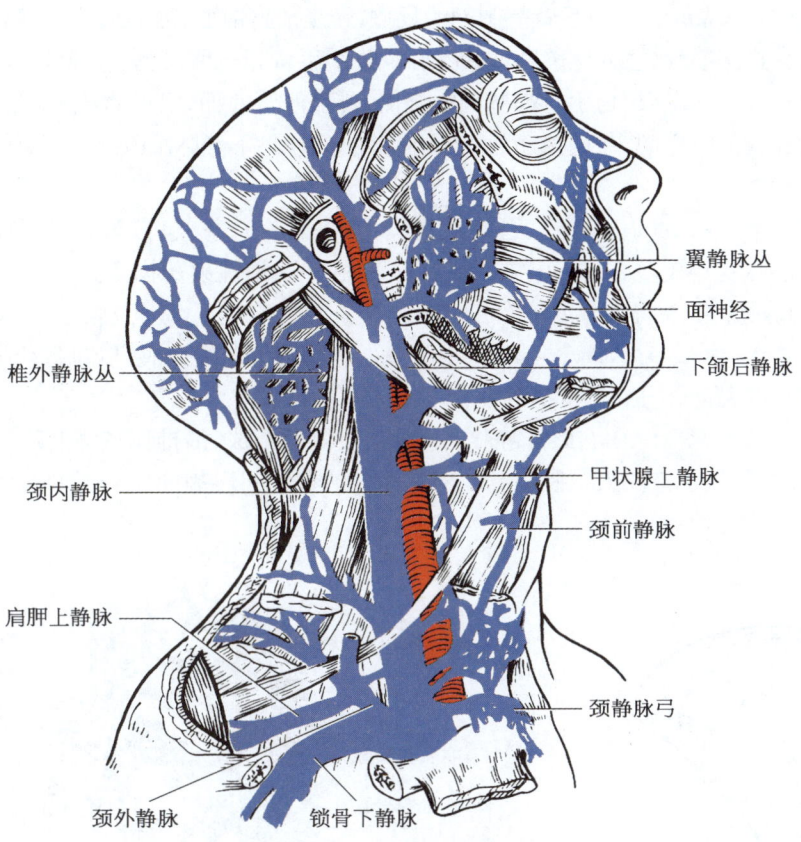

图 6-46 头颈部的静脉

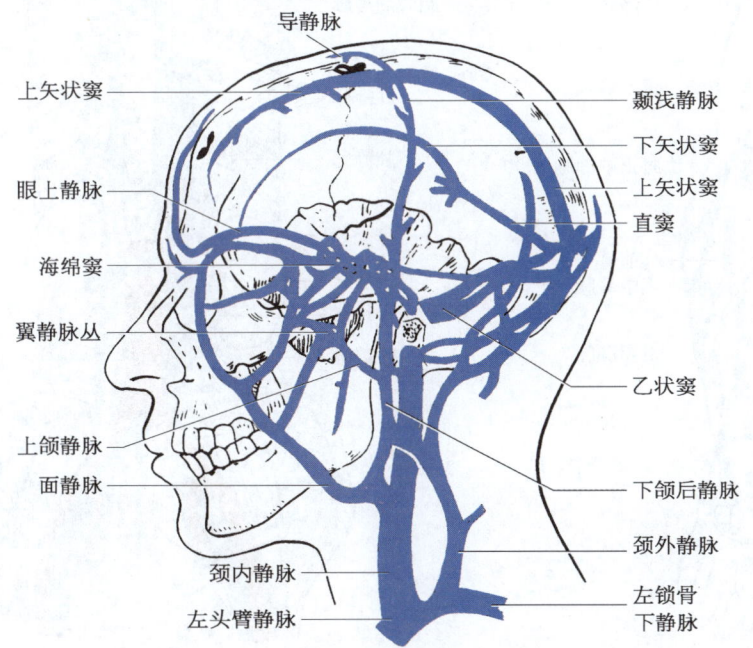

图 6-47 颅内、外静脉及其交通支

贵要静脉(basilic vein)：起自手背静脉网的尺侧，转至前臂前面，沿前臂尺侧、肱二头肌内侧沟上行至臂中点，穿过深筋膜，注入肱静脉或腋静脉。收纳手背和前臂尺侧的浅静脉血。

头静脉(cephalic vein)：起自手背静脉网的桡侧，转至前臂前面，沿前臂桡侧、肱二头肌外侧沟上行，经三角肌和胸大肌之间，穿过深筋膜，注入腋静脉或锁骨下静脉。收纳手背、前臂桡侧的浅静脉血。

肘正中静脉(median cubital vein)：位于肘窝皮下，一般为一条，起自头静脉，斜向内上方连于贵要静脉，但该静脉变异较多。临床上常在此进行采血、输液或注射药物等。

(3) 胸部的静脉：主要有胸廓内静脉和奇静脉等。

1) **胸廓内静脉**(internal thoracic vein)：由腹壁上静脉向上延续而成，与同名动脉伴行，向上注入头臂静脉，收纳同名动脉分布区的静脉血。

2) **奇静脉**(azygos vein)：由右腰升静脉向上穿过膈延续而成，沿椎体右侧上升，至第4、第5胸椎高度向前跨越右肺根上方注入上腔静脉。奇静脉收纳右肋间后静脉、半奇静脉、食管静脉、支气管静脉等(图6-49)。

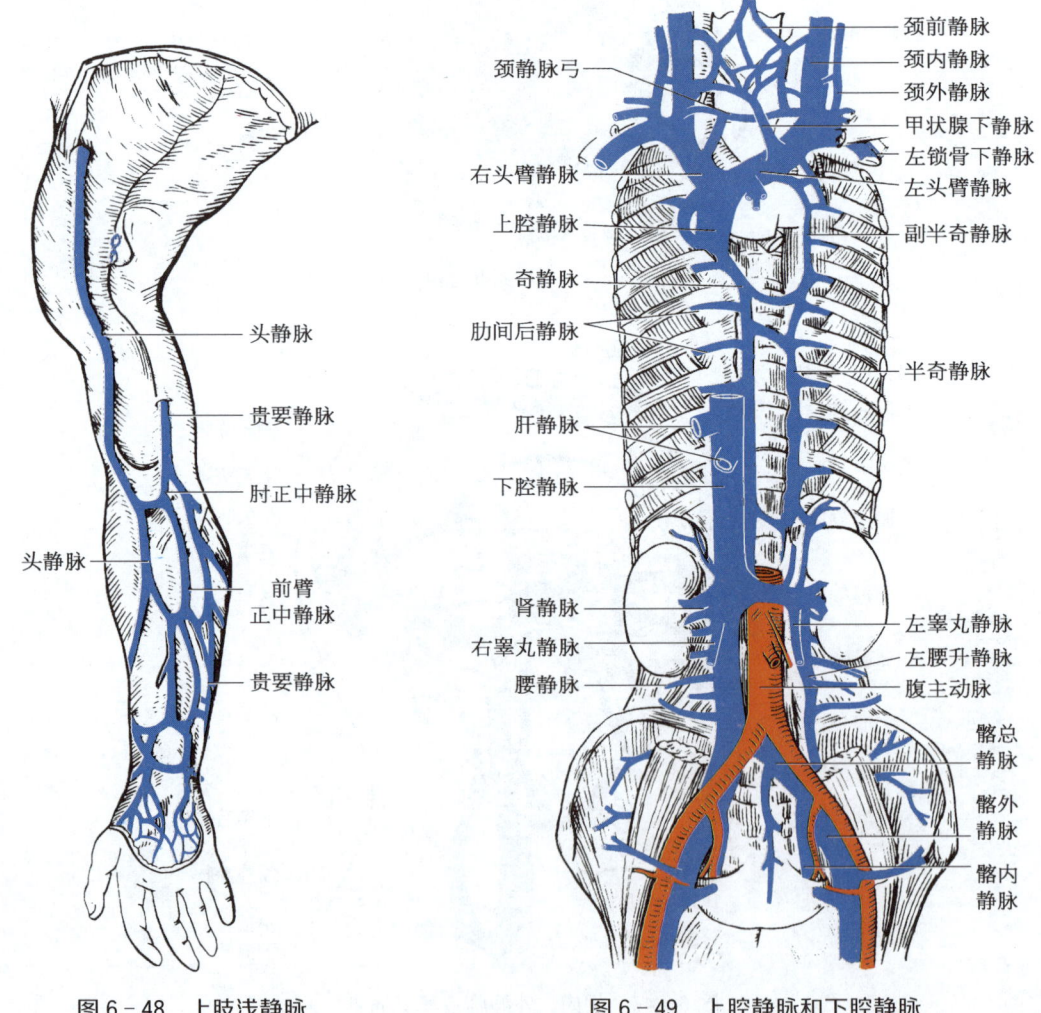

图6-48 上肢浅静脉　　　　图6-49 上腔静脉和下腔静脉

半奇静脉(hemiazygos vein)：由左腰升静脉向上穿过膈延续而成，沿椎体左侧上升至第8～10胸椎高度，向右横过脊柱前方注入奇静脉。半奇静脉收纳左侧下部的肋间后静脉和副半奇静脉（图6-49）。

副半奇静脉(accessory hemiazygos vein)：收纳左侧上部的肋间后静脉的血，沿椎体左侧下行，注入半奇静脉或跨过椎体前方向右注入奇静脉（图6-49）。

2. **下腔静脉系**　由下腔静脉及其属支组成，收纳腹部、盆部和下肢的静脉血。

下腔静脉(inferior vena cava)是人体最大的静脉，由左、右髂总静脉在第5腰椎高度汇合而成，沿腹主动脉的右侧上升，穿过膈的腔静脉孔，注入右心房（图6-49）。除左、右髂总静脉外，下腔静脉的属支分为壁支和脏支。壁支有4对腰静脉，每侧4条腰静脉之间有纵行的腰升静脉相连。脏支收纳腹腔脏器的静脉血。

髂总静脉(common iliac vein)由髂内静脉和髂外静脉在骶髂关节的前方汇合而成，斜向内上方，至第5腰椎体右侧，左、右髂总静脉汇合成下腔静脉（图6-49、图6-50）。

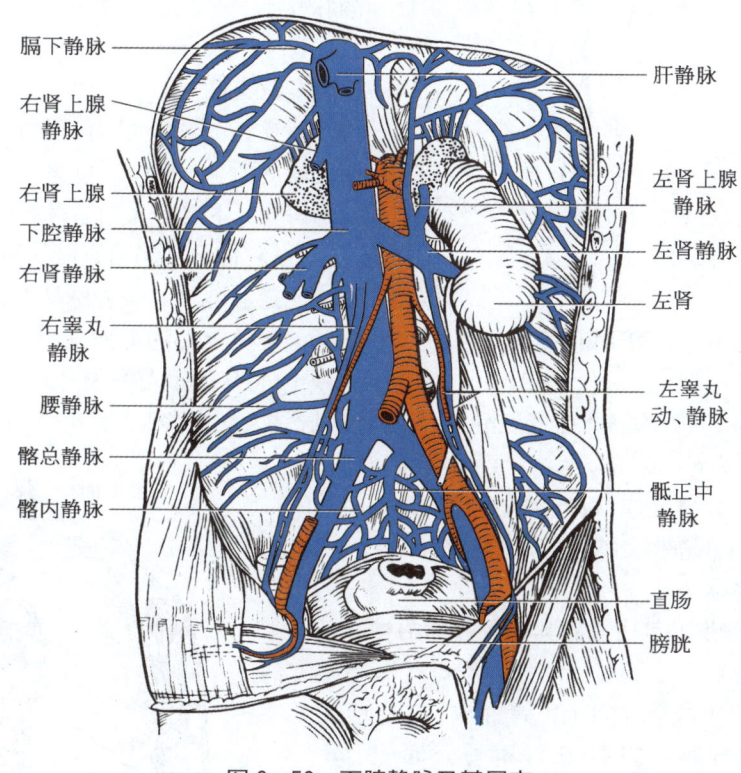

图6-50　下腔静脉及其属支

（1）下肢的静脉：下肢的静脉均有丰富的静脉瓣，分为深、浅两种，深、浅静脉之间有许多交通支吻合。

1）下肢的深静脉：下肢的深静脉与同名动脉伴行，在膝部以下一条动脉有两条同名静脉伴行，上行至腘窝汇合成为一条腘静脉。腘静脉向上延续成股静脉，股静脉经腹股沟韧带深面延续成髂外静脉。

2）下肢的浅静脉：起于足背静脉弓，包括大隐静脉和小隐静脉（图6-51）。

大隐静脉(great saphenous vein)：起自足背静脉弓的内侧端，经内踝前方，沿小腿内侧上行，经

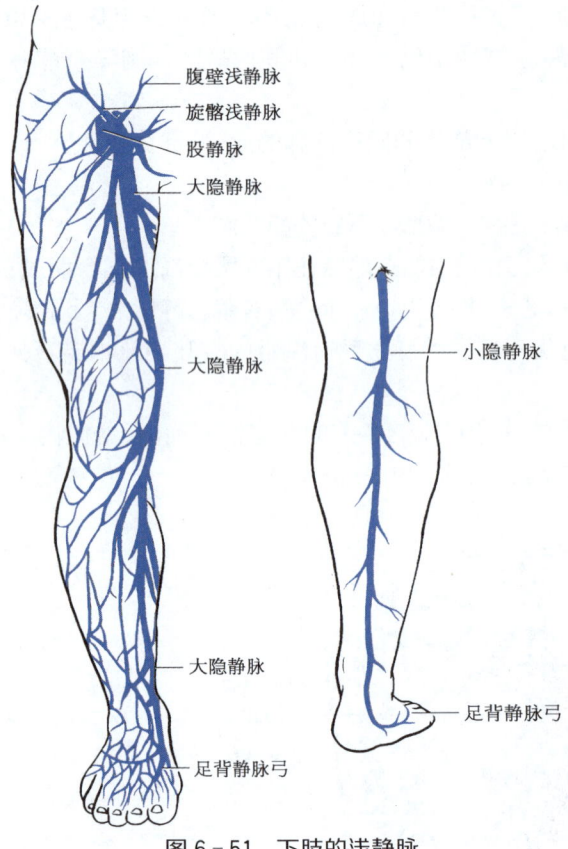

图6-51 下肢的浅静脉

股骨内侧髁的后方,沿大腿内侧面上行,至耻骨结节外下方3~4 cm处穿深筋膜,注入股静脉。在注入股静脉之前,大隐静脉还收纳股内侧浅静脉、股外侧浅静脉、旋髂浅静脉、腹壁浅静脉和阴部外浅静脉等5条属支。当大隐静脉曲张,需做大隐静脉高位结扎切除术时,应将其全部属支结扎,以防复发。大隐静脉在内踝前方位置浅表而恒定,临床上常在此作静脉穿刺或切开输液。

小隐静脉(small saphenous vein):起自足背静脉弓的外侧,经外踝的后方沿小腿后面中线上行,至腘窝中点穿深筋膜注入腘静脉。

(2) 盆部的静脉:主要有髂内静脉和髂外静脉等。

1) 髂内静脉(internal iliac vein):其属支有壁支和脏支两种。

壁支:与同名动脉伴行,收纳同名动脉分布区的静脉血。

脏支:主要有直肠下静脉、阴部内静脉和子宫静脉,它们分别起自直肠静脉丛、阴部静脉丛、子宫阴道静脉丛。各静脉丛均位于脏器的周围,直肠静脉丛上部的静脉血经直肠上静脉注入肠系膜下静脉,直肠静脉丛下部的静脉血经直肠下静脉注入髂内静脉,肛管的静脉血经肛静脉、阴部内静脉注入髂内静脉(图6-52)。

2) 髂外静脉(external iliac vein):为股静脉经腹股沟韧带深面向上延续而成,行向内上与髂内静脉汇合成髂总静脉。髂外静脉接纳腹壁下静脉等。

(3) 腹部的静脉

1) 腹前壁的静脉:包括浅静脉和深静脉两种。

腹前壁的浅静脉:① 胸腹壁静脉(thoracoepigastric vein)由腹前壁脐以上浅静脉向上汇合而成,向外上方行至腋窝注入腋静脉。② 腹壁浅静脉(superficial epigastric vein)由脐以下浅静脉汇合而成,向外下注入大隐静脉。

腹前壁的深静脉:① 腹壁上静脉(superior epigastric vein)与同名动脉伴行,向上延续为胸廓内静脉,注入头臂静脉。② 腹壁下静脉(inferior epigastric vein)与同名动脉伴行,向外下注入髂外静脉。

2) 腹腔脏器的静脉:腹腔脏器的静脉可分为成对的静脉和不成对的静脉两种。

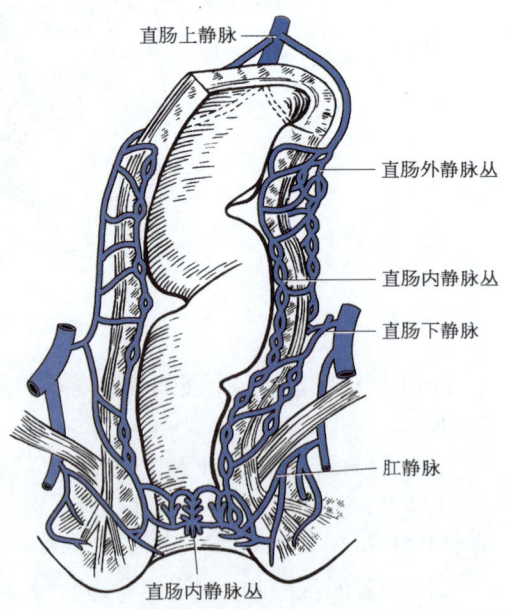

图6-52 直肠和肛管的静脉

成对的静脉：为来自腹腔成对脏器的静脉，都直接或间接注入下腔静脉。包括睾丸静脉（或卵巢静脉）、肾静脉和肾上腺静脉（图 6-50）。

睾丸静脉（testicular vein）起自睾丸和附睾，呈蔓状缠绕睾丸动脉，称蔓状静脉丛，向上逐渐汇合成 1 条睾丸静脉，右侧以锐角直接注入下腔静脉，左侧以直角注入左肾静脉。左睾丸静脉的注入形式是男性精索静脉曲张多发生在左侧的原因之一。在女性为**卵巢静脉**（ovarian vein），起自卵巢静脉丛，其回流途径与男性相同。

肾静脉（renal veins）起自肾门，经肾动脉前方横行向内侧注入下腔静脉。因下腔静脉偏右，故左肾静脉较右肾静脉长，跨越腹主动脉的前面。

肾上腺静脉（suprarenal vein）右侧直接注入下腔静脉，左侧注入左肾静脉。

不成对的静脉：来自腹腔不成对脏器（肝除外）的静脉不直接注入下腔静脉，而是先汇合成肝门静脉，经肝门入肝，在肝内移行为肝血窦，与肝固有动脉的血液混合，再汇合成 2~3 条肝静脉注入下腔静脉。

(4) 肝门静脉系：由肝门静脉及其属支组成的，收纳腹腔不成对脏器如胃、小肠、大肠（至直肠中部）、胆囊、胰和脾等的静脉血。

1) **肝门静脉**（hepatic portal vein）：是一条粗短的静脉干，长 6~8 cm，由肠系膜上静脉和脾静脉在胰头的后方汇合而成，向右上方进入肝十二指肠韧带内，经胆总管和肝固有动脉的后方到达肝门，分左、右两支分别进入肝的左、右叶。

2) 肝门静脉的属支（图 6-53、图 6-54）

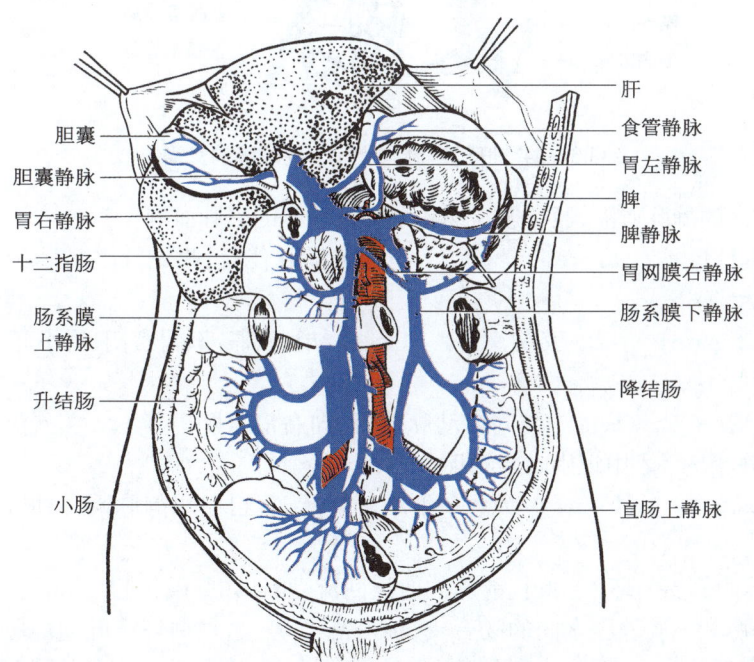

图 6-53　肝门静脉及其属支

肠系膜上静脉（superior mesenteric vein）：伴行于同名动脉的右侧向上行，在胰头的后方与脾静脉汇合成肝门静脉，收纳同名动脉分布区的静脉血液。

脾静脉（splenic vein）：与同名动脉伴行向右，在胰头后方与肠系膜上静脉汇合成肝门静脉，收

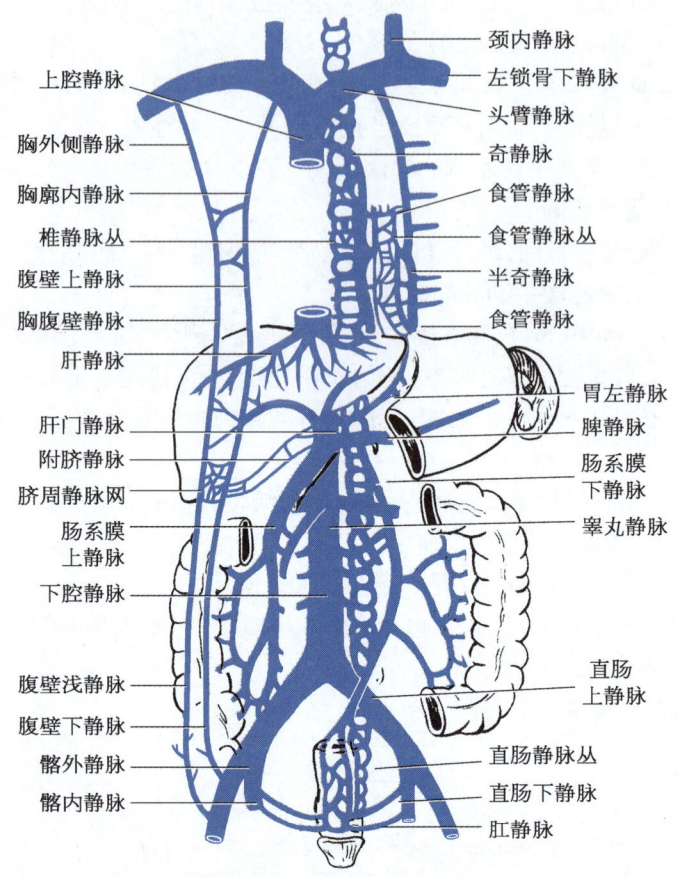

图 6-54 肝门静脉与上、下腔静脉的交通支

纳同名动脉分布区的静脉血液,通常还收纳肠系膜下静脉的静脉血液。

肠系膜下静脉(inferior mesenteric vein):与同名动脉伴行,收纳同名动脉分布区内的静脉血液,注入脾静脉。

胃左静脉(left gastric vein):又称胃冠状静脉,收纳食管腹部、胃贲门、胃小弯左侧的静脉血液,注入肝门静脉。

胃右静脉(right gastric vein):与同名动脉伴行,向右汇入肝门静脉。注入前接受**幽门前静脉**的静脉血液,该静脉是手术中识别幽门的标志。

附脐静脉(paraumbilical veins):为数条细小的静脉,起自脐周静脉网,沿肝圆韧带走行,注入肝门静脉。

3)肝门静脉的侧支循环:当肝门静脉的血液回流受阻(如肝硬化)时,肝门静脉的血液可经肝门静脉与上腔静脉和下腔静脉之间的吻合支,流回右心房,这种循环称肝门静脉的侧支循环。在正常情况下,肝门静脉与上、下腔静脉之间的吻合支很小,血流量很少,但当肝门静脉回流受阻、压力增高时,这些吻合支高度扩张,血流量增加,起疏导作用。

肝门静脉的侧支循环主要有以下3条途径(图6-54)。

通过食管静脉丛:肝门静脉→胃左静脉→食管静脉丛→食管静脉→奇静脉→上腔静脉。如肝门静脉血流受阻,经上述回流途径引起食管下段的黏膜下静脉高度曲张,一旦破裂,会引起急性上消化道出血(呕血)。

通过直肠静脉丛：肝门静脉→脾静脉→肠系膜下静脉→直肠上静脉→直肠静脉丛→直肠下静脉、肛静脉→髂内静脉→髂总静脉→下腔静脉。由于大量血液经上述途径回流,可引起直肠静脉丛曲张(痔),如破裂可引起便血。

通过脐周静脉网：肝门静脉→附脐静脉→脐周静脉网→再通过上、下两条途径回流：

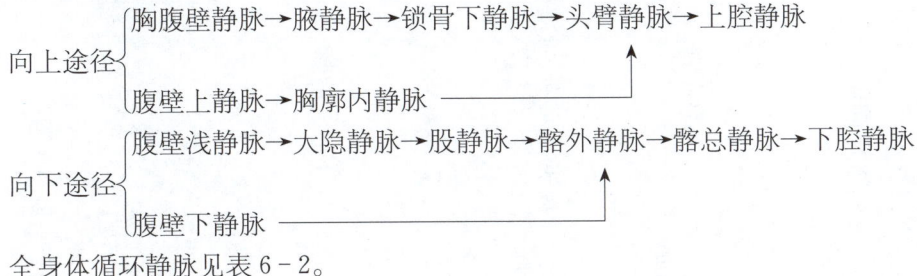

全身体循环静脉见表 6-2。

第三节　淋巴系统

> **导学**
> 1. 掌握淋巴系统的组成；胸导管的组成、走行、收纳范围和汇入,右淋巴导管的组成、走行、收纳范围和汇入,腋淋巴结群和腹股沟浅、深腋淋巴结群的位置,收纳范围及其回流。
> 2. 熟悉淋巴系统的主要功能及各淋巴干的名称、收纳范围,颈外侧浅、深淋巴结群的位置、收纳范围及其回流,脾的位置、形态。

淋巴系统由淋巴管道、淋巴器官和淋巴组织组成(图 6-55)。淋巴结的淋巴窦和淋巴管道内含有淋巴(液)。淋巴器官包括淋巴结、脾、胸腺和腭扁桃体等,淋巴组织为含有大量淋巴细胞的网状组织。淋巴系统的主要功能是产生淋巴细胞、滤过淋巴和参与免疫反应等。

一、淋巴管道

淋巴管道包括毛细淋巴管、淋巴管、淋巴干和淋巴导管(图 6-55)。

(一)毛细淋巴管

毛细淋巴管(lymphatic capillary)是淋巴管道的起始部,以膨大的盲端起始于组织间隙(图 6-56)。其管壁由单层内皮细胞构成,内皮细胞间的间隙较大,无基膜和外周细胞,内皮细胞外有纤维细丝牵拉,使毛细淋巴管处于扩张状态。因此,毛细淋巴管壁的通透性较大,一些不易透过毛细血管的大分子物质,如蛋白质、细菌、异物、癌细胞等较易进入毛细淋巴管。毛细淋巴管分布广泛,除上皮、角膜、晶状体、牙釉质、软骨、脑和脊髓等处无毛细淋巴管外,遍及全身各处。

表6-2 体循环静脉表

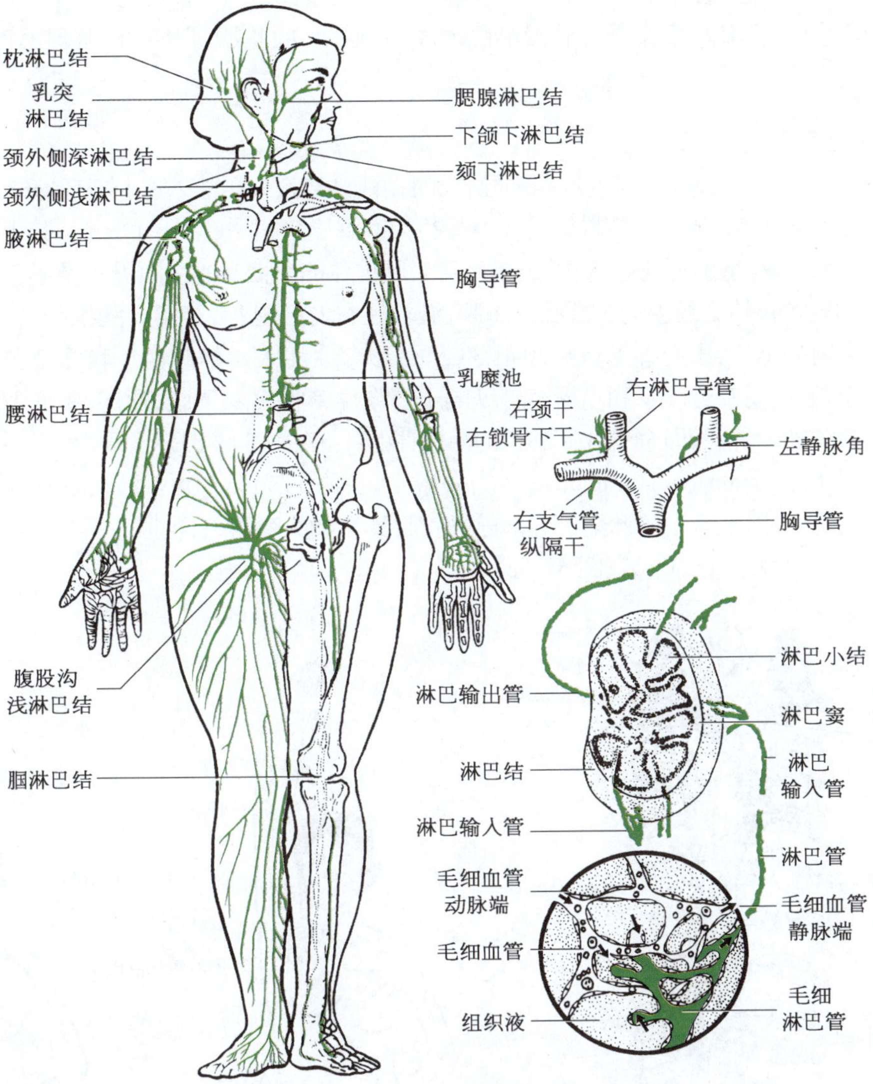

图 6-55 全身浅、深淋巴管和淋巴结

(二) 淋巴管

淋巴管(lymphatic vessel)由毛细淋巴管汇合而成,管壁内面有丰富的瓣膜,可分为浅、深淋巴管两组。浅淋巴管位于浅筋膜内,与浅静脉伴行。深淋巴管位于深筋膜深面,多与深部的血管、神经等伴行。浅、深淋巴管之间存在着广泛的吻合。

(三) 淋巴干

淋巴干(lymphatic trunks)由淋巴管汇合而成。全身各部的浅、深淋巴管汇合成 9 条淋巴

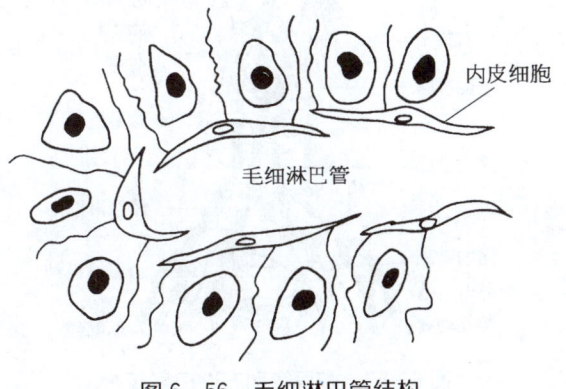

图 6-56 毛细淋巴管结构

干,即收集头颈部淋巴的左、右颈干,收集上肢淋巴的左、右锁骨下干,收集胸部淋巴的左、右支气管纵隔干,收集下肢、盆部及腹部成对脏器淋巴的左、右腰干,收集腹部不成对脏器淋巴的肠干(图6-55)。

(四) 淋巴导管

9条淋巴干汇集成两条淋巴导管,即胸导管和右淋巴导管,分别注入左、右静脉角(图6-57)。

1. 胸导管(thoracic duct)　胸导管是全身最粗大的淋巴管道,长30~40 cm。其下端起自乳糜池。乳糜池(cisterna chyli)通常在第12胸椎至第1腰椎体的前面,由左、右腰干及肠干汇合而成的梭形膨大。胸导管起始后经主动脉裂孔入胸腔,沿脊柱右前方上行,至第5胸椎高度向左侧斜行,然后沿脊柱左前方上行,出胸廓上口至颈根部,呈弓形弯曲注入左静脉角。胸导管在注入静脉角之前还接纳左颈干、左锁骨下干和左支气管纵隔干。胸导管收集双下肢、盆部、腹部、左半胸部、左上肢和左半头颈部的淋巴,即全身3/4部位的淋巴(图6-57、图6-58)。

2. 右淋巴导管(right lymphatic duct)　为一短干,长约1.5 cm,由右颈干、右支气管纵隔干和右锁骨下干汇合而成,注入右静脉角。右淋巴导管收集右半头颈部、右上肢、右半胸部等处的淋巴,即全身1/4部位的淋巴(图6-57、图6-58)。

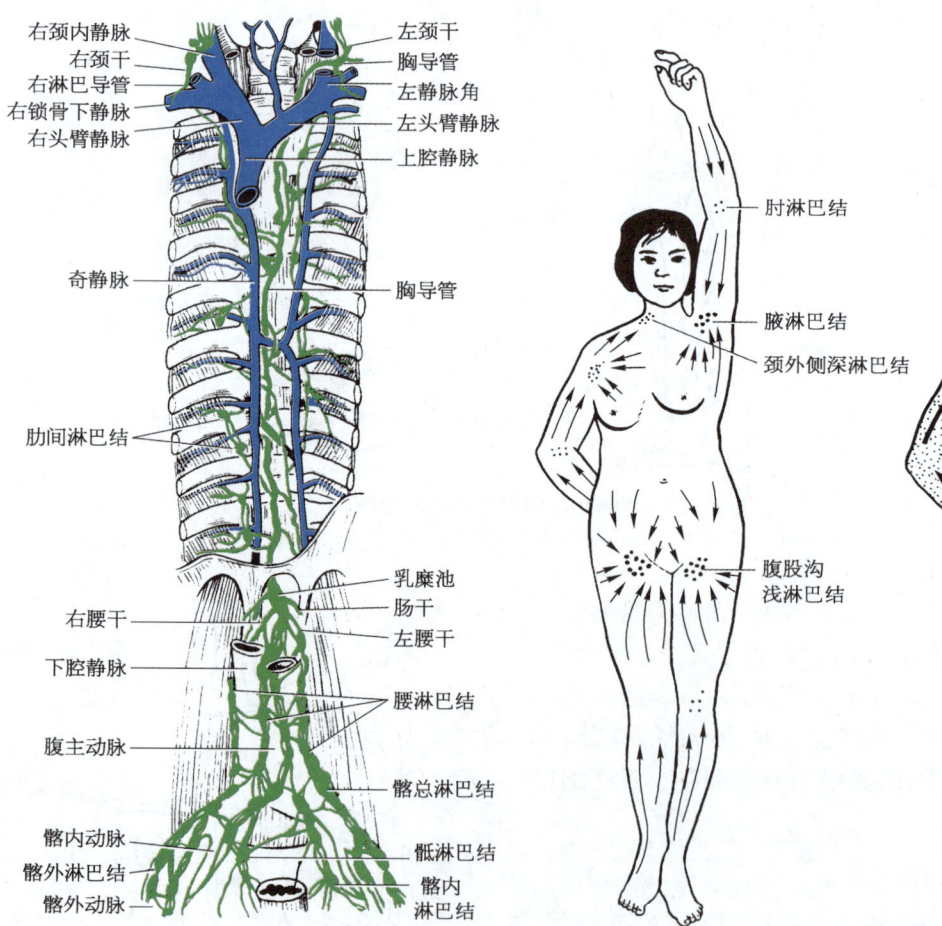

图6-57　胸导管和右淋巴导管

图6-58　全身各部淋巴结和淋巴流向示意图

二、淋巴结

淋巴在向心流动中要通过一系列的淋巴结。淋巴结(lymph nodes)为圆形或椭圆形、大小不等的小体,一侧凸隆,另一侧凹陷,凹陷中央处为淋巴结门。与淋巴结凸侧相连的淋巴管称输入淋巴管,数目较多。出淋巴结门的淋巴管为输出淋巴管,此处还有血管和神经出入(图6-55)。前一级淋巴结的输出淋巴管可成为后一级淋巴结的输入淋巴管。淋巴结多沿血管排列,可分为浅、深淋巴结。淋巴结一般成群存在于较隐蔽的部位和胸、腹腔大血管附近。淋巴结的主要功能是滤过淋巴、产生淋巴细胞和参与免疫反应。当某器官或部位发生病变时,细菌、毒素、寄生虫或肿瘤细胞可沿淋巴管进入相应的局部淋巴结,防止病菌、肿瘤细胞的扩散,起保护作用。了解局部淋巴结的位置、收集范围和引流去向,对临床诊断和治疗有一定意义。

三、全身各部的主要淋巴结

(一) 头颈部的淋巴结

1. 下颌下淋巴结(submandibular lymph nodes)　位于下颌下腺附近,收集面部和口腔器官的淋巴,其输出淋巴管注入颈外侧深淋巴结(图6-59、图6-60)。面部和口腔感染时,常引起该淋巴结肿大。

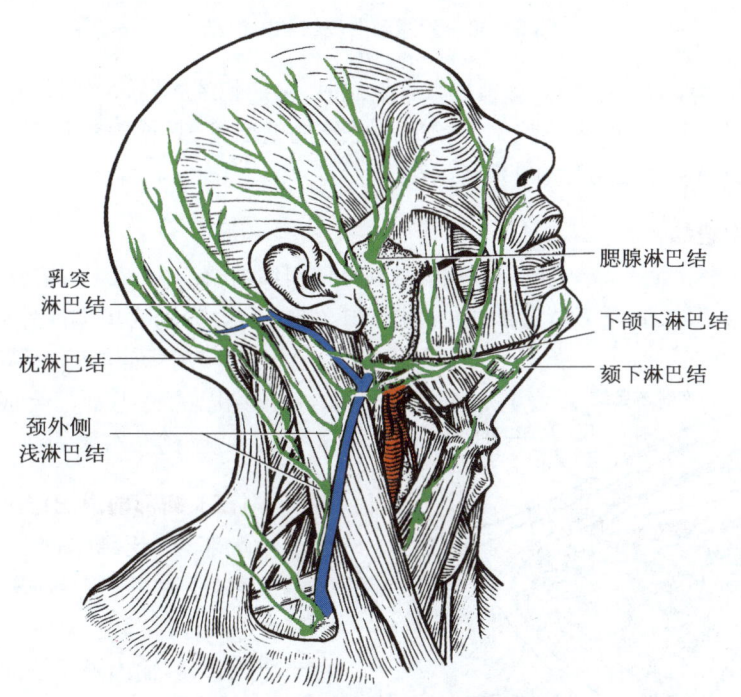

图6-59　头颈部浅淋巴管和淋巴结

2. 颈外侧浅淋巴结(superficial lateral cervical lymph nodes)　沿颈外静脉排列,收集枕部、耳后部、腮腺周围及颈外侧浅层的淋巴,其输出管注入颈外侧深淋巴结(图6-59)。

3. 颈外侧深淋巴结(deep lateral cervical lymph nodes)　为沿颈内静脉排列的一条纵行淋巴结链。该链上部的淋巴结位于鼻咽部及舌根后方,患鼻咽癌和舌根癌时,癌细胞首先转移至该淋巴结。该链下部的淋巴结除位于颈内静脉下段周围外,还延伸到锁骨上方,该部淋巴结称锁骨上淋

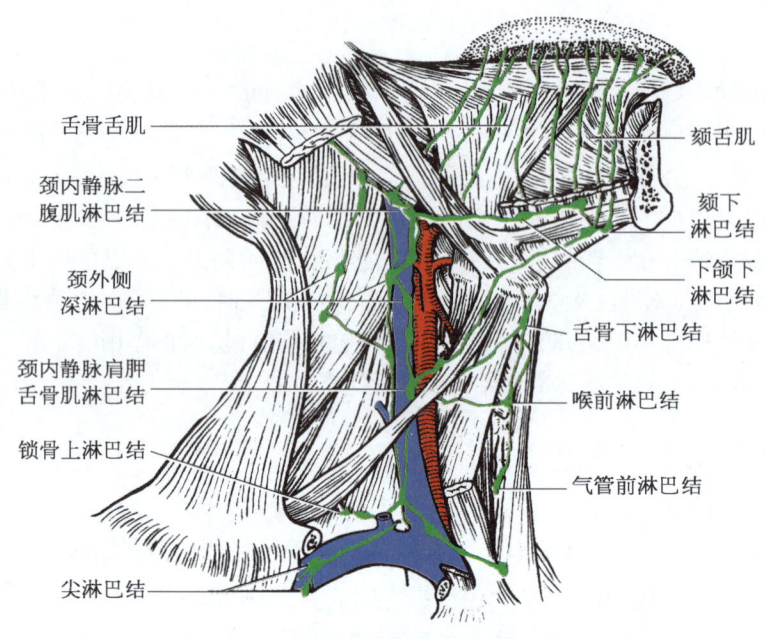

图 6-60 颈深部淋巴管和淋巴结

巴结(supraclavicular lymph nodes)。患胃癌或食管癌时,癌细胞经胸导管逆流转移到左锁骨上淋巴结。颈外侧深淋巴结直接或间接地收集头颈部淋巴结的输出管,其输出管汇集成颈干,左侧的注入胸导管,右侧的注入右淋巴导管(图6-60)。

(二)上肢的淋巴结

腋淋巴结(axillary lymph nodes)位于腋窝的疏松结缔组织内,有15~20个,按位置可分为5群,即胸肌淋巴结、外侧淋巴结、肩胛下淋巴结、中央淋巴结、尖淋巴结,分别收集胸前外侧壁、上肢的浅深淋巴管和肩背部的输出淋巴管(图6-61)。腋淋结巴的输出管汇合成锁骨下干,左侧的注入胸导管,右侧的注入右淋巴导管。

(三)胸部的淋巴结

胸部的淋巴结(图6-62、图6-63)主要有支气管肺淋巴结(bronchopulmonary lymph nodes),位于肺门处,又称肺门淋巴结,收集肺的淋巴管,其输出淋巴管注入气管支气管淋巴结。气管支气管淋巴结(tracheobronchial lymph nodes)位于气管杈上、下方,其输出淋巴管注入气管旁淋巴结。气管旁淋巴结(paratracheal lymph nodes)位于气管的两侧,其输出淋巴管与胸壁、纵隔的淋巴管汇合成支气管纵隔干,左侧的注入胸导管,右侧的注入右淋巴导管。

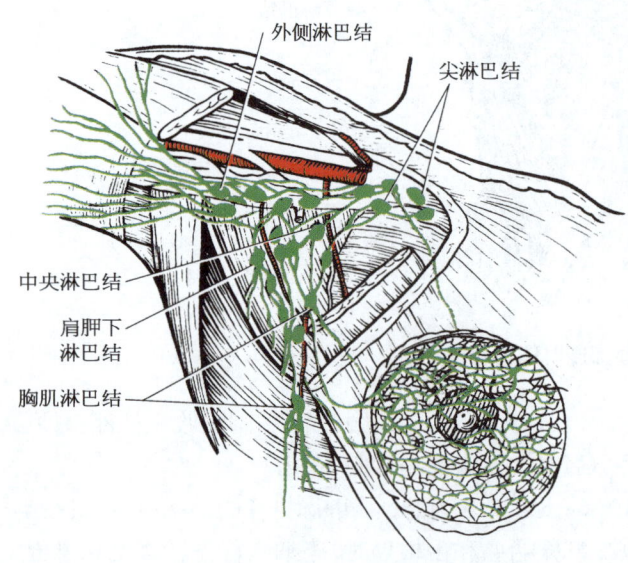

图 6-61 腋淋巴结和乳房淋巴管

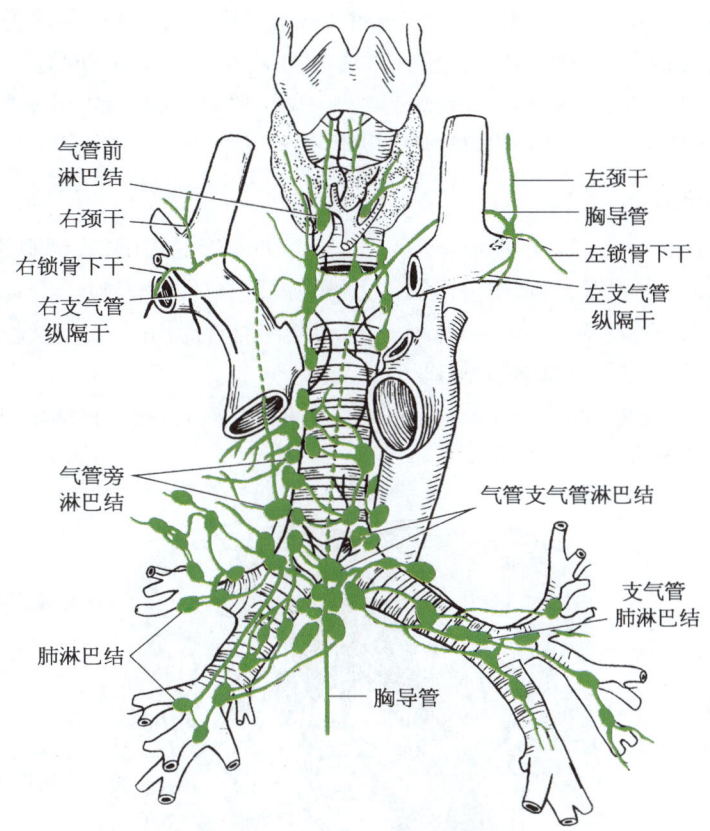

图 6-62　气管、支气管和肺的淋巴结

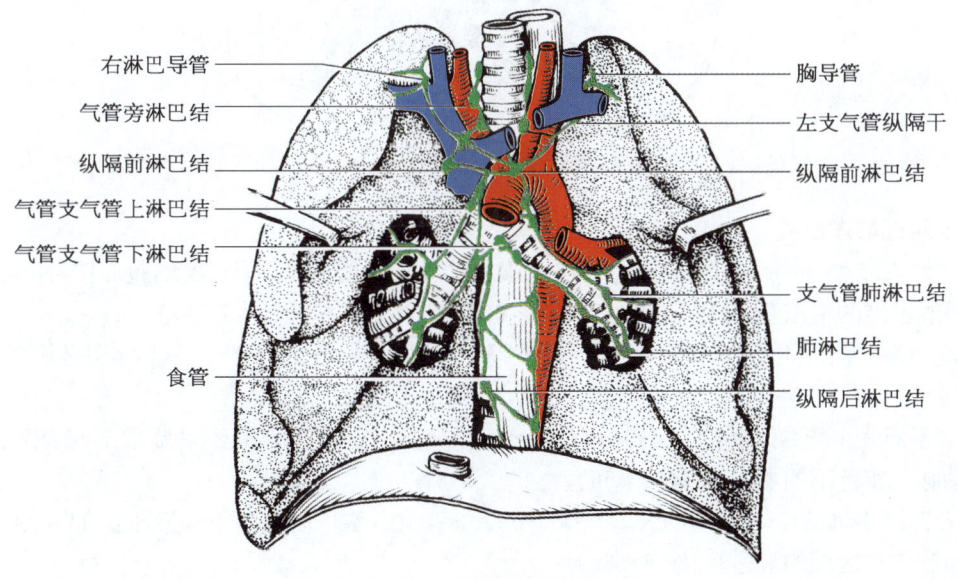

图 6-63　胸腔脏器的淋巴结

(四) 下肢的淋巴结

1. **腹股沟浅淋巴结**(superficial inguinal lymph nodes) 位于腹股沟韧带下方,收纳腹前外侧壁下部、外生殖器和下肢的浅淋巴管,其输出管注入腹股沟深淋巴结(图6-64)。

2. **腹股沟深淋巴结**(deep inguinal lymph nodes) 位于股静脉根部的周围,收纳腹股沟浅淋巴结的输出管及下肢的深淋巴管,其输出淋巴管注入髂外淋巴结(图6-64)。

(五) 盆部的淋巴结

1. **髂外淋巴结**(external iliac lymph nodes) 位于髂外血管的周围,收纳腹股沟深淋巴结的输出管和腹前壁下部的深淋巴管,其输出淋巴管注入髂总淋巴结(图6-64)。

2. **髂内淋巴结**(internal iliac lymph nodes) 位于髂内血管的周围,收纳盆腔脏器、会阴及臀部等处的淋巴管,其输出管注入髂总淋巴结(图6-64)。

3. **髂总淋巴结**(common iliac lymph nodes) 位于髂总血管的周围,收纳髂内、外淋巴结的输出管,其输出管注入腰淋巴结(图6-64)。

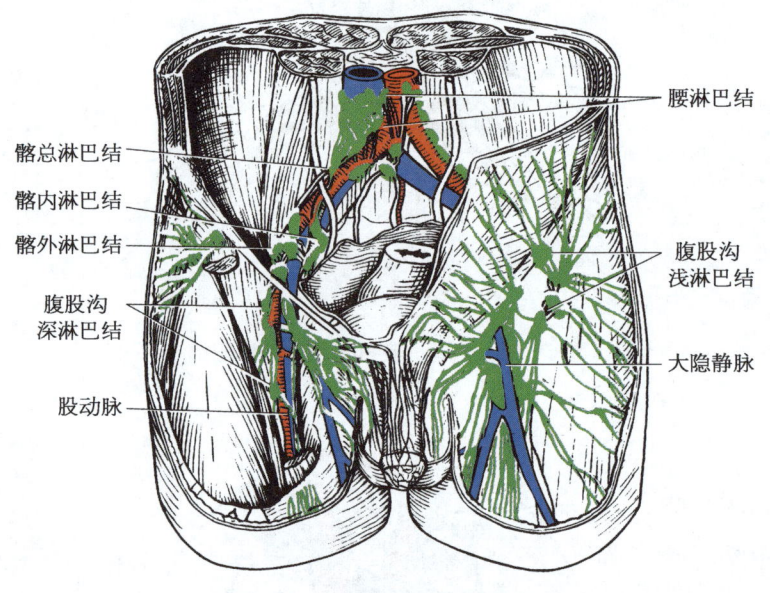

图6-64 腹股沟及盆部淋巴结

(六) 腹部的淋巴结

1. **腰淋巴结**(lumbar lymph nodes) 位于腹主动脉和下腔静脉周围,收纳腹后壁、腹腔成对脏器和髂总淋巴结的输出管,其输出管汇合成左、右腰干,注入乳糜池(图6-57)。

2. **腹腔淋巴结**(celiac lymph nodes) 位于腹腔干的周围,收纳腹腔干分支分布范围的淋巴管(图6-65)。

3. **肠系膜上淋巴结**(superior mesenteric lymph nodes) 位于肠系膜上动脉根部的周围,收集肠系膜上动脉分布范围的淋巴管(图6-66)。

4. **肠系膜下淋巴结**(inferior mesenteric lymph nodes) 位于肠系膜下动脉根部的周围,收集肠系膜下动脉分布区域的淋巴管(图6-66)。

腹腔淋巴结和肠系膜上、下淋巴结的输出淋巴管汇合成一条肠干,注入乳糜池。

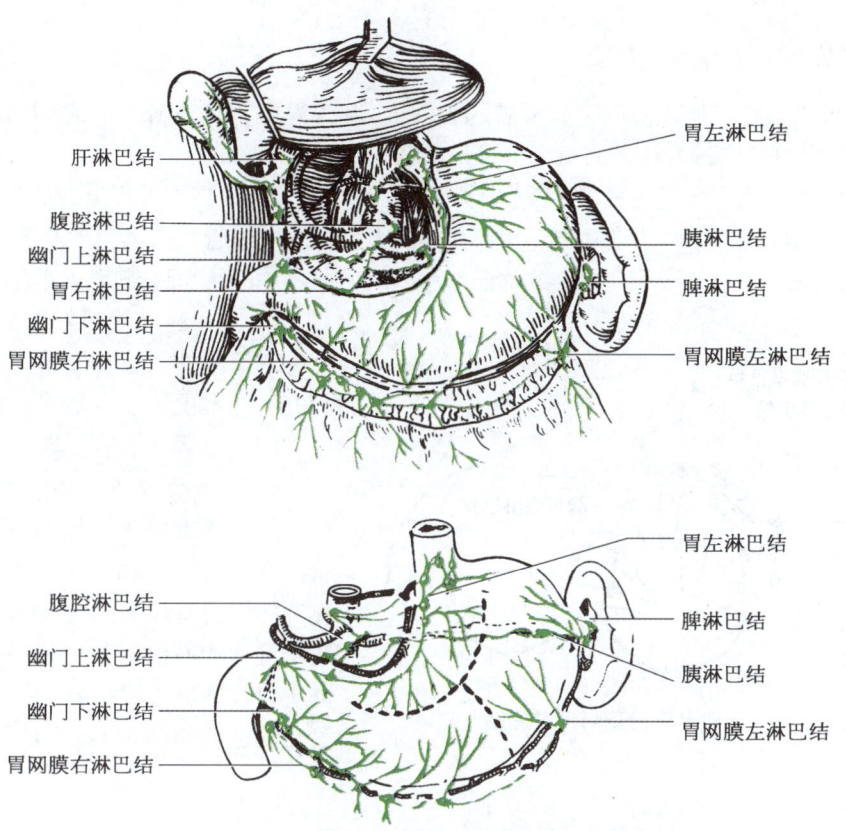

图 6-65 沿腹腔干及其分支排列的淋巴结

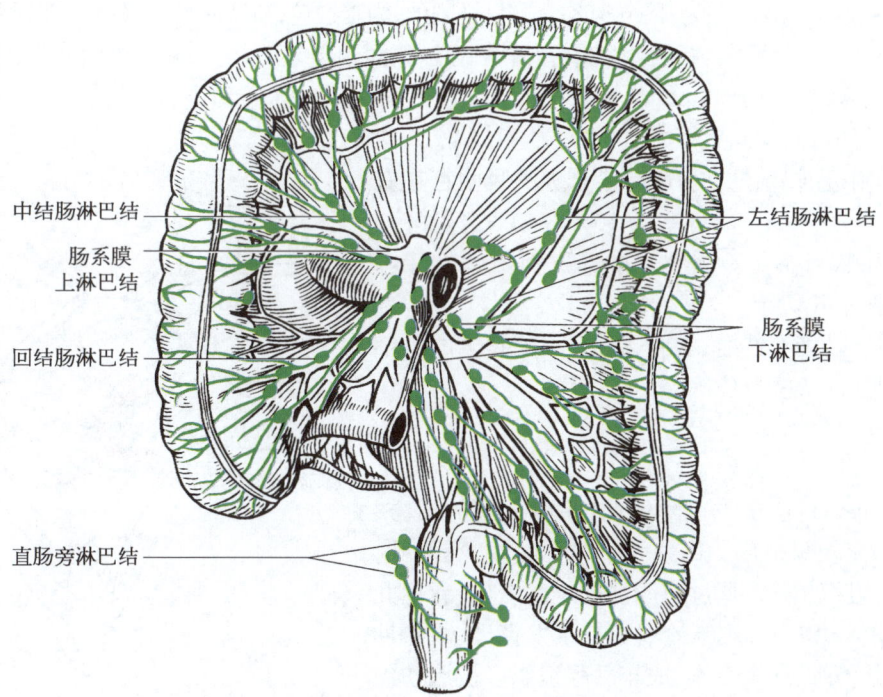

图 6-66 沿肠系膜上、下动脉分布的淋巴结

四、部分器官的淋巴引流

1. 肺的淋巴引流 肺浅淋巴管位于脏胸膜深面,肺深淋巴管位于肺小叶之间的结缔组织内,浅、深淋巴管之间存在交通,注入支气管肺淋巴结(图6-63)。

2. 胃的淋巴引流 胃底右侧、贲门和胃体小弯侧的淋巴管注入胃左淋巴结,幽门部小弯侧的淋巴管注入幽门上淋巴结,胃体大弯侧右1/4部和幽门大弯侧的淋巴管注入幽门下淋巴结和胃网膜右淋巴结,胃底左侧和胃体大弯侧左侧半的淋巴管注入胃网膜左淋巴结和胰、脾淋巴结(图6-65)。

3. 直肠和肛管的淋巴引流 直肠上部的淋巴管注入直肠上淋巴结,直肠下部和肛管的淋巴管注入髂内淋巴结,齿状线以下的淋巴管注入腹股沟浅淋巴结。

4. 乳房的淋巴引流 乳房外侧部的淋巴管注入胸肌淋巴结,乳房上部的淋巴管注入尖淋巴结和锁骨上淋巴结,乳房内侧部的淋巴管注入胸骨旁淋巴结,并可与对侧乳房的淋巴管相交通;乳房内下部的淋巴管注入膈上淋巴结,并可与肝的淋巴管相交通(图6-67)。

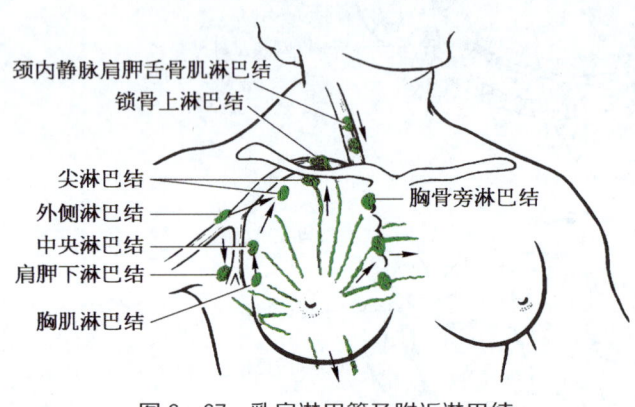

图6-67 乳房淋巴管及附近淋巴结

五、脾

脾(spleen)是最大的淋巴器官,位于左季肋区,与第9~11肋相对,脾的长轴与第10肋相一致,正常情况下脾在左肋弓下不能触及(图6-68)。脾呈椭圆形,为暗红色,质软而脆,受暴力打击时易破裂。

脾可分为膈、脏两面,前、后两端和上、下两缘。膈面凸隆光滑,对向膈。脏面凹陷,中央处有血管、神经等出入,称脾门(hilum of spleen)。上缘较锐利,有2~3个切迹,称脾切迹,可作为触诊脾的标志。下缘较钝,朝向后下方。

在脾的附近,特别是在胃脾韧带和大网膜中存在有副脾(accessory spleen),出现率为10%~40%。副脾的位置、大小和数目不定。因脾功能亢进而做脾切除术时,应将副脾一并切除。

脾的主要功能有造血、储血、滤血、清除衰老的红细胞和参与机体的免疫反应等。

六、胸腺

胸腺(thymus)位于上纵隔的前部,胸骨柄的后方,有时可向上突入颈根部。可分为不对称的左、右两叶,两叶借结缔组织相连。胸腺有明显的年龄变化,新生儿及幼儿时期体积较大,随年龄增长持续发育,性成熟期以后,则开始萎缩,逐渐变小,成年后腺组织多被脂肪组织代替(图6-69)。

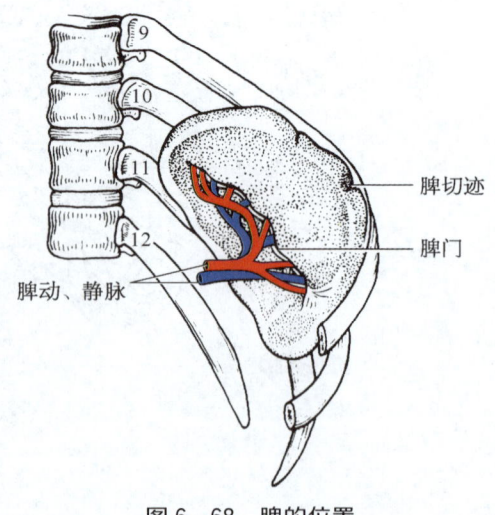

图6-68 脾的位置

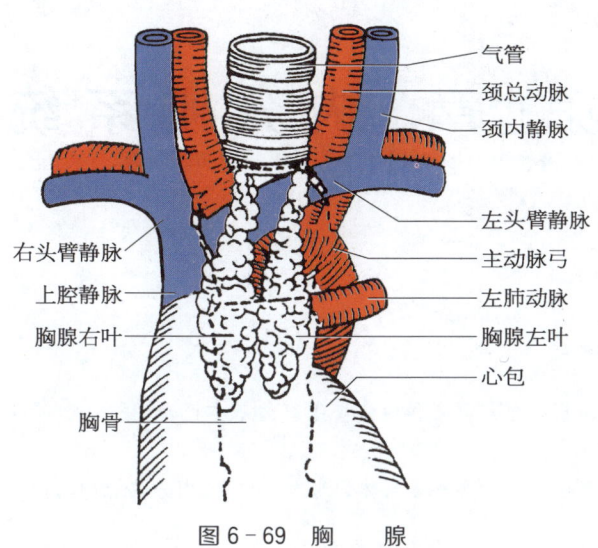

图 6-69 胸　　腺

胸腺既是淋巴器官,也是内分泌器官,能直接产生 T 淋巴细胞,参与细胞免疫功能。胸腺还可分泌胸腺素、促胸腺生成素等具有激素作用的活性物质。胸腺素可促使来自骨髓的淋巴样干细胞分化为成熟的 T 淋巴细胞。

全身淋巴流注见表 6-3。

表 6-3　全身淋巴流注表

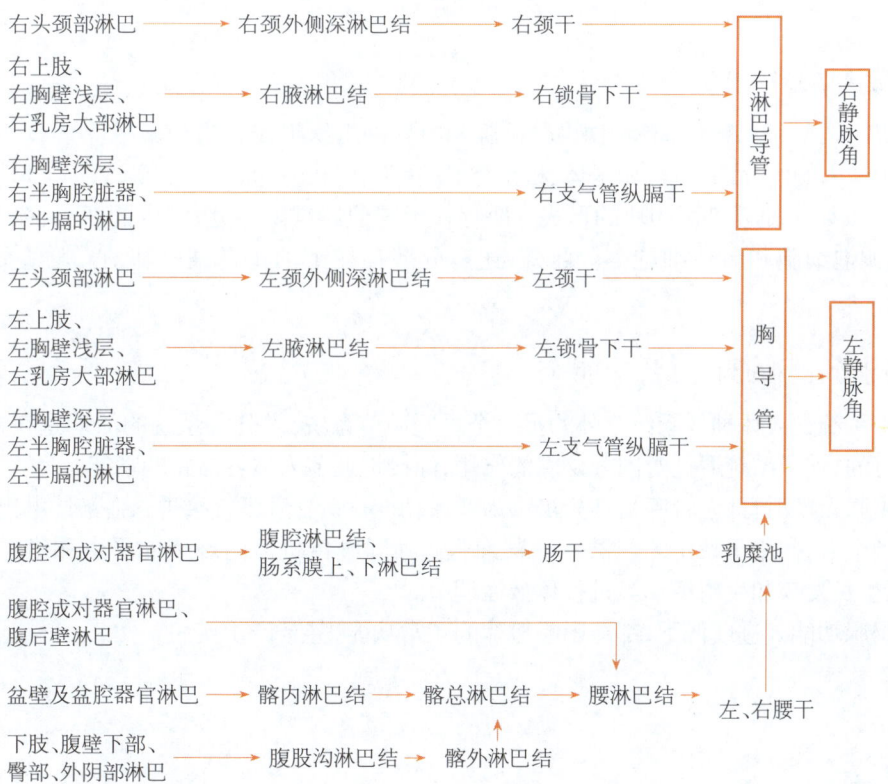

第七章　内分泌系统

> **导学**
> 1. 掌握内分泌器官和内分泌组织的基本概念,甲状腺、肾上腺和垂体的形态与位置。
> 2. 熟悉甲状旁腺和松果体的形态及位置,内分泌腺的功能。

第一节　概　　述

一、内分泌系统的组成

内分泌系统(endocrine system)由内分泌腺和内分泌组织组成。内分泌腺(endocrine glands)是独立存在于体内的内分泌器官,如垂体、松果体、甲状腺、甲状旁腺、肾上腺等(图7-1)。内分泌组织(endocrine tissue)是以细胞团块的形式分散存在于其他器官内,如胰腺内的胰岛、睾丸的间质细胞、卵巢的卵泡细胞和黄体细胞等。此外,还有分散存在于消化道、肝、肺、心、脑等处的内分泌细胞。

二、内分泌系统的主要功能

内分泌系统是人体神经系统之外的另一个重要调节系统,内分泌系统的活动是在神经系统的调节下进行的,神经系统通过对内分泌腺的作用,间接地调节人体各器官的功能。

内分泌腺无排泄管(无管腺),其分泌物为激素(hormone),激素直接进入血液或淋巴液,经血液循环运送到全身,作用于特定的靶器官或靶细胞。共同维持机体内环境的平衡和稳定,对机体的新陈代谢、生长发育和生殖活动等进行体液性调节。

内分泌腺功能亢进或低下,都能影响机体的正常功能,甚至产生疾病。

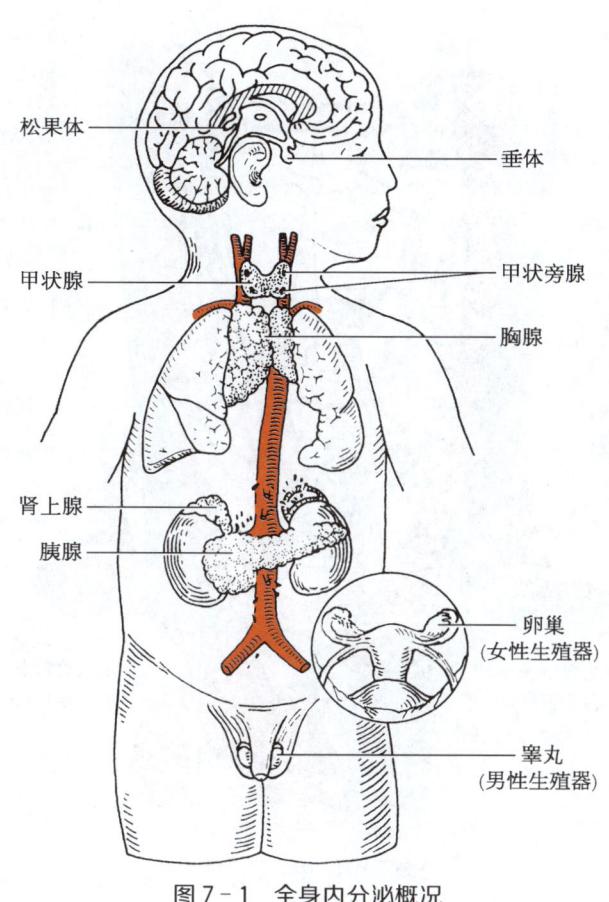

图 7-1 全身内分泌概况

第二节 内分泌器官

一、甲状腺

甲状腺(thyroid gland)为棕红色,呈"H"形,分左、右叶和连接两叶的甲状腺峡(图 7-2、图 7-3)。有时甲状腺峡向上伸出一细长的锥状叶。

甲状腺左、右叶贴于喉下部和气管上部两侧,上端达甲状软骨中部,下端至第 6 气管软骨环。甲状腺峡多位于第 2~4 气管软骨环前方。临床上行气管切开术时,应尽量避开甲状腺峡。甲状腺前方有舌骨下肌遮盖,左、右叶后外方与颈总动脉、颈内静脉和迷走神经相邻,内侧紧邻喉、气管和喉返神经,故甲状腺肿大时可压迫上述结构,导致呼吸、吞咽困难和声音嘶哑等症状。

甲状腺分泌含碘的甲状腺激素,主要作用是促进机体的新陈代谢,维持正常生长发育,特别对骨骼和神经系统的发育极为重要。若胎儿或婴幼儿时期甲状腺激素分泌不足,则身材异常矮小、智力低下,称为呆小症。

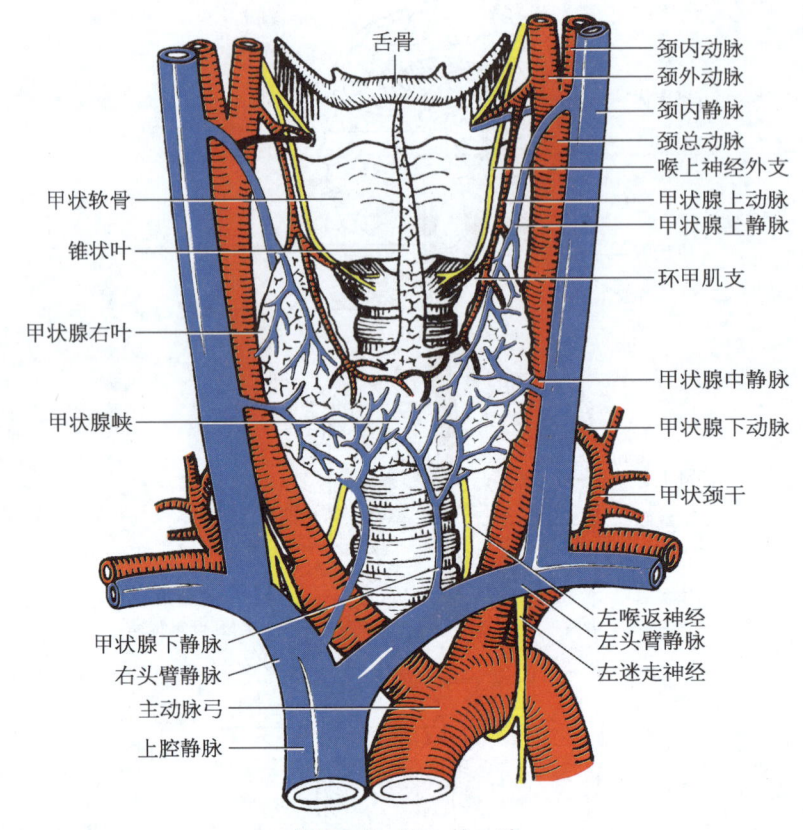

图 7-2 甲 状 腺

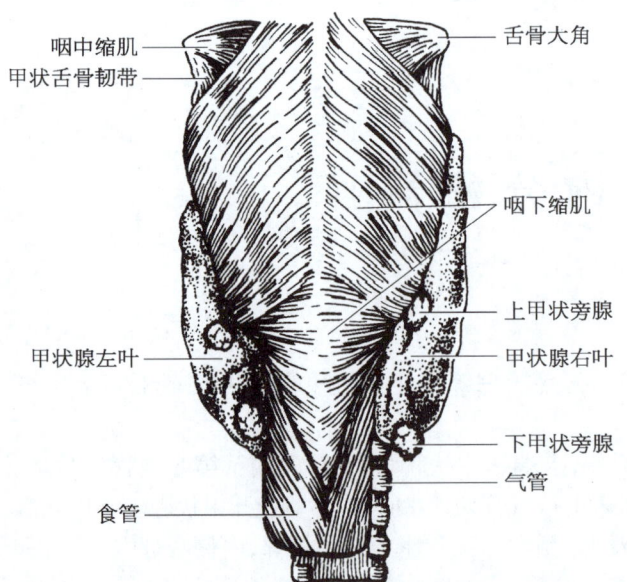

图 7-3 甲状腺和甲状旁腺

二、甲状旁腺

甲状旁腺(parathyroid gland)为绿豆大小的棕黄色扁椭圆形小体,一般有上、下两对。上一对甲状旁腺在甲状腺侧叶后缘中部结缔组织内,下一对甲状旁腺位于甲状腺侧叶后缘近下端的甲状腺下动脉附近(图7-3)。

甲状旁腺分泌甲状旁腺素,主要作用是调节钙磷代谢,维持血钙平衡。甲状旁腺素分泌不足时,血钙下降,可出现手足抽搐。分泌过多则引起骨质脱钙,易发生骨折。

三、肾上腺

肾上腺(suprarenal gland)呈黄色,左右各一,分别位于两肾上端的内上方,它们与肾共同包裹在肾筋膜内。左肾上腺近似半月形,右肾上腺呈三角形(图7-4)。

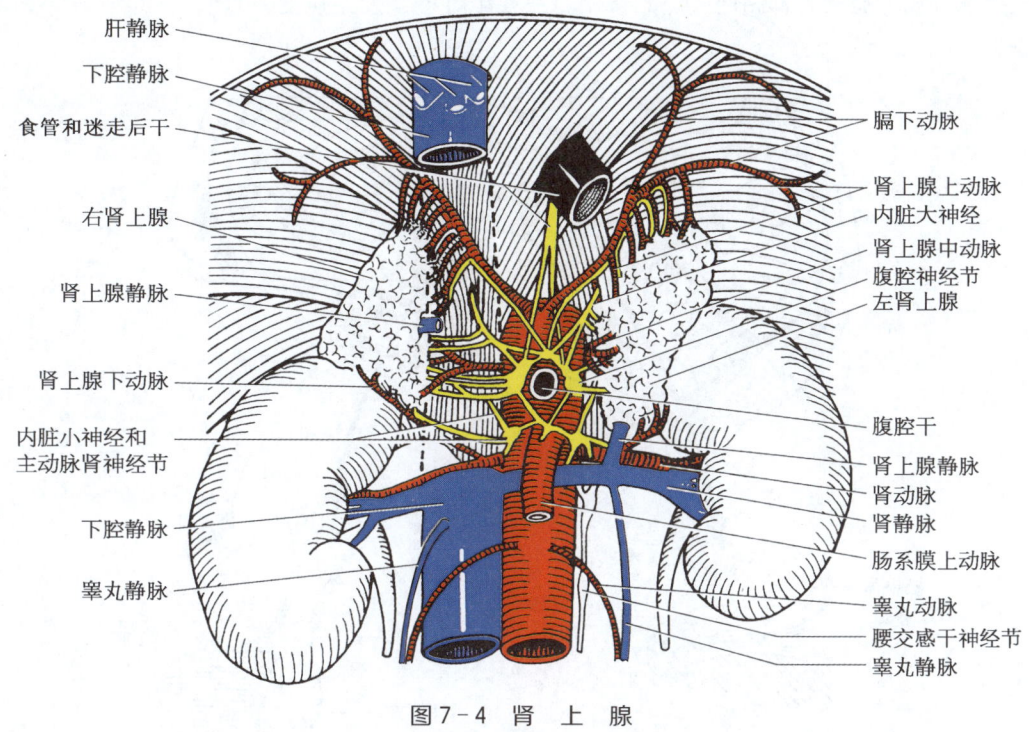

图 7-4 肾 上 腺

肾上腺实质分浅层的皮质和深层的髓质两部分。皮质分泌盐皮质激素、糖皮质激素和性激素,分别调节机体的水盐代谢、糖和蛋白质代谢,影响性行为和副性征。髓质分泌肾上腺素和去甲肾上腺素,前者可提高心肌兴奋性,使心跳加快。后者主要促进小动脉平滑肌收缩,使血压升高。

四、垂体

垂体(hypophysis)不成对,呈椭圆形,位于颅中窝的垂体窝内,借漏斗连于下丘脑(图 7-5)。一般女性的垂体较男性的大,妊娠期更为明显。

垂体是人体最复杂的内分泌腺,根据其发生和结构特点分为腺垂体和神经垂体二大部分,垂体分部如表 7-1。

腺垂体(主要是远侧部)能分泌多种激素,如生长激素、促甲状腺激素、促肾上腺皮质激素、促性腺激素、催乳激素和黑色素细胞刺激素等。其中,生长激素可促进骨和软骨的生长发育,幼年时期若分泌不足,可致身体矮小,但智力正常,称为侏儒症;如分泌过多,则生长发育过快,形成巨人症。神经垂体的作用是储存和释放由丘脑下部产生的抗利尿激素(加压素)和催产素。

表 7-1 垂体分部表

垂体			
腺垂体	远侧部	前叶	
	结节部		
	中间部	后叶	
神经垂体	神经部		
	漏斗部	漏斗	
	正中隆起		

五、松果体

松果体(pineal body)位于背侧丘脑后上方的椭圆形小体(图 7-5)。儿童时期较为发达,至 7~8 岁后逐渐退化萎缩,成年后不断有钙盐沉积,可在 X 线片上见到。

松果体分泌的激素有抑制性成熟的作用。在儿童时期如发生病变,可出现性早熟或生殖器官过度发育。

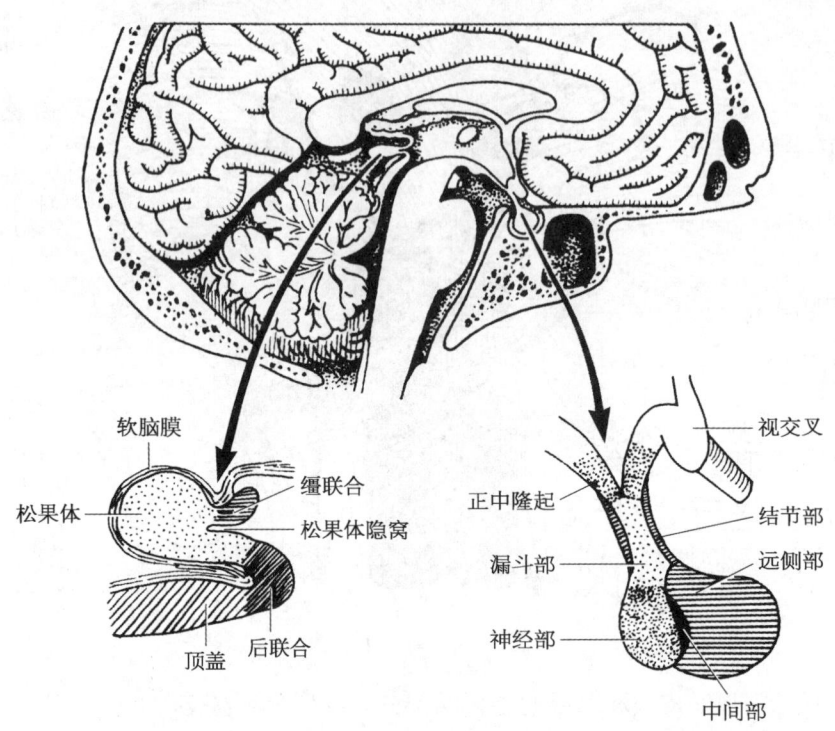

图 7-5 垂体和松果体

第八章 感觉器

> **导学**
> 1. 掌握眼球壁各层的名称、位置、分部及主要形态结构,前庭蜗器的组成和分部,鼓膜的位置、形态与分部,3块听小骨的名称及连结,内耳迷路的组成、分部及主要形态结构。
> 2. 熟悉房水、晶状体、玻璃体的位置和形态结构,眼底的形态结构,结膜的位置与分部,眼睑、泪器、眼球外肌和眼血管的位置和形态,耳郭的外形、中耳的位置及分部,鼓室6壁,咽鼓管位置与功能。

第一节 概 述

一、感觉器的组成

感觉器(sensory organs)是机体感受刺激的装置,由感受器及其副器(附属装置)组成。感受器广泛分布于人体全身各部,是接受机体内、外环境刺激的结构。感受器的种类繁多,形态功能各异,有的结构非常简单,仅为感觉神经的游离末梢,如皮肤中的痛觉感受器。有的除感觉神经末梢外,还有一些细胞共同参与构成,如感受触、压觉的触觉小体和环层小体。有的结构更为复杂,具有对感受器起着保护、支持、运动等作用的副器,如视器、前庭蜗器等,它们又称为特殊感受器。

二、感觉器的主要功能

感受器接受机体内、外环境的刺激,并将刺激转化为神经冲动。这些神经冲动有的传入中枢神经系统后,在大脑皮质产生相应的感觉,有的则成为神经系统调节机体功能状态的始动因素,故感受器是机体认识世界的基础。

根据感受器存在的部位和接受刺激的来源,将感受器分为3类。

1. **外感受器(exteroceptor)** 分布于皮肤、黏膜、味蕾、视器和蜗器等处,接受来自外环境的刺激,如触、压、疼痛、温度、光、声等理化刺激。

2. **内感受器(interoceptor)** 分布于内脏器官和心血管壁等处,接受来自机体内环境的各种刺激,如压力、渗透压、离子和化合物变化等刺激。

3. **本体觉感受器(proprioceptor)** 分布在骨骼肌、肌腱、关节和前庭器等处,接受机体运动和平衡变化时所产生的刺激。

第二节 视 器

视器(visual organ)即眼,包括眼球和眼副器。眼球位于眶内,其功能是接受光的刺激,将光波刺激转化为神经冲动,经视觉传导通路传到大脑皮质的视觉中枢,产生视觉。眼副器包括睑、结膜、泪器、眼球外肌等,对眼球起支持、保护、运动等作用。

一、眼球

眼球(eyeball)是视器最主要的部分,位于眶的前部,后端借视神经连于间脑。眼球由眼球壁和眼球内容物构成(图8-1)。

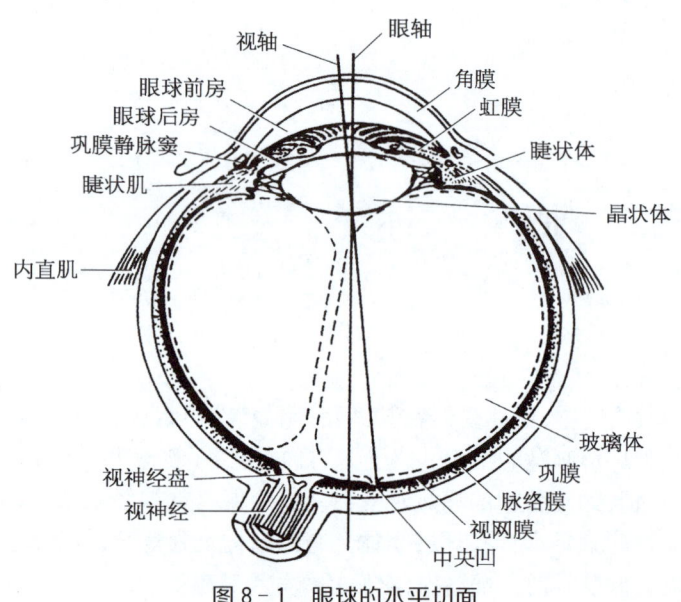

图8-1 眼球的水平切面

(一) 眼球壁

眼球壁(wall of eyeball)由外向内依次可分为眼球纤维膜、眼球血管膜和视网膜3层。

1. **眼球纤维膜(fibrous tunic of eyeball)** 即外膜,位于眼球壁最外层,厚而坚韧,由致密结缔组织构成,对维持眼球外形和保护眼球内容物起重要作用。分角膜和巩膜两部分。

(1) 角膜(cornea):位于眼球正前方,占眼球纤维膜的前1/6,无色透明,曲度较大,有屈光作用(图8-1)。角膜内无血管和淋巴管,有丰富的感觉神经末梢,感觉敏锐,故角膜发生病变时疼痛剧烈。

(2) 巩膜(sclera):乳白色,不透明,占眼球纤维膜的后5/6,厚而坚韧,对眼球有支撑和保护作用(图8-2)。巩膜与角膜相接处的深面有一条环行的巩膜静脉窦(sinus venous sclerae)(图8-1),它是房水回流的通道。巩膜后方中点稍内侧有视神经穿出,并与视神经的硬膜鞘相延续。

2. **眼球血管膜(vascular tunic of eyeball)** 即中膜,位于眼球纤维膜内面,富有血管和色素细胞。血管膜由前向后分为虹膜、睫状体和脉络膜3部分。

(1) 虹膜(iris):位于血管膜的最前部,呈圆盘状(图8-1、图8-2),中央有一圆形孔称瞳孔(pupil),为光线进入眼球的通道,并可随光线强弱和视物远近而改变大小。活体上透过角膜可见虹膜和瞳孔。虹膜的颜色有人种差异,主要与虹膜所含色素细胞多少有关,黄种人的虹膜多为棕

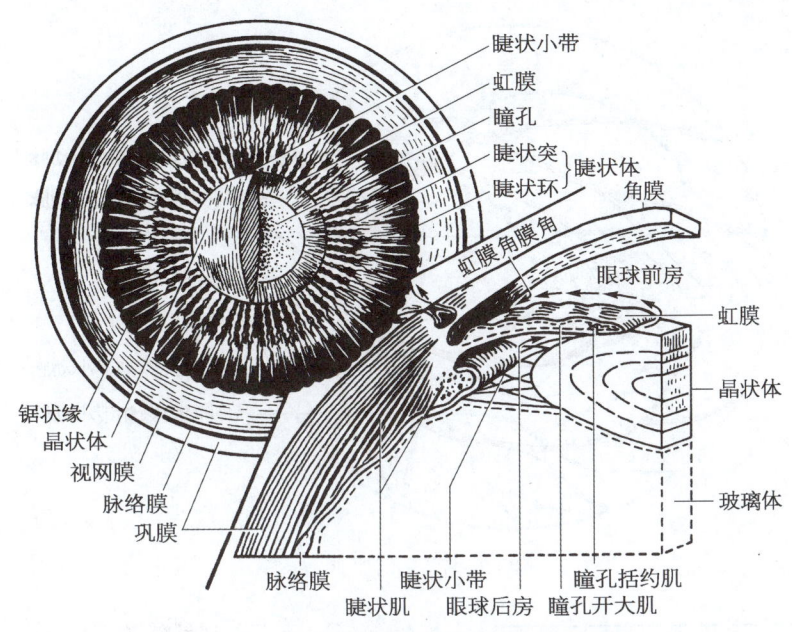

图 8-2 眼球前部后面观(示虹膜、睫状体)

褐色。

虹膜内有两种不同方向排列的平滑肌,一种环绕瞳孔排列,称**瞳孔括约肌**(sphincter pupillae),收缩时缩小瞳孔,减少进入眼球内的光线量,该肌受副交感神经支配。另一种以瞳孔为中心,呈放射状排列,称**瞳孔开大肌**(dilator pupillae),收缩时开大瞳孔,增加进入眼球内的光线量,该肌受交感神经支配。

(2) **睫状体**(ciliary body):位于巩膜与角膜移行部的内面,前接虹膜,后接脉络膜,是眼球壁血管膜环行增厚的部分(图 8-1、图 8-2)。睫状体前部有许多向内突出的辐射状皱襞,称**睫状突**(ciliary processes)。睫状突发出**睫状小带**(ciliaris zonule)与晶状体相连。睫状体内有**睫状肌**(ciliary muscle),该肌为平滑肌,受副交感神经支配。通过该肌的收缩与舒张,可使睫状小带松弛与紧张,以调节晶状体的曲度,参与调节视力。睫状体还有产生房水的作用。

(3) **脉络膜**(choroid):为眼球血管膜的后 2/3,前端与睫状体相连,后方有视神经穿过。脉络膜有丰富的血管和色素细胞,有营养眼球内组织和吸收眼球内散射光线的作用。

3. **视网膜**(retina) 即内膜,衬于血管膜内面(图 8-2),依其衬托的部位可分为虹膜部、睫状体部和视部 3 部分。虹膜部和睫状体部无感光功能,称**视网膜盲部**。**视网膜视部**(pars optica retinae)最大,贴附于脉络膜内面,内含感光细胞,有感光作用。视网膜后部称**眼底**,该处正中偏鼻侧有一圆形白色隆起,称**视神经盘**(optic disc)(视神经乳头)。视神经盘无感光功能,为生理性盲点。在视神经盘颞侧约 3.5mm 稍偏下方有一黄色区域,称**黄斑**(macula lutea)。黄斑中央的凹陷称**中央凹**(fovea centralis)(图 8-3),是感光最敏锐处。

视网膜视部结构复杂(图 8-4),分内、外两层,外层为色素部,紧贴脉络膜。内层为神经部,由 3 层细胞构成,其最外层为接受光刺激的**感光细胞**(**视杆细胞**和**视锥细胞**),中层为传递神经冲动的双极细胞,内层为神经节细胞。其轴突经视神经盘穿出眼球,构成视神经。视网膜内、外两层之间连接疏松,在病理条件下两层分离,临床称视网膜剥离症。

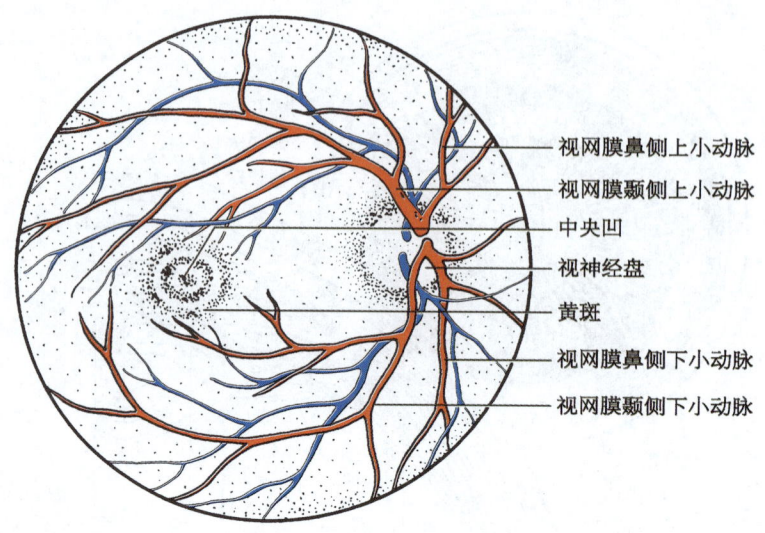

图 8-3 右侧眼底

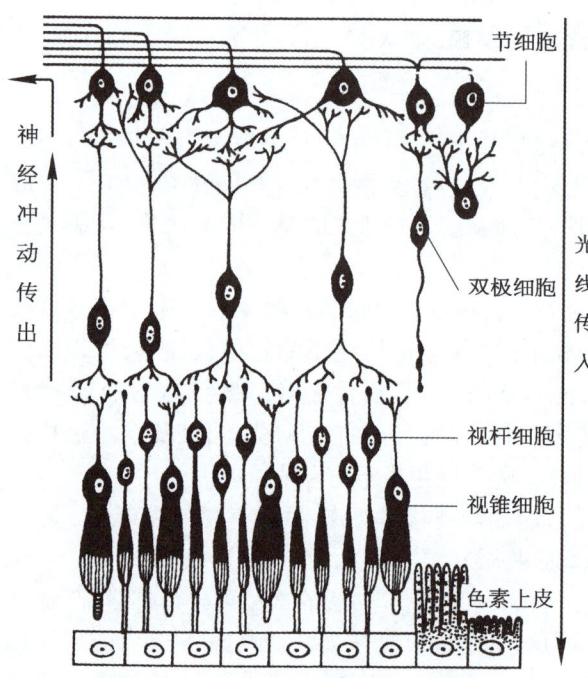

图 8-4 视网膜的结构（示意图）

（二）眼球的内容物

眼球内容物包括房水、晶状体和玻璃体。这些结构同角膜一样，均无血管而透明，具有屈光作用，它们共同构成眼的屈光系统。

1. **房水(aqueous humor)** 为无色透明的液体，由睫状体产生，充满于眼房内。**眼房**是眼球内角膜和晶状体之间的间隙，被虹膜将其分为角膜和虹膜之间的**前房**和虹膜与晶状体之间的**后房**，两房借瞳孔相通（图8-1、图8-2）。前房的周缘，即虹膜与角膜的交界处形成一环行间隙，称**虹膜角膜角(iridocorneal angle)（前房角）**（图8-2）。房水由睫状体产生后，自后房经瞳孔至前房，再由虹膜角膜角渗入巩膜静脉窦，最后汇入眼静脉。房水有屈光、营养角膜和晶状体及维持眼内压的作用。房水不断地循环更新，若房水产生过多或回流障碍，可使眼内压增高，压迫视网膜，影响视力，临床上称为青光眼。

2. **晶状体(lens)** 无色透明，富有弹性，无血管神经分布，位于虹膜和玻璃体之间，呈双凸透镜状（图8-1、图8-2），后面较前面隆凸。晶状体外包裹一层透明而富有弹性的被膜，称**晶状体囊**，其周缘借睫状小带连于睫状体上。当视近物时，睫状肌收缩，睫状体向前内方移动，睫状小带松弛，晶状体靠其本身的弹性变厚，屈光能力增强。当视远物时，睫状肌舒张，睫状小带被拉紧，使晶状体变薄，屈光能力减弱。通过睫状体对晶状体的调节，所看物体无论远近都能聚焦于视网膜上，形成清晰的物像。中年以后,晶状体逐渐硬化而弹性减退,睫状肌也逐渐萎缩,调节能力减低,看近物模糊不清,看远物时则较清晰,称之为老花眼。晶状体若因疾病或创伤而变浑浊,称之为白内障。

3. 玻璃体(vitreous body) 是无色透明的胶状物,充满在晶状体和视网膜之间(图8-1),除有屈光作用外,还有支撑视网膜的作用。如玻璃体浑浊,可造成不同程度的视力障碍。若支撑作用减弱,可导致视网膜剥离。

二、眼副器

眼副器(accessory organs of eye)包括眼睑、结膜、泪器、眼球外肌和眶内结缔组织等。

(一)眼睑

眼睑(eyelids)俗称眼皮,分上睑和下睑,位于眼球前方,是保护眼球的屏障。上、下睑之间的裂隙为睑裂(palpebral fissure),睑裂的内、外侧端分别称为内眦和外眦。睑的游离缘称睑缘,睑缘的前缘长有2~3行睫毛,上、下睫毛均弯曲向前,有防止灰尘和减弱光线照射的作用。睫毛根部有睫毛腺,睫毛腺的急性炎症称麦粒肿,是常见的眼科病症之一。

眼睑由浅入深由皮肤、浅筋膜、肌层、睑板和睑结膜构成。眼睑的皮肤细薄,浅筋膜疏松,缺乏脂肪组织。肌层主要为眼轮匝肌和上睑提肌。睑板由致密结缔组织构成,分上、下睑板,均呈半月形。睑板内有许多与睑缘垂直排列并开口于睑缘的睑板腺(图8-5)。睑板腺的分泌物有润滑睑缘,防止泪液外溢的作用。若睑板腺导管阻塞,形成睑板腺囊肿,亦称霰粒肿。

(二)结膜

结膜(conjunctiva)为一层覆盖于眼球前部和眼睑内面光滑透明的黏膜,富含血管。按所在部位分为衬覆于上、下睑内面并与睑板紧密结合的睑结膜、覆盖于眼球前部的球结膜和睑结膜与球结膜反折处的结膜穹3部(图8-5)。结膜穹又分结膜上穹和结膜下穹,其中结膜上穹较深。当上、下睑闭合时,整个结膜形成的囊状腔隙称结膜囊(conjunctival sac)。睁眼时,结膜囊通过睑裂与外界相通。

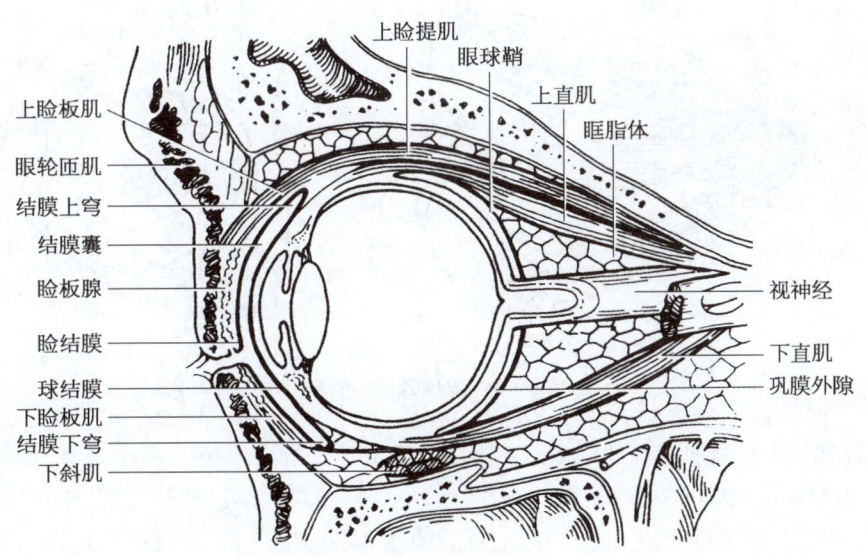

图8-5 眶(矢状切面)

(三)泪器

泪器(lacrimal apparatus)包括泪腺和泪道两部分(图8-6)。

1. 泪腺(lacrimal gland)　位于眶的外上方,其排泄导管开口于结膜上穹。泪腺分泌的泪液具有冲洗结膜囊内异物、维持眼球表面清洁、保持角膜湿润、抑制细菌生长的作用。

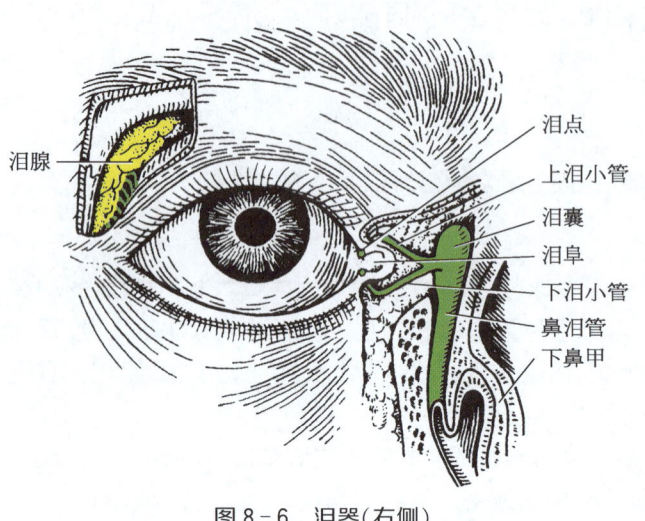

图8-6　泪器(右侧)

2. 泪道(lacrimal duct)　包括泪点、泪小管、泪囊和鼻泪管。

(1) 泪点(lacrimal punctum):上、下各1个,分别位于上、下睑内侧端泪乳头中央,为泪小管的开口,是泪道的起始部。

(2) 泪小管(lacrimal ductule):连于泪点和泪囊之间的细小管道,分上泪小管和下泪小管。它们自上、下泪点起始后分别垂直向上、下行,继而几乎呈直角转折向内,开口于泪囊上部。

(3) 泪囊(lacrimal sac):位于眶的泪囊窝内,为一膜性囊,上端为盲端,下端移行为鼻泪管。

(4) 鼻泪管(nasolacrimal duct):为一续于泪囊的膜性管道,上部包埋在骨性鼻泪管内,下部在鼻腔外侧壁的黏膜深面,下端开口于下鼻道外侧壁前部。

(四)眼球外肌

眼球外肌(ocular muscles)为骨骼肌,包括运动眼球和眼睑的肌,共7块(图8-7)。

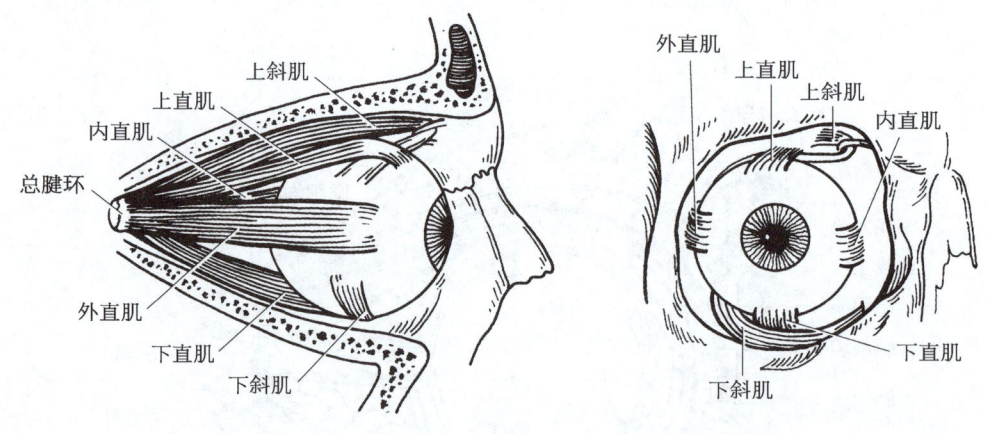

图8-7　眼球外肌(右侧)

运动眼球包括4块直肌和2块斜肌。4块直肌分别是上直肌(superior rectus)、下直肌(inferior rectus)、内直肌(medial rectus)和外直肌(lateral rectus),它们共同起自视神经管周围的总腱环,沿眼球壁前行,分别止于巩膜的上、下、内、外。上直肌使瞳孔转向上内,下直肌使瞳孔转向下内,内直肌使瞳孔转向内侧,外直肌使瞳孔转向外侧。2块斜肌为上斜肌(superior obliquus)和下斜肌(inferior obliquus)。上斜肌也起于总腱环,于上直肌和内直肌之间前行,以纤细的肌腱通过眶内侧壁前上方的滑车转折向后外,止于眼球上壁外侧的巩膜,可使瞳孔转向下外。下斜肌起于眶下壁前内侧,向后外止于眼球下壁外侧的巩膜,可使瞳孔转向上外。

运动眼睑的肌是上睑提肌(levator palpebrae superioris)(图8-5),该肌起于视神经管前方的眶壁,在上直肌上方前行,前端以腱膜止于上睑的皮肤和上睑板,收缩时上提上睑,开大睑裂。

三、眼的血管

(一)动脉

眼球和眶内结构的血液供应主要来自眼动脉。眼动脉(ophthalmic artery)在颅内起自颈内动脉,随视神经经视神经管入眶,先行于视神经外侧,再转至其上方,沿上斜肌下方前行,至内眦附近终于额动脉。在眶内,眼动脉的主要发出视网膜中央动脉,并分支供应眼球、眼球外肌、泪腺和眼睑等。

视网膜中央动脉(central artery of retina)在眼球后方穿入视神经内,经视神经盘穿出,分为视网膜鼻侧上、下小动脉和视网膜颞侧上、下小动脉4个分支,营养视网膜内层。

(二)静脉

收集眼球和眶内结构静脉血的静脉血管是眼静脉。眼静脉(ophthalmic vein)通常有眼上静脉和眼下静脉两支,经眶上裂入颅,注入海绵窦。眼静脉无静脉瓣,向前与面静脉有吻合。因此,面部感染处置不当时,经此路径可侵入颅内,导致海绵窦血栓形成。

第三节 前庭蜗器

前庭蜗器(vestibulocochlear organ)又称耳(ear),包括外耳、中耳和内耳3部分(图8-8)。外耳和中耳是收集和传导声波的装置,内耳是接受位觉(前庭器)和声波(蜗器)刺激的感受器。

一、外耳

外耳(external ear)包括耳郭、外耳道和鼓膜3部分。

(一)耳郭

耳郭(auricle)位于头部的两侧,分前外和后内两面。前外面凹陷,靠前有一大孔称外耳门,向内通外耳道。耳郭的上方大部分以软骨为支架,外覆皮肤,皮下组织少。下方的小部分无软骨支架,仅以结缔组织和脂肪构成,称耳垂,为临床常用采血的部位。

耳郭的边缘游离卷曲,称耳轮,以耳轮脚起于外耳门上方,其下端连于耳垂。耳轮前方有一与之平行的弓状隆起,称对耳轮,对耳轮上端分为对耳轮上脚和对耳轮下脚,两脚间的凹陷称三角窝。耳轮和对耳轮之间的弧形浅沟称耳舟。在对耳轮前方有一深凹称耳甲,它被耳轮脚分为上部的耳甲艇和下部的耳甲腔。耳甲腔前方的突起称耳屏。在耳屏对侧,对耳轮下端的突起称对耳屏。耳屏和对耳屏间的凹陷称耳屏间切迹(图8-9)。

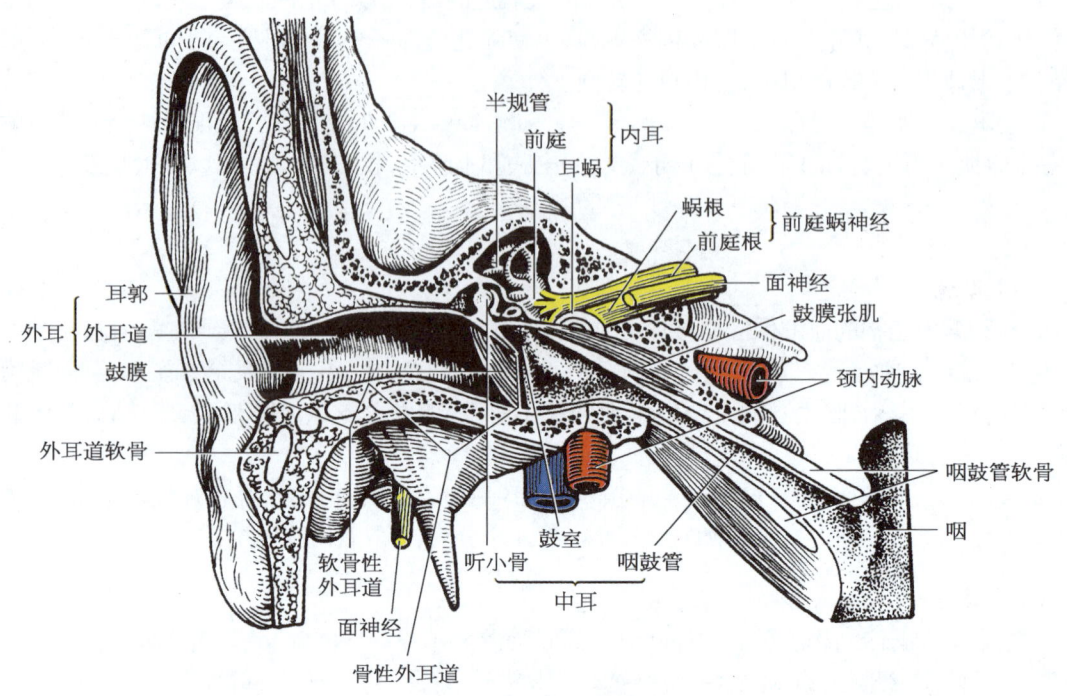

图 8-8 前庭蜗器全貌

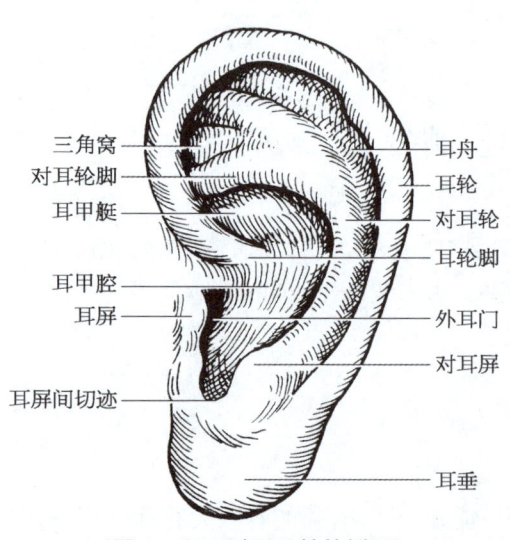

图 8-9 耳郭（示前外侧面）

耳郭的外形似倒置的胎儿，其形态结构与人体各部有一定对应关系（图 8-10），通过针刺耳郭上的穴位，可以治疗全身疾病，中医学以耳郭的形态作为耳穴定位的标志。

（二）外耳道

外耳道（external acoustic meatus）是外耳门至鼓膜之间的弯曲管道，成人长约 2.5 cm，可分为外侧 1/3 的软骨部和内侧 2/3 的骨部。由于软骨部朝向后内上，可牵动骨部弯向前内下，故作外耳道检查时，可将耳郭拉向后上方，使外耳道变直，以观察鼓膜。而儿童的外耳道较短且平直，检查时应将耳郭拉向后下方。

外耳道的皮肤较薄，软骨部皮肤内含有毛囊、皮脂腺和耵聍腺，耵聍腺分泌黏稠的耵聍，干燥后形成痂块。外耳道的皮下组织少，皮肤与软骨膜及骨膜紧密相连，且神经分布丰富，故外耳道发生疖肿时疼痛剧烈。

（三）鼓膜

鼓膜（tympanic membrane）位于外耳道底和鼓室之间，为椭圆形半透明的薄膜，其位置向前外倾斜，与外耳道底成 45°夹角（图 8-8）。鼓膜的上 1/4 薄而松弛，呈淡红色，称松弛部。下 3/4 坚实

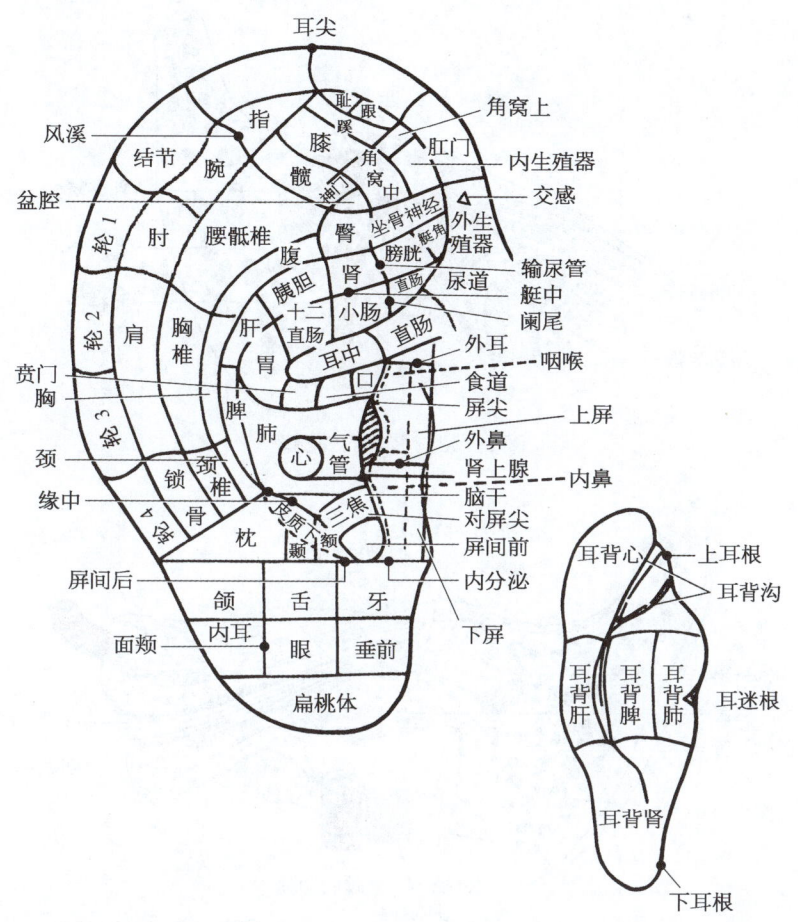

图 8-10 耳穴定位示意图

紧张,呈灰白色,称**紧张部**。鼓膜的中心向内凹陷,称**鼓膜脐**,其前下方有一个三角形反光区,称**光锥**(图 8-11)。

二、中耳

中耳(middle ear)主要包括鼓室、咽鼓管、乳突窦和乳突小房。位于外耳和内耳之间,是声波传导的主要部分(图 8-8)。

(一)鼓室

鼓室(tympanic cavity)是颞骨岩部内含气的不规则小腔,位于鼓膜和内耳外侧壁之间,借鼓膜与外耳道分隔,通过前庭窗和蜗窗与内耳相连,并经咽鼓管通鼻咽部,经乳突窦与乳突小房相通。鼓室有 6 个壁(图 8-12、图 8-13),内有听小骨。

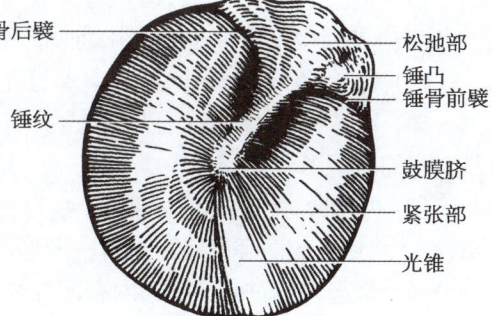

图 8-11 右侧鼓膜

1. 鼓室的壁

(1)上壁:即**盖壁**,为一薄骨板与颅中窝相隔,故中耳疾病可能经此侵入颅腔。

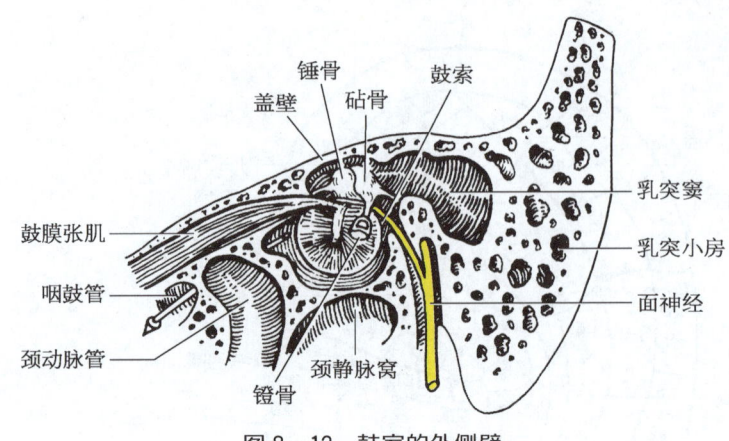

图 8-12 鼓室的外侧壁

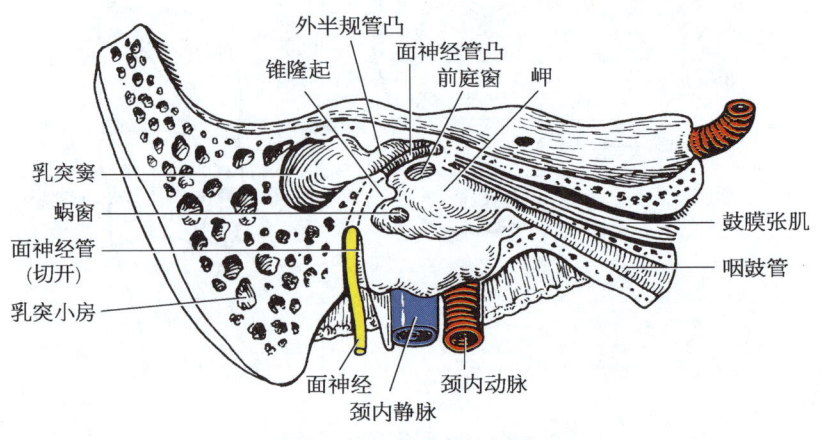

图 8-13 鼓室的内侧壁

(2) 下壁：为颈静脉壁，借一薄骨板与颈内静脉起始部分隔。

(3) 前壁：为颈动脉壁，即颈动脉管后壁。

(4) 后壁：为乳突壁，通过乳突窦与乳突小房相通，故中耳炎时可蔓延至乳突窦和乳突小房。

(5) 外侧壁：为鼓膜壁，以鼓膜与外耳道相隔。中耳炎时可并发鼓膜穿孔，常见穿孔部位在鼓膜紧张部的下半。

(6) 内侧壁：是内耳的外侧壁，称迷路壁，此壁中部隆凸，称岬。岬的后上方有椭圆形的前庭窗，被镫骨底封闭。岬的后下方有一圆形的蜗窗，封闭蜗窗的膜称第二鼓膜。在前庭窗的后上方有一个弓形隆起，称面神经管凸，内有面神经通过。面神经管的壁管甚薄，中耳手术时易损伤面神经。

2. 鼓室的内容物 主要有 3 块听小骨，由外侧至内侧为锤骨、砧骨和镫骨（图 8-14），3 骨借关节相连成听小骨链。锤骨柄附着于鼓膜的内面，镫骨底封闭前庭窗。当声波振动鼓膜时，通过听小骨链的杠杆系统，使镫骨底在前庭窗上来回摆动，将声波的振动传入内耳。

（二）咽鼓管

咽鼓管（auditory tube）是连接鼓室和鼻咽的管道（图 8-8），可分为前内侧 2/3 的软骨部和后外侧 1/3 的骨部。咽鼓管以咽鼓管咽口开口于鼻咽的侧壁，以咽鼓管鼓室口开口于鼓室的前壁。平

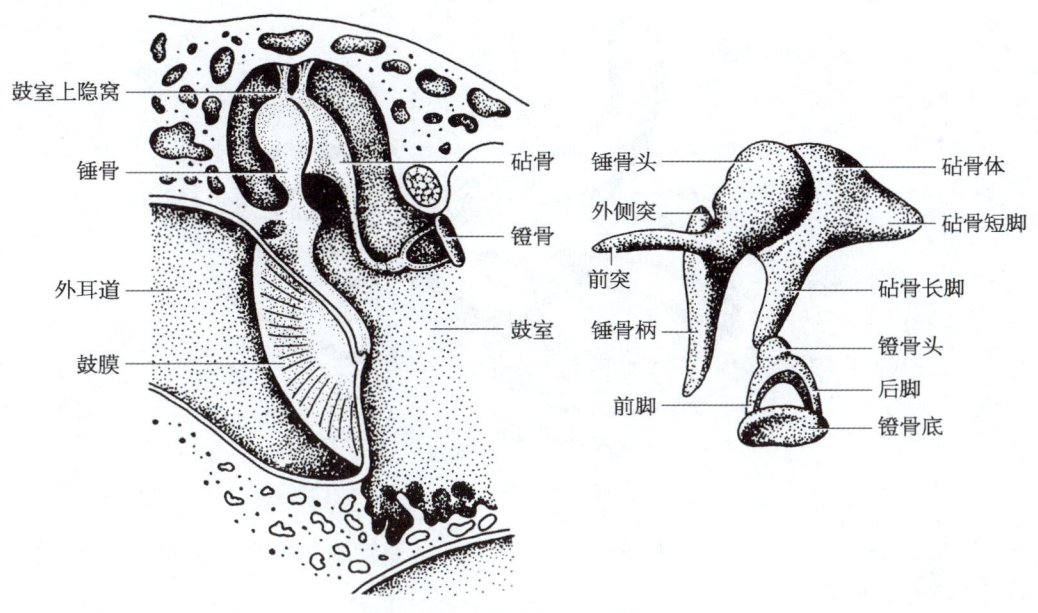

图 8-14 听 小 骨

时咽鼓管咽口处于关闭状态,仅在用力张口或吞咽时暂时开放,维持鼓膜内、外的压力平衡。由于小儿咽鼓管短而宽,近似水平位,故咽部感染可经咽鼓管侵入鼓室,引起中耳炎。

(三) 乳突窦和乳突小房

乳突窦(mastoid antrum)和乳突小房(mastoid cells)是鼓室向后的延伸部。乳突窦是鼓室后上方的较大空隙,向前开口于鼓室,向后与乳突小房交通。乳突小房为颞骨乳突部内的许多含气小腔隙,腔内覆盖着黏膜,且与乳突窦和鼓室的黏膜相延续,故中耳炎症时可经乳突窦侵入乳突小房而引起乳突炎(图 8-12、图 8-13)。

三、内耳

内耳(internal ear)又称迷路,位于颞骨岩部骨质内,在鼓室内侧壁和内耳道底之间(图 8-8),结构复杂,是听觉和位置觉感受器所在部位。迷路又分为骨迷路和膜迷路两部分,骨迷路为颞骨岩部内的骨性隧道,膜迷路是套在骨迷路内的膜性管道系统。膜迷路中充满内淋巴,骨迷路和膜迷路间的间隙内充满外淋巴,内淋巴与外淋巴互不相通。

(一) 骨迷路

骨迷路(bony labyrinth)由骨密质构成,由前内向后外沿颞骨岩部的长轴排列,依次分为前庭、骨半规管和耳蜗 3 部分,它们彼此互相通连(图 8-15)。

1. **前庭**(vestibule) 是位于骨迷路中部,略似椭圆形的腔隙。前庭的前下方有一大孔通耳蜗,后上方有 5 个小孔通骨半规管。前庭的外侧壁即鼓室的内侧壁,有靠上方呈椭圆形的前庭窗和靠下方呈圆形的蜗窗。前庭的内侧壁即内耳道底,有神经穿过。

2. **骨半规管**(bony semicircular canals) 为位于前庭后外上方的 3 个呈"C"形互相垂直的骨管,分别称前骨半规管、后骨半规管和外骨半规管。每一骨半规管都有两个骨脚通前庭,一个骨脚

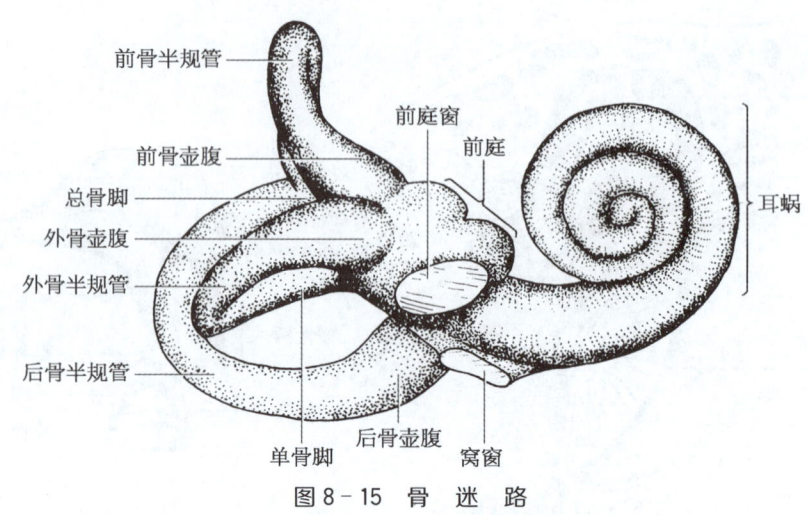

图8-15 骨迷路

上有膨大的壶腹骨脚,另一骨脚细小称单骨脚。前、后骨半规管的单骨脚合并成总骨脚,故3个骨半规管共有5个开口通前庭。

3. 耳蜗(cochlea) 位于前庭的前下方,形似蜗牛壳。耳蜗的顶端称蜗顶,朝前外。底端称蜗底,朝后内。耳蜗由蜗螺旋管(骨螺旋管)围绕蜗轴旋转两圈半构成。蜗轴位于耳蜗中央,骨质疏松,有血管、神经穿行。自蜗轴发出的骨螺旋板突入蜗轴螺旋管内,与连于其外侧的膜迷路将蜗螺旋管分隔为上、下两半,上半靠蜗顶,称前庭阶,通向前庭窗。下半向蜗底,称鼓阶,通蜗窗。在蜗顶处,前庭阶和鼓阶借蜗孔彼此相通(图8-16)。

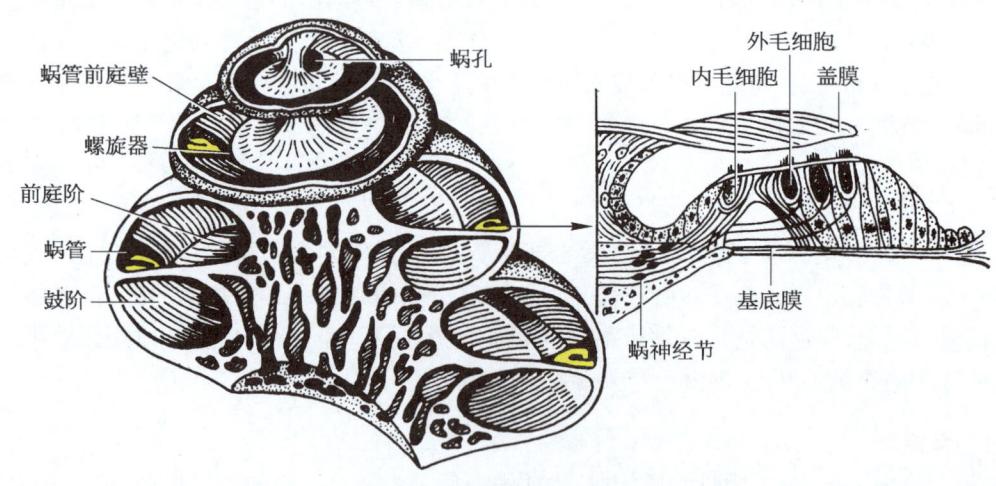

图8-16 耳蜗切面示意图

(二) 膜迷路

膜迷路(membranous labyrinth)是套在骨迷路内的膜性管道系统,管壁上有前庭器和蜗器。膜迷路包括椭圆囊、球囊、膜半规管和蜗管(图8-17),它们之间彼此相通,腔内充满内淋巴。

1. 椭圆囊(utricle)和球囊(saccule) 均位于前庭内,椭圆囊在后上,球囊在前下。椭圆囊后壁有5个开口与膜半规管相通,前壁借椭圆球囊管通球囊。椭圆囊底部有椭圆囊斑(macula utriculi),

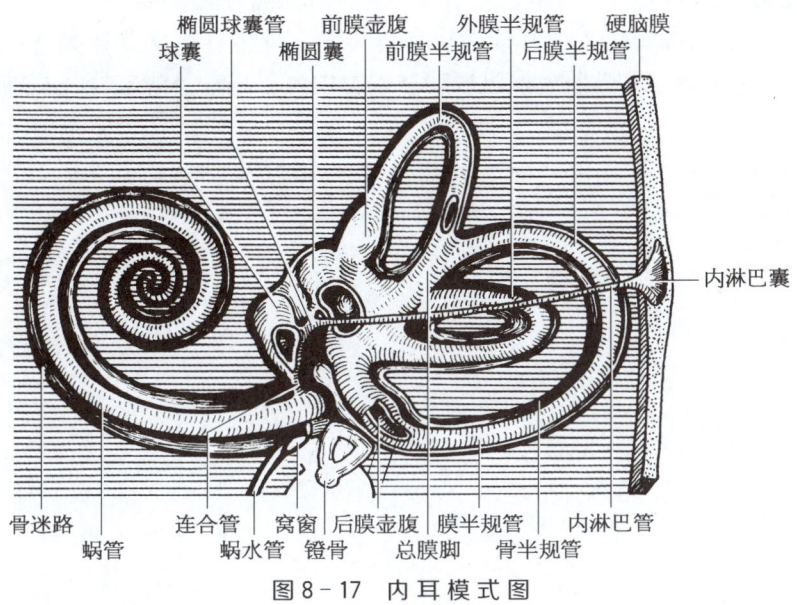

图 8-17 内耳模式图

球囊前上壁有球囊斑(macula sacculi)。

2. **膜半规管**(semicircular ducts) 套在骨半规管内,形似骨半规管。在3个骨壶腹内也有3个膜壶腹,每个膜壶腹壁上各有一隆起的壶腹嵴(crista ampullaris)。

椭圆囊斑、球囊斑和壶腹嵴都是位置觉感受器,合称前庭器。其中,椭圆囊斑和球囊斑能感受直线加速或减速运动的刺激,壶腹嵴能感受旋转变速运动的刺激。

3. **蜗管**(cochlear duct) 在蜗螺旋管内(图8-16、图8-18)。一端伸入前庭,借连合管与球囊相通,另一端在蜗顶,为盲端。在水平断面上,蜗管呈三角形,介于前庭阶和鼓阶之间。其上壁称蜗管前庭壁(又称前庭膜),分隔前庭阶和蜗管。外侧壁与蜗螺旋管外侧壁的骨膜紧密相连,含丰富的血管。下壁称蜗管鼓壁(又称螺旋膜或基底膜),与鼓阶相隔。螺旋膜上有螺旋器(spiral organ)(又称Corti器),是听觉感受器。

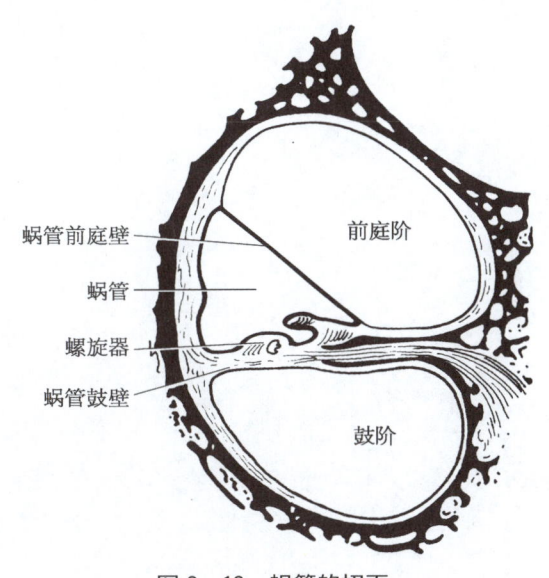

图 8-18 蜗管的切面

【附】声波的传导

声波传导有空气传导和骨传导两种。通常声波传导以空气传导为主。

1. **空气传导** 声波→耳郭收集→外耳道→鼓膜→锤骨→砧骨→镫骨→前庭窗→前庭阶外淋巴→蜗管前庭壁→蜗管内淋巴→螺旋器→蜗神经→大脑皮质听觉中枢。

如果鼓膜穿孔或听小骨链运动障碍时,声波还可通过下列途径传导:声波→耳郭收集→外耳道→鼓室→蜗窗第二鼓膜→鼓阶外淋巴→蜗管内淋巴→螺旋器→蜗神经→大脑皮质听觉中枢。

2. 骨传导　声波经颅骨传入内耳的途径称骨传导。骨传导传导路径如下：声波→颅骨振动→骨迷路→前庭阶外淋巴和鼓阶外淋巴振动→蜗管内淋巴振动→螺旋器→蜗神经→大脑皮质听觉中枢。

外耳和中耳的疾病引起的耳聋为传导性耳聋，内耳、蜗神经、听觉传导通路和听觉中枢损伤引起的耳聋为神经性耳聋。

第九章 神经系统

第一节 概　述

> **导学**
> 1. 掌握神经系统的区分和组成、神经系统的常用术语。
> 2. 熟悉神经元的构造、分类，突触和反射弧的概念。

一、神经系统的主要功能

神经系统(nervous system)是由脑、脊髓以及与其相连的脑神经和脊神经组成，在机体各器官、各系统中处于主导地位。其基本功能为：

(1) 神经系统调节和控制其他各系统的功能活动，使机体成为一个完整的统一体。例如，当参加体育运动时，随着骨骼肌的收缩，出现呼吸加快加深、心跳加速、出汗等一系列变化。这些都是在神经系统的统一调控下完成的。

(2) 神经系统通过调整机体功能活动，使机体适应不断变化的外界环境，维持机体与外界环境的平衡。如气温低时，通过神经系统的调节，使周围小血管收缩，减少体内热量散发。气温高时，周围小血管扩张，增加体内热量的散发，以维持体温在正常水平。

(3) 人类在长期的进化发展过程中，神经系统特别是大脑皮质得到了高度的发展，产生了语言和思维，人类不仅能被动地适应外界环境的变化，而且能主动地认识客观世界，改造客观世界，使自然界为人类服务，这是人类神经系统最主要的特点。

二、神经系统的区分

神经系统无论在结构和功能上都是一个不可分割的整体，为了学习方便，可从不同角度将其区分。

1. **按部位区分**　神经系统可分为中枢神经系统和周围神经系统（图9-1）。
(1) **中枢神经系统**(central nervous system)：包括脑和脊髓。脑位于颅腔内，脊髓位于椎管内。
(2) **周围神经系统**(peripheral nervous system)：包括与脑相连的12对脑神经和与脊髓相连的

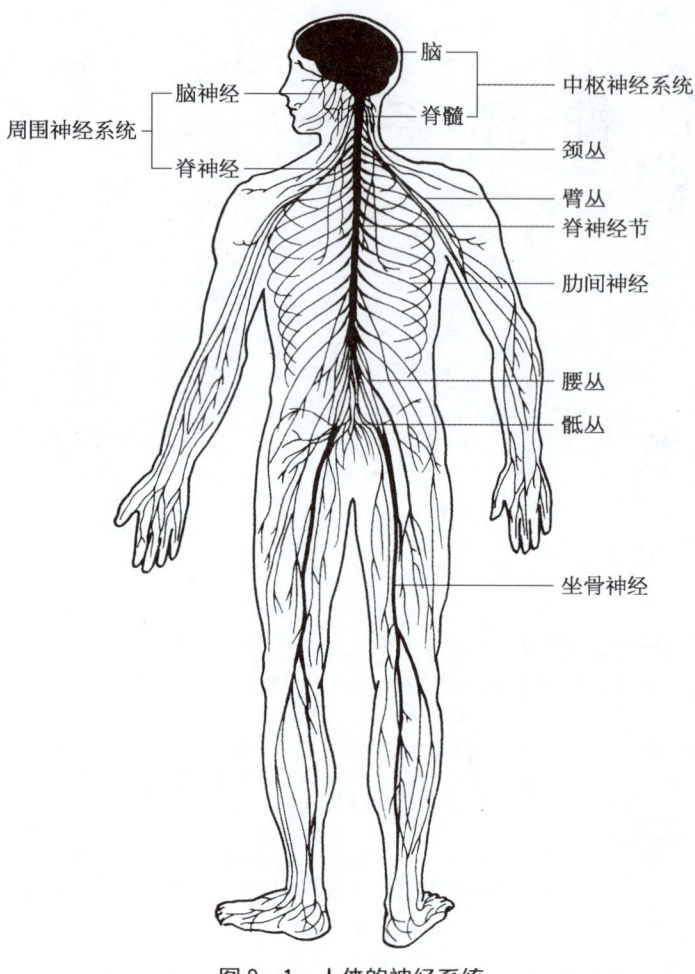

图 9-1 人体的神经系统

31 对脊神经。

2. 按功能区分　神经系统可分为躯体神经系统(somatic nervous system)和自主神经系统(autonomic nervous system)(又称内脏神经系统或植物性神经系统)。它们的中枢部都在脑和脊髓,周围部分别称躯体神经和内脏神经。

(1) 躯体神经(somatic nerves):含有躯体感觉(传入)和躯体运动(传出)神经,主要分布于皮肤和运动系统(骨、骨连结和骨骼肌),管理皮肤的感觉和运动器的感觉及运动。

(2) 内脏神经(visceral nerves):又称自主神经,含有内脏感觉(传入)神经和内脏运动(传出)神经,主要分布于内脏、心血管和腺体,管理它们的感觉和运动。内脏运动神经又根据其功能分为交感神经和副交感神经。

三、神经系统的组成

神经系统主要由神经组织构成,神经组织由神经细胞和神经胶质细胞组成。

(一) 神经细胞

神经细胞(nerve cell)又称神经元(neuron),是神经系统结构和功能的基本单位,具有感受刺激和传导冲动的作用。

1. 神经元的构造　每个神经元都是由胞体和突起两部分构成(图 9-2)。

(1) 胞体:大小不一,形态各异,由细胞膜、细胞核和细胞质组成。细胞质内除含有一般细胞器外,还有神经细胞所特有的尼氏体和神经原纤维。尼氏体是由发达的粗面内质网和游离核糖体组成,是合成蛋白质的场所。神经原纤维对神经细胞有支持作用,并与神经细胞内的物质运输有关。胞体是神经元的代谢和营养中心。

(2) 突起:神经元的突起分为树突和轴突。

1) 树突(dendrite):有接受刺激和将冲动传入胞体的功能,每个神经元有一个或多个。

2) 轴突(axon):功能是将冲动传出胞体,每个神经元只有一个。

2. 神经元的分类

(1) 根据突起的数目:分为假单极神经元、双极神经元和多极神经元(图 9-3)。

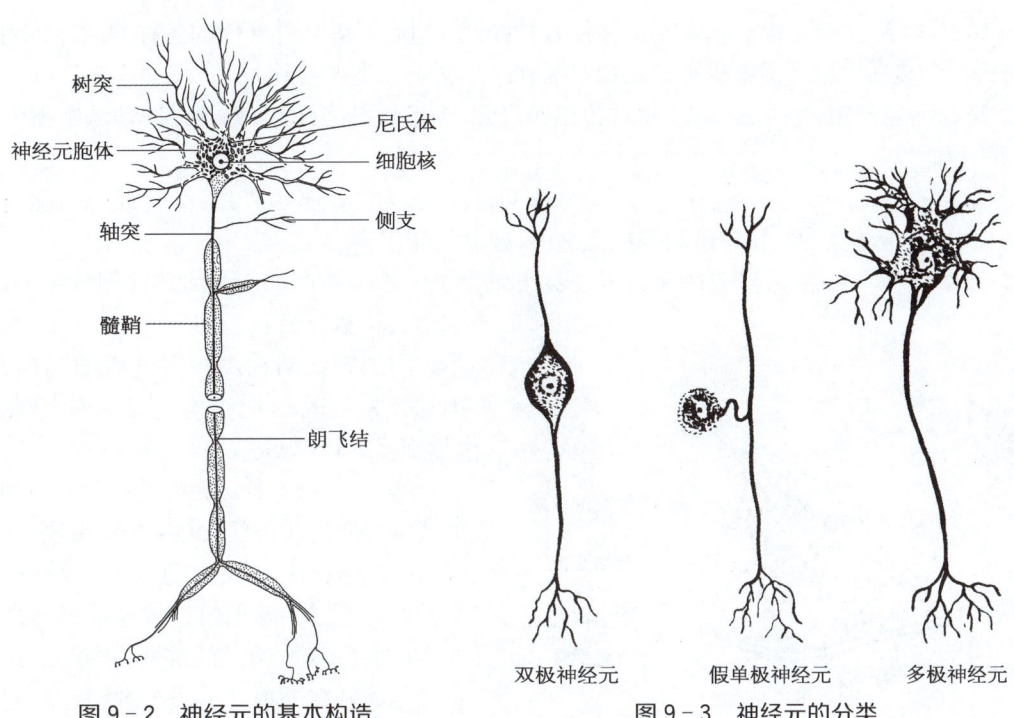

图9-2 神经元的基本构造　　图9-3 神经元的分类

1) **假单极神经元**(pseudounipolar neuron)：胞体在脑神经节或脊神经节内。由胞体发出一个突起，不远处分为两支，一支至皮肤、运动系或内脏等处的感受器，称周围突(相当于树突)。另一支进入脑或脊髓，称中枢突(相当于轴突)。

2) **双极神经元**(bipolar neuron)：由胞体的两端各发出一个突起，其中一个为周围突(树突)，另一个为中枢突(轴突)。此类神经元存在于视网膜、鼻腔黏膜嗅区和前庭蜗器神经节内。

3) **多极神经元**(multipolar neuron)：有多个树突和一个轴突，胞体主要存在于脑和脊髓内，部分存在于内脏神经节内。

(2) 根据神经元的功能：分为感觉神经元、运动神经元和联络神经元(图9-4)。

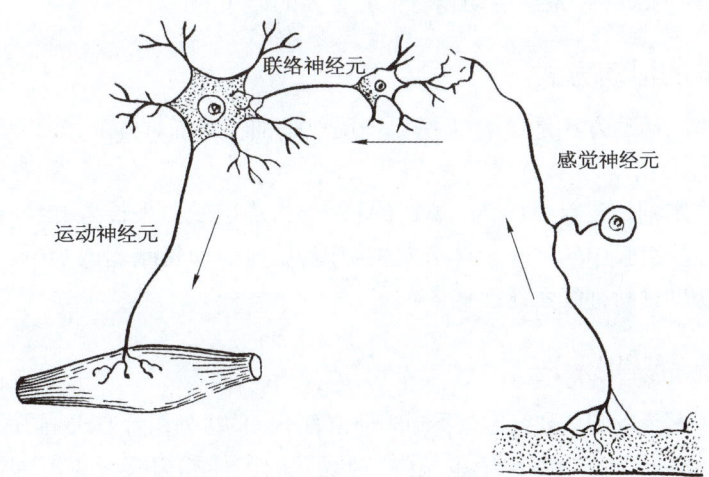

图9-4 神经元之间的分类和联系

1) 感觉神经元(sensory neuron)：也称传入神经元，能接受体内、外环境的各种刺激并将刺激转变为神经冲动传入中枢。假单极神经元和双极神经元属于此类神经元。

2) 运动神经元(motor neuron)：也称传出神经元，为多极神经元，能将神经冲动从中枢传到效应器(肌、腺体)。

3) 联络神经元(association neuron)：也称中间神经元，为小型多极神经元，神经元的胞体和突起在中枢内，位于感觉神经元和运动神经元之间，起联络作用。

3. 神经纤维　神经元较长的突起(主要由轴突)及套在外面的鞘状结构[即髓鞘(myelin sheath)]，称神经纤维(nerve fiber)。在中枢神经系统内的鞘状结构由少突胶质细胞构成，在周围神经系统的鞘状结构则是由神经膜细胞(也称施万细胞)构成。

4. 突触(synapse)　突触是神经元与神经元之间或神经元与非神经元(感受器或效应器)之间的特化的连接区域，是传递信息的特殊结构。一个神经元通过突触把信息传递给另一个神经元或效应器(图9-5)。最常见的突触方式是一个神经元的轴突末梢与另一个神经元的胞体或树突接触，分别构成轴-体突触和轴-树突触。此外，还有轴-轴、树-树突触等。

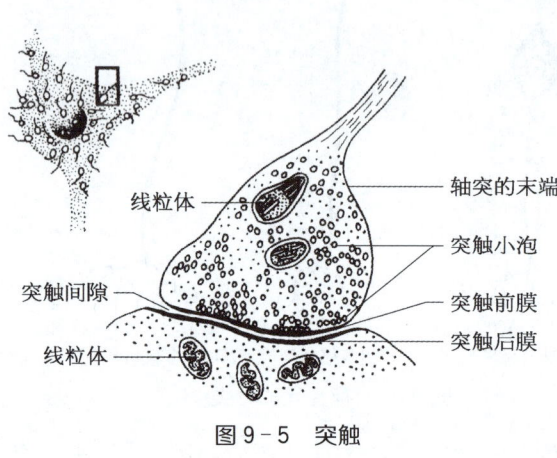

图9-5　突触

(二) 神经胶质

神经胶质(neuroglia)又称神经胶质细胞(glial cell)，是神经组织中的另一大类细胞，这类细胞没有传递冲动的功能，广泛分布于中枢神经系统和周围神经系统。神经胶质细胞一般较小，但数量多，为神经元的10~50倍。神经胶质细胞也有突起，但不分树突和轴突。胞质内无尼氏体和神经原纤维。神经胶质细胞除对神经细胞具有支持、营养、保护和修复的功能外，还是许多神经递质的受体和离子通道，对调节神经系统活动起着十分重要的作用。

四、神经系统的活动方式

神经系统最基本的活动方式是反射(reflex)。反射是神经系统对体内、外环境的刺激所作出的适宜反应。

反射活动的形态基础是反射弧(reflex arc)(图9-6)，由感受器→传入神经→反射中枢→传出神经→效应器组成。反射弧中任何一个环节发生障碍，反射活动将减弱或消失。临床上常通过一些检查反射的方法协助诊断神经系统疾病。

五、神经系统的常用术语

在神经系统中，神经元的胞体和突起在不同的部位有不同的排列组合方式，故用不同的术语表示。

1. 灰质(gray matter)　在中枢神经系统内，神经元的胞体和树突聚集的部位，色泽灰暗称灰质。位于大脑和小脑表层的灰质，分别称大脑皮质和小脑皮质。

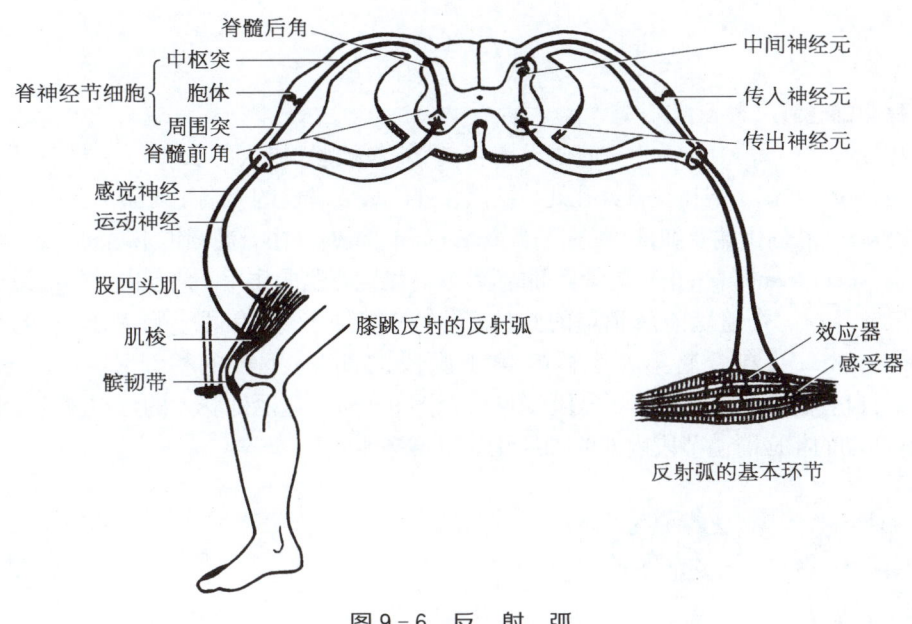

图 9-6 反射弧

2. **白质（white matter）** 在中枢神经系统内，神经元的轴突集中的部位，因多数轴突具有髓鞘，颜色苍白，称白质。位于大脑和小脑深部的白质，分别称大脑髓质和小脑髓质。

3. **神经核（nucleus）** 在中枢神经系统内，包埋在白质内的灰质团块，内有形态和功能相同的神经元胞体，称神经核。

4. **神经节（ganglion）** 在周围神经系统内，神经元胞体集中的地方，外形略膨大，称神经节，如脑神经节、脊神经节等。

5. **纤维束（fasciculus）** 在中枢神经系统白质内，凡起止、行程和功能相同的神经纤维集聚成束，称纤维束或传导束。

6. **神经（nerve）** 在周围神经系统内，神经纤维集合成大小、粗细不等的集束，由不同数目的集束再集合成一条神经。在每条纤维、每个集束及整条神经的周围，都包有结缔组织被膜，分别称神经内膜、神经束膜和神经外膜。

第二节　脊髓和脊神经

> **导学**
> 1. 掌握脊髓的位置、外形、脊髓节段概念，脊髓灰质的形态结构、白质的重要传导束，颈丛、臂丛、腰丛、骶丛的组成和位置及各丛主要分支的走行、位置和分布。
> 2. 熟悉坐骨神经的体表投影及闭孔神经、隐神经的分布，颈丛皮支、脊神经后支的分布及脊髓对躯干皮肤的节段性分布。

一、脊髓

（一）脊髓的位置和外形

1. **脊髓的位置** 脊髓(spinal cord)位于椎管内,外包被膜,成人约长 45 cm,最宽处的直径约 1 cm,重量约 35 g。脊髓上端在枕骨大孔处与延髓相连。成人脊髓的下端平对第 1 腰椎体下缘,新生儿平第 3 腰椎体。脊髓下端变细,称脊髓圆锥(conus medullaris)。由脊髓圆锥末端向下延续为一根细丝,称为终丝(filum terminale),止于尾骨后面的骨膜,有稳定脊髓的作用。终丝内无神经组织。

2. **脊髓的外形** 脊髓呈前后稍扁的圆柱形,全长粗细不等,有两个膨大,上方的称颈膨大(cervical enlargement),自脊髓第 4 颈段至第 1 胸段的部分；下方的称腰骶膨大(lumbosacral enlargement),自脊髓第 2 腰段至第 3 骶段(图 9-7、图 9-9)。这两处膨大的形成是由于四肢的出现而支配其活动的相应脊髓节段内部的神经元数量增多所致。

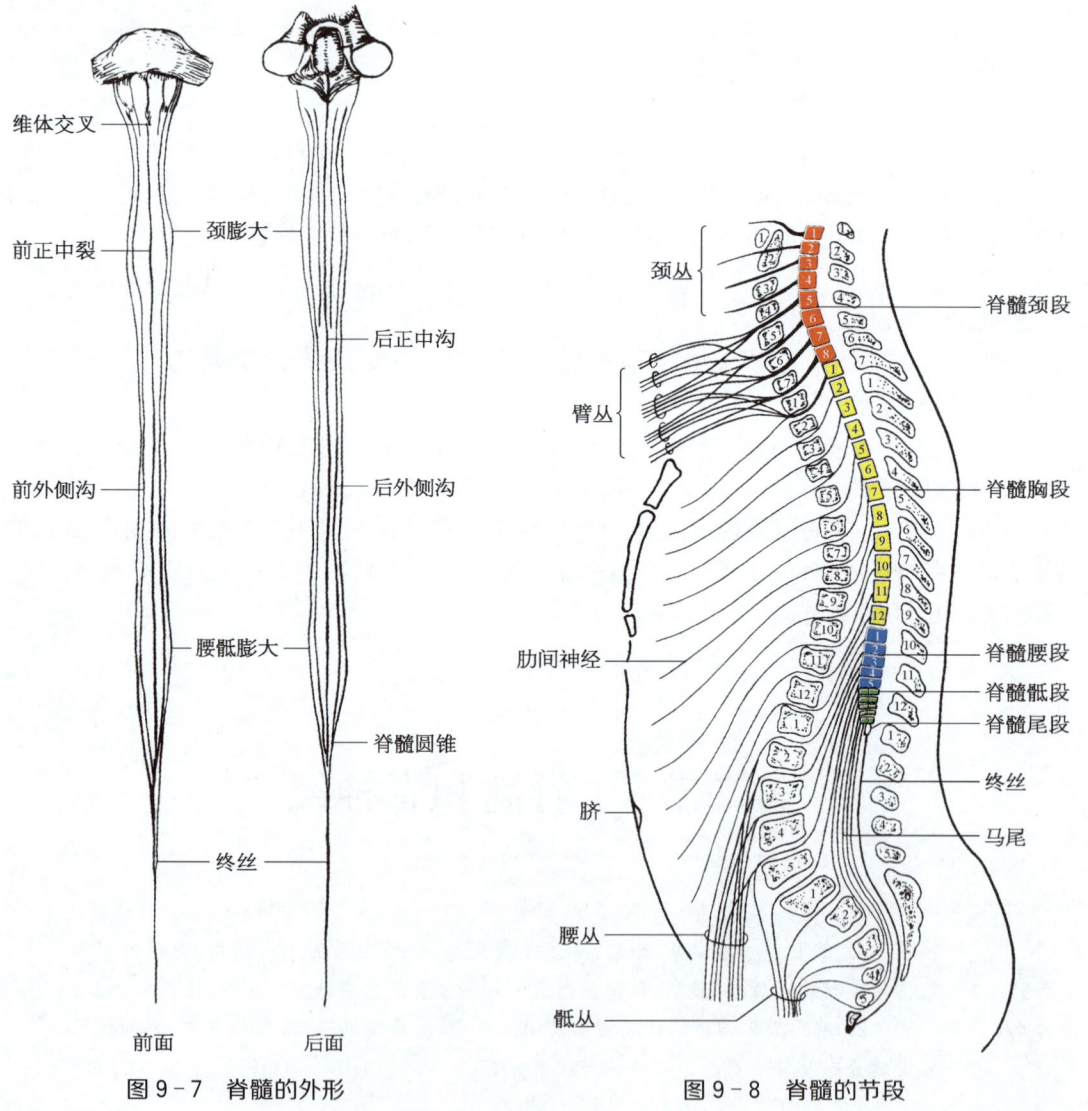

图 9-7 脊髓的外形　　　　图 9-8 脊髓的节段

脊髓表面有6条纵沟,前面正中的沟较深,称为前正中裂(anterior median fissure)。后面正中的沟较浅,称为后正中沟(posterior median sulcus)。前、后正中两条纵沟把脊髓分为对称的两半。在前正中裂和后正中沟的两侧,分别有成对的前外侧沟和后外侧沟。在前、后外侧沟内有成排的脊神经根丝出入。出前外侧沟的根丝形成31对前根(anterior root),入后外侧沟的根丝形成31对后根(posterior root)。在后根上有膨大的脊神经节(spinal ganglia)。前、后根在椎间孔处合成1条脊神经,由椎间孔出椎管(图9-7、图9-9)。

每对脊神经前、后根相连的1段脊髓,称为1个脊髓节段(segments of spinal cord)。因此,脊髓分为31个节段,即颈段8个节段(C)、胸段12个节段(T)、腰段5个节段(L)、骶段5个节段(S)和尾段1个节段(Co)(图9-8)。

在胚胎3个月以前,脊髓和椎管的长度大致相等,所有脊神经根几乎都呈直角伸向相应的椎间孔。从胚胎第4个月起,脊髓的生长速度比脊柱缓慢,脊髓长度短于椎管,而其上端连接脑处位置固定,结果使脊髓节段的位置由上向下逐渐高出相应的椎骨,神经根向下斜行一段才达相应的椎间孔。腰、骶、尾段的神经根在未出相应的椎间孔之前,在椎管内垂直下行,围绕终丝形成马尾(cauda equina)(图9-8、图9-9)。成年人,一般第1腰椎以下已无脊髓,只有浸泡在脑脊液中的马尾和终丝,故临床上常在第3、第4腰椎棘突之间进行腰椎穿刺。

3. **脊髓与脊柱的对应关系** 脊髓和脊柱的长度不等,脊髓的节段和脊柱的椎骨不完全对应。了解某段脊髓平对某节椎骨的相应位置,具有临床实用意义。粗略推算,在成人脊髓颈段上部(C1~4)大致与同序数椎骨相对,脊髓颈段下部(C5~8)和脊髓胸段上部(T1~4)与同序数椎骨的上1节椎体平对,如脊髓第6颈段平对第5颈椎体。脊髓胸段中部(T5~8)与同序数椎骨的上2节椎体平对。脊髓胸段下部(T9~12)与同序数椎骨的上3节椎体平对。脊髓腰段平对第10~12胸椎。脊髓骶段和脊髓尾段平对第1腰椎(图9-8)。

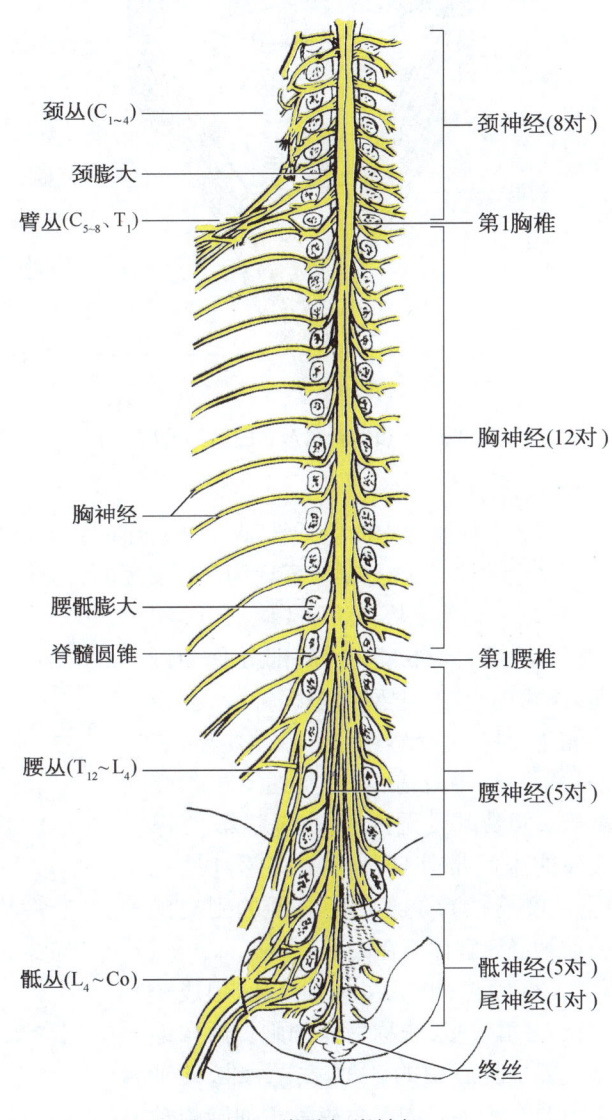

图9-9 脊髓与脊神经

(二) 脊髓的内部结构

脊髓由灰质和白质构成。灰质在内部,白质在周围(图9-10、图9-11)。

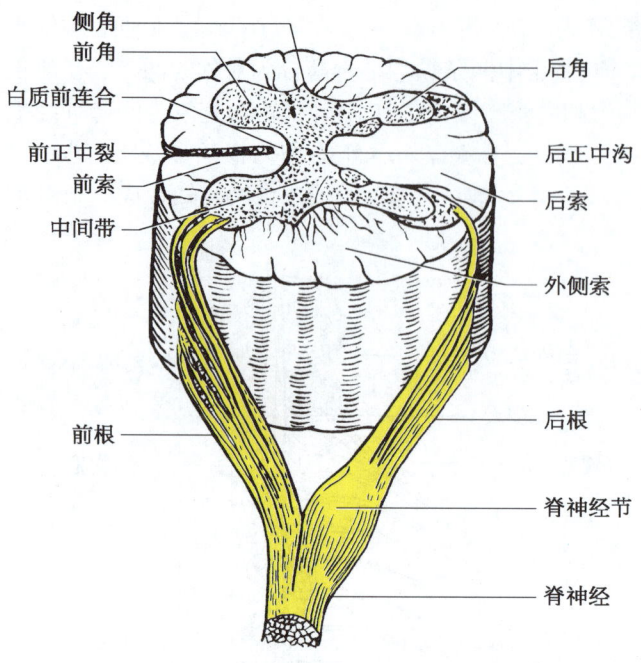

图 9-10 脊髓灰、白质的分区

1. **灰质** 在脊髓横切面上呈"H"形，其中间横行的部分，称灰质连合(gray commissure)，其中央有中央管(central canal)，纵贯脊髓全长。每侧灰质前部扩大，称为前角(anterior horn)。后部狭细，称为后角(posterior horn)。前、后角之间称为中间带(intermediate zone)。从脊髓第1胸段至第3腰段，中间带向外侧突出，称为侧角(lateral horn)。前、后、侧角在脊髓内上下连续纵贯成柱，又分别称为前柱、后柱和侧柱。

(1) 前角：除有些小型的中间神经元外，主要为运动神经元，统称为前角运动细胞，它们成群排列，其轴突经前根和脊神经直达躯干和四肢的骨骼肌。

前角运动神经元可区分为大型的 α 运动神经元和小型的 γ 运动神经元，前者支配肌梭外的肌纤维，引起骨骼肌的收缩。后者支配肌梭内的肌纤维，调节肌纤维的张力。当前角病变时，由于肌失去了来自 α 运动神经元和 γ 运动神经元的支配，表现为其所支配的骨骼肌瘫痪并萎缩、肌张力低下、腱反射消失。

(2) 中间带：从脊髓第1胸段至第3腰段，中间带向外侧突出的部分称为侧角，侧角内含中、小型的多极神经元，统称侧角细胞，是交感神经的低位中枢，它们的轴突经相应前根、白交通支进入交感干。脊髓骶段无侧角，在脊髓第2～4骶段的中间带外侧部有副交感神经元（骶副交感核），是至盆腔脏器的副交感节前神经元胞体所在的地方。

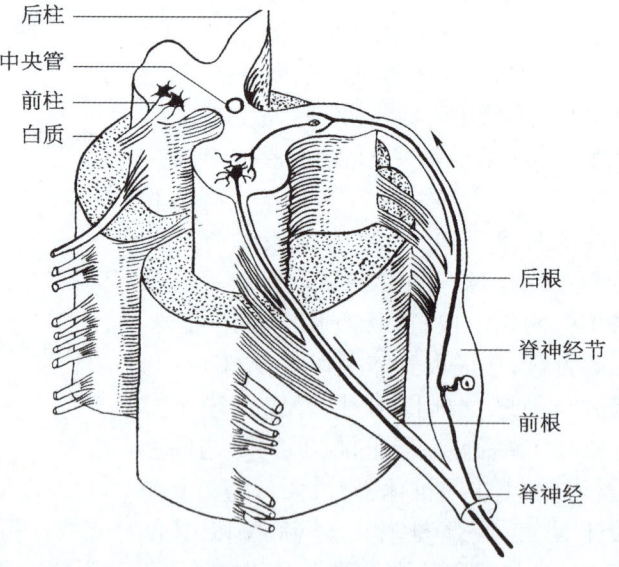

图 9-11 脊髓节段及内部结构示意图

(3) 后角：内含多极神经元，组成较复杂，分群较多，统称后角细胞。后角细胞主要接受后根的各种感觉纤维，其轴突主要有两种去向：一些后角细胞的轴突进入对侧或同侧的白质形成上行纤维束，将后根传入的神经冲动传导到脑；另一些后角细胞的轴突在脊髓各节段内或节段间起联络作用。

(4) Rexed 脊髓灰质板层：Rexed 依据猫脊髓灰质的细胞构筑，将灰质分为10个板层。

2. **白质** 每侧白质借脊髓的纵沟分成3个索。前正中裂和前外侧沟之间称为前索(anterior

funiculus),前、后外侧沟之间称为**外侧索**(lateral funiculus),后外侧沟和后正中沟之间称为**后索**(posterior funiculus)。灰质连合和前正中裂之间的白质,称为**白质前连合**(anterior white commissure),由左、右交叉纤维组成(图9-10)。脊髓白质主要由短的固有束及长的上、下行纤维束组成。

(1) **固有束**(fasciculus proprius):脊髓固有束位于白质最内侧紧靠灰质的边缘处,由灰质各层中间神经元的轴突组成(图9-12)。这些神经元的轴突向同侧或对侧走出灰质,并分叉形成升支和降支,在白质内上升或下降若干节段后再进入灰质,联系本节段或邻位几个节段的运动神经元,是构成节段内或节段间反射弧的结构基础。

(2) 上行纤维束:又称感觉传导束(图9-12)。

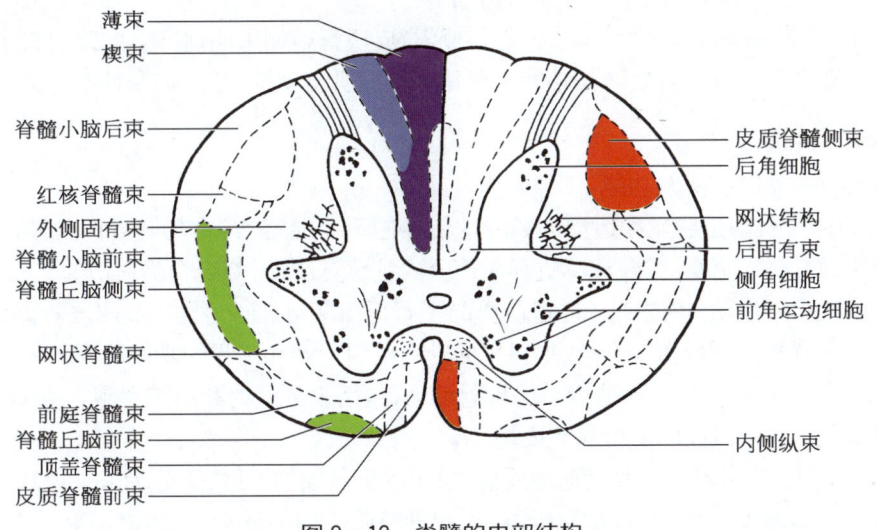

图9-12 脊髓的内部结构

1) **薄束**(fasciculus gracilis)和**楔束**(fasciculus cuneatus):位于后索内,薄束在后正中沟两旁,纵贯脊髓全长。楔束在薄束的外侧,仅见于脊髓第4胸段以上。两束都由脊神经节内假单极神经元中枢突经后根入同侧后索上延而成。这些脊神经节细胞的周围突,随脊神经到肌、腱、关节和皮肤等处的感受器。薄、楔束传导来自肢体同侧的本体感觉和精细触觉的神经冲动,到脑内经过两次中继,传入到对侧大脑皮质,引起本体感觉(包括位置觉、运动觉及震动觉)和精细触觉(两点辨别觉和实体觉)。薄束起自同侧脊髓第4胸段以下的脊神经节细胞,主要传导下半身来的冲动。楔束起自同侧脊髓第4胸段以上的脊神经节细胞,主要传导上半身来的冲动。

2) **脊髓丘脑束**(spinothalamic tract):位于脊髓外侧索前部和前索,分别称为**脊髓丘脑侧束**(lateral spinothalamic tract)和**脊髓丘脑前束**(anterior spinothalamic tract)。分别传导躯干、四肢的痛觉、温度觉及粗触觉。

此束主要起自后角细胞,这些细胞发出的轴突经白质前连合交叉到对侧外侧索及前索上行,经脑干止于背侧丘脑。此束的起始细胞接受后根来的纤维,这些纤维属于脊神经节细胞的中枢突,该脊神经节细胞的周围突连于皮肤内的痛觉、温度觉及粗触觉感受器。所以,脊髓丘脑束属于传导躯干、四肢痛觉、温度觉及粗触觉传导路的第2级神经元的纤维。

3) **脊髓小脑束**(spinocerebellar tract):包括**脊髓小脑后束**(posterior spinocerebellar tract)和**脊**

髓小脑前束(anterior spinocerebellar tract)，分别位于外侧索周边的后部及前部(图9-12)。后束纤维主要起于同侧胸核的细胞，前束纤维主要起自双侧的中间带。两束向上终于小脑皮质，主要传导非意识性本体觉，以调节肢体运动。

(3) 下行纤维束：又称运动传导束(图9-12)。

1) 皮质脊髓束(corticospinal tract)：包括皮质脊髓侧束和皮质脊髓前束，分别位于脊髓的外侧索和前索，传导随意运动。它们起自大脑皮质躯体运动区的运动神经元，纤维下行至延髓下端，其中大部分纤维交叉到对侧的脊髓外侧索，称为皮质脊髓侧束(lateral corticospinal tract)，下行可达脊髓骶段，沿途陆续分支间接或直接止于脊髓各节段的前角运动细胞。小部分不交叉的纤维，沿脊髓前索下降，形成皮质脊髓前束(anterior corticospinal tract)，但在下降过程中，也陆续交叉到对侧，间接或直接止于颈部和上胸部的脊髓前角细胞。

2) 红核脊髓束(rubrospinal tract)：位于外侧索，皮质脊髓侧束的前方。此束起自中脑的红核，纤维发出后立即交叉下行至脊髓。其功能主要是兴奋屈肌运动神经元，抑制伸肌运动神经元。

(三) 脊髓的功能

脊髓具有传导功能和反射功能。

1. 传导功能 脊髓是感觉和运动神经冲动传导的重要通路，其结构基础即脊髓内的上、下行纤维束。除头、面部外，全身的深、浅感觉和大部分内脏感觉冲动，都经脊髓白质的上行纤维束才能传到脑。由脑发出的冲动，也要通过脊髓白质的下行纤维束才能支配躯干、四肢骨骼肌和部分内脏的活动。如果脊髓白质损伤，将导致损伤平面以下出现运动和感觉的功能障碍。

2. 反射功能 脊髓可执行一些简单的反射活动，包括躯体反射和内脏反射。脊髓各种反射都是通过脊髓节段内和节段间的反射弧完成的。

(1) 躯体反射：即引起骨骼肌运动的反射，由于感受器部位不同，又分为浅反射和深反射。

1) 浅反射：是刺激皮肤、黏膜的感受器，引起骨骼肌收缩的反射，如腹壁反射。临床上常用的浅反射见表9-1。浅反射的反射弧中任何一部分受到破坏，出现反射减弱或消失。

表9-1 浅反射

反射名称	检查法	反应	传入神经	中枢	传出神经	效应器
腹壁反射	划腹壁皮肤	腹肌收缩	肋间神经和肋下神经	T7~12	肋间神经和肋下神经	腹肌
提睾反射	划大腿内侧皮肤	睾丸上提	闭孔神经	L1~2	生殖股神经	提睾肌
足底反射	划足底皮肤	足趾跖屈	胫神经和坐骨神经	S1~2	坐骨神经和胫神经	趾屈肌

2) 深反射：是刺激肌、腱感受器，引起骨骼肌收缩的反射。因为这一刺激，使肌、腱受到突然的牵拉而引起被牵拉肌的反射性收缩，故又称牵张反射。临床上常用的深反射见表9-2。

表9-2 深反射

反射名称	检查法	反应	传入神经	中枢	传出神经	效应器
肱二头肌反射	叩击肱二头肌腱	屈肘	肌皮神经	C5~6	肌皮神经	肱二头肌
肱三头肌反射	叩击肱三头肌腱	伸肘	桡神经	C6~8	桡神经	肱三头肌
膝反射	叩击髌韧带	伸小腿	股神经	L2~4	股神经	股四头肌
跟腱反射	叩击跟腱	足跖屈	胫神经和坐骨神经	L5~S2	坐骨神经和胫神经	小腿三头肌

(2) 内脏反射：脊髓的中间带内有交感神经和副交感神经的低级中枢，如瞳孔开大中枢(T1～2)、血管运动和发汗中枢(T1～L3)以及排尿、排便中枢(S2～4)等。这些中枢执行的内脏反射活动，也是通过脊髓反射弧，并受到大脑皮质的控制。如排尿反射，当排尿反射弧任一部分被中断时，可出现尿潴留。当脊髓颈、胸段横贯性损伤后，可引起反射性排尿亢进出现尿失禁。

二、脊神经

脊神经(spinal nerves)共31对，即颈神经8对，胸神经12对，腰神经5对，骶神经5对，尾神经1对。第1～7对颈神经在相应椎骨上方的椎间孔出椎管，第8对颈神经在第7颈椎和第1胸椎之间的椎间孔出椎管。胸、腰神经均分别在同序数椎骨下方的椎间孔穿出。第1～4对骶神经在相应的骶前、后孔穿出。第5对骶神经和尾神经由骶管裂孔穿出(图9-9)。

每对脊神经都是由前根和后根在椎间孔处合并而成。脊神经前根属运动性，脊神经后根属感觉性，故脊神经是混合性的，均含有4种纤维成分(图9-13)。① 躯体感觉纤维来源于脊神经节细胞，分布于皮肤、骨骼肌、腱和关节，将浅感觉和深感觉冲动传入中枢。② 内脏感觉纤维来源于脊神经节细胞，分布于心血管、内脏和腺体，向脊髓传入来自这些结构的内脏感觉冲动。③ 躯体运动纤维来源于前角运动神经元，分布于骨骼肌，支配其运动。④ 内脏运动纤维来源于侧角细胞及骶副交感神经元，支配平滑肌、心肌的运动和控制腺体的分泌。

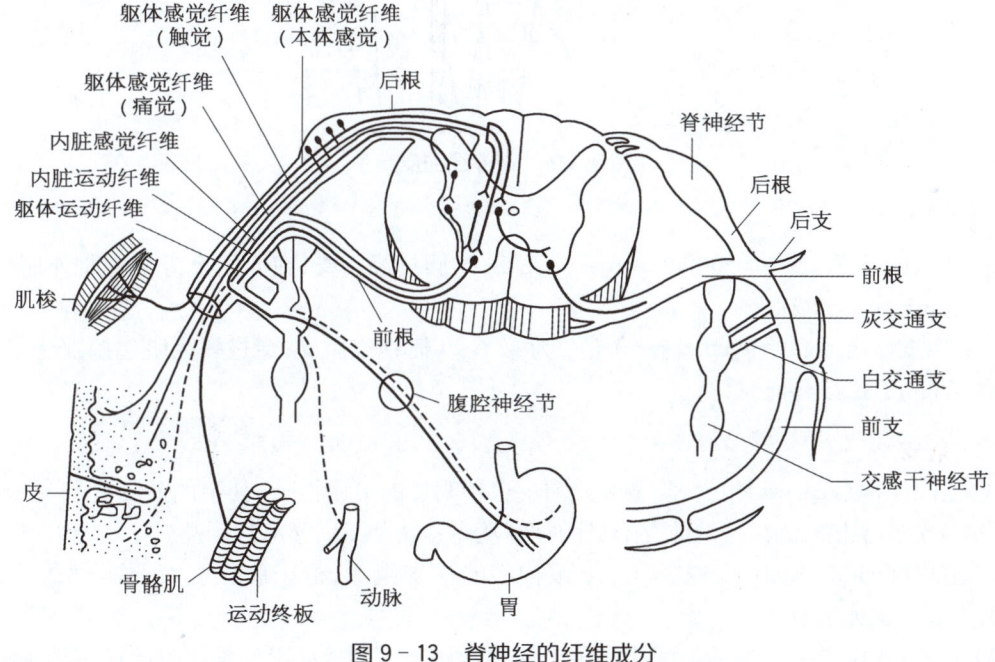

图9-13 脊神经的纤维成分

脊神经出椎间孔后立即分为前支和后支，两者均为混合性神经。

(一) 后支

后支(posterior branch)细而短，呈节段性分布于枕、项、背、腰、臀部的皮肤及脊柱两侧深部的肌(图9-14)，主要皮支如下。

1. 枕大神经(greater occipital nerve) 为第2颈神经后支，较粗大，穿斜方肌腱至皮下，分布于

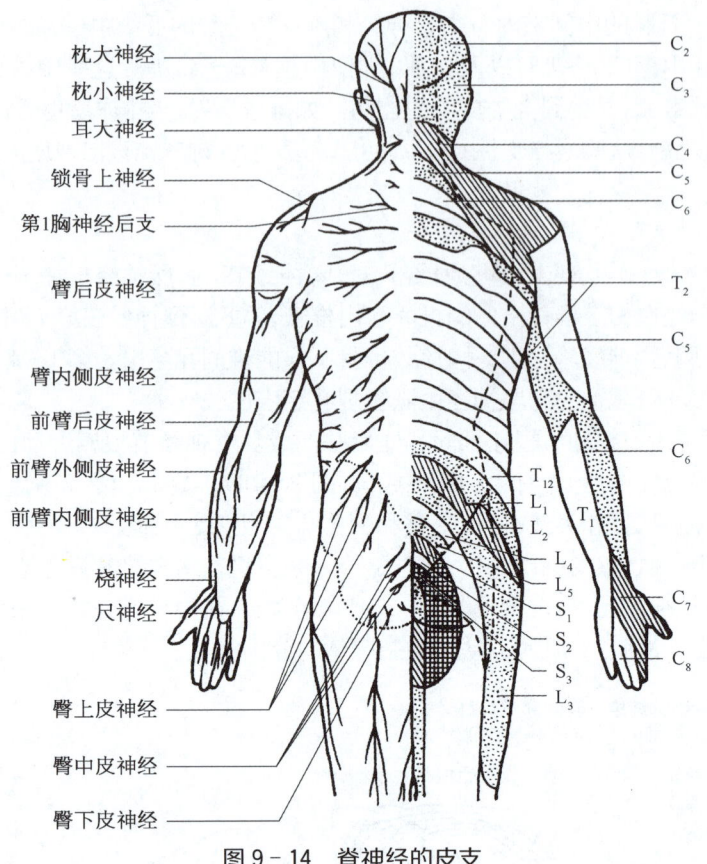

图 9-14 脊神经的皮支

枕部的皮肤。

2. 臀上皮神经(superior clunial nerves) 第1~3腰神经后支,在髂嵴上方竖脊肌外侧缘处穿至皮下,分布于臀上部皮肤。

3. 臀中皮神经(middle clunial nerves) 为第1~3骶神经后支,穿过臀大肌起始部达皮下,分布于臀中部的皮肤。

(二) 前支

前支(anterior branches)粗大,除胸神经前支保持明显的节段性外,其余的前支分别交织成丛,由丛再分支分布于相应的区域。前支形成的神经丛有颈丛、臂丛、腰丛和骶丛。

1. 颈丛(cervical plexus) 由第1~4颈神经的前支组成,位于胸锁乳突肌上部的深面(图9-15),主要分支如下。

(1) 皮支:均在胸锁乳突肌后缘中点附近穿出,行向各方,其穿出部位是颈部浅层结构浸润麻醉的一个阻滞点。主要皮支有:枕小神经(lesser occipital nerve)、耳大神经(great auricular nerve)、颈横神经(transverse nerve of neck)和锁骨上神经(supraclavicular nerves)(图9-16),它们分别分布到枕部、耳部、颈前区和肩部的皮肤。

(2) 肌支:膈神经(phrenic nerve)是颈丛中最重要的分支,经胸廓上口入胸腔,沿肺根前方、心包的两侧,下降至膈。膈神经的运动纤维支配膈肌,感觉纤维主要分布到胸膜和心包。右侧膈神经的感觉纤维还分布到肝和胆囊表面的腹膜等处(图9-17)。

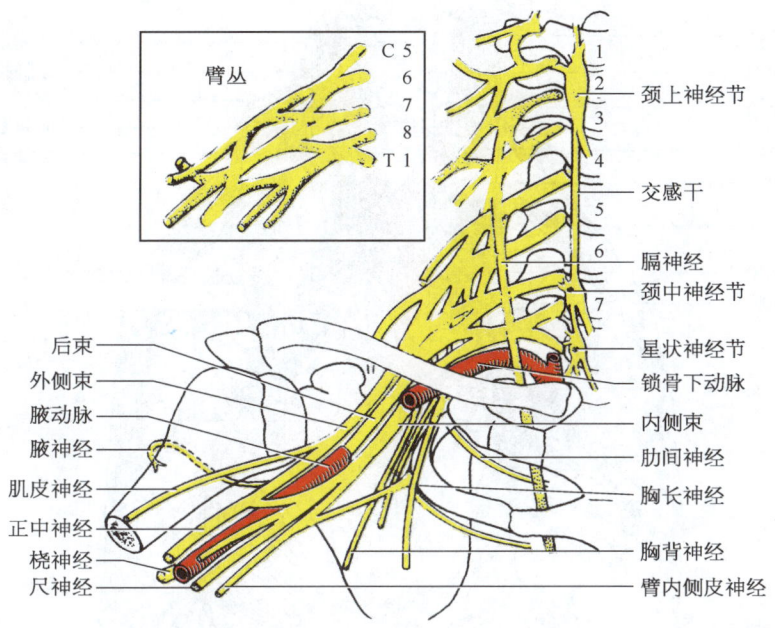

图 9-15　颈丛和臂丛

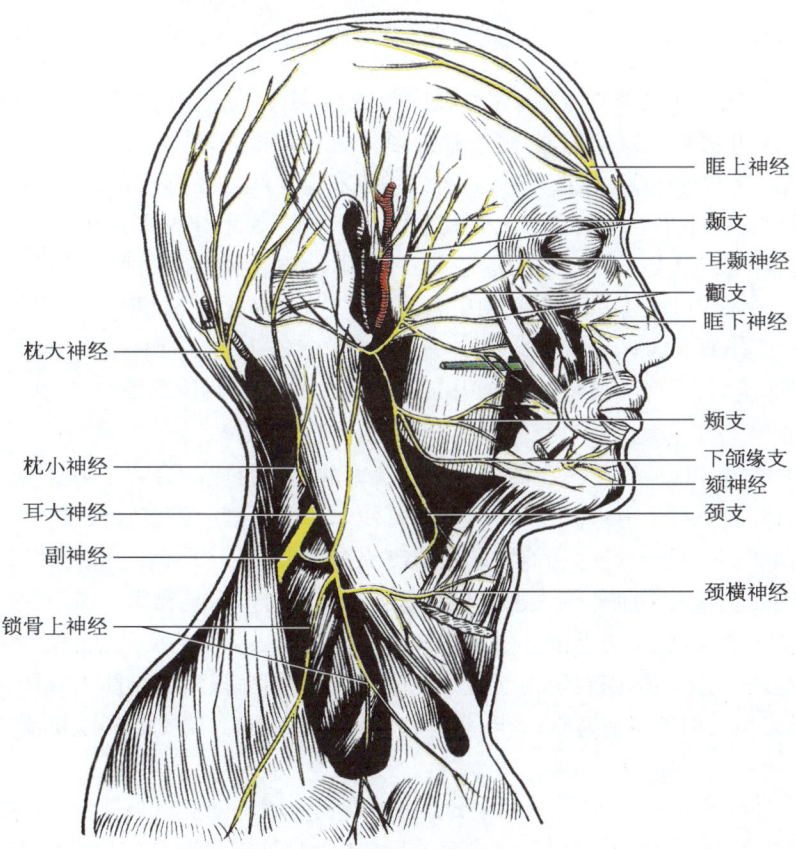

图 9-16　颈丛的皮支及面神经

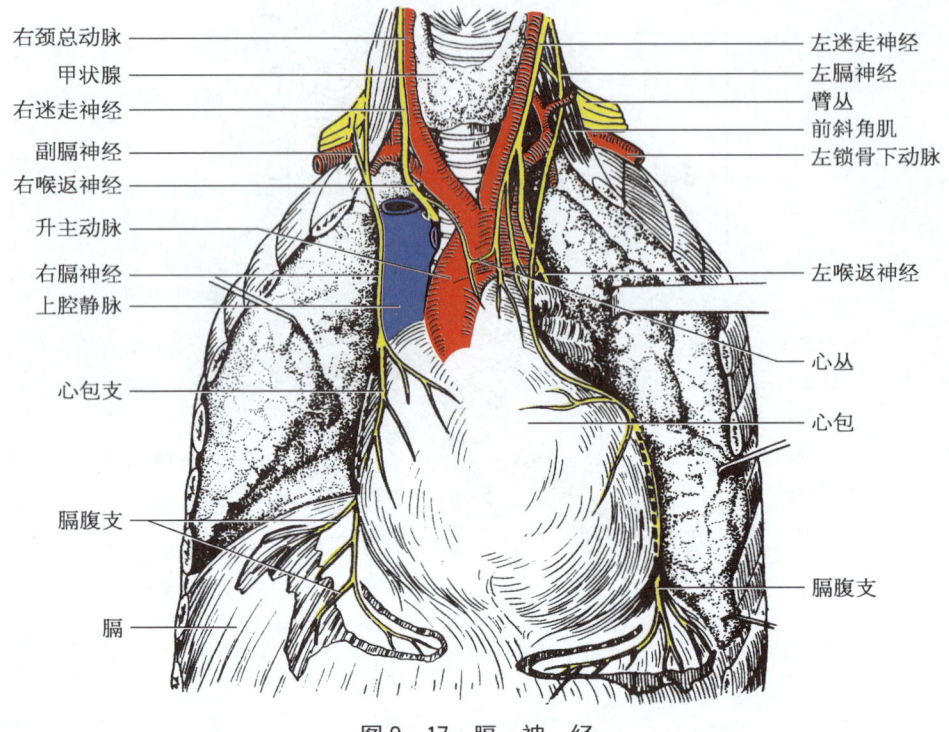

图9-17 膈 神 经

膈神经损伤可引起同侧膈肌瘫痪,导致腹式呼吸减弱,严重者有窒息感。膈神经受刺激可发生呃逆。肝胆疾病患者可出现右肩痛,这与膈神经受到刺激有关,是为牵涉痛。

2. 臂丛(brachial plexus) 由第5～8颈神经前支和第1胸神经前支的大部分组成。经颈根部,行于锁骨下动脉的上方,再经锁骨之后进入腋窝(图9-15)。因此臂丛可以锁骨为界,分为锁骨上部和锁骨下部。锁骨上部分支是一些短的肌支,分布于颈部、胸壁及肩部的肌。锁骨下部在腋窝内,围绕腋动脉,并形成内侧束、外侧束和后束,由束发出分支,主要分支如下(图9-18、图9-19)。

(1) 肌皮神经(musculocutaneous nerve): 发自外侧束,在肱二头肌的深面下行,分支支配肱二头肌、喙肱肌和肱肌后,在肘关节稍上方穿出深筋膜延续为前臂外侧皮神经,其末端分布于前臂外侧皮肤。

(2) 正中神经(median nerve): 由内侧束和外侧束的两束合成。沿肱二头肌内侧沟随肱动脉下行到肘窝。从肘窝向下行于前臂的正中,位于前臂浅、深屈肌之间,经腕管入掌。

正中神经在臂部一般无分支,在前臂发出肌支支配除肱桡肌、尺侧腕屈肌、指深屈肌尺侧半以外的所有前臂的屈肌以及手肌外侧大部分(除拇收肌以外的鱼际肌和第1、第2蚓状肌)。皮支分布于手掌桡侧2/3区、桡侧3个半指掌面及这3个半指背面末2节的皮肤(图9-20、图9-22)。

正中神经损伤时,运动障碍表现为前臂不能旋前(旋前肌瘫痪),屈腕能力减弱,拇、示指不能屈曲(屈腕屈指肌瘫痪),拇指不能对掌,鱼际肌萎缩(鱼际肌瘫痪)。感觉障碍以桡侧3指远节最明显(图9-23)。

(3) 尺神经(ulnar nerve): 发自内侧束,沿肱二头肌内侧沟随肱动脉下降,至臂中部离开此动脉转向后下,经肱骨内上髁后方的尺神经沟至前臂,在尺侧腕屈肌深面随尺动脉下行,于豌豆骨外侧入手掌。

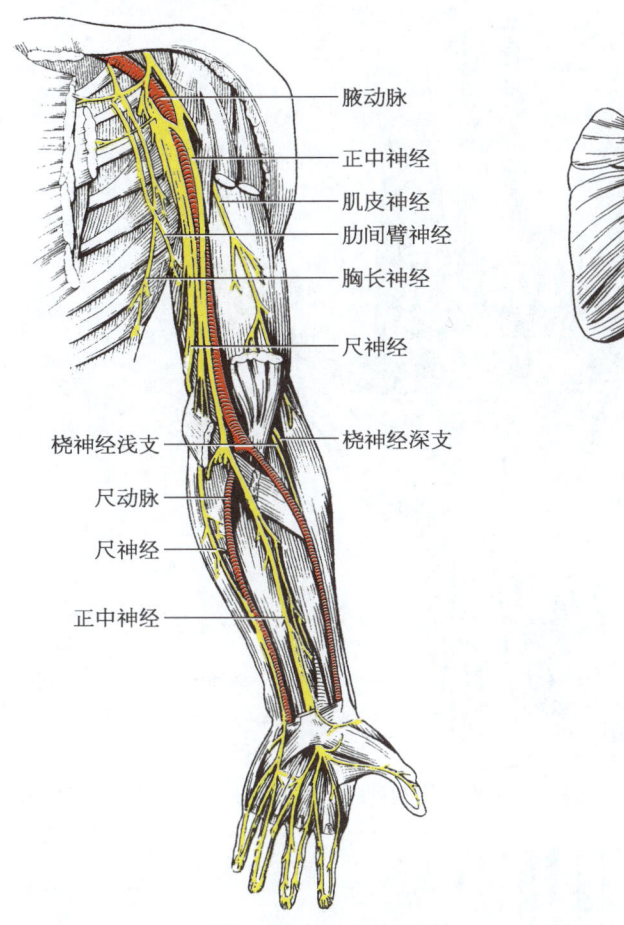
图 9-18 上肢前面的神经

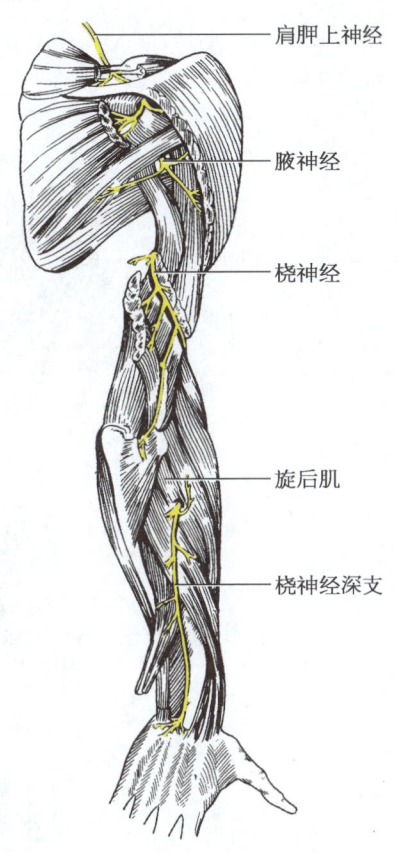
图 9-19 上肢后面的神经

尺神经在臂部无分支,在前臂发出肌支支配前臂尺侧腕屈肌和指深屈肌的尺侧半以及手肌内侧大部分(小鱼际肌、拇收肌、骨间肌和第3、第4蚓状肌)。皮支分布于手掌尺侧1/3区和尺侧1个半手指的皮肤和手背尺侧1/2区及尺侧2个半指的皮肤(图9-20、图9-21、图9-22)。

尺神经损伤主要表现为屈腕能力减弱(屈腕、屈指肌瘫痪),拇指不能内收(拇收肌瘫痪),各指不能互相并拢,第4、第5指的掌指关节过伸而指骨间关节屈曲(骨间肌和第3、第4蚓状肌瘫痪)形似鹰爪,故称"爪形手"。小鱼际肌萎缩平坦。尺神经和正中神经合并损伤时,由于小鱼际肌和鱼际肌、骨间肌、蚓状肌均萎缩,手掌更显平坦,类似"猿手"。尺神经损伤感觉障碍以手的内侧缘为主(图9-23)。

(4) **桡神经**(radial nerve):发自后束,经肱三头肌深面紧贴肱骨体中部后面沿桡神经沟向下外行,至肱骨外上髁前方分为浅、深两支。桡神经在臂部发肌支支配肱三头肌和肱桡肌。

1) **桡神经浅支**(superficial branch of radial nerve):为皮支(图9-20、图9-21、图9-22),与桡动脉伴行,至前臂下1/3转向手背,分布于手背桡侧半和桡侧2个半指近节背面的皮肤。

2) **桡神经深支**(deep branch of radial nerve):为肌支,穿至前臂背侧,分支支配前臂所有的伸肌。

桡神经本干损伤时,主要表现为不能伸腕、伸指,呈垂腕姿势。感觉障碍以手背第1、第2掌骨之间的皮肤最明显(图9-23)。

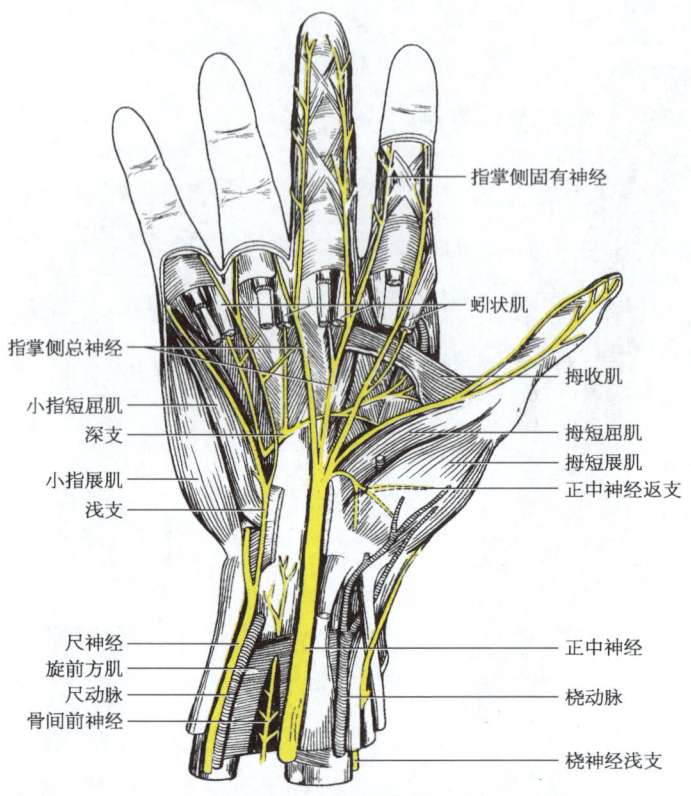

图 9-20 手掌面的神经

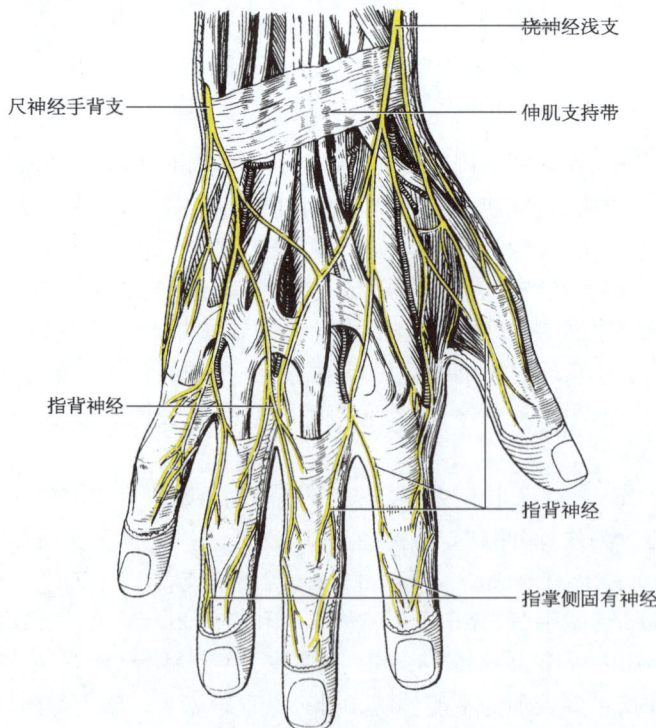

图 9-21 手背面的神经

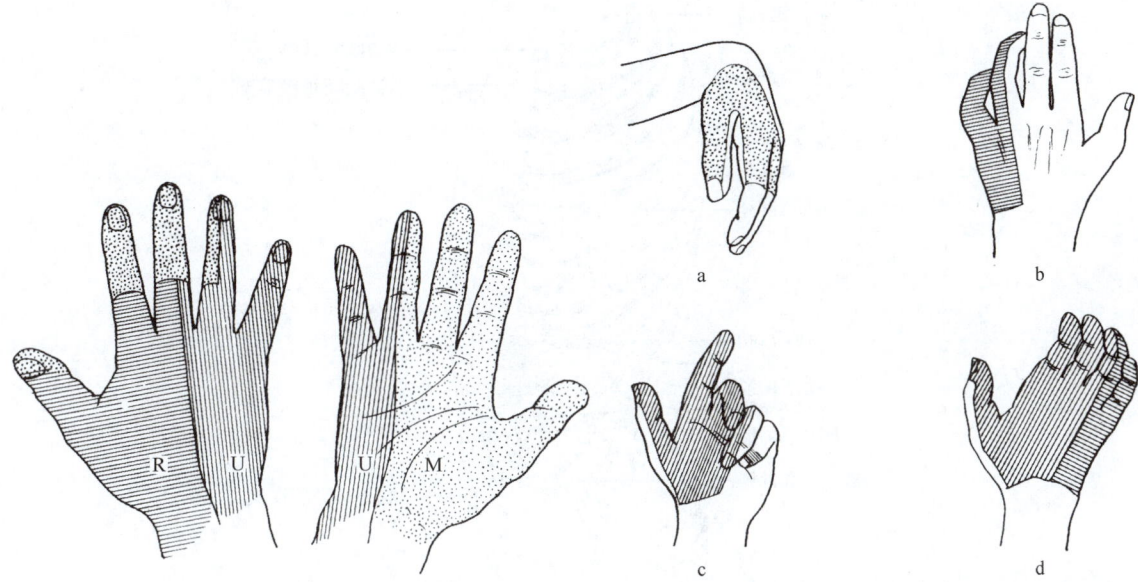

图9-22 手部皮肤的神经分布
R. 桡神经；U. 尺神经；M. 正中神经

图9-23 桡、尺、正中神经损伤时的手形
a. 垂腕（桡神经损伤）；b. "爪形手"（尺神经损伤）；c. 正中神经损伤时的手形；d. "猿手"（正中神经和尺神经合并损伤）

(5) **腋神经**(axillary nerve)：发自后束，绕过肱骨外科颈行向后外，支配三角肌、小圆肌、肩关节及肩部的皮肤。

腋神经损伤后，三角肌瘫痪，上肢不能外展，肩部失去圆隆状而成方形。

3. **胸神经前支**(anterior branches of thoracic nerves) 共12对。除第1对的大部分和第12对的小部分分别参加臂丛和腰丛外，其余皆不成丛。第1~11对胸神经前支，各自位于相应的肋间隙内，称**肋间神经**(intercostal nerves)。第12对胸神经前支位于第12肋的下方，故称**肋下神经**(subcostal nerve)。肋间神经在肋间内、外肌之间与肋间血管一起沿肋沟走行，自上而下按静脉、动脉、神经的次序并列。上6对肋间神经分支分布于肋间肌、胸壁皮肤和壁胸膜。第7~11对肋间神经除分布于相应的肋间肌和胸壁皮肤及壁胸膜外，并斜向前下与肋下神经一起行于腹内斜肌和腹横肌之间，分布于腹前外侧群肌和腹壁皮肤及壁腹膜（图9-24）。

4. **腰丛**(lumbar plexus) 由第12胸神经前支一部分、第1~3腰神经前支和第4腰神经前支一部分共同构成。位于腰大肌的深面（图9-25），主要分支如下。

(1) **髂腹下神经**(iliohypogastric nerve)：在髂嵴上方入腹内斜肌和腹横肌之间至腹前壁，在腹股沟管浅环上方穿腹外斜肌腱膜，分布于附近皮肤（图9-24）。

(2) **髂腹股沟神经**(ilioinguinal nerve)：在髂腹下神经下方并行。进入腹股沟管伴随精索或子宫圆韧带出腹股沟管浅环，分布于附近皮肤（图9-24）。

在腹股沟疝修补术中，应避免损伤上述两神经。

(3) **股外侧皮神经**(lateral femoral cutaneous nerve)：至髂前上棘内侧，经腹股沟韧带深面，至大腿外侧面皮肤。

(4) **股神经**(femoral nerve)：是腰丛分支中最大的神经（图9-25、图9-26），沿腰大肌和

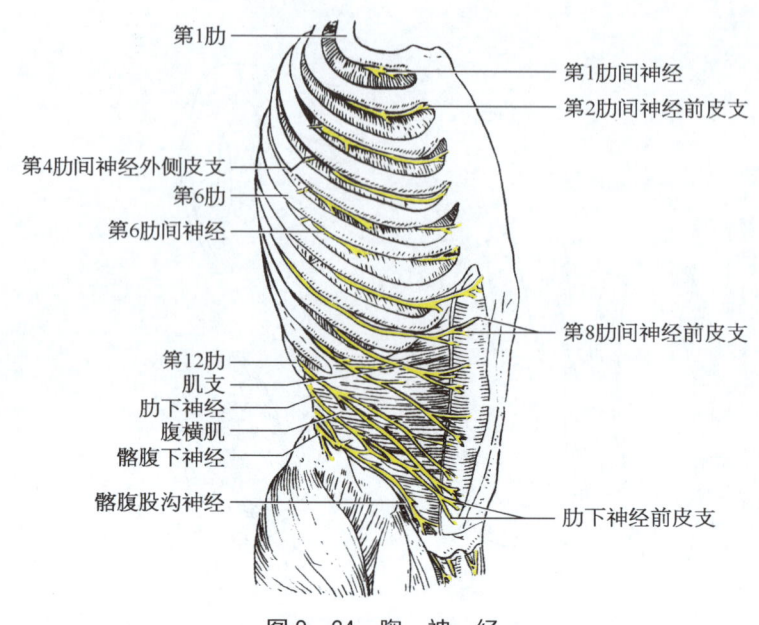

图 9-24 胸 神 经

髂肌之间下行，经腹股沟韧带深面至股部发出分支支配大腿肌前群和大腿前面皮肤。股神经最长的皮支称隐神经(saphenous nerve)，与大隐静脉伴行，向下分布于小腿内侧面及足内侧缘的皮肤。

股神经损伤后，由于股四头肌瘫痪，不能伸小腿，膝跳反射消失，大腿前面和小腿内侧面等处皮肤感觉障碍。

(5) 闭孔神经(obturator nerve)：自腰大肌内侧缘走出，伴闭孔动脉沿小骨盆腔侧壁向前下行，穿闭孔到大腿内侧。分布于大腿肌内侧群和大腿内侧面的皮肤(图9-25、图9-26)。

5. 骶丛(sacral plexus)　由第4腰神经前支一部分、第5腰神经前支和全部骶、尾神经前支组成。位于盆腔内，骶骨和梨状肌的前面(图9-25)。主要分支如下。

(1) 臀上神经(superior gluteal nerve)：伴臀上动、静脉经梨状肌上孔出骨盆，支配臀中肌、臀小肌(图9-27)。

(2) 臀下神经(inferior gluteal nerve)：伴臀下动、静脉经梨状肌下孔出骨盆，支配臀大肌。

(3) 股后皮神经(posterior femoral cutaneous nerve)：出梨状肌下孔，分布于大腿后面的皮肤。

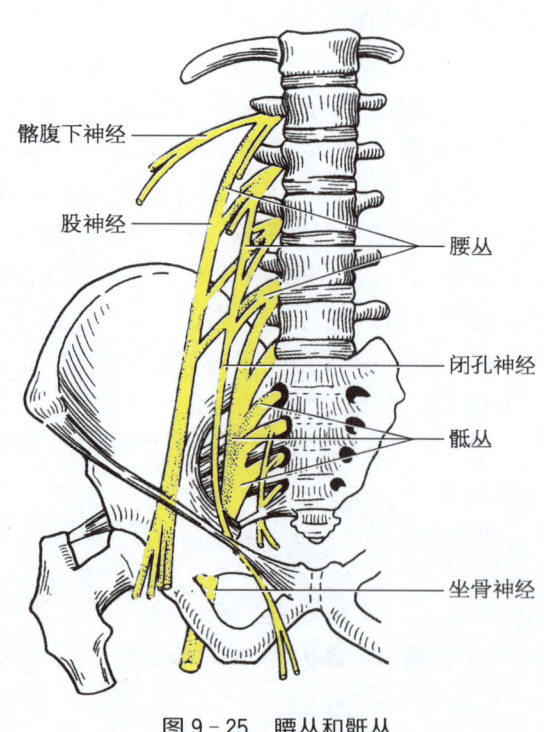

图 9-25 腰丛和骶丛

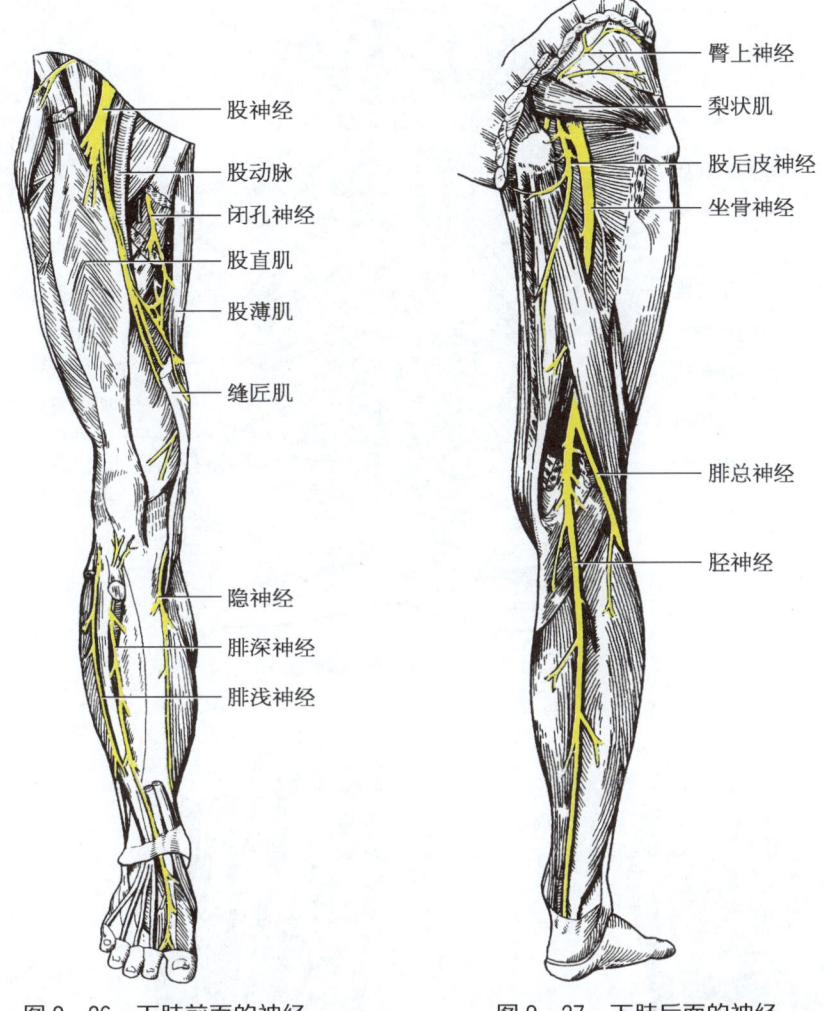

图 9-26 下肢前面的神经　　　图 9-27 下肢后面的神经

(4) 阴部神经(pudendal nerve)：与阴部内动、静脉一起经梨状肌下孔出骨盆，绕坐骨棘再经坐骨小孔入坐骨肛门窝，分支分布于会阴部和外生殖器的肌、皮肤(图 9-28)。主要分支有肛神经、会阴神经和阴茎背神经(或阴蒂背神经)。

(5) 坐骨神经(sciatic nerve)：是全身最粗大的神经。经梨状肌下孔出骨盆，在臀大肌深面，经股骨大转子和坐骨结节之间至大腿后面，多在腘窝上角附近分为胫神经和腓总神经。坐骨神经干发出分支支配大腿肌后群(图 9-27)。

坐骨神经干的体表投影：自坐骨结节和股骨大转子之间的中点稍内侧到股骨内、外侧髁之间的中点，其上 2/3 为坐骨神经干。

1) 胫神经(tibial nerve)：为坐骨神经的直接延续，沿腘窝中线在小腿三头肌深面伴胫后动脉下行，通过内踝后方至足底，分成足底内侧神经(medial plantar nerve)和足底外侧神经(lateral plantar nerve)(图 9-29)。胫神经分支主要分布于小腿肌后群和足底肌，皮支分布于小腿后面和足底的皮肤(图 9-27、图 9-29)。

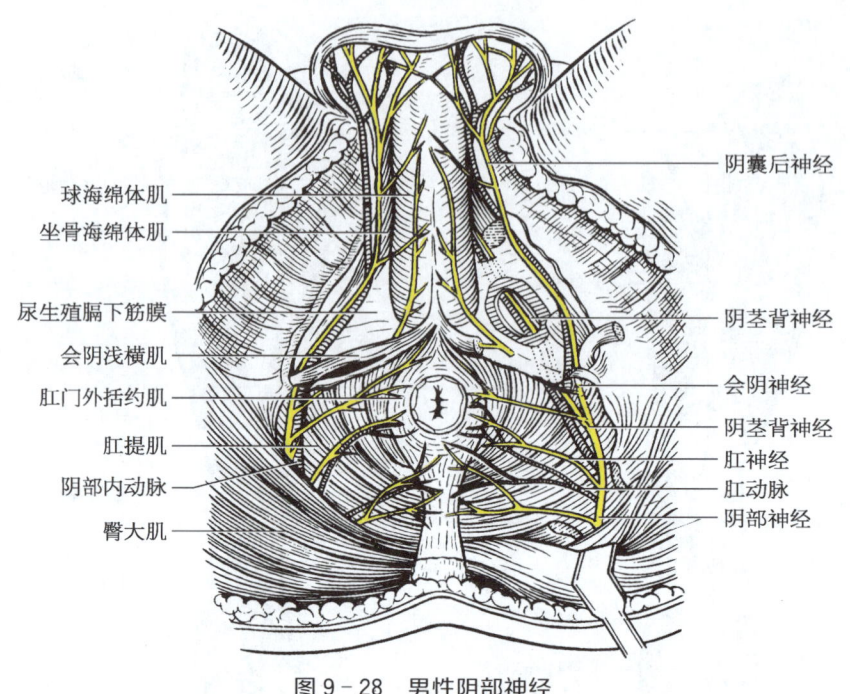

图 9-28 男性阴部神经

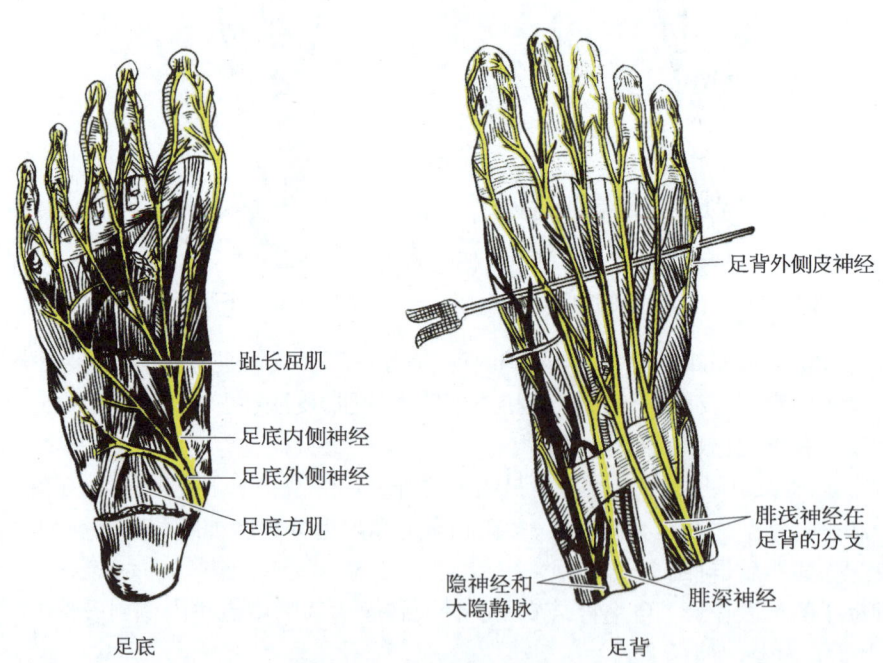

图 9-29 足 的 神 经

胫神经损伤主要表现为足不能跖屈,不能以足尖站立,足内翻力弱。由于拮抗肌的牵拉,出现背屈和外翻位,呈"钩状足"畸形。感觉障碍主要在足底。

2) **腓总神经**(common peroneal nerve):自坐骨神经发出后,沿腘窝上外侧缘向外下方行,绕腓骨颈至小腿前面,分为腓浅神经和腓深神经(图9-26、图9-27)。

腓浅神经(superficial peroneal nerve): 走在小腿肌外侧群和前群之间,于小腿中、下1/3交界处穿至皮下,支配腓骨长肌和腓骨短肌,并分布于小腿前外侧面下部和足背、趾背的皮肤(图9-29)。

腓深神经(deep peroneal nerve): 在小腿肌前群之间伴胫前动脉下行,分支支配小腿肌前群和足背肌,其末支为皮支,分布于第1、第2趾相邻缘背面皮肤(图9-29)。

腓总神经损伤的主要表现为不能背屈,不能外翻,不能伸趾。由于重力和后群肌的过度牵拉,足下垂并内翻,患者走路时呈跨阈步态。感觉障碍在小腿前外侧面下部和足背明显。

【附】脊髓对皮肤的节段性支配

脊髓对皮肤的节段性支配,以躯干部最为典型,自背侧中线至腹侧中线较有规律地形成连续横行的环带。例如,脊髓第2胸段支配胸骨角平面皮肤,第4胸段支配(男性)乳头平面皮肤,第6胸段支配剑突平面皮肤,第8胸段支配肋弓平面皮肤,第10胸段支配脐平面皮肤,第12胸段支配耻骨联合和脐连线中点的平面皮肤(图9-30、图9-31,表9-3)。了解皮肤的节段性支配,有助于对脊髓损伤的定位诊断。

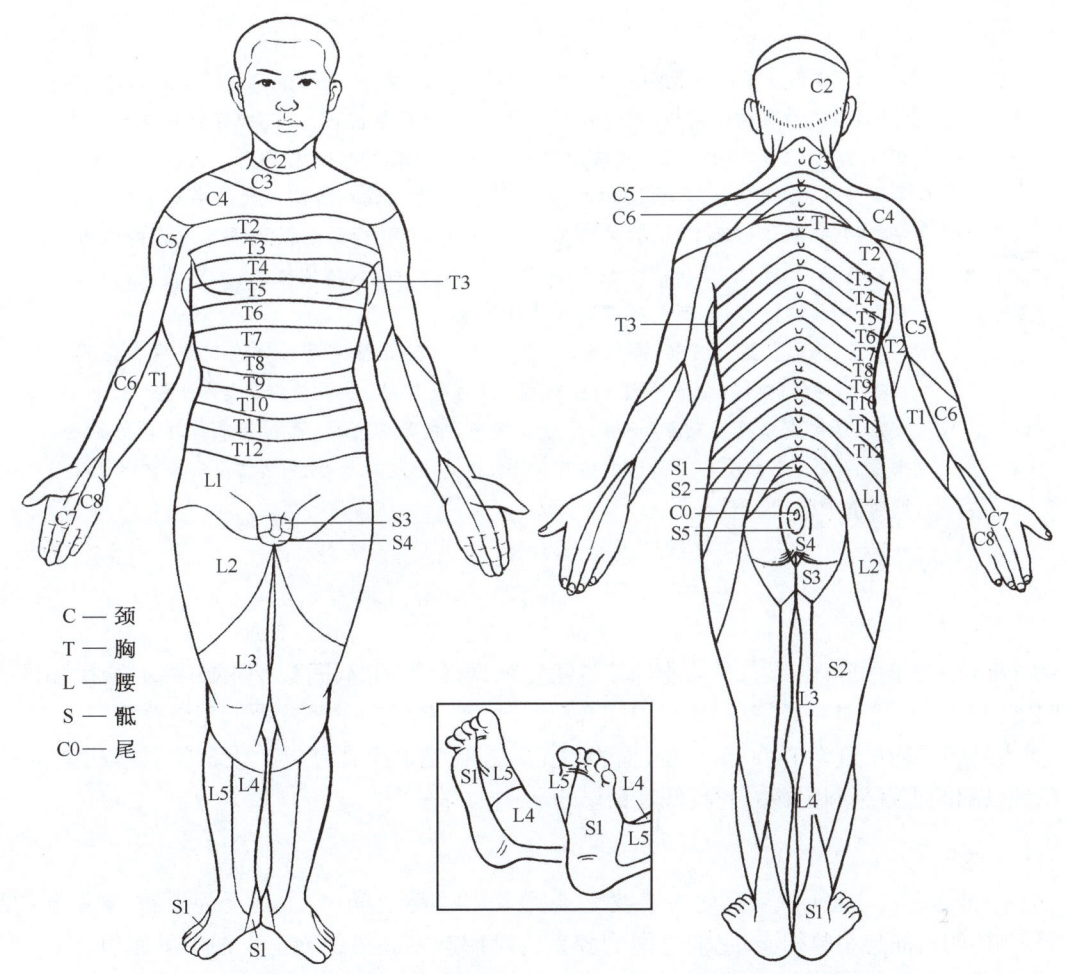

图9-30 皮肤的节段性支配(前面)　　图9-31 皮肤的节段性支配(后面)

表 9-3 脊髓对皮肤的节段性支配

脊髓节段	皮肤区域	脊髓节段	皮肤区域
C2	枕部及颈部	T8	肋弓平面
C3～4	颈部及肩部	T10	脐平面
C5	臂外侧面	T12	耻骨联合与脐连线中点平面
C6～7	前臂和手的外侧面	L2～3	大腿前面
C8～T1	手和前臂的内侧面	L4～5	小腿内、外侧面和足的内侧半
T2	臂内侧面、腋窝及胸骨角平面	S1～3	足外侧半和大、小腿后面
T4	乳头平面（男性）	S4～5	会阴部
T6	剑突平面		

第三节 脑和脑神经

导学

1. 掌握脑干的位置和外形；动眼神经核、三叉神经运动核、面神经核、疑核、舌下神经核、动眼神经副核、迷走神经背核、三叉神经脑桥核、三叉神经脊束核和孤束核的分类、位置，薄束核、楔束核的位置、功能。小脑的位置及形态。间脑的位置和主要分部，背侧丘脑、下丘脑和内、外侧膝状体的位置和功能。大脑半球分叶及其主要沟回，躯体运动中枢、躯体感觉中枢、视觉中枢、听觉中枢及语言中枢的位置、功能特点，尾状核、豆状核的形态、位置、分部，新旧纹状体的概念，大脑髓质的纤维分类，内囊的概念、分部及各部通过的纤维束。

2. 熟悉脊髓丘脑束、锥体束、内侧丘系、三叉丘脑束及锥体交叉形成和位置，12 对脑神经的纤维成分来源和分布概况，动眼神经、舌下神经、三叉神经（三个分支）的纤维成分及其来源、走行、分布和损伤后的临床表现，面神经躯体运动纤维的来源、走行、分布及其损伤后的临床表现，迷走神经的走行、纤维成分、来源及其在胸腹腔的分支、分布。

一、脑

脑（brain）位于颅腔内，形态和功能均较脊髓复杂，可分为端脑、间脑、小脑、中脑、脑桥和延髓 6 个部分（图 9-32），通常将延髓、脑桥和中脑合称为脑干。延髓向下经枕骨大孔与脊髓相连。

成人的脑平均重量为 1 400 g 左右，脑的重量存在一定的个体差异。大量的科学研究资料表明，单纯以脑的重量来判定智力的高低是错误的。

（一）脑干

脑干（brain stem）位于颅后窝内的斜坡上，在脊髓和间脑之间，自下而上为延髓、脑桥和中脑。延髓和脑桥的背面与小脑相连，它们之间的腔室为第四脑室。第四脑室上通中脑水管，向下与中央管相续（图 9-32）。脑干从上向下依次与 Ⅲ～Ⅻ 对脑神经相连。

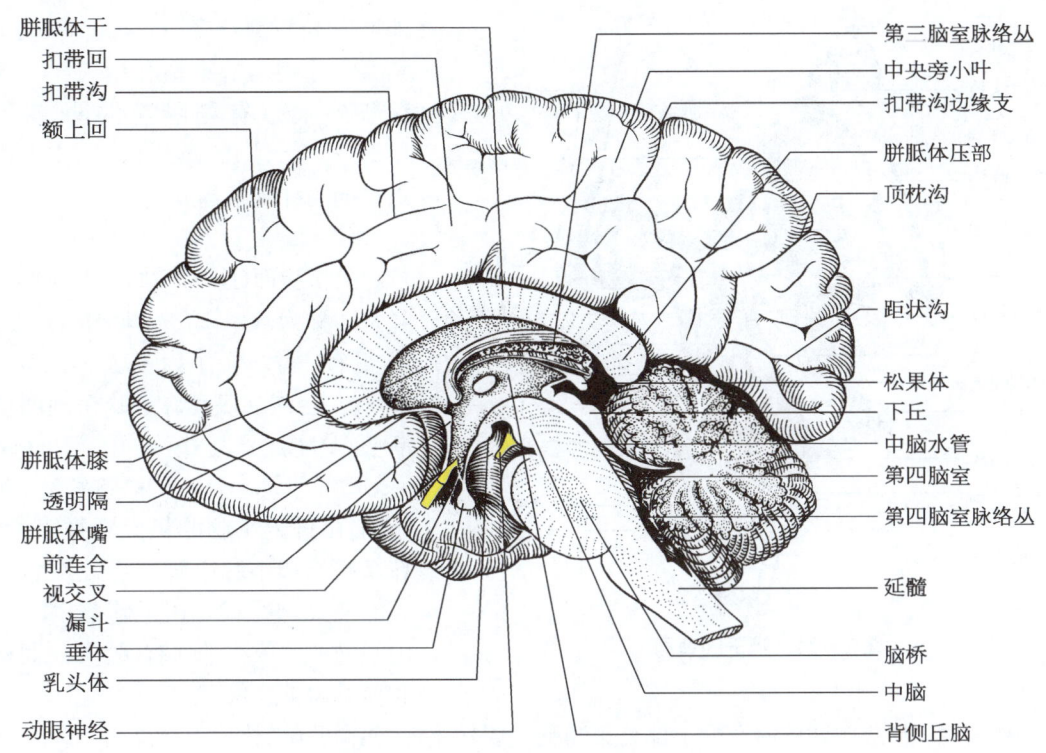

图 9-32 脑的正中矢状切面

1. 脑干的外形

(1) 延髓(medulla oblongata)：形似倒置的圆锥体，上缘在腹面以延髓脑桥沟与脑桥分界。

延髓腹面(图 9-33)：脊髓表面所有的纵沟都延伸到延髓，前正中裂的两旁有纵行的隆起称**锥体**(pyramid)，其内由大脑皮质发出的锥体束构成。在锥体下端大部分锥体束纤维左右交叉形成**锥体交叉**(decussation of pyramid)。在锥体外侧的卵圆形隆起称**橄榄**(olive)。橄榄和锥体之间的前外侧沟内有舌下神经根丝出脑。在橄榄的背侧，自上而下依次排列有舌咽神经、迷走神经和副神经的根丝。

延髓背面(图 9-34)：下部形似脊髓，上部因中央管扩大构成第四脑室底的下部。延髓后正中沟的两侧有两个膨大，内侧为**薄束结节**(gracile tubercle)，其

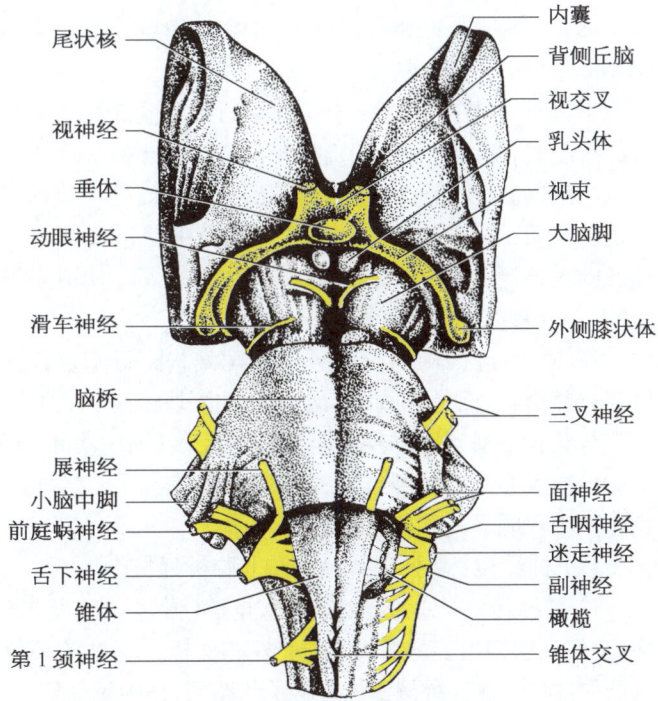

图 9-33 脑干的腹面

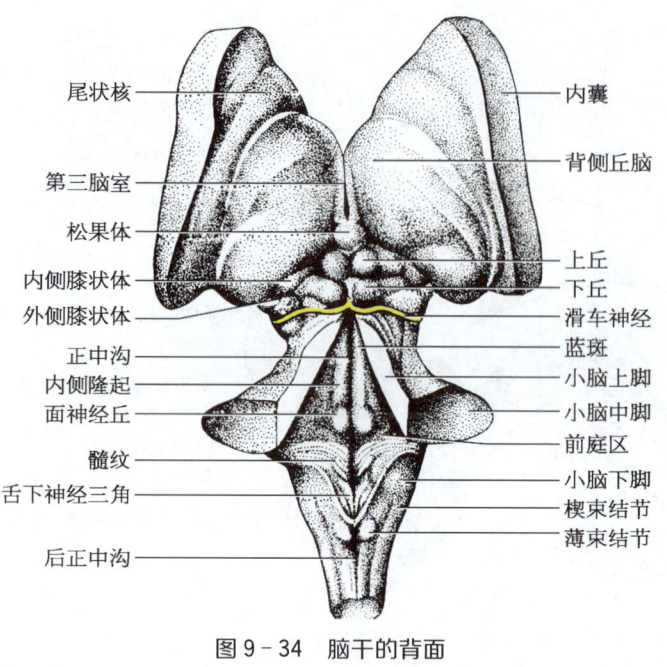

图 9-34 脑干的背面

外上方为 楔束结节 (cuneate tubercle)，其深面分别为薄束核和楔束核。楔束结节外上方有稍隆起的 小脑下脚 (inferior cerebellar peduncle)，主要由进入小脑的纤维束构成。

(2) 脑桥 (pons)

脑桥腹面 (图 9-33)：中间部的膨隆宽阔称为 基底部 (basilar part)，其中线上有一浅沟称为 基底沟 (basilar sulcus)，容纳基底动脉。脑桥向两侧逐渐变窄移行为 小脑中脚 (middle cerebellar peduncle) (又称 脑桥臂) 深入小脑，由进入小脑的粗大纤维束组成。在基底部和小脑中脚交界处附着有粗大的三叉神经根。在延髓脑桥沟内从中线向外侧依次排列有展神经、面神经和前庭蜗神经根。

脑桥背面：形成第四脑室底的上部。第四脑室底呈菱形，略微凹陷，故称菱形窝。

菱形窝 (rhomboid fossa)：由延髓上部背面和脑桥背面共同构成。其上外侧界为 小脑上脚 (superior cerebellar peduncle)，主要由小脑通向中脑的纤维束构成。下外侧界为薄束结节、楔束结节和小脑下脚 (图 9-34)。

(3) 中脑 (midbrain)：位于脑桥和间脑之间，其中间的管腔称为 中脑水管 (mesencephalic aqueduct) (图 9-32)。

中脑腹面 (图 9-33)：有一对纵行柱状隆起称 大脑脚 (cerebral peduncle)，由来自大脑皮质的下行纤维组成，两脚之间的凹窝称 脚间窝 (interpeduncular fossa)，其内有动眼神经出脑。

中脑背面 (图 9-34)：两对圆形隆起称 四叠体 (顶盖)，上方的一对为 上丘 (superior colliculus)，是视觉皮质下反射中枢。下方的一对为 下丘 (inferior colliculus)，是听觉皮质下反射中枢。上、下丘各向上外侧伸出一隆起，称 上丘臂 和 下丘臂，分别连于间脑的外侧膝状体和内侧膝状体。在下丘的下方，有滑车神经出脑。

2. 脑干的内部结构 脑干的内部结构比脊髓复杂，脑干灰质不像脊髓灰质那样连贯成细胞柱贯穿脊髓全长，而是分散成大小不等的团块或短柱，称为 神经核。脑干的神经核可分为两大类：一类是与第Ⅲ～Ⅻ对脑神经相连的脑神经核；另一类不与脑神经直接相连，统称为非脑神经核。脑干的白质大多是脊髓纤维束的延续，但是其位置、走向发生迁移，并出现一些新纤维束。在脑干中央区内出现明显的网状结构。

(1) 神经核：包括脑神经核和非脑神经核。

1) 脑神经核：分为运动核和感觉核 (图 9-35、表 9-4)，运动核又分为躯体运动核和内脏运动核，它们分别相当于脊髓灰质的前柱和侧柱。感觉核又分为躯体感觉核和内脏感觉核，相当于脊髓灰质的后柱。这 4 种核都位于脑干的背面，其中躯体运动核在最内侧，向外侧依次为内脏运动核、内脏感觉核和躯体感觉核。这是由于脑干中央管上端扩大为第四脑室，大致相当于脊髓两半的灰质各

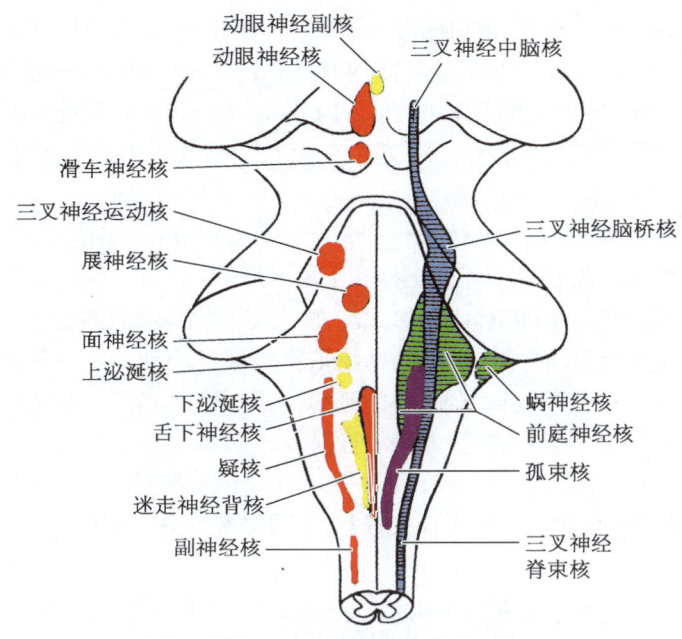

图 9-35 脑神经核在脑干背面的投影

以前柱为轴外展 90°，于是运动性和感觉性核团的排列关系便由前后关系变成内外侧关系。

表 9-4 脑神经核的性质、位置和功能

类别	脑神经核名称	位置阶段	功 能
躯体运动核	动眼神经核	中脑	支配上直肌、下直肌、内直肌、下斜肌和上睑提肌
	滑车神经核	中脑	支配上斜肌
	展神经核	脑桥	支配外直肌
	舌下神经核	延髓	支配舌肌
	三叉神经运动核	脑桥	支配咀嚼肌
	面神经核	脑桥	支配面肌
	疑核	延髓	支配咽喉肌
	副神经核	延髓	支配斜方肌和胸锁乳突肌
内脏运动核	动眼神经副核	中脑	支配睫状肌和瞳孔括约肌
	上泌涎核	脑桥	支配泪腺、下颌下腺和舌下腺的分泌
	下泌涎核	延髓	支配腮腺的分泌
	迷走神经背核	延髓	支配颈部和胸、腹腔大部分器官的活动
内脏感觉核	孤束核	延髓	上端接受味觉，其余部分接受咽、喉和胸腔、腹腔大部分器官的一般内脏感觉
躯体感觉核	三叉神经中脑核	中脑	可能接受咀嚼肌和表情肌的本体觉
	三叉神经脑桥核	脑桥	接受面部皮肤和口腔、鼻腔黏膜的一般感觉（痛觉、温度觉和触觉）
	三叉神经脊束核	脑桥和延髓	
	前庭神经核	脑桥和延髓	接受内耳的平衡觉冲动
	蜗神经核		接受内耳的听觉冲动

躯体运动核：主要由躯体运动神经元的胞体组成，其轴突构成脑神经中的躯体运动纤维，分布到头颈部的骨骼肌，管理其随意运动。其中在中脑内有动眼神经核（nucleus of oculomotor nerve）和滑车神经核（nucleus of trochlear nerve），支配大部分眼球外肌。脑桥内有三叉神经运动核

(motor nucleus of trigeminal nerve)支配咀嚼肌,展神经核(nucleus of abducent nerve)支配外直肌,面神经核(nucleus of facial nerve)支配面肌。延髓内有疑核(nucleus ambiguus)支配咽喉肌,舌下神经核(nucleus of hypoglossal nerve)支配舌肌,副神经核(accessory nucleus)支配斜方肌和胸锁乳突肌。

内脏运动核:脑干的内脏运动核皆属副交感核,其轴突构成脑神经中的副交感纤维,支配平滑肌、心肌和腺体。在中脑内有动眼神经副核(accessory nucleus of oculomotor nerve)支配睫状肌和瞳孔括约肌。延髓内有迷走神经背核(dorsal nucleus of vagus nerve)支配颈部、胸腔和大部分腹腔器官的平滑肌、心肌和腺体。此外,还有上泌涎核和下泌涎核。

躯体感觉核:接受脑神经中的躯体感觉纤维。位于脑桥内的三叉神经脑桥核(pontine nucleus of trigeminal nerve),主要接受面部皮肤和口、鼻腔黏膜的触觉冲动。还有三叉神经脊束核(spinal nucleus of trigeminal nerve)是三叉神经脑桥核的延续,向下贯延髓全长,主要接受面部皮肤和口腔黏膜的痛、温度觉。此外,还有前庭神经核和蜗神经核。

内脏感觉核:为延髓内的孤束核(nucleus of solitary tract),接受脑神经中的内脏感觉纤维。来自咽、喉及胸腔脏器的感觉纤维皆终止于孤束核,其中味觉纤维终止于孤束核的上端。

2) 非脑神经核

薄束核(gracile nucleus)和楔束核(cuneate nucleus):位于延髓背面的薄束结节和楔束结节内,接受薄束和楔束的纤维。它是传导意识性本体觉和精细触觉传导路的第二级神经元胞体所在地。

黑质(substantia nigra):与红核都是锥体外系的重要结构,黑质位于大脑脚底的灰质带,含黑色素的细胞团,细胞内富含多巴胺。黑质和纹状体之间有往返的纤维联系,黑质细胞合成的多巴胺,通过轴突输送至纹状体。黑质的多巴胺缺乏可导致运动减少,肌张力过高,是引起震颤麻痹(帕金森病)的主要病因。

红核(red nucleus):在中脑上丘水平,位于黑质的背内侧,因富有血管,在新鲜脑干切面上显红色而得名。红核主要接受小脑的纤维,这些纤维主要构成小脑上脚。红核的传出纤维主要有红核脊髓束,交叉后下行,终于前角运动神经元。

(2) 纤维束

1) 锥体束(pyramidal tract):是自大脑皮质运动区发出的支配骨骼肌随意运动的传导束。在脑干内,行经大脑脚、脑桥基底部,到延髓形成锥体。锥体束一部分纤维终止于脑干的脑神经躯体运动核,称为皮质核束(皮质延髓束)。而其余大部分纤维在锥体下端相互交叉(锥体交叉)到脊髓外侧索,称为皮质脊髓侧束。小部分纤维不交叉至脊髓前索,称为皮质脊髓前束。

2) 内侧丘系(medial lemniscus):由薄束核、楔束核发出的纤维,呈弓形走向延髓中央管的腹侧,在中线上左右交叉,称为内侧丘系交叉,交叉后的纤维折向上行,组成内侧丘系。先走在正中线两旁,继而偏向外侧,终止于背侧丘脑。

3) 脊髓丘脑束(spinothalamic tract):又称脊髓丘系。由脊髓上行到脑干,走在内侧丘系的背外侧,上行至背侧丘脑。

4) 三叉丘脑束(trigeminothalamic tract):又称三叉丘系。三叉神经脑桥核和脊束核发出的纤维,越至对侧,转而上行组成三叉丘脑束。三叉丘脑束的位置与内侧丘系毗邻,它上行至背侧丘脑。

(3) 网状结构:在脑干内,除界限明确的神经核和纤维束以外,还存在着灰质和白质交织的广泛区域,这些区域称脑干网状结构(reticular formation of brain stem)。脑干网状结构向下至脊髓上部,向上延伸到背侧丘脑。可接受来自各种感觉传导束的信息,其传出纤维可联系各级中枢。网状结构是中枢神经系统内一个重要的整合结构,脑干网状结构中有呼吸中枢、心血管运动中枢、血压调节中枢和呕吐中枢等。

(二) 小脑

1. **位置和外形** 小脑(cerebellum)位于颅后窝内,在大脑半球枕叶的下方,脑桥和延髓的后方。小脑借3对脚与脑干相连,小脑上脚与中脑相连,小脑中脚与脑桥相连,小脑下脚与延髓相连。小脑脚由出入小脑的纤维束组成。

小脑在外形上,可分中间的 小脑蚓(vermis) 和两侧的 小脑半球(cerebellar hemisphere)(图9-36、图9-37)。小脑上面平坦,小脑半球下面凸隆,两半球下面靠近小脑蚓的椭圆形隆起,称为 小脑扁桃体(tonsil of cerebellum),它靠近枕骨大孔,其腹侧邻近延髓。当颅内压增高时,小脑扁桃体可被挤入枕骨大孔内,压迫延髓而危及生命,临床上称为小脑扁桃体疝或枕骨大孔疝。

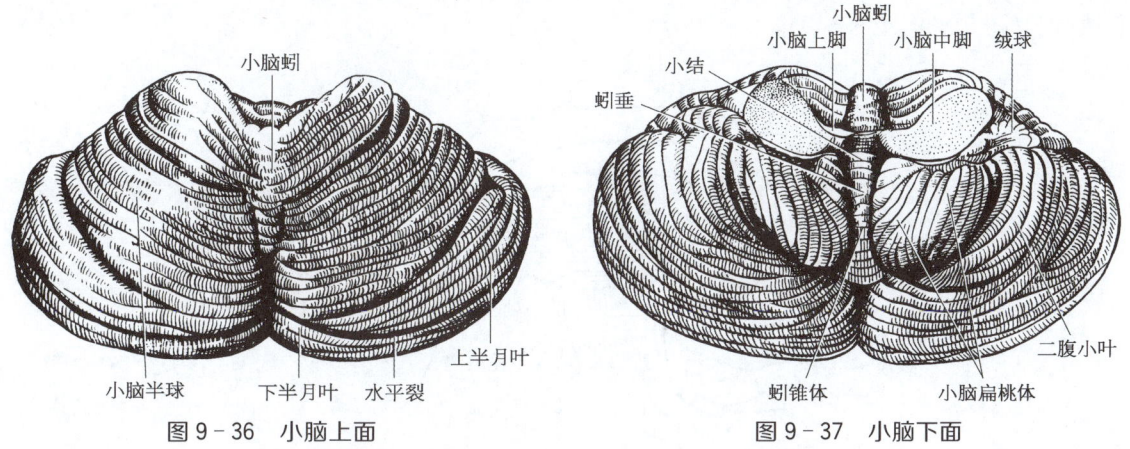

图9-36 小脑上面　　　　图9-37 小脑下面

2. **构造** 小脑灰质和白质的分布与脊髓不同,小脑表面为薄层灰质称 小脑皮质(cerebellar cortex),小脑皮质的深面为白质称 小脑髓质(cerebellar medullae),髓质内埋有4对灰质块,称为小脑核,其中最大者为 齿状核(dentate nucleus)(图9-38)。

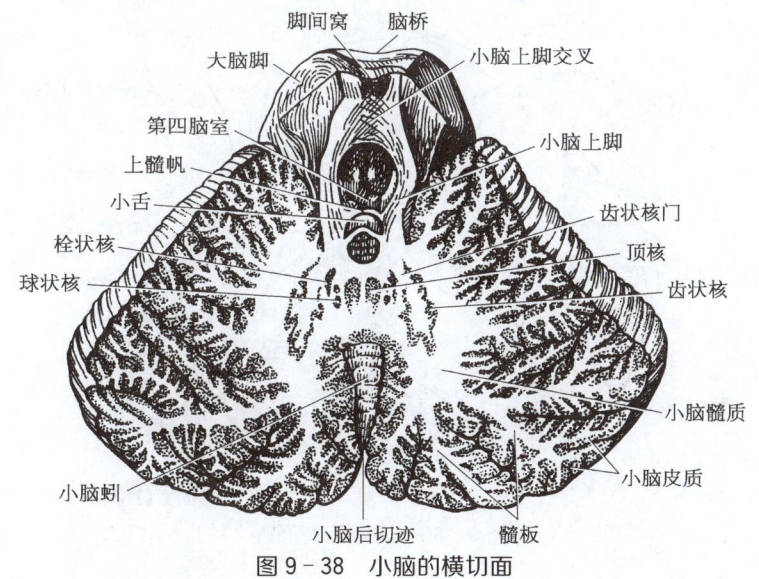

图9-38 小脑的横切面

3. 功能 小脑主要是一个与运动调节有关的中枢,主要功能是维持身体平衡、调节肌张力和协调随意运动。小脑损伤时,平衡失调,站立不稳,走路时抬腿过高,迈步过大。取物时,过度伸开手指。令患者做指鼻试验等,动作不准确,临床上称为"共济失调"。

(三) 间脑

间脑(diencephalon)位于中脑的前上方,由于大脑半球的高度发达,间脑除腹侧部的一部分露于脑底外,其余皆被大脑半球所掩盖。间脑的外侧与大脑半球愈合。间脑中间有一矢状裂隙,称第三脑室,它向下通中脑水管,向上经室间孔与侧脑室相通。间脑主要包括背侧丘脑、后丘脑和下丘脑3部分:

1. 背侧丘脑(dorsal thalamus) 又称丘脑,为间脑的背侧份,是一对卵圆形的灰质团块。其外侧紧贴大脑半球的内囊,前下方邻接下丘脑,其内侧面成为第三脑室壁的后上份,以下丘脑沟与下丘脑分界(图9-39、图9-40)。

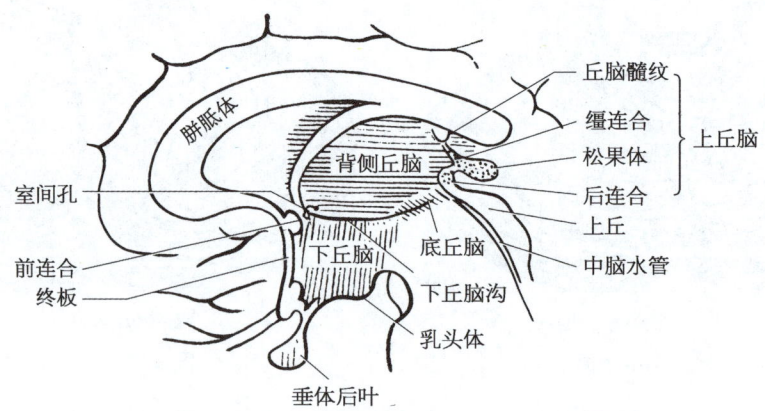

图9-39 脑正中矢状切面(示间脑的位置和分部)

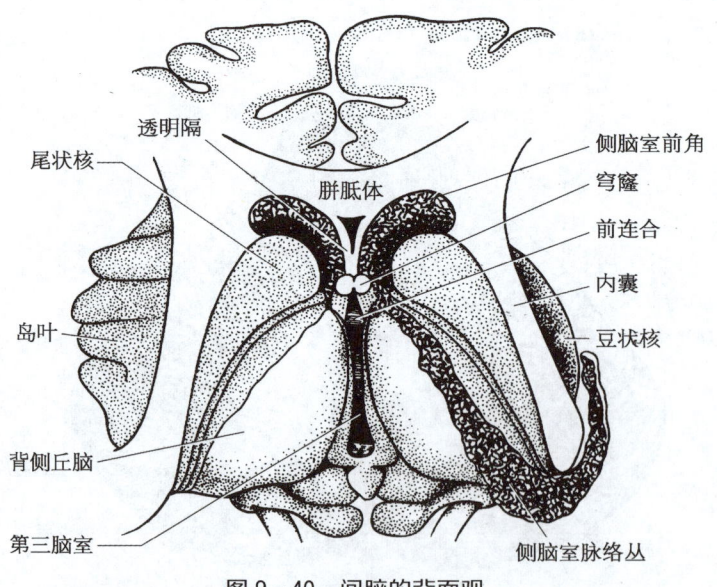

图9-40 间脑的背面观

背侧丘脑是皮质下的高级感觉中枢。它不仅是感觉传导路的中继站,而且也是一个复杂的分析器,一般认为痛觉在丘脑即开始产生。一侧丘脑损伤可引起对侧半身感觉丧失、过敏或伴有剧烈的自发疼痛。

背侧丘脑的内部是由一些灰质核团组成。其内有一"Y"形的纤维板,称内髓板,将背侧丘脑分隔为位于前部的前核群、内侧部的内侧核群和外侧部的外侧核群(图 9-41)。其中外侧核群的腹后核(ventral posterior nucleus)是躯体感觉传导路的中继站,即来自全身的深、浅感觉传导路都在此中继,再到大脑皮质感觉中枢。腹后核又分为腹后内侧核(ventral posteromedial nucleus)和腹后外侧核(ventral posterolateral nucleus),前者接受三叉丘脑束的纤维,后者接受脊髓丘脑束和内侧丘系的纤维,两核发出纤维投射到大脑皮质躯体感觉中枢。

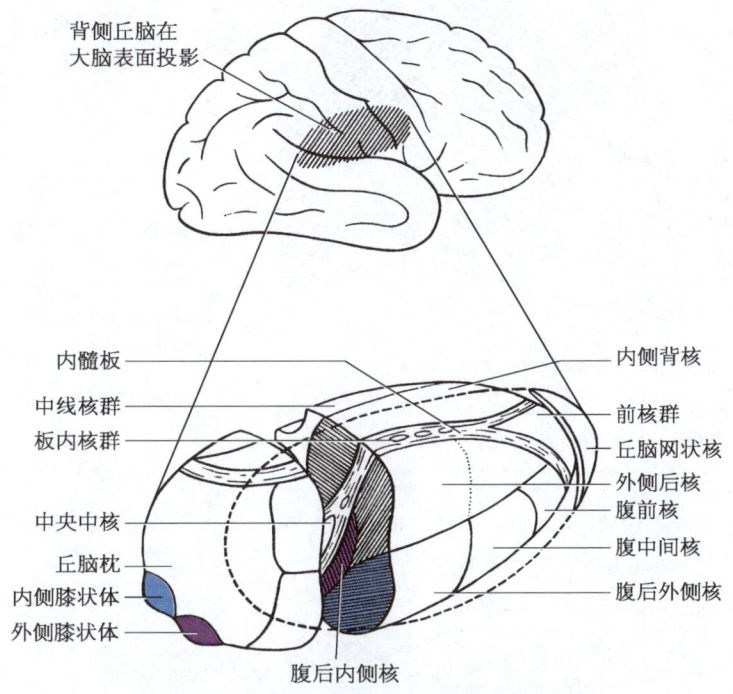

图 9-41　右侧背侧丘脑冠状切面示意图
图示背侧丘脑各核团及其在半球内的投影

2. 后丘脑(metathalamus)　位于背侧丘脑后侧的外下方,包括两对小隆起,分别称为内侧膝状体(medial geniculate body)和外侧膝状体(lateral geniculate body)(图 9-34、图 9-41),它们分别是听觉和视觉传导路的中继站。内侧膝状体接受听觉纤维,发出听辐射分布到颞叶的听觉中枢。外侧膝状体接受视束纤维,发出视辐射到枕叶的视觉中枢。因此内侧膝状体是听觉皮质下中枢,外侧膝状体是视觉皮质下中枢。

3. 下丘脑(hypothalamus)　位于背侧丘脑的前下方,构成第三脑室的底和侧壁下份。在脑底面,下丘脑的范围从前至后为视交叉(optic chiasma)、灰结节(tuber cinereum)和乳头体(mamillary body)。灰结节向下方伸出一细蒂,称为漏斗(infundibulum)。漏斗下端连垂体。

下丘脑内含有许多核团,但核团界限不明显,其中界线清楚的有视上核(supraoptic nucleus)和室旁核(paraventricular nucleus)。下丘脑的纤维联系十分广泛,对内脏活动和内分泌活动等起着重要的调节作用。所以,下丘脑是重要的皮质下内脏活动中枢。

(四)端脑

端脑(telencephalon)通常又称大脑(cerebrum),由左、右大脑半球构成。人类大脑半球高度发达掩盖了间脑、中脑和小脑的上面。左、右半球之间的裂隙为大脑纵裂,裂底有连接两半球的横行纤维,称胼胝体。在大脑和小脑之间有大脑横裂。

1. **大脑半球的外形** 大脑半球(cerebral hemisphere)可分为上外侧面、内侧面和下面。大脑半球表面凹凸不平,有许多或浅或深的沟,沟与沟之间的隆起,称为大脑回(cerebral gyri)。

(1) 半球的分叶:大脑半球被3条较重要的沟分为5个分叶(图9-42)。3条沟是中央沟、外侧沟和顶枕沟。

中央沟(central sulcus)在半球上外侧面,自半球上缘中点稍后,向下前斜行,几乎达外侧沟。外侧沟(lateral sulcus)位于半球的上外侧面,此沟较深,由前向后斜行。顶枕沟(parietooccipital sulcus)位于半球的内侧面的后部,由前下向后上,并略转至半球上外侧面。

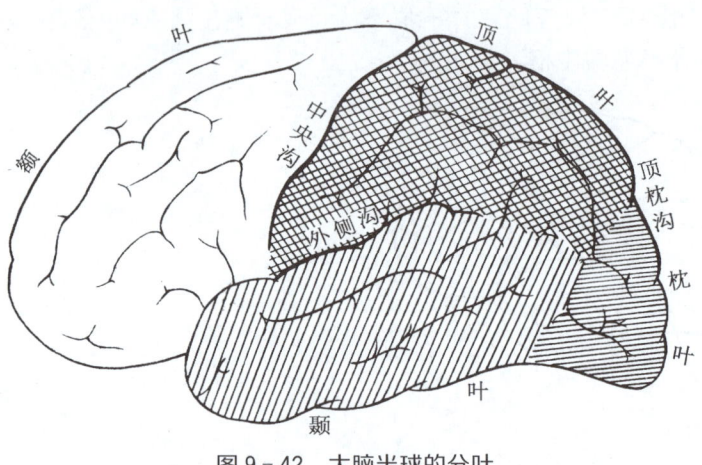

图9-42 大脑半球的分叶

5个叶是额叶、顶叶、枕叶、颞叶和岛叶。额叶(frontal lobe)在外侧沟以上和中央沟之前。顶叶(parietal lobe)在中央沟和顶枕沟之间。枕叶(occipital lobe)在顶枕沟以后。颞叶(temporal lobe)在外侧沟以下。岛叶(insular lobe)在外侧沟的深处。

(2) 半球上外侧面的沟和回(图9-43)

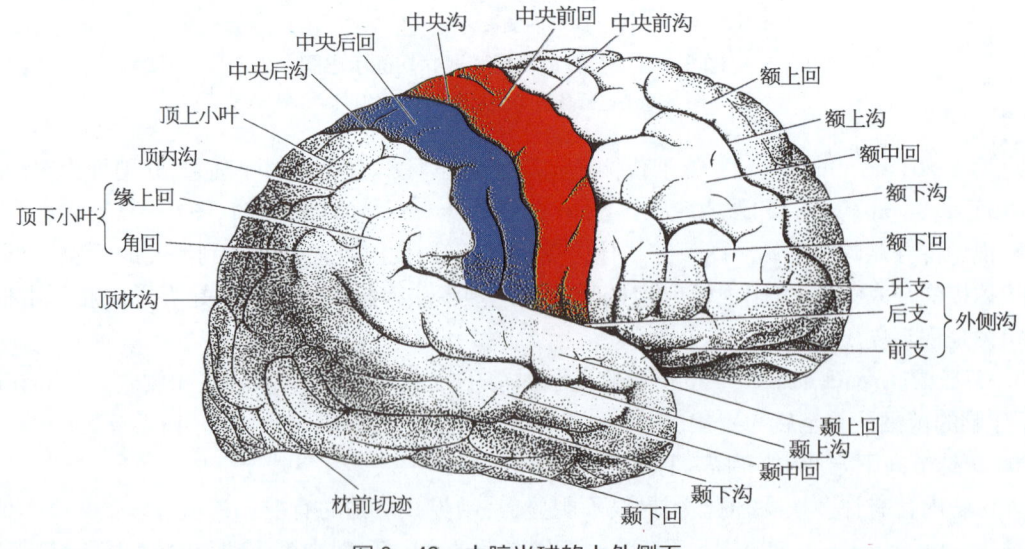

图9-43 大脑半球的上外侧面

1) 额叶：在中央沟的前方有一条与之平行的中央前沟，两者之间为中央前回(precentral gyrus)。自中央前沟向前，有上、下两条平行的沟，为额上沟和额下沟，两沟将额叶中央前回前方的皮质自上而下分为额上回、额中回和额下回。

2) 顶叶：在中央沟后方有一条与其平行的中央后沟(postcentral sulcus)，两沟之间为中央后回(postcentral gyrus)。在顶叶下方，围绕外侧沟末端周围的为缘上回(supramarginal gyrus)，围绕颞上沟末端的脑回为角回(angular gyrus)。

3) 颞叶：在外侧沟下方有一与其平行的沟，称颞上沟(superior temporal sulcus)。颞上沟上方的脑回，称颞上回(superior temporal gyrus)。于外侧沟深处的颞上回上壁上有两条短而横行的脑回，称颞横回(transverse temporal gyrus)。

(3) 半球内侧面的沟和回(图9-44)：上述的额、顶、颞、枕叶都延伸到半球的内侧面。中央前、后回自半球上外侧面延续到半球内侧面的部分，称为中央旁小叶(paracentral lobule)。从胼胝体的后方，有一条向后走向枕叶后端的深沟，称距状沟(calcarine sulcus)，此沟与顶枕沟中部相遇。在胼胝体和半球上缘之间，有一个略与两者平行的沟，称为扣带沟(cingulate sulcus)。扣带沟和胼胝体之间的回为扣带回(cingulate gyrus)，其后端变窄并弯向前方接连海马旁回(parahippocampal gyrus)。海马旁回的前端弯成钩形的回折部分，称钩(uncus)。扣带回、海马旁回和钩，几乎呈环形围于大脑与间脑交接处的边缘，故称边缘叶(limbic lobe)。

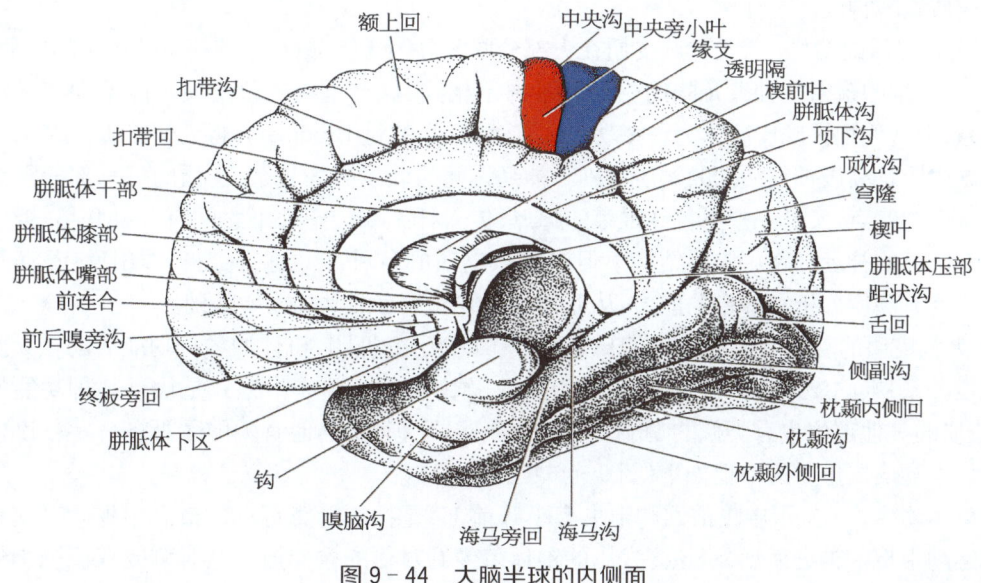

图9-44 大脑半球的内侧面

(4) 大脑半球的下面：为额叶、颞叶和枕叶的下面(图9-45)。在额叶的下面前内侧有一椭圆形的嗅球(olfactory bulb)，内有嗅球细胞，接受嗅神经的纤维，它的后端变细为嗅束(olfactory tract)，嗅束向后扩大为嗅三角(olfactory trigone)。

2. 大脑半球的内部结构 大脑半球表面为一层灰质，称为大脑皮质，皮质的深方为白质，又称大脑髓质。白质内埋有灰质团块，称基底核。两半球内还有左右对称的腔隙，称侧脑室。

(1) **大脑皮质**(cerebral cortex)：大脑皮质的沟与回，扩大了皮质的表面积，人类大脑皮质的面积约为2 200 cm²，有1/3露在表面，2/3在沟裂的底和壁上。大脑皮质是由各种神经元、神经纤维

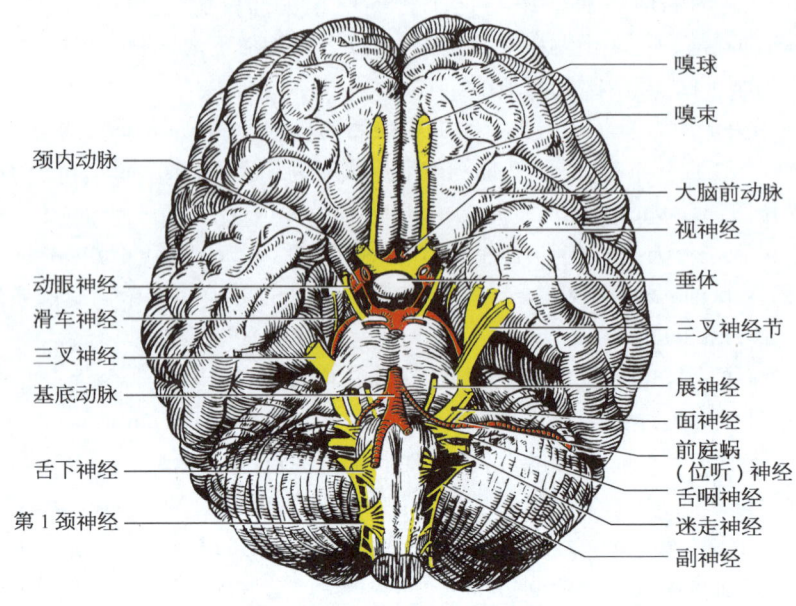

图 9-45 大脑半球的下面

和神经胶质细胞构成。

1) 大脑皮质的结构：人类大脑皮质在大部分脑区分为 6 层，但在不同部位其各层的厚薄、神经元的形态、纤维的疏密和神经元间的相互联系都不相同，这与不同部位皮质功能不同有关。根据这些关系，学者们把大脑皮质分为许多功能区，广泛采用的是 Brodmann 将大脑皮质分成 52 个区。

大脑皮质是高级神经活动的物质基础。神经元间的联系极为复杂，皮质的每一部分既是一些上行纤维束的终点，又是一些下行纤维束的起点，传入纤维和传出纤维之间有各种联络神经元，形成复杂而广泛的神经环路。皮质结构不但对进入皮质的各种冲动进行分析、作出反应，而且使得大脑皮质具有高度分析和综合的能力，从而构成思维和语言活动的物质基础。

2) 大脑皮质的功能定位：根据临床的观察和实验研究证明，机体的各种功能活动在大脑皮质都有定位关系，大脑皮质执行特定功能的脑区，又称为中枢。这些中枢只是执行某种功能的核心部位，皮质的其他部位也有类似的功能。例如，某一脑区损伤，其他有关脑区可在一定程度上代偿其功能。大脑皮质重要的中枢如下(图 9-46、图 9-47)。

躯体运动中枢：位于中央前回和中央旁小叶前部，是控制随意运动的最高中枢。一侧大脑半球躯体运动中枢的神经活动，经该区发出的锥体束传到对侧的脊髓前角及对侧或双侧脑神经躯体运动核，再由脊髓前角或脑神经躯体运动核细胞发出的纤维经脊神经或脑神经传到相应的骨骼肌。

躯体运动中枢对骨骼肌运动的管理具有以下特点：管理身体对侧骨骼肌，但对眼外肌、上部面肌、咀嚼肌和咽、喉肌等是双侧支配；中央前回上部及中央旁小叶前部支配下肢肌，中央前回中部支配上肢肌和躯干肌，下部支配头颈肌。因此，它与身体各部的关系，犹如头朝下、足朝上的倒立人形，但头面部的投影依然是正立位。身体各部在皮质的代表区的大小与运动的精细复杂程度相关，如口和手在皮质所占的面积较其他部分(如躯干)相对大很多(图 9-46、图 9-48)。

躯体感觉中枢：位于中央后回及中央旁小叶后部。此中枢接受背侧丘脑发出的纤维，司躯体浅、深感觉。其特点是：接受对侧身体的感觉冲动。感觉冲动传入的皮质投射也是倒置的，与躯体

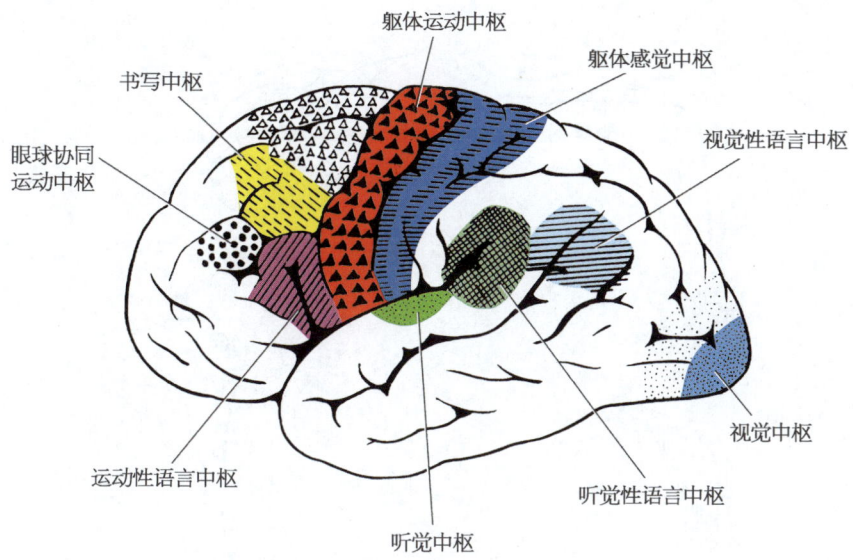

图 9-46 大脑皮质的中枢（上外侧面）

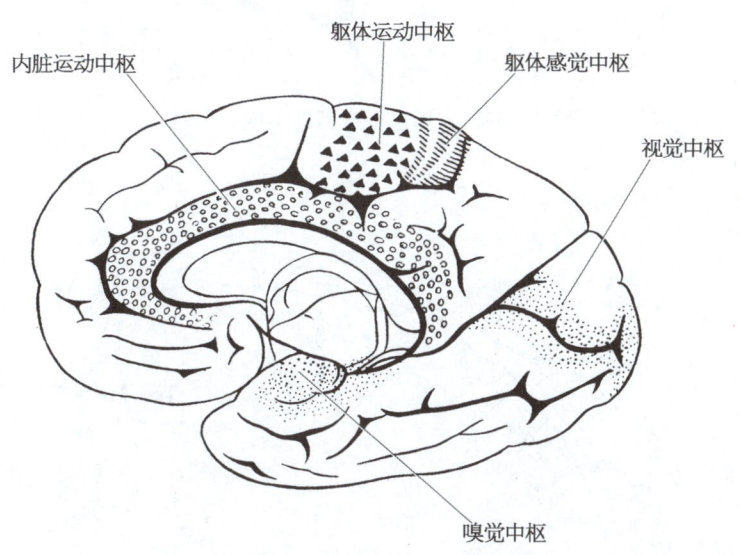

图 9-47 大脑皮质的中枢（内侧面）

运动中枢相似。代表区的大小与身体各部感觉的灵敏程度相关，如手、指、唇、足等感觉灵敏部位的代表区面积大，而躯干的代表区面积小（图 9-46、图 9-49）。

视觉中枢：在枕叶内侧面距状沟上、下的皮质。一侧视觉中枢接受同侧视网膜颞侧半和对侧视网膜鼻侧半的传入冲动（图 9-46、图 9-47）。

听觉中枢：在颞叶的颞横回。每侧听觉中枢都接受来自两耳的听觉冲动，故一侧听觉中枢受损，不会引起全聋（图 9-46）。

语言中枢：是人类大脑皮质所特有的，通常只存于优势（左侧）半球。优势半球内有说话、听话、书写和阅读 4 种语言中枢（图 9-46）。

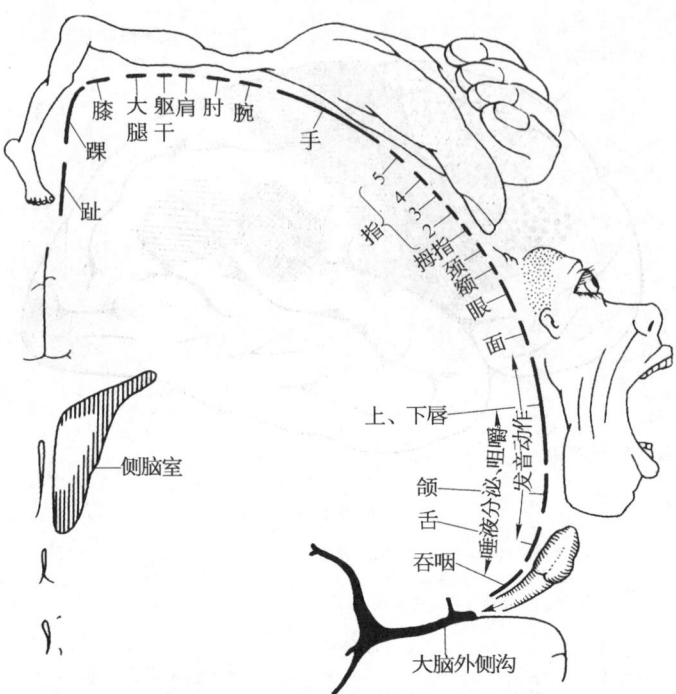

图 9-48 人体各部在运动中枢的投影

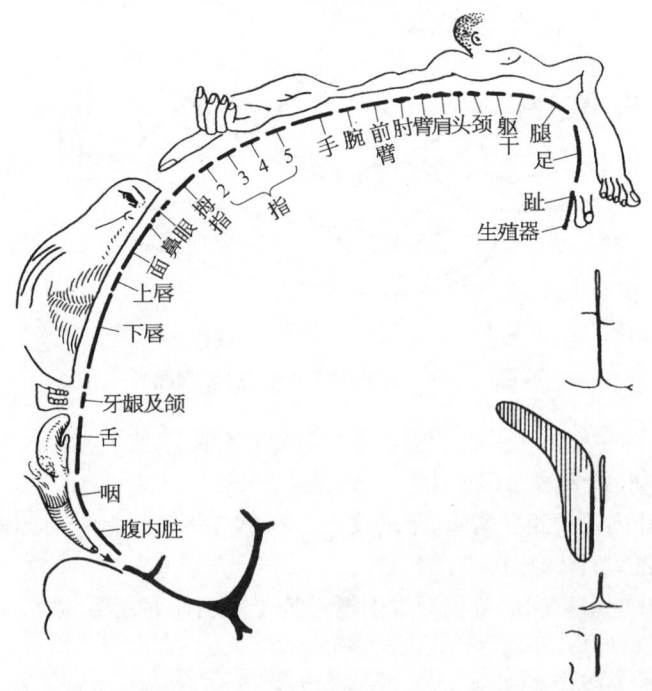

图 9-49 人体各部在感觉中枢的投影

运动性语言中枢(说话中枢)位于额下回后部,又称 Broca 区。此区受损,患者丧失说话能力,但可以听懂他人的语言,与发声有关的肌肉并未瘫痪,尚能发声,临床上称为运动性失语症(图 9 - 46)。

书写中枢位于额中回后部,紧靠中央前回,管理上肢肌和手肌的运动区。此中枢受损,患者失去写字、绘画等能力,但其他的运动功能不受影响,临床上称为失写症(图 9 - 46)。

视觉性语言中枢(阅读中枢)位于顶叶的角回。此中枢受损,患者视觉无障碍,但看不懂已认识的文字,不理解句意,从而不能阅读,称为失读症(图 9 - 46)。

听觉性语言中枢(听话中枢)在颞上回后部,此中枢能调整自己的语言和理解别人的语言。此中枢受损,患者听觉无障碍,也能说话,但不能理解他人讲话的意思,故不能正确回答问题,临床上称为感觉性失语症(图 9 - 46)。

嗅觉中枢:在海马旁回、钩的附近(图 9 - 47)。

内脏运动中枢:一般认为在边缘叶(图 9 - 47)。

(2) **基底核**(basal nuclei):是埋藏在大脑底部白质内的灰质核团,包括尾状核、豆状核和杏仁体等。尾状核与豆状核合称**纹状体**(corpus striatum)(图 9 - 50)。

1) **尾状核**(caudate nucleus):长而弯曲,蜷伏在背侧丘脑之上,分为头、体、尾 3 部分。**尾状核头**在背侧丘脑的前外侧,**尾状核体**在背侧丘脑的背外侧,**尾状核尾**向前下伸入颞叶,终端连杏仁体。

2) **豆状核**(lentiform nucleus):位于岛叶的深部,背侧丘脑的外侧,它被白质分成内、外侧两部,内侧部色泽较浅由两块组成,称**苍白球**(globus pallidus),是纹状体中古老的部分,又称为**旧纹状体**。外侧部分色泽较深,称为**壳**(putamen)。豆状核的壳和尾状核在进化上较新,合称为**新纹状体**。

纹状体是人类锥体外系的重要部分,具有协调各肌群间的运动和调节肌张力等功能。

3) **杏仁体**(amygdaloid body):在海马旁回钩深面,与尾状核尾相连。为边缘系统的皮质下中枢,与调节内脏活动和情绪等功能有关。

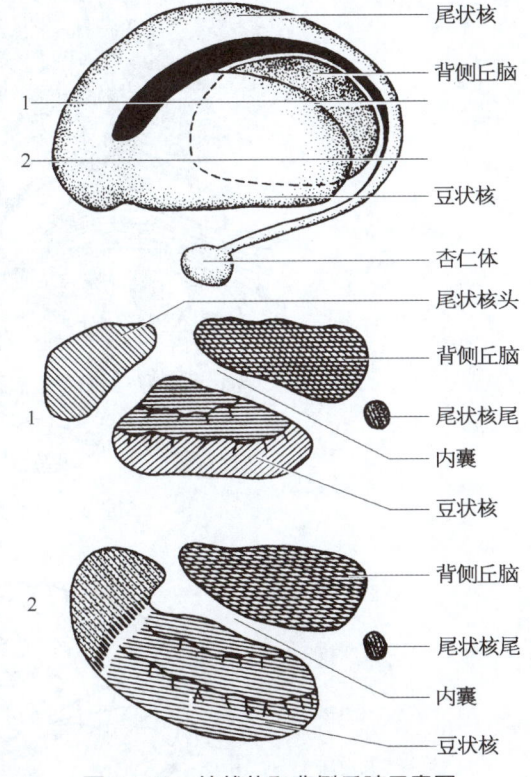

图 9 - 50 纹状体和背侧丘脑示意图
下两图是上图 1、2 的水平面

(3) 大脑白质:又称**大脑髓质**,由大量的神经纤维构成,这些纤维的长短和方向不一,可分为 3 类(图 9 - 51,图 9 - 52)。

1) **连合纤维**(commissural fibers):是连接左右大脑半球皮质的横行纤维,其主要者为胼胝体。

2) **联络纤维**(association fibers):为同侧半球皮质各部相互联系的纤维。

3) **投射纤维**(projection fibers):是大脑皮质与皮质下各结构之间的上、下行纤维,大多经过内囊。

内囊(internal capsule)是位于尾状核、背侧丘脑和豆状核之间的上、下行纤维密集而成的白质区。在大脑半球的水平切面上内囊呈">＜"形,可分为内囊前肢、内囊膝和内囊后肢 3 部分。内囊前肢位于尾状核和豆状核之间。内囊后肢较长,在豆状核和背侧丘脑之间,前、后肢相接部,称内囊膝(图9-51、图9-52)。

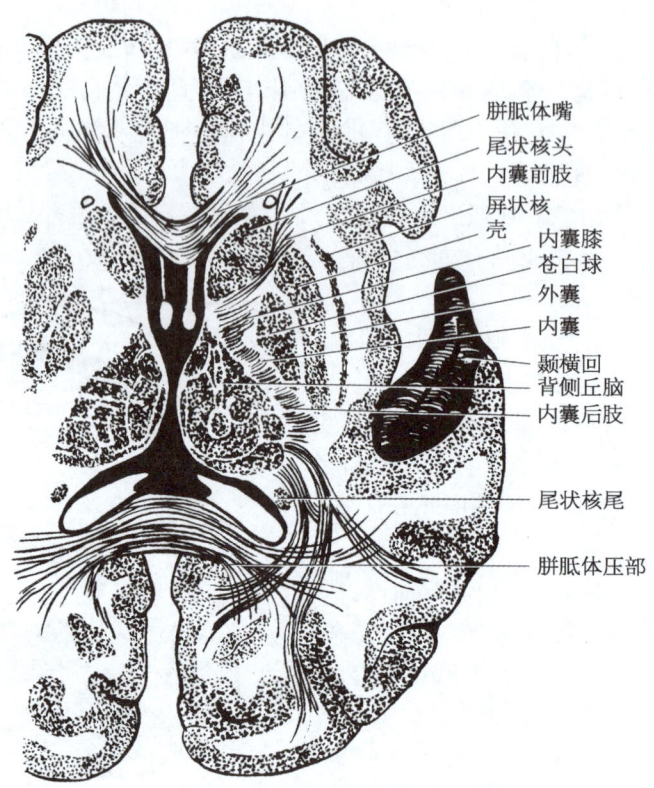

图9-51 大脑半球的水平切面

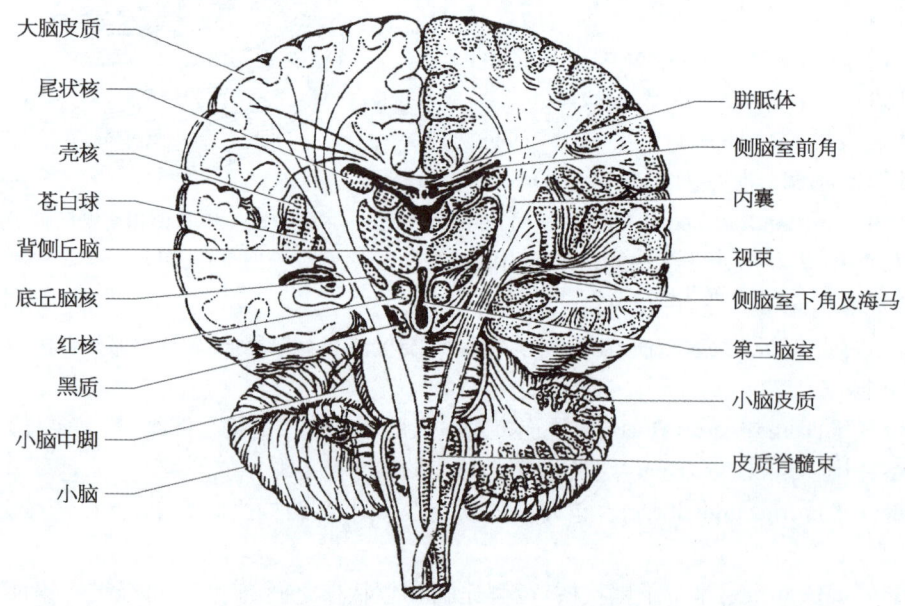

图9-52 大脑半球的冠状切面

经内囊前肢的投射纤维主要有额桥束,经内囊膝的投射纤维有皮质核束,经内囊后肢的投射纤维主要有皮质脊髓束、丘脑皮质束、视辐射和听辐射。当一侧内囊损伤时,患者出现对侧偏身感觉丧失(因丘脑皮质束损伤)、对侧偏身运动障碍(因皮质脊髓束、皮质核束损伤)和双眼视野同向性偏盲(因视辐射损伤)的"三偏"症状(图9-51~图9-53)。

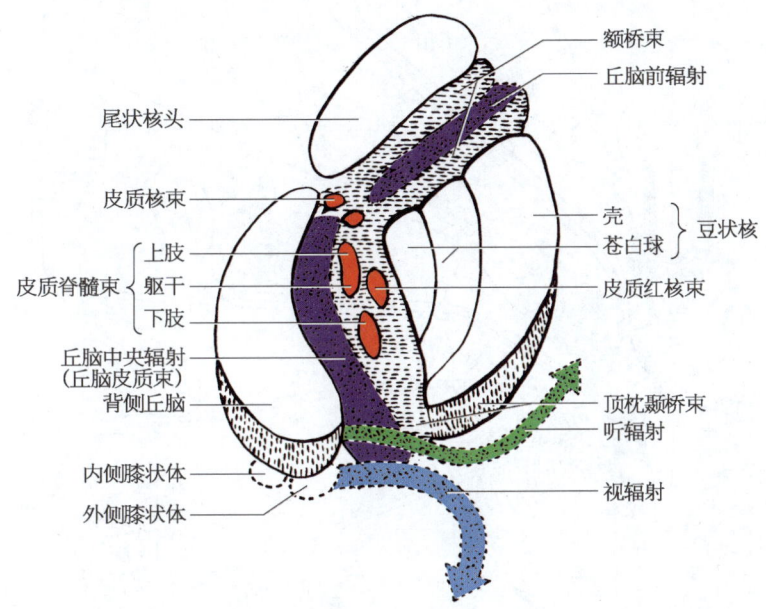

图9-53 内囊模式图

(4) **边缘系统**:在大脑半球内侧面隔区、扣带回、海马旁回及钩等围绕胼胝体的脑回几乎成一圈,加上被挤到侧脑室下角的海马、齿状回等,共同组成**边缘系统(limbic system)**。边缘系统在种系发生上是比较古老的,它不仅与嗅觉有关,更主要的是与内脏活动、情绪行为和记忆等密切相关,故又称内脏脑。

二、脑神经

脑神经(cranial nerves)共12对,按其排列顺序通常用罗马数字表示。12对脑神经的次序和名称如下: Ⅰ 嗅神经, Ⅱ 视神经, Ⅲ 动眼神经, Ⅳ 滑车神经, Ⅴ 三叉神经, Ⅵ 展神经, Ⅶ 面神经, Ⅷ 前庭蜗神经, Ⅸ 舌咽神经, Ⅹ 迷走神经, Ⅺ 副神经, Ⅻ 舌下神经(图9-54、表9-5)。

脑神经纤维成分较脊神经复杂,可总括为以下4种(图9-55)。① **躯体感觉纤维**分布于头面部皮肤、肌、肌腱、关节和口、鼻黏膜、前庭器蜗和视器,将头面部痛觉、温度觉、触觉、平衡觉、听觉和视觉传导至脑神经躯体感觉核。② **内脏感觉纤维**分布于头、颈、胸、腹的脏器,传导头、颈、胸、腹部的内脏感觉。③ **躯体运动纤维**是脑神经躯体运动核胞体发出的轴突,支配头颈部的骨骼肌(眼球外肌、舌肌、面肌、咀嚼肌和咽喉肌等)。④ **内脏运动纤维**为副交感纤维,胞体位于脑神经内脏运动核,支配平滑肌、心肌和腺体。

根据12对脑神经所含纤维成分的不同将其分为3类:一类为感觉神经,包括嗅神经、视神经和前庭蜗神经;另一类为运动神经,包括动眼神经、滑车神经、展神经、副神经和舌下神经;第三类为混合神经,包括三叉神经、面神经、舌咽神经和迷走神经。

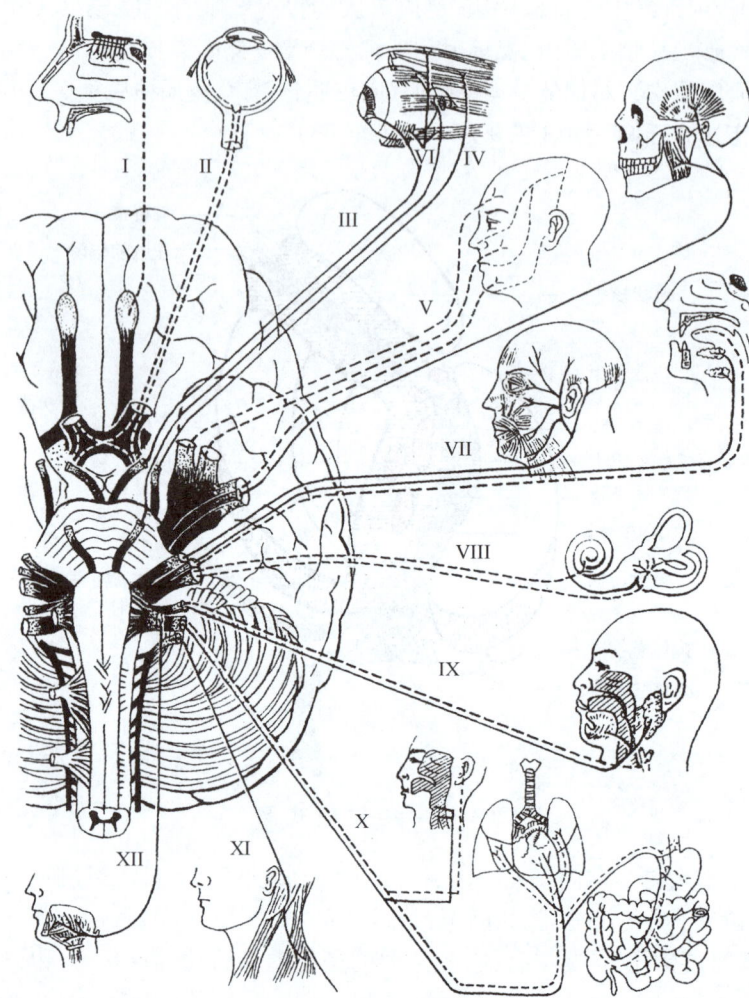

图 9-54 脑神经概观

（一）嗅神经

嗅神经（olfactory nerves）为内脏感觉神经，由嗅细胞的中枢突组成。嗅细胞为双极神经元，位于上鼻甲及与其对应的鼻中隔嗅区黏膜内。嗅细胞的周围突伸向嗅区黏膜表面，分布于鼻黏膜嗅区。中枢突无髓鞘，在黏膜下层形成丛状，然后集成20条左右的小束，称为嗅丝。嗅丝向上穿过筛孔进入颅前窝，终止于嗅球（图9-54、图9-56），将嗅觉冲动传入嗅觉中枢。

（二）视神经

视神经（optic nerve）为躯体感觉神经。由视网膜神经节细胞的轴突在视神经盘处集聚而成，穿过视网膜外层、脉络膜、巩膜后集合成视神经。视神经穿过视神经管进入颅中窝，在垂体前方与对侧视神经形成视交叉，交叉后延续为视束，终于后丘脑的外侧膝状体（图9-54、图9-57）。

（三）动眼神经

动眼神经（oculomotor nerve）为运动神经，含有躯体运动和内脏运动（副交感）两种纤维。躯体

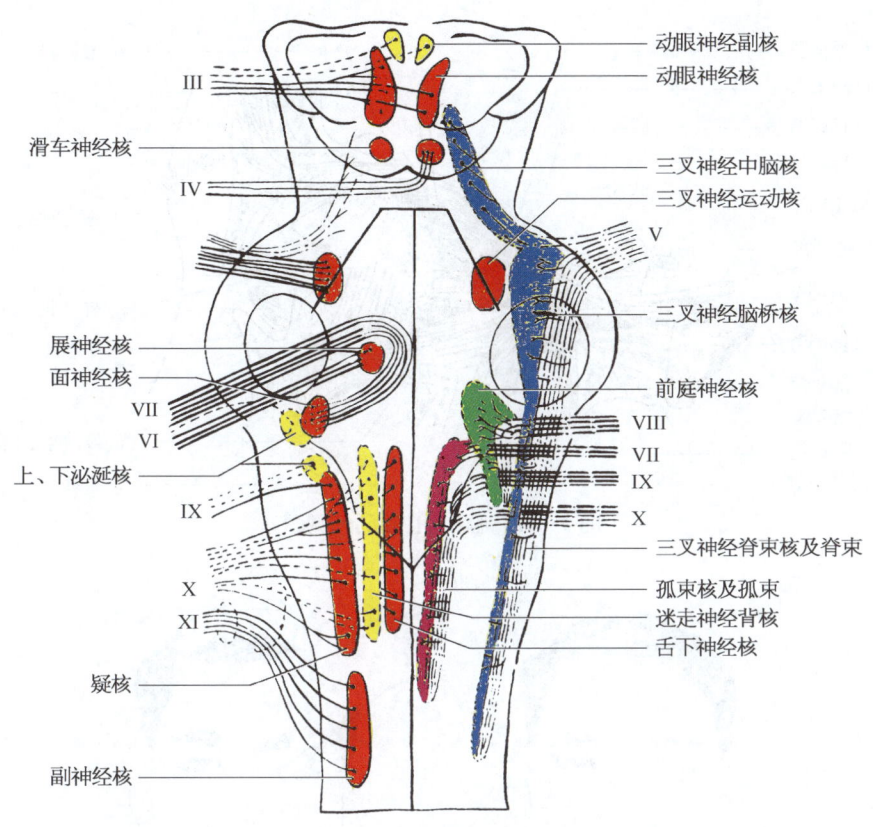

图 9-55 脑神经核及其纤维联系

运动纤维起于动眼神经核,内脏运动纤维起于动眼神经副核。动眼神经纤维由上述两核发出后,自脚间窝处出脑,向前经眶上裂入眶,分成较细小分支。起于动眼神经核的躯体运动纤维支配上睑提肌、上直肌、下直肌、内直肌和下斜肌。起于动眼神经副核的副交感纤维进入睫状神经节交换神经元,其节后纤维支配睫状肌和瞳孔括约肌(图9-54、图9-55、图9-57)。

一侧动眼神经损伤导致上睑提肌、上直肌、内直肌、下直肌和下斜肌以及眼球内的瞳孔括约肌和睫状肌瘫痪,出现上睑下垂、瞳孔斜向外下方、瞳孔扩大、瞳孔对光反射和调节反射消失等症状(图9-58)。

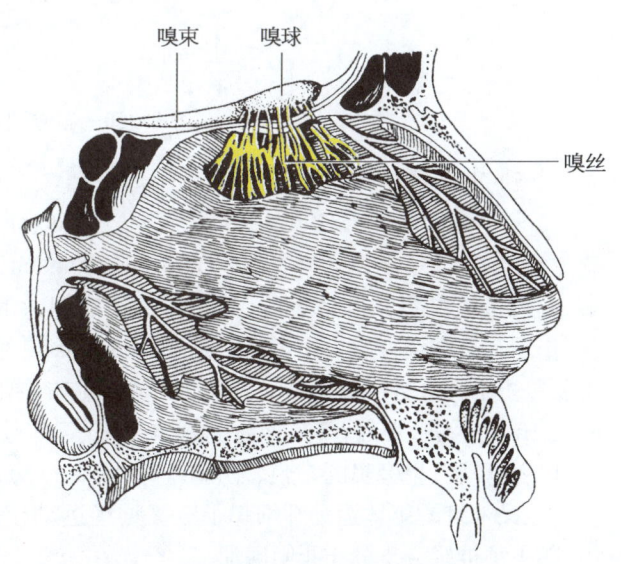

图 9-56 嗅神经

(四)滑车神经

滑车神经(trochlear nerve)为运动神经,含躯体运动纤维,起自滑车神经核,自下丘下方出脑,绕大脑脚外侧前行,经眶上裂入眶,支配上斜肌(图9-54)。

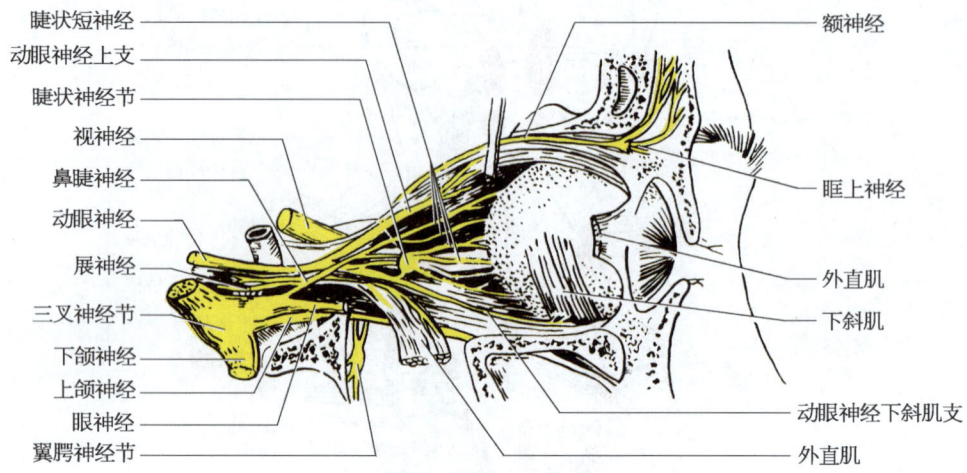

图 9-57 眶内的神经(外侧面)

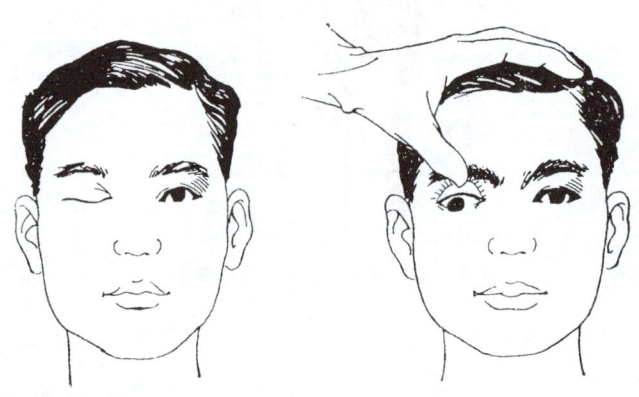

图 9-58 右侧动眼神经麻痹

(五) 三叉神经

三叉神经(trigeminal nerve)为混合神经,含躯体感觉和躯体运动两种纤维。三叉神经的躯体感觉纤维,胞体位于三叉神经节(trigeminal ganglion)内(图 9-59)。该节位于颅中窝颞骨岩部尖端,由假单极神经元胞体组成,其中枢突组成粗大的三叉神经感觉根,在脑桥和脑桥臂交界处入脑,止于三叉神经各感觉核,其中传导痛温觉的纤维主要终止于三叉神经脊束核,传导触觉的纤维主要终止于三叉神经脑桥核。三叉神经节细胞的周围突组成三叉神经三大分支(图 9-60、图 9-61):第一支为眼神经,第二支为上颌神经,第三支为下颌神经。三叉神经分布于面部皮肤、眼及眶内、口腔、鼻腔、鼻旁窦的黏膜、牙、脑膜等(图 9-61),传导痛觉、温度觉、触觉等感觉。

三叉神经的躯体运动纤维起于三叉神经运动核,出脑后,紧贴三叉神经节下面进入下颌神经内,随下颌神经分支分布于咀嚼肌。

1. 眼神经(ophthalmic nerve) 含躯体感觉纤维,为 3 支中最小的 1 支。自三叉神经节发出后,经眶上裂入眶,分支分布于眼球、泪腺、结膜、硬脑膜、部分鼻黏膜、额顶部及上睑和鼻背部的皮肤。

眼神经分支中的一个终支,经眶上切迹(或孔)至额顶部及上睑皮肤称眶上神经(supraorbital nerve)。

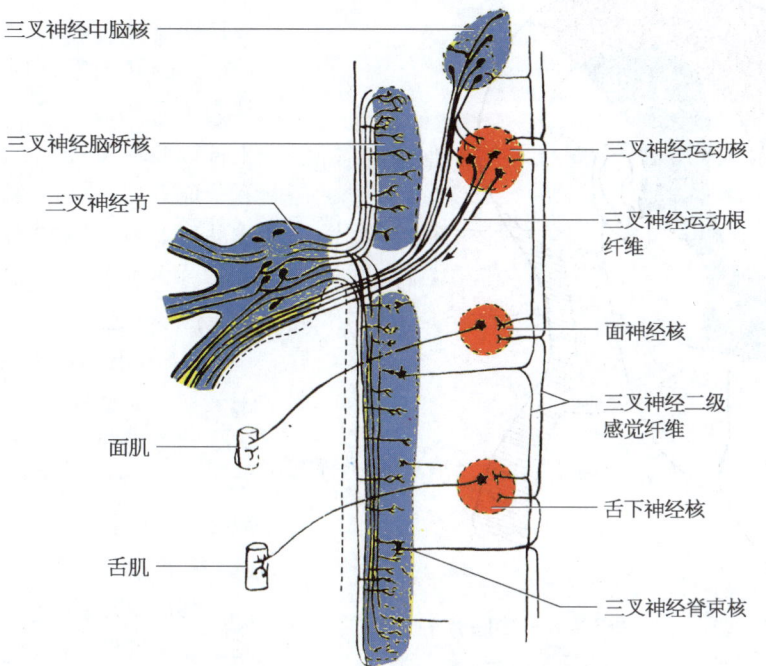

图 9-59 三叉神经核团及其与中枢联系

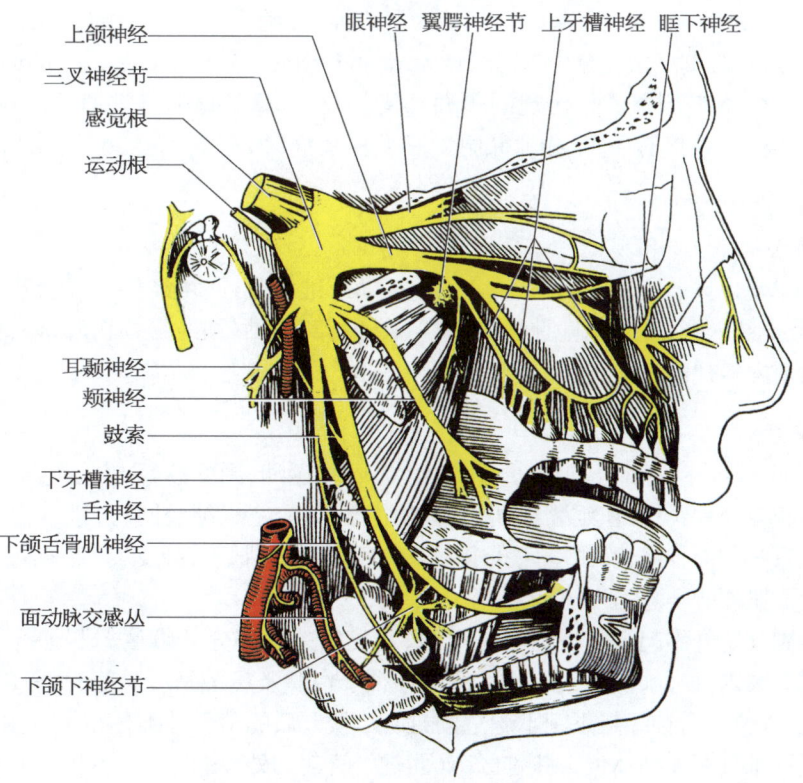

图 9-60 三叉神经的分支及其分布

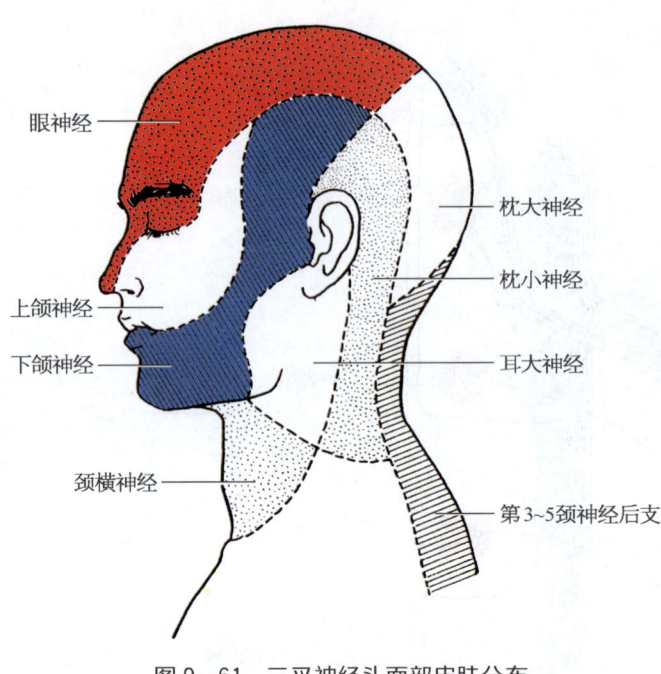

图 9-61 三叉神经头面部皮肤分布

2. **上颌神经**（maxillary nerve） 含躯体感觉纤维，自三叉神经节发出后，向前经圆孔出颅，再经眶下裂入眶，延续为**眶下神经**（infraorbital nerve）。眶下神经经眶下沟、眶下管前行，出眶下孔分成数支，分布于睑裂和口裂之间的皮肤。上颌神经在穿出眶下孔前，沿途分支分布于上颌窦、鼻腔黏膜及上颌牙齿、牙龈等处。

3. **下颌神经**（mandibular nerve） 是三叉神经3个分支中最大的1支，是含躯体感觉纤维和躯体运动纤维的混合神经。经卵圆孔出颅后分出许多分支。躯体感觉纤维主要分布于下颌牙齿、牙龈、颊、舌前2/3及口腔底黏膜、耳颞部和口裂以下皮肤，躯体运动纤维支配咀嚼肌。下颌神经的重要分支如下。

(1) **舌神经**（lingual nerve）：自下颌神经分出，呈弓形向前入舌内，分布于舌前2/3黏膜，传导一般感觉。在舌神经的行程中有来自面神经的味觉纤维和副交感神经加入。

(2) **下牙槽神经**（inferior alveolar nerve）：为混合神经，经下颌孔入下颌管，在管内分支，分布于下颌牙齿及牙龈，其终支自颏孔穿出，称**颏神经**（mental nerve），分布于口裂以下的面部皮肤。

当一侧三叉神经完全损伤时，出现同侧面部皮肤及口、鼻腔黏膜感觉消失，角膜反射消失；同侧咀嚼肌瘫痪、萎缩，张口时下颌偏向患侧。三叉神经痛时，在眶上孔、眶下孔和颏孔可有明显压痛。

（六）展神经

展神经（abducent nerve）为运动神经，含躯体运动纤维，起自展神经核，于延髓脑桥沟中线两侧出脑，前行经眶上裂入眶，支配外直肌（图9-54、图9-57）。展神经受损伤时，外直肌瘫痪。因眼不能外展而出现内斜视。

（七）面神经

面神经（facial nerve）为混合神经，含躯体运动、内脏运动（副交感）和内脏感觉3种纤维成分。躯体运动纤维起自面神经核，在延髓脑桥沟外侧出脑，与前庭蜗神经同行，进入内耳门，自内耳道底穿骨壁进入颞骨的面神经管，由茎乳孔出颅。然后，向前入腮腺，分支交织成丛，由丛发出分支，呈扇形分布于面肌（图9-62）。

面神经的副交感纤维起自脑桥的上泌涎核，其发出的一部分纤维至翼腭神经节（位于蝶骨和颞骨之间的翼腭窝内）换元，换元后的节后纤维分布于泪腺及鼻腔黏膜腺等；另一部分神经纤维进入下颌下神经节（位于舌神经与下颌下腺之间）换元，换元后的节后纤维分布于下颌下腺、舌下腺。

内脏感觉纤维神经元胞体位于膝神经节（面神经管起始处，图9-63、图9-64），为假单极神经元，周围突分布于舌前2/3黏膜的味蕾，中枢突止于孤束核上部，司味觉。

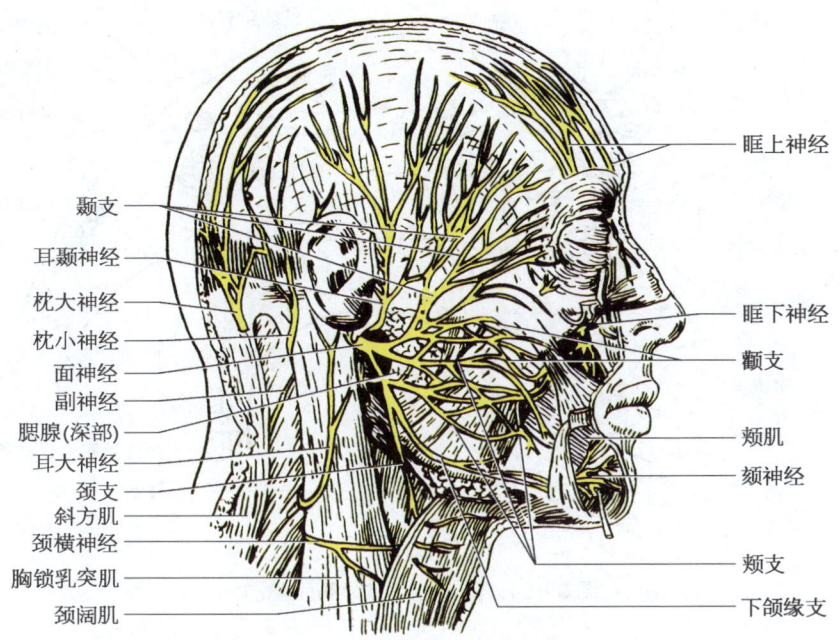

图 9-62 面神经及其分支

由于面神经行程较长,因损伤的部位不同,所引起的症状也有所差异。如面神经出茎乳孔后损伤,主要临床症状为面肌瘫痪,表现为患侧额纹消失,皱眉不能;睑裂不能闭合,角膜反射消失;鼻唇沟变浅或消失,口角下垂,发笑时口角歪向健侧;不能吹哨和鼓腮(图9-65)。如面神经在面神经管内损伤,除有面神经周围性瘫痪外,还伴有舌前2/3味觉障碍、唾液腺和泪腺分泌障碍等。

【附】角膜反射

以棉絮轻触一侧角膜时,引起两眼同时闭合,此现象称为角膜反射。其反射通路如下:角膜→三叉神经的眼神经→三叉神经脑桥核和脊束核→两侧面神经核→面神经→两侧眼轮匝肌。

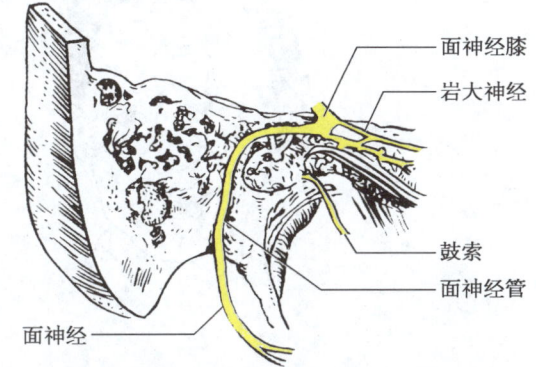

图 9-63 面神经在面神经管内的分支

(八)前庭蜗神经

前庭蜗神经(vestibulocochlear nerve)又称位听神经,为感觉性神经,含躯体感觉纤维,由前庭神经和蜗神经组成。

前庭神经(vestibular nerve)传导平衡觉。其胞体位于内耳道底的前庭神经节(vestibular ganglion),内含双极神经元。其周围突分布于椭圆囊斑、球囊斑和壶腹嵴(图9-66),中枢突组成前庭神经,与蜗神经同行,经内耳门入颅,在延髓脑桥沟外侧部入脑,止于前庭神经核。

蜗神经(cochlear nerve)传导听觉。胞体位于蜗轴内的蜗神经节(cochlear ganglion),为双极神经元,其周围突分布于内耳基底膜上的螺旋器,中枢突聚集成蜗神经,穿内耳道底,经内耳道和内

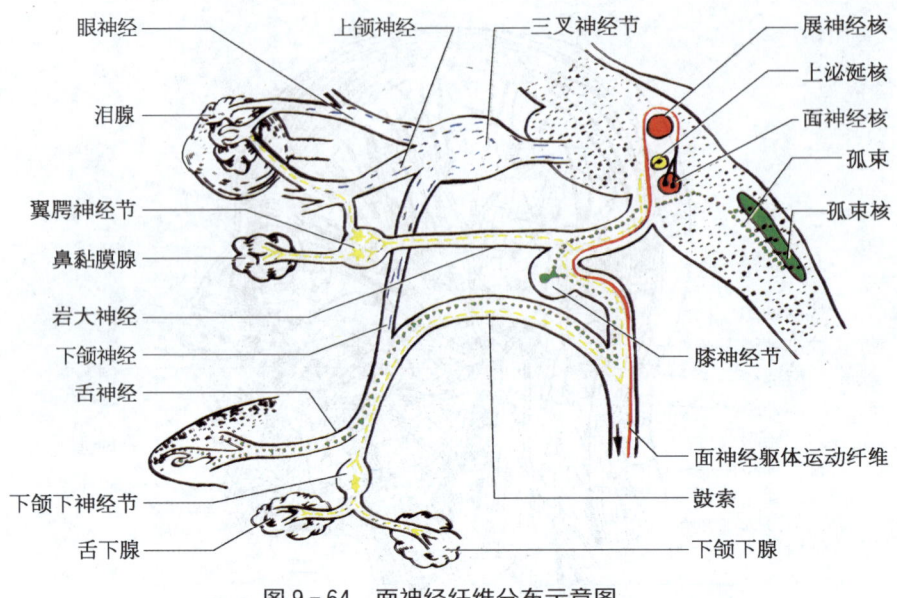

图9-64 面神经纤维分布示意图

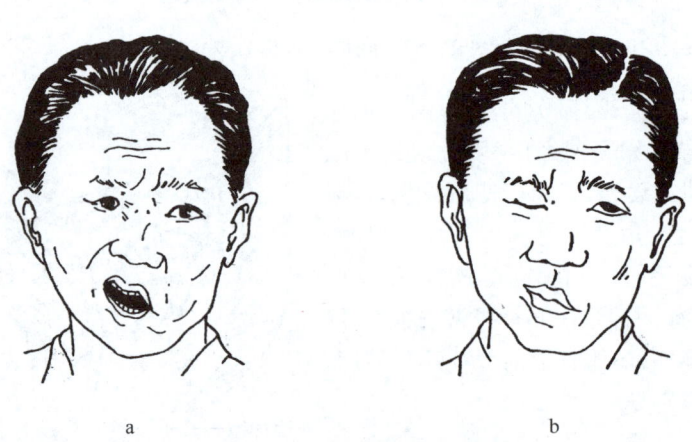

图9-65 左侧面神经麻痹

a. 露牙时症状更为显著,口角歪向健侧,患侧鼻唇沟变浅或消失,眼裂变大;
b. 闭眼时,患侧不能闭眼

耳门入颅,与前庭神经同行入脑,终止于蜗神经核(图9-66)。

(九)舌咽神经

舌咽神经(glossopharyngeal nerve)为混合神经,含有内脏感觉、躯体运动、内脏运动(副交感)纤维。舌咽神经的几种纤维在延髓橄榄的背侧出入脑,经颈静脉孔出入颅(图9-67)。

舌咽神经的内脏感觉纤维神经元胞体位于颈静脉孔下方的下神经节,内含假单极神经元。其周围突分布于咽、舌后1/3、咽鼓管和鼓室等处黏膜,以及颈动脉窦和颈动脉小球。中枢突终于孤束核,传导内脏感觉。躯体运动纤维起于疑核,其纤维支配咽肌。副交感纤维起于延髓的下泌涎核,发出的节前纤维至耳神经节(位于卵圆孔下方),在节内交换神经元,节后纤维至腮腺,管理腮腺分泌。

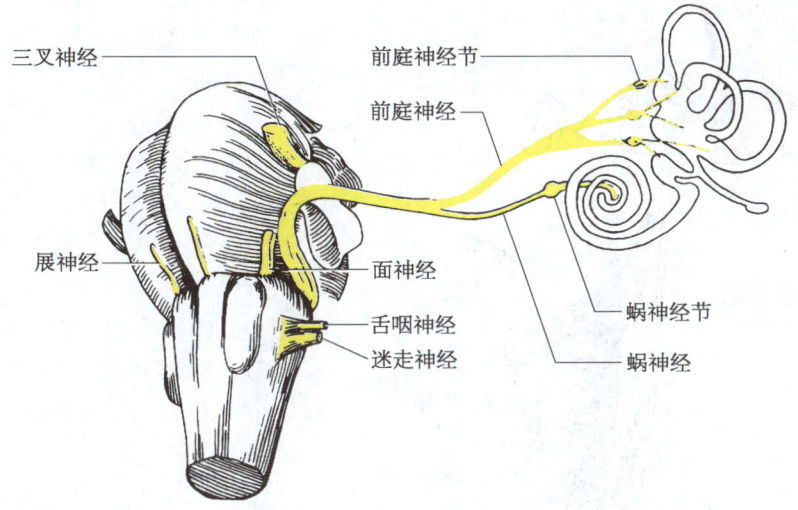

图 9-66 前庭蜗神经

（十）迷走神经

迷走神经（vagus nerve）为混合神经，是行程最长、分布最广的脑神经（图9-54、图9-67），含有4种纤维成分。① 内脏运动（副交感）纤维：起于迷走神经背核，节前纤维随迷走神经分支分布于颈、胸、腹部器官，并在器官旁或器官内的副交感神经节交换神经元，节后纤维支配这些器官的平滑肌、心肌和腺体的活动。② 内脏感觉纤维：神经元胞体位于颈静脉孔下方的迷走神经**下神经节**（又称结状神经节）内，为假单极神经元，其中枢突终止于孤束核；周围突分布于咽、喉、颈及胸、腹部器官，传导一般内脏感觉。③ 躯体运动纤维：起于疑核，分布于咽喉肌。④ 躯体感觉纤维：神经元胞体位于颈静脉孔内的迷走神经**上神经节**内，也为假单极神经元，中枢突入脑

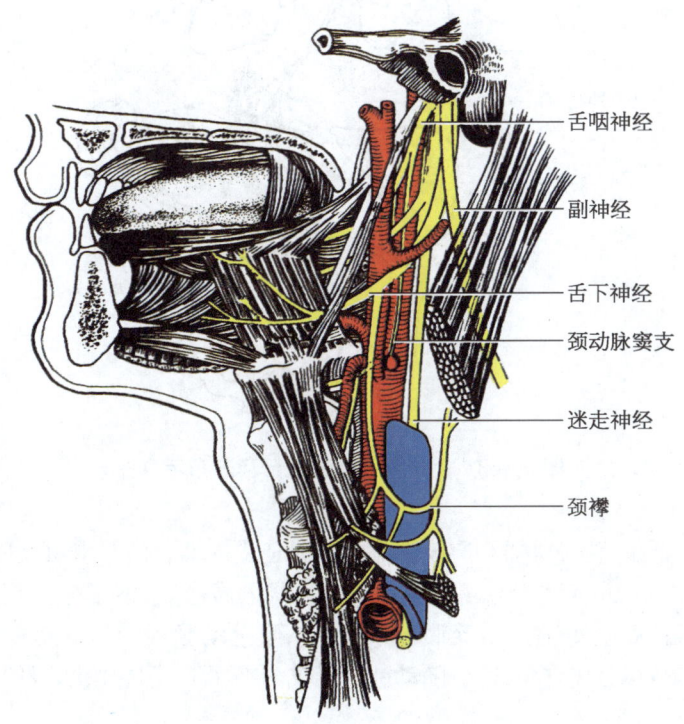

图 9-67 舌咽神经、副神经、迷走神经和舌下神经

止于三叉神经脊束核，周围突分布于耳郭及外耳道皮肤，传导一般感觉。

迷走神经的各种纤维在延髓橄榄的背侧舌咽神经的下方出入脑，经颈静脉孔出入颅，在颈部走在颈内动脉、颈总动脉和颈内静脉之间的后方，经胸廓上口入胸腔，在肺根的后方沿食管下降。左迷走神经走在食管前面，形成食管前丛，此丛在食管下端延续为迷走神经前干。右迷走神经走在食管后面，形成食管后丛，向下延续为迷走神经后干。前、后干经食管裂孔进入腹腔。

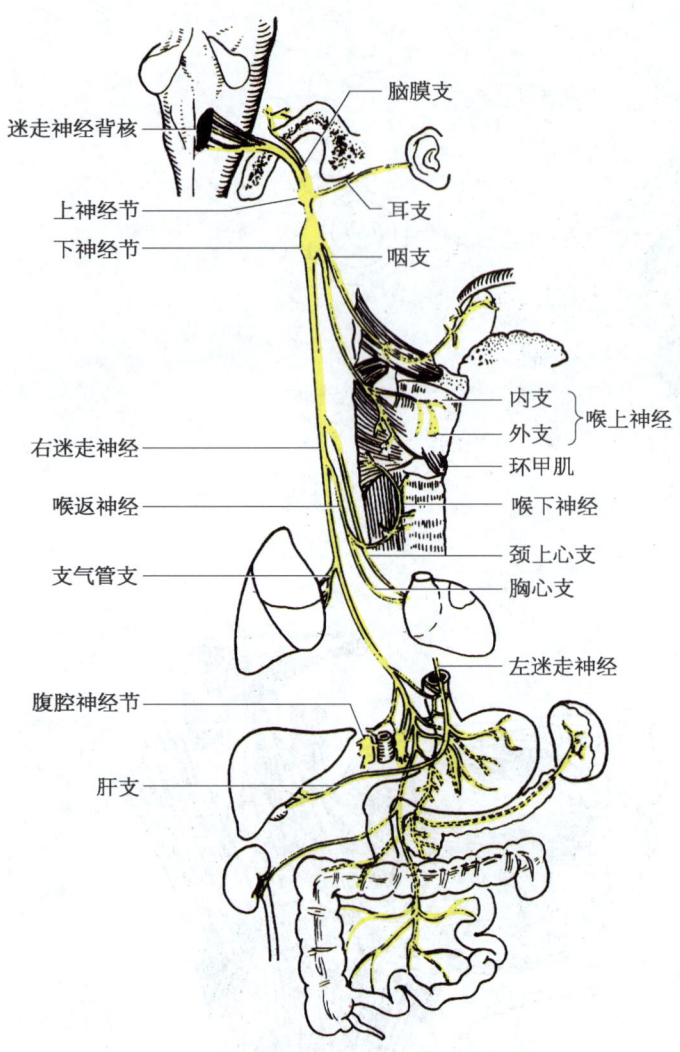

图 9-68 迷走神经纤维成分及分布示意图

迷走神经沿途发出许多分支,其中较重要的分支如下(图 9-67、图 9-68)。

1. **颈部的主要分支**

(1) 喉上神经(superior laryngeal nerve):起于迷走神经下神经节,分布于声门裂以上的喉黏膜、会厌及部分喉肌。

(2) 咽支:起于迷走神经下神经节,分布于咽肌、软腭肌和咽部黏膜。

2. **胸部的主要分支**

(1) 喉返神经(recurrent laryngeal nerve):自主干发出后,右喉返神经绕右锁骨下动脉上行,左喉返神经绕主动脉弓上行,返回至颈部,行于气管和食管之间的沟中,分别在甲状腺左、右叶后方入喉,改称为喉下神经(inferior laryngeal nerve),分布于声门裂以下喉黏膜和绝大部分喉肌。

(2) 胸心支:喉返神经在绕过右锁骨下动脉和主动脉弓时发出胸心支,与交感神经一起构成心丛。

(3) 支气管支和食管支:是迷走神经在胸部发出的小支,与交感神经的分支共同构成肺丛和食管丛,自丛再发细支分布于气管、支气管、肺及食管。主要含内脏感觉纤维和内脏运动纤维,传导脏器和胸膜感觉的同时还支配器官的平滑肌及腺体。

3. **腹部的主要分支** 迷走神经入腹腔后,前干分支至胃前壁、肝、胆囊和胆道,后干除分支至胃后壁外,还分支至腹腔干及肠系膜上动脉周围与交感神经纤维交织在一起,形成腹腔丛。由此丛再分出许多分丛,随动脉的分支分布于肝、胆、脾、胰、肾及结肠左曲以上的腹部消化管。

(十一)副神经

副神经(accessory nerve)为运动神经,含躯体运动纤维,起自副神经核,在延髓侧面出脑,与舌咽、迷走神经一起经颈静脉孔出颅,行向后下分布于胸锁乳突肌和斜方肌(图 9-67)。

副神经损伤时,患侧肩下垂,面不能转向对侧。

(十二)舌下神经

舌下神经(hypoglossal nerve)为运动神经,含躯体运动纤维,起自舌下神经核,在锥体外侧出脑,经舌下神经管出颅,支配舌肌(图 9-67)。

一侧舌下神经损伤时,患侧舌肌瘫痪,伸舌时舌尖偏向患侧。

表9-5 12对脑神经总结表

顺序及名称	成分	起核	终核	分布	损伤症状
Ⅰ嗅神经	内脏感觉		嗅球	鼻腔嗅黏膜	嗅觉障碍
Ⅱ视神经	躯体感觉		外侧膝状体	眼球视网膜	视觉障碍
Ⅲ动眼神经	躯体运动	动眼神经核		上、下、内直肌和下斜肌、上睑提肌	眼外斜视、上睑下垂
	内脏运动	动眼神经副核		瞳孔括约肌、睫状肌	瞳孔对光反射消失
Ⅳ滑车神经	躯体运动	滑车神经核		上斜肌	眼不能向外下斜视
Ⅴ三叉神经	躯体感觉		三叉神经脊束核 三叉神经脑桥核 三叉神经中脑核	头面部皮肤、口腔、鼻腔黏膜、牙及牙龈、眼球、硬脑膜	感觉障碍
	躯体运动	三叉神运动核		咀嚼肌	咀嚼肌瘫痪
Ⅵ展神经	躯体运动	展神经核		外直肌	眼内斜视
Ⅶ面神经	躯体运动	面神经核		面部表情肌	额纹消失、眼不能闭合、口角歪向健侧、鼻唇沟变浅
	内脏运动	上泌涎核		泪腺、下颌下腺、舌下腺及鼻腔和腭的腺体	分泌障碍
	内脏感觉		孤束核	舌前2/3味蕾	味觉障碍
Ⅷ前庭蜗神经	躯体感觉		前庭神经核 蜗神经核	前庭器 螺旋器	眩晕、眼球震颤等 听觉障碍
Ⅸ舌咽神经	躯体运动	疑核		咽肌	
	内脏运动	下泌涎核		腮腺	分泌障碍
	内脏感觉		孤束核	咽、鼓室、咽鼓管、软腭、舌后1/3黏膜、颈动脉窦、颈动脉小球	咽后与舌后1/3感觉(包括味觉)障碍
Ⅹ迷走神经	内脏运动	迷走神经背核		胸腹腔内脏平滑肌、心肌、腺体	心动过速、内脏活动障碍
	躯体运动	疑核		咽、喉肌	发声困难、声音嘶哑、吞咽障碍
	内脏感觉		孤束核	胸腹腔脏器、咽喉黏膜	
	躯体感觉		三叉神经脊束核	硬脑膜、耳郭及外耳道皮肤	
Ⅺ副神经	躯体运动	副神经核		胸锁乳突肌、斜方肌	一侧胸锁乳突肌瘫痪,头无力转向对侧;斜方肌瘫痪,肩下垂,提肩无力
Ⅻ舌下神经	躯体运动	舌下神经核		舌肌	舌肌瘫痪、萎缩,伸舌时舌尖偏向患侧

第四节 传导通路

导学

1. 掌握躯干和四肢意识性本体感觉传导通路,躯干、四肢和头面部的浅感觉传导通路,视觉传导通路的构成、行程及功能;锥体束的行程、构成和功能。
2. 熟悉瞳孔对光反射、锥体外系、听觉传导通路。

在人体生命活动中,感受器不断地接受机体内、外环境的刺激并将其转化为神经冲动,神经冲动经传入神经传至脊髓或脑干,最后至大脑皮质,产生感觉。同时,大脑皮质将感觉信息经整合后,发出指令,经脑干和脊髓的传出神经到达躯体和内脏的效应器,引起相应的反应。将各种刺激经传入神经传至脑的神经通路,称为感觉传导路或上行传导路。将脑至效应器的神经通路,称为运动传导路或下行传导路。脑和脊髓内的传导通路实际就是经过脑的长距离反射弧中传入和传出链中的一部分。

一、感觉传导通路

(一) 本体感觉传导通路

本体感觉是指肌、腱、关节等处的位置觉、运动觉和震动觉,又称深感觉,包括意识性本体感觉和非意识性本体感觉。

1. 躯干和四肢意识性本体感觉传导通路 意识性本体感觉传导路是指将本体感觉传到大脑皮质,引起感知本体感觉的传导通路。此外,在本体感觉传导通路中,还传导皮肤的精细触觉。此传导路是由3级神经元组成(图9-69、图9-70、表9-6)。

第1级神经元胞体位于脊神经节内,为假单极神经元,周围突分布于肌、腱、关节等处的本体觉感受器和皮肤的精细触觉感受器,中枢突经脊神经后根进入同侧脊髓后索。来自脊髓第4胸段以下的纤维组成内侧的薄束(fasciculus gracilis),传导躯干下部和下肢的本体感觉和皮肤的精细触觉。来自脊髓第4胸段以上的纤维位于薄束外侧,组成楔束

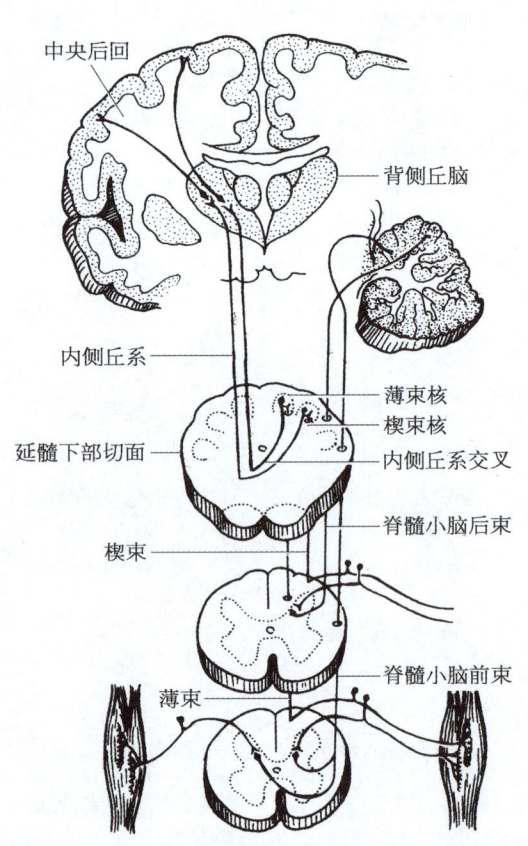

图9-69 躯干和四肢意识性本体感觉和精细触觉传导通路

(fasciculus cuneatus),传导躯干上部和上肢的本体感觉和皮肤的精细触觉。两束在脊髓后索上行,分别止于延髓的薄束核和楔束核。

第2级神经元胞体位于薄束核 gracile nucleus 和楔束核 cuneate nucleus,由此两核发出的纤维向前,绕过中央管的腹侧,在中线上与对侧纤维交叉,形成内侧丘系交叉,交叉后的纤维在中线两侧上行,称内侧丘系。内侧丘系经脑桥、中脑,最后止于背侧丘脑的腹后外侧核。

第3级神经元胞体位于背侧丘脑的腹后外侧核,由此发出的纤维组成丘脑皮质束,经内囊后肢,投射到大脑皮质中央后回的上2/3和中央旁小叶后部。该通路若在脊髓内损伤,表现为损伤平面以下同侧的意识性本体感觉障碍和皮肤精细触觉障碍。若在内侧丘系交叉以上一侧损伤,则表现为对侧半身意识性本体感觉障碍和皮肤精细触觉障碍。

2. 躯干和四肢非意识性本体感觉传导通路 非意识性本体感觉传导路是指四肢和躯干本体觉感受器接受的信息传至小脑,不产生意识性感觉,而形成调节骨骼肌运动平衡和肌张力反射的传导通路,以维持身体平衡和姿势。

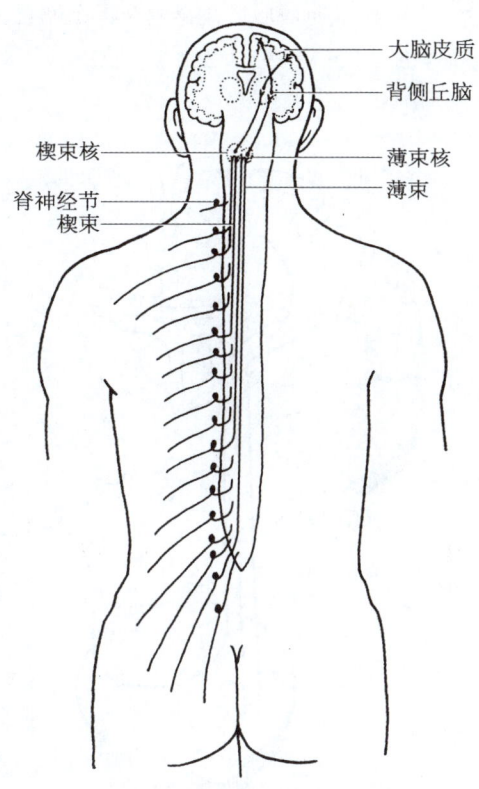

图9-70 薄束、楔束的构成

表9-6 躯干和四肢的意识性本体感觉传导路

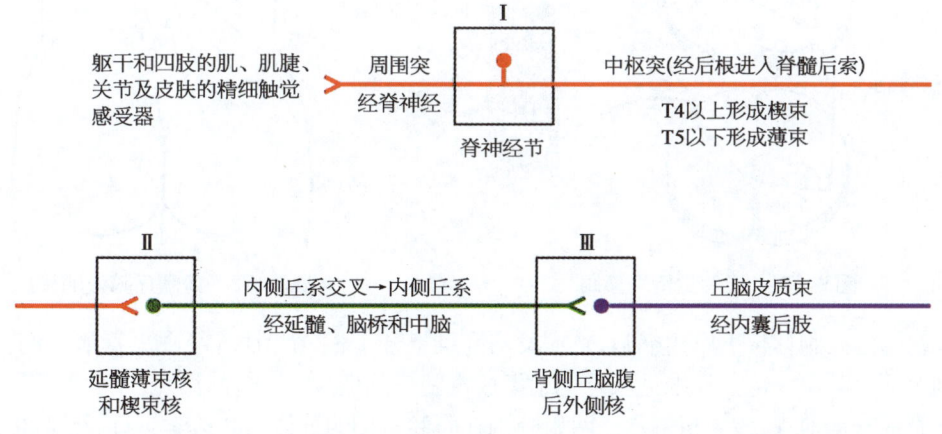

(二) 浅感觉传导通路

皮肤的痛、温觉和粗触觉总称为浅感觉,其传导通路也是由3级神经元组成。

1. **躯干和四肢的浅感觉传导通路**(图9-71、图9-72、表9-7) 第1级神经元胞体位于脊神经节内,周围突分布于躯干、四肢皮肤和黏膜等处的感受器。中枢突经后根进入脊髓,止于脊髓后角细胞。

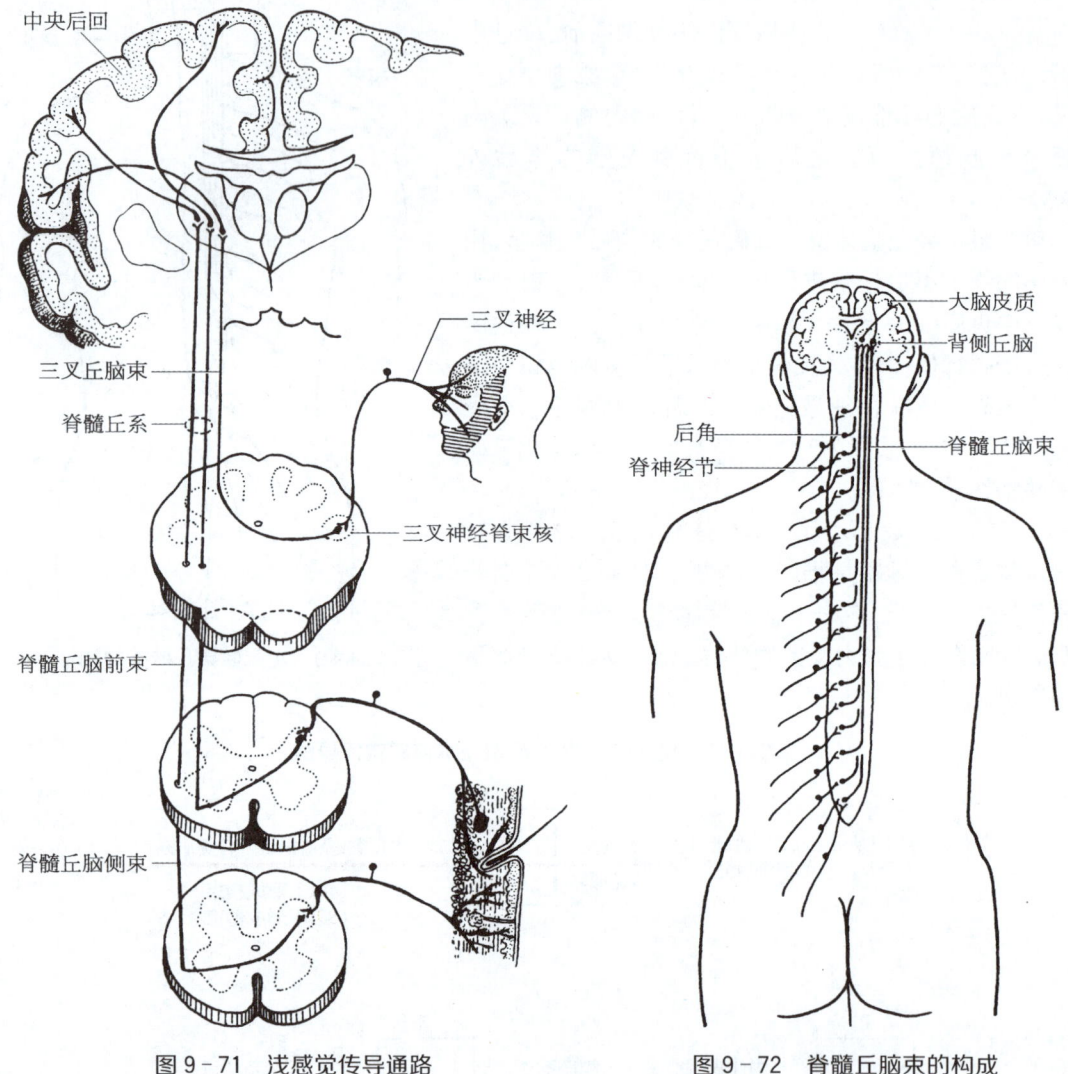

图9-71 浅感觉传导通路　　图9-72 脊髓丘脑束的构成

第2级神经元胞体位于后角细胞,它们发出纤维上升1~2个节段,经中央管前方的白质前连合交叉到对侧。其中一部分纤维进入外侧索组成脊髓丘脑侧束,传导痛、温觉。另一部分纤维进入前索组成脊髓丘脑前束,传导粗触觉。两束分别在脊髓对侧的外侧索和前索上行,经延髓、脑桥、中脑止于背侧丘脑的腹后外侧核。

第3级神经元胞体位于背侧丘脑的腹后外侧核,它们发出纤维组成丘脑皮质束,经内囊后肢投射到中央后回上2/3和中央旁小叶后部。

脊髓丘脑束一侧损伤时,受损平面下1~2节段以下的对侧皮肤出现痛、温度觉减弱或消失,但触觉无影响。

表9-7 躯干和四肢的浅感觉传导路

躯干和四肢皮肤浅感受器 —周围突 经脊神经→ [Ⅰ 脊神经节] —中枢突 经后根进入脊髓上升 1~2个节段→ [Ⅱ 脊髓后角细胞]

痛觉、温度觉纤维经白质前连合交叉组成脊髓丘脑侧束
粗触觉纤维经白质前连合交叉组成脊髓丘脑前束 → [Ⅲ 背侧丘脑腹后外侧核]

丘脑皮质束 经内囊后肢 ← 大脑皮质中央后回中、上部和中央旁小叶后部

2. 头面部的浅感觉传导通路(图9-71、表9-8) 第1级神经元胞体位于三叉神经节内,属假单极神经元。其周围突随相应的脑神经分布于头面部皮肤和口、鼻腔黏膜等感受器,中枢突经三叉神经根入脑桥。传导痛、温觉的纤维主要止于三叉神经脊束核,传导触觉的纤维主要止于三叉神经脑桥核。

第2级神经元胞体位于三叉神经脑桥核和脊束核内,它们发出纤维交叉到对侧,组成三叉丘脑束,止于背侧丘脑的腹后内侧核。

第3级神经元胞体位于背侧丘脑的腹后内侧核。它们发出的纤维组成丘脑皮质束,经内囊后肢,投射到中央后回下部。

在此通路中,交叉以上受损,则对侧头面部浅感觉发生障碍;交叉以下受损,则同侧头面部浅感觉发生障碍。

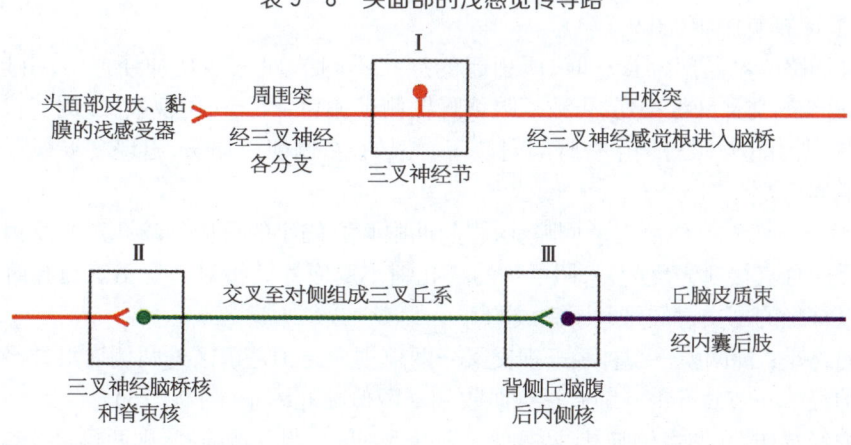

表9-8 头面部的浅感觉传导路

(三)视觉传导通路和瞳孔对光反射通路

眼球固定向前平视所能看到的空间范围称视野,视野分为颞侧半视野和鼻侧半视野。当光线经角膜、房水、晶状体、玻璃体等一系列屈光系统的折射作用后,视野颞侧半的物像投射到鼻侧半视网膜,视野鼻侧半的物像投射到颞侧半视网膜。

1. 视觉传导通路 由3级神经元组成,第1、第2级神经元均位于视网膜内(表9-9)。

表9-9 视觉传导路

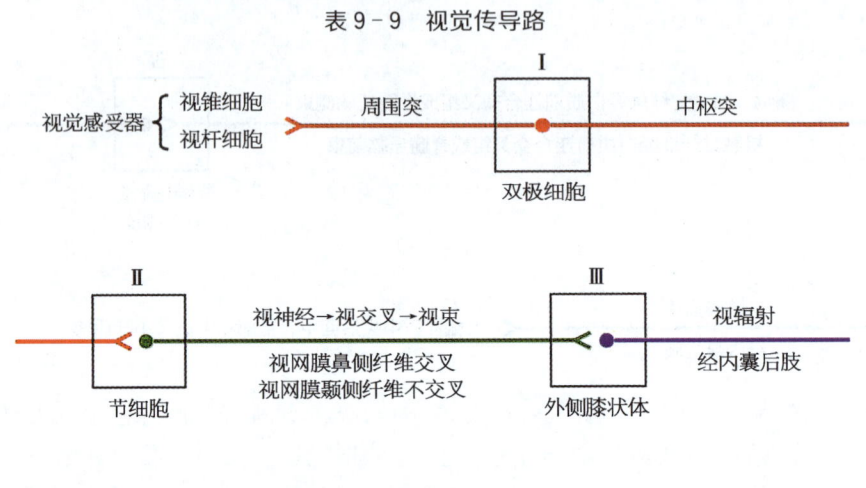

第1级神经元为视网膜的双极细胞,周围突分布于视网膜的感光细胞(视锥细胞和视杆细胞),中枢突至神经节细胞。

第2级神经元为神经节细胞,其轴突在视神经盘处集合成视神经。视神经经视神经管进入颅腔,形成视交叉后延续为视束。视束绕过大脑脚,主要终止于外侧膝状体。在视交叉中,来自视网膜颞侧半的纤维不交叉,直接进入同侧视束内。来自两眼视网膜鼻侧半的纤维交叉后加入对侧视束。因此,每侧视束包括来自同侧视网膜颞侧半的纤维和来自对侧视网膜鼻侧半的纤维。

第3级神经元胞体位于外侧膝状体,由外侧膝状体发出轴突组成视辐射,经内囊后肢投射到距状沟上、下皮质的视觉中枢(图9-73)。

视觉传导通路的不同部位损伤时,所引起的症状不同:① 一侧视神经损伤,引起该眼全盲。② 视交叉中间部的交叉纤维损伤,可致双眼视野颞侧半偏盲。③ 一侧视束、外侧膝状体、视辐射、视区皮质损伤,则引起双眼对侧半视野同向偏盲。例如,左侧视束损伤,出现右眼视野颞侧半和左眼视野鼻侧半偏盲。

2. 瞳孔对光反射 光线照射一侧瞳孔,引起两眼瞳孔缩小的反应称瞳孔对光反射。光照射侧的瞳孔缩小反应称直接对光反射,未照射侧的瞳孔缩小反应称间接对光反射。瞳孔对光反射是由视神经和动眼神经的副交感纤维共同完成的。

其传导通路是:视网膜→视神经→视交叉→两侧视束→顶盖前区→两侧动眼神经副核→动眼神经→睫状神经节→节后纤维→瞳孔括约肌收缩→两侧瞳孔缩小(图9-73)。

一侧视神经损伤,光照患侧瞳孔,两侧瞳孔均无反应;光照健侧瞳孔,则两侧瞳孔都缩小。此即患侧直接对光反射消失,间接对光反射存在。

一侧动神经损伤,分别光照两侧瞳孔,患侧瞳孔均无反应,此即患侧直接对光反射和间接对光

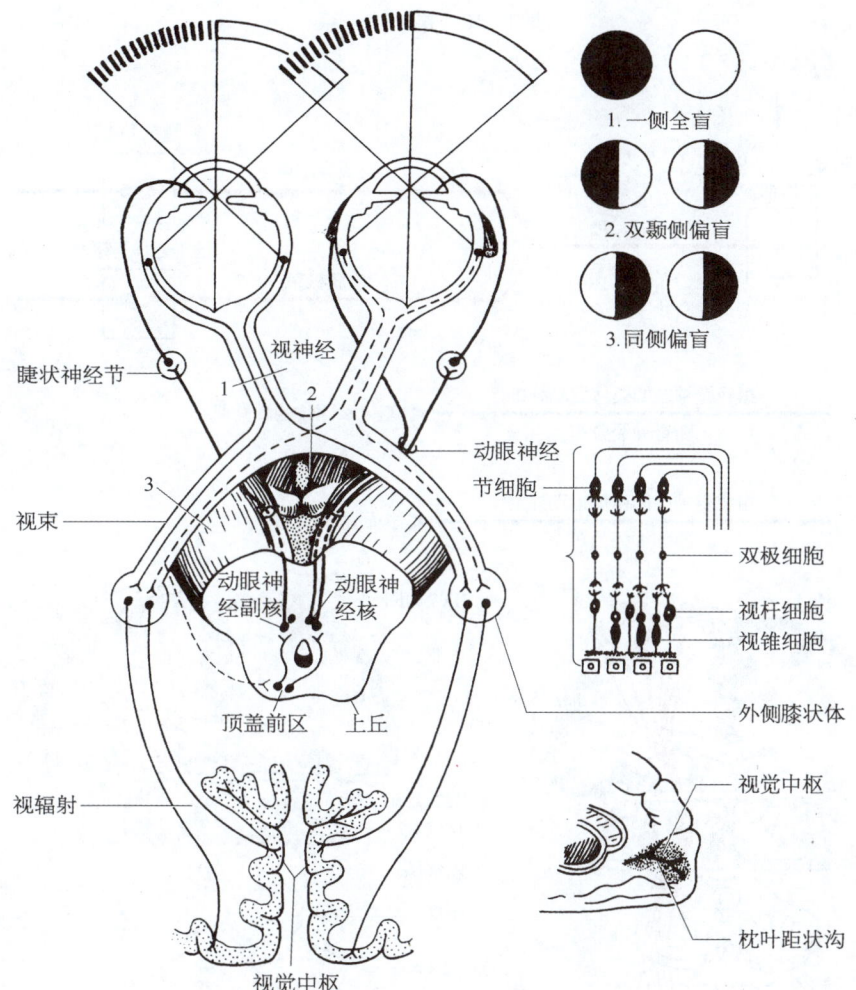

图 9-73 视觉传导通路和瞳孔对光反射通路

反射均消失。

二、运动传导通路

运动传导通路也称下行传导通路,是中枢对骨骼肌运动进行调节和控制的传导通路,包括锥体系和锥体外系。锥体系直接或间接作用于下运动神经元执行随意运动,锥体外系是指锥体系以外调节随意运动的传导通路。

(一) 锥体系

锥体系(pyramidal system)管理骨骼肌随意运动,分为皮质脊髓束和皮质核束(表9-10)。

1. **皮质脊髓束(corticospinal tract)** 管理躯干、四肢骨骼肌的随意运动(图9-74)。主要起于中央前回上、中部和中央旁小叶前部的锥体细胞,它们发出纤维经内囊后肢、中脑大脑脚、脑桥至延髓形成锥体。在锥体下部,大部分纤维交叉至对侧,形成锥体交叉。交叉后的纤维在对侧脊髓外侧索下行,形成皮质脊髓侧束。皮质脊髓侧束在脊髓外侧索下行,陆续逐节直接或间接止于各节段的前角细胞,皮质脊髓侧束存在于脊髓全长。

表 9-10 锥 体 系

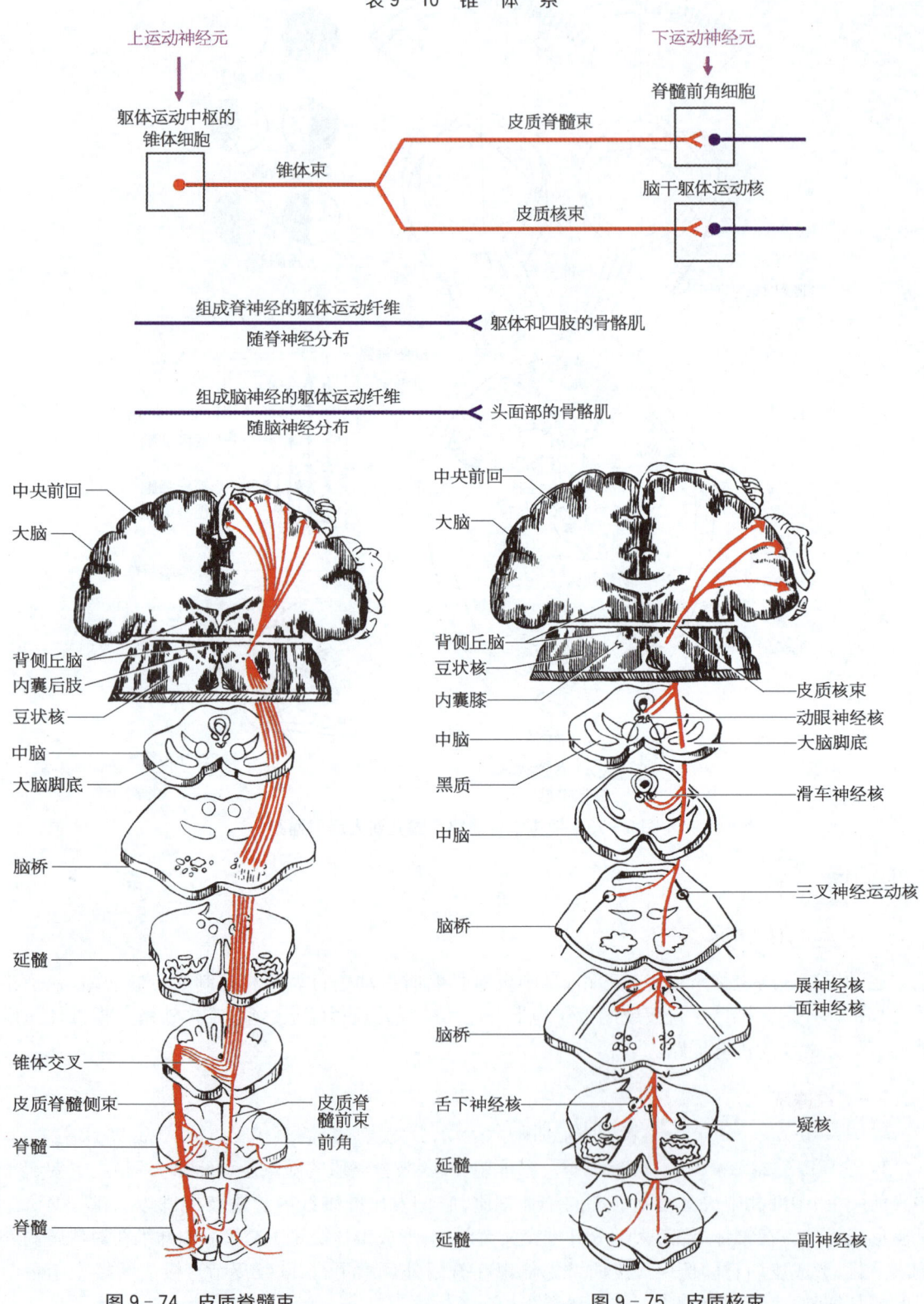

图 9-74 皮质脊髓束　　　　图 9-75 皮质核束

小部分未交叉的纤维在同侧脊髓前索内下行,形成皮质脊髓前束,再陆续逐节交叉至对侧,直接或间接终止于各节段的前角细胞。皮质脊髓前束只存在于脊髓中胸段以上。

2. **皮质核束(corticonuclear tract)** 又称皮质脑干束或皮质延髓束(图9-75、图9-76),管理头面部骨骼肌的随意运动。主要起于中央前回下部的锥体细胞,其纤维经内囊膝部下降至脑干,陆续分出纤维直接或间接止于脑神经躯体运动核。皮质核束大部分纤维终止于双侧的脑神经躯体运动核,只有小部分纤维完全交叉到对侧,终止于面神经核下部和舌下神经核,支配面下部表情肌和舌肌。因此,除面神经核下部和舌下神经核受单侧(对侧)皮质核束支配外,其他脑神经躯体运动核均受双侧皮质核束的支配。一侧皮质核束受损时,只有对侧面下部表情肌和对侧舌肌瘫痪,而眼外肌、咀嚼肌、咽喉肌和面上部表情肌等均不受影响。

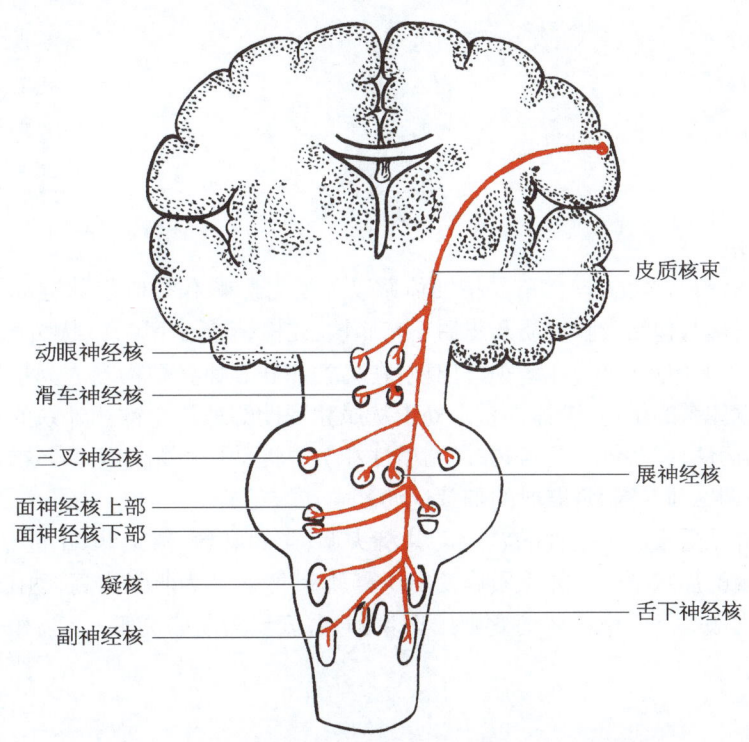

图9-76 皮质核束与脑神经躯体运动核联系示意图

临床上将大脑皮质的运动神经元称上运动神经元,将直接支配骨骼肌的脊髓前角细胞运动神经元和脑神经躯体运动核的神经元称下运动神经元。正常时,上运动神经元控制下运动神经元的活动。

锥体系任何部位受损都可引起骨骼肌随意运动障碍,出现瘫痪,但上运动神经元和下运动神经元损伤所表现的症状不同(表9-11)。① 上运动神经元损伤:指脊髓前角细胞和脑神经躯体运动核以上的锥体束损伤。当皮质脊髓束损伤时,表现为随意运动障碍,肌张力增高,病理反射阳性,腱反射亢进,瘫痪的肌肉呈痉挛状态,故称中枢性瘫痪、痉挛性瘫痪或硬瘫。主要是由于下运动神经元失去上运动神经元的抑制作用,下运动神经元的活动增强所致。当一侧皮质核束受损时,可产生对侧眼裂以下的面肌和对侧舌肌瘫痪,表现为病灶对侧鼻唇沟消失,口角低垂并向病灶侧偏斜,流涎,不能做鼓腮、露齿等动作,伸舌时舌尖偏向病灶对侧,临床上又称为核上瘫。核上瘫早期,因仍有下运动神经元活动而对肌肉的作用，肌萎缩不明显，肌张力增高不明显。② 下运动神经元损伤：指脊髓前角细胞、脑神经躯体运动核或脊神经、脑神经受损。因反射弧受破坏，肌肉失去神经直接支配，表现为瘫痪的肢体肌张力降低，浅、深反射都消失，肌萎缩，病理反射阴性，临床上称此为周围性瘫痪、弛缓性瘫痪或软瘫。一侧面神经核或面神经受损时，可致病灶侧所有面肌瘫痪，表现为额纹消失，眼睑不能闭合，口角下垂，鼻唇沟消失等。一侧舌下神经核或舌下神经受损时，可致病灶侧全部舌肌瘫痪，表现为伸舌时舌尖偏向病灶侧，临床上又称此为核下瘫。

表9-11 上、下运动神经元损伤后的临床表现比较

症状与体征	上运动神经元损伤	下运动神经元损伤
肌张力	增高	降低
腱反射	亢进	消失或减弱
病理反射	出现（阳性）	不出现（阴性）
肌萎缩	不明显	明显
瘫痪	痉挛性（硬瘫）	弛缓性（软瘫）

（二）锥体外系

锥体外系（extrapyramidal system）是指锥体系以外所有影响和控制躯体运动的相关结构和传导通路，结构十分复杂，包括大脑皮质及皮质下基底核、红核、黑质、小脑、网状结构等多种结构。在种系发生上，锥体外系出现较早，在鱼类已出现，在鸟类和低等哺乳动物已成为控制运动的最高中枢。在人类由于锥体系的出现，锥体外系则处于从属和辅助的地位。锥体外系的主要功能是调节肌张力，协调肌的运动，维持体态姿势，完成习惯性和节律性动作及精细运动。锥体系和锥体外系互相配合，相互协调，共同控制骨骼肌的随意运动。

临床上锥体外系受损后可出现随意运动共济失调、震颤麻痹、舞蹈病、不能精细运动等，但不同的部位损伤出现的症状不同。如黑质病变出现震颤麻痹，表现为肌张力高，动作迟缓，姿势呆板、表情淡漠和静止震颤等。而纹状体病变则出现舞蹈病，表现为肌张力低，上肢和头面部常做不自主无目的的动作。

第五节　内脏神经系统

导学

1. 掌握内脏神经的区分、分布及功能，内脏运动神经和躯体运动神经的区别，交感和副交感神经低级中枢的位置，交感干的组成和位置。
2. 熟悉腹腔神经节和肠系膜上、下神经节的位置及主要副交感神经节的位置，交感神经的分布，内脏感觉的特点及牵涉痛。

内脏神经系统又称自主神经系统，是整个神经系统的一个组成部分，分布到内脏、心血管和腺体(图9-77)。

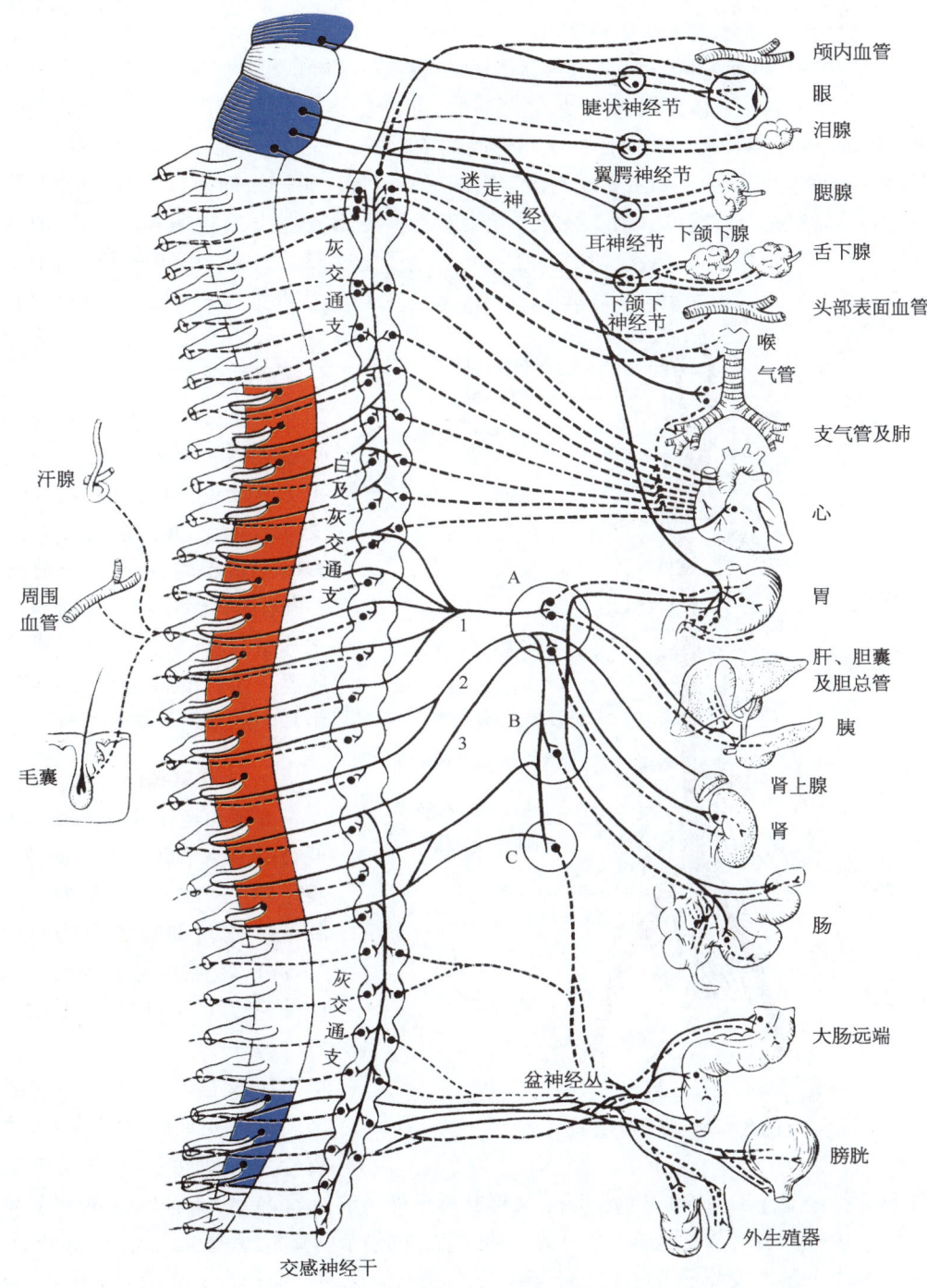

图9-77 自主神经系统
A. 腹腔神经节 B. 肠系膜上神经节 C. 肠系膜下神经节
1. 内脏大神经 2. 内脏小神经 3. 内脏最小神经

内脏神经和躯体神经一样,包含有内脏运动(传出)纤维和内脏感觉(传入)纤维,两种纤维分别构成内脏运动(传出)神经和内脏感觉(传入)神经。

一、内脏运动神经

内脏运动神经(visceral motor nerve)与躯体运动神经在结构和功能上有较大差别,两者的差异如下。① 效应器不同:躯体运动神经支配骨骼肌,而内脏运动神经支配平滑肌、心肌和腺体。② 神经元数目不同:躯体运动神经自脑干和脊髓的中枢发出后直达骨骼肌,不交换神经元,内脏运动神经从脑干和脊髓的中枢到所支配的器官需两级神经元。第一级神经元为节前神经元,细胞体在中枢内,其轴突称节前纤维。第二级神经元为节后神经元,细胞体在内脏神经节内,其轴突称节后纤维(图9-77、图9-78)。③ 纤维成分不同:躯体运动神经只有一种纤维成分,而内脏运动神经包括两种纤维成分,即交感神经和副交感神经。多数内脏器官同时接受交感和副交感的双重支配。④ 功能上的不同:躯体运动神经都受意志支配,而内脏运动神经则不直接受意志的控制。⑤ 分布形式不同:躯体运动神经以神经干的形式分布,而内脏运动神经常攀附于脏器或血管的周围形成神经丛,再由神经丛发出分支至效应器。

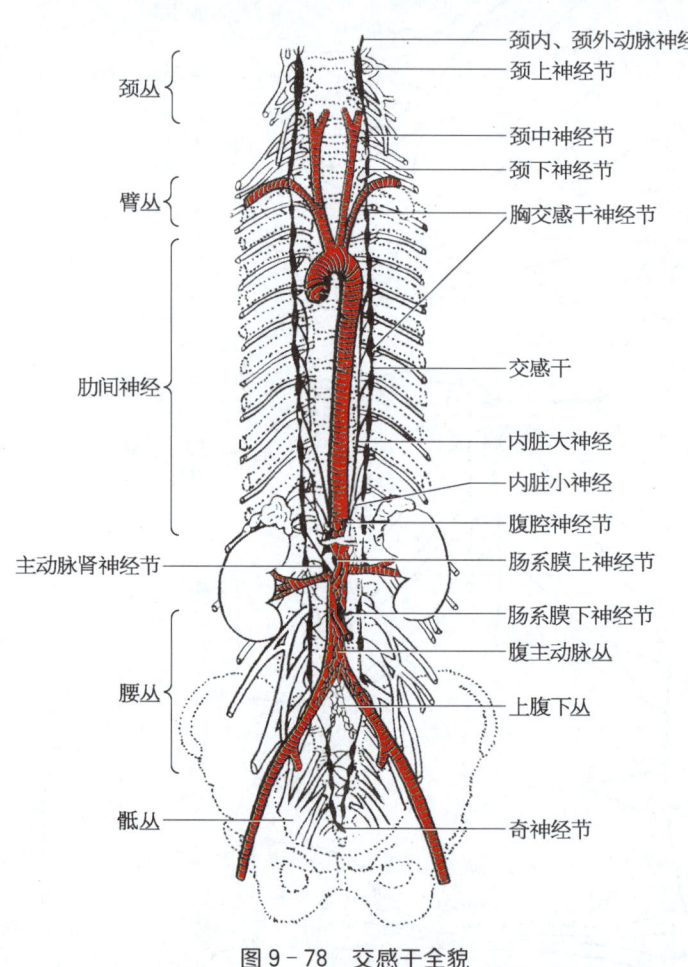

图9-78 交感干全貌

(一)交感神经

交感神经(sympathetic nerve)的低级中枢位于脊髓第1胸段至第3腰段(T1~L3)的侧角内。其节前纤维即侧角细胞发出的轴突(图9-77)。交感神经的周围部包括交感神经节以及进出节的节前和节后纤维等。

1. 交感神经节 为交感神经节后神经元细胞体所在处,依其位置分为椎旁神经节和椎前神经节。

(1)椎旁神经节(paravertebral ganglia):又称交感干神经节(ganglia of sympathetic trunk),位于脊柱两旁,共有19~23成对节及尾部1个单节。神经节之间借节间支相连,每侧连成一条链索,称为交感干(sympathetic trunk),交感干上自颅底,下至尾骨,与脊柱等长,两干下端合于奇神经节(图9-78)。

颈部交感干神经节一般有3对节,胸部有10~12对节,腰部有4~5对节,骶部有2~3对节,尾部为单节(奇神经节)。

(2) **椎前神经节**(prevertebral ganglia)：位于脊柱的前方，包括成对的**腹腔神经节**以及单个的**肠系膜上神经节**和**肠系膜下神经节**(图9-78、图9-79)。腹腔神经节位于腹腔干根部两旁。肠系膜上、下神经节分别位于肠系膜上、下动脉的根部。

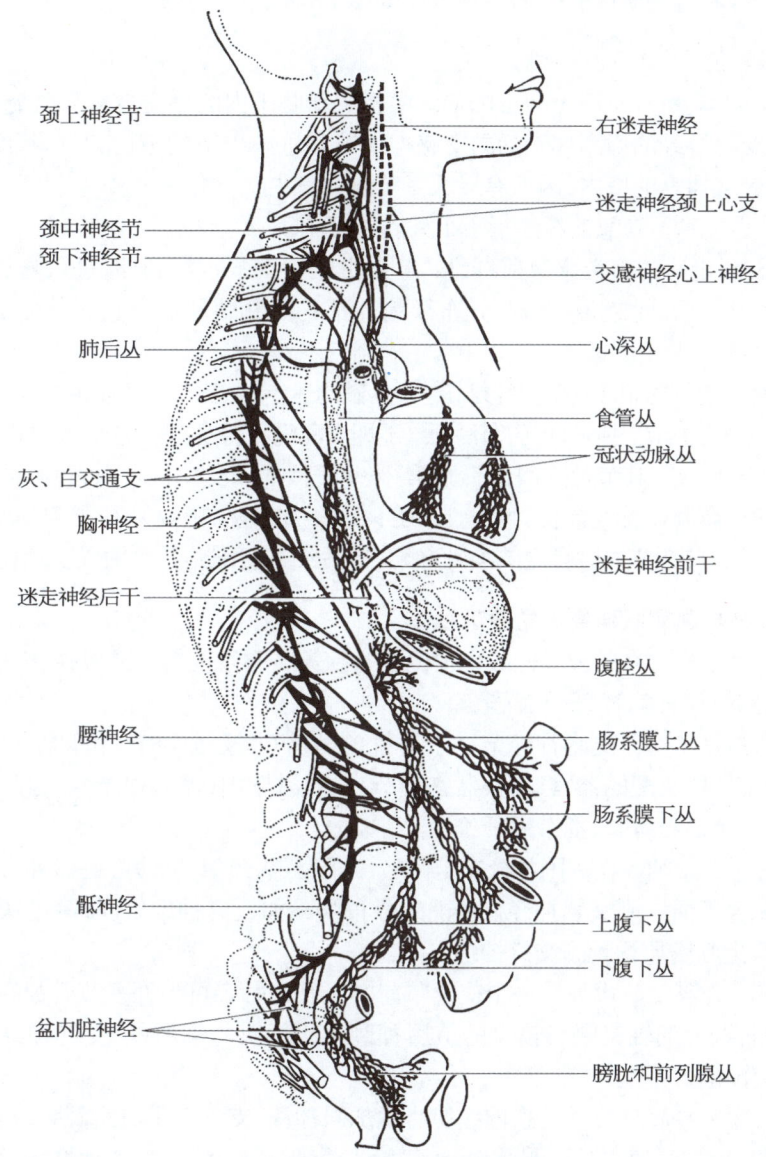

图9-79 交感干和内脏神经丛

2. **交通支**(communicating branches) 每一个交感干神经节与相应的脊神经之间都有交通支相连。交通支分白交通支和灰交通支(图9-13、图9-77)。**白交通支**是脊髓侧角细胞发出的节前纤维离开脊神经进入交感干神经节的通路，只存在于第1胸神经至第3腰神经与相应交感干神经节之间，因纤维有髓鞘，呈白色，故称白交通支。**灰交通支**是交感干神经节发出的节后纤维进入脊神经的通路，存在于全部交感干神经节和全部脊神经之间，因纤维无髓鞘，呈灰色，故称灰交通支。

3. **交感神经的分布** 来自脊髓第1～5胸段侧角细胞的节前纤维交换神经元后，其节后纤维支配头、颈、胸腔脏器和上肢的血管、汗腺和竖毛肌。来自脊髓第 5～12 胸段侧角细胞的节前纤维交换神经元后,其节后纤维支配肝、脾、肾等实质性器官和结肠左曲以上的消化管。来自脊髓第 1～3 腰段侧角细胞的节前纤维交换神经元后,其节后纤维支配结肠左曲以下的消化管、盆部脏器和下肢的血管、汗腺和竖毛肌(图 9-77～图 9-79)。

(二) 副交感神经

副交感神经(parasympathetic nerve)的低级中枢位于脑干内的副交感核和脊髓第 2～4 骶段的骶副交感核。副交感神经的周围部包括副交感神经节和进出于节的节前、节后纤维。副交感神经节位于器官的近旁或器官的壁内,因而有器官旁节和器官内节之称。

1. **颅部副交感神经**　其节前纤维行于下列脑神经中。

(1) 随动眼神经走行的副交感节前纤维:起自中脑的动眼神经副核,进入眶后到达睫状神经节内交换神经元,其节后纤维穿入眼球,分布于瞳孔括约肌和睫状肌。它的功能是缩小瞳孔和调节晶状体的厚度。

(2) 随迷走神经走行的副交感节前纤维:起自延髓的迷走神经背核,随迷走神经的分支到胸、腹腔脏器的器官内节或器官旁节交换神经元,节后纤维随即支配胸、腹腔脏器(除结肠左曲以下的消化管)。

2. **骶部副交感神经**　其节前纤维由脊髓第 2～4 骶段的副交感核发出,随骶神经前根、前支出骶前孔至盆腔,然后离开骶神经前支,组成盆内脏神经参加盆丛,随盆丛分支到结肠左曲以下的消化管和盆腔脏器的器官旁节或器官内节换神经元,节后纤维支配结肠左曲以下消化管和盆腔脏器。

(三) 交感神经与副交感神经的主要区别

1. **低级中枢的部位**　交感神经低级中枢位于脊髓第 1 胸段至第 3 腰段,副交感神经低级中枢在脑干内的副交感核和脊髓第 2～4 骶段。

2. **周围神经节的部位**　交感神经节位于脊柱的两旁(椎旁神经节)和脊柱的前方(椎前神经节),副交感神经节在所支配的器官近旁(器官旁节)和器官壁内(器官内节)。因此,副交感神经节前纤维比交感神经节前纤维长,而节后纤维短。

3. **分布范围**　交感神经在周围的分布范围较广,除至头颈部、胸腹腔脏器外,还遍及全身的血管和皮肤的汗腺、竖毛肌。副交感神经在周围的分布则不如交感神经广泛,一般认为大部分血管、汗腺、竖毛肌和肾上腺髓质均无副交感神经支配。

4. **节前与节后神经元的比例**　一个交感节前神经元的轴突可与许多节后神经元组成突触,而一个副交感节前神经元的轴突则与较少的节后神经元组成突触。所以,交感神经的作用较广泛,而副交感神经的作用较局限。

5. **对同一器官所起的作用**　交感神经使心跳加强加快,支气管平滑肌舒张,消化管蠕动减弱,瞳孔开大。而副交感神经使心跳减弱减慢,支气管平滑肌收缩,消化管蠕动增强,瞳孔缩小。两者的作用既是拮抗的,但又相互配合,协调活动。

二、内脏感觉神经

人体各内脏器官除有交感和副交感神经支配外,还有感觉神经分布。如同躯体感觉神经一样,内脏感觉神经元的胞体亦位于脊神经节和脑神经节内,且也是假单极神经元。其周围突随交感神经和副交感神经(主要是迷走神经和盆内脏神经)分布,中枢突进入脊髓和脑干,分别止于脊髓后角和脑干内的孤束核。内脏感觉纤维一方面借中间神经元与内脏运动神经元联系,形成内脏-

内脏反射,或与躯体运动神经元联系,形成内脏-躯体反射。另一方面经过较复杂的传导途径将冲动传至大脑皮质,产生多种内脏感觉。

由于内脏感觉纤维数较少,纤维较细,痛阈较高,故一般强度的刺激不引起主观感觉。又因内脏感觉的传入途径比较分散,故内脏痛往往是弥散的,定位也不准确。

内脏感觉包括特殊内脏感觉和一般内脏感觉。特殊内脏感觉是指嗅觉和味觉,而一般内脏感觉是指嗅觉和味觉以外的全部心、血管、腺体和内脏的感觉。内脏感觉传导通路复杂,其确切通路,迄今知之甚少。

当某些内脏器官发生病变时,常在体表的一定区域产生过敏或痛觉,这种现象称牵涉痛。例如,心绞痛时,常在胸前区及左臂内侧皮肤感到疼痛(图9-80)。肝胆疾患时,常在右肩部感到疼痛等。关于牵涉痛的发生机制,目前尚未完全清楚。

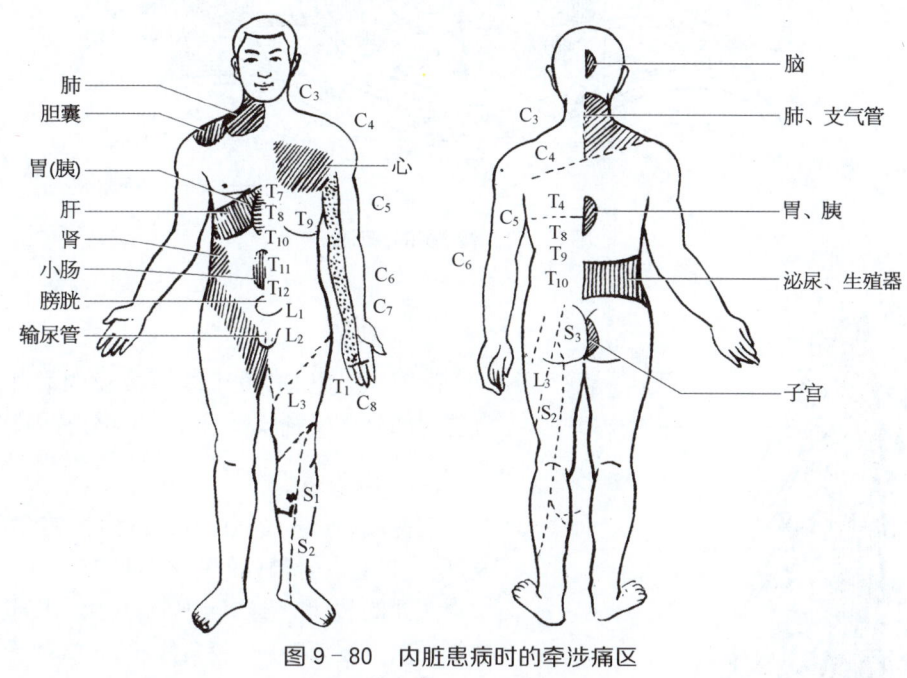

图9-80　内脏患病时的牵涉痛区

第六节　脑和脊髓的被膜

导学

1. 掌握脑和脊髓被膜的层次名称以及硬膜外隙、蛛网膜下隙和蛛网膜粒的位置,硬脑膜窦的概念。
2. 熟悉大脑镰、小脑幕的位置,海绵窦、上矢状窦、横窦、直窦和乙状窦的位置及汇入。

脑和脊髓的外面包有 3 层被膜，由外向内依次为硬膜、蛛网膜和软膜（图 9-81、图 9-82），有支持、保护脑和脊髓的作用。

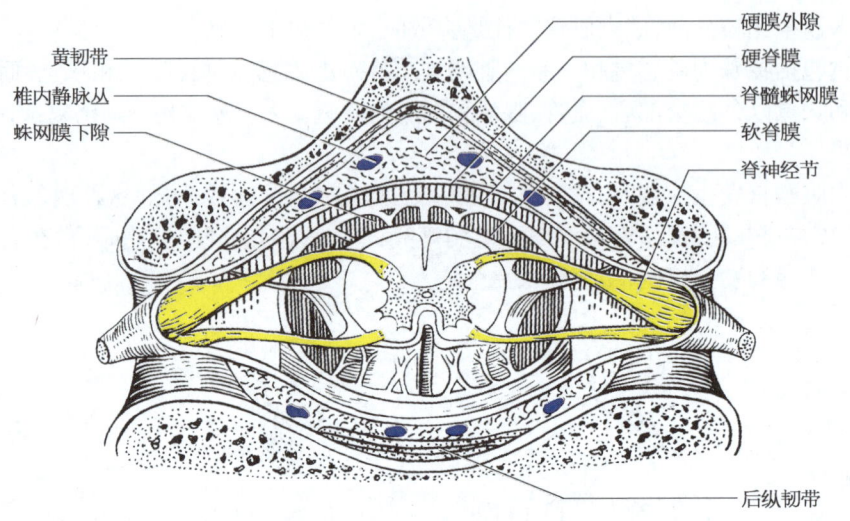

图 9-81 脊髓的被膜

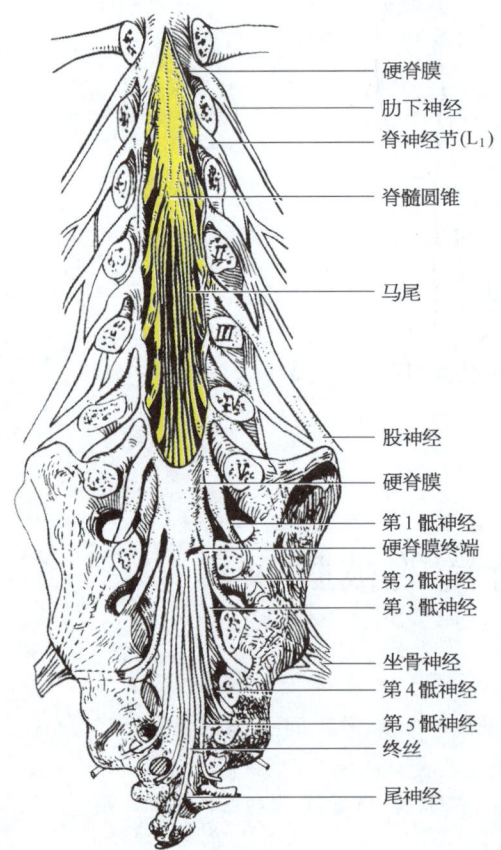

图 9-82 脊髓下段的被膜

一、硬膜

硬膜厚而坚韧，位于 3 层被膜的最外层。包裹脊髓的部分称硬脊膜，包裹脑的部分称硬脑膜。

（一）硬脊膜

硬脊膜（spinal dura mater）由致密结缔组织构成，呈管状包裹脊髓（图 9-81、图 9-82）。上端附于枕骨大孔的边缘，与硬脑膜相连续。下部从第 2 骶椎水平向下逐渐变细，包裹终丝，末端附于尾骨。硬脊膜和椎管内面骨膜之间有一窄隙称硬膜外隙（epidural space），内含静脉丛、淋巴管、疏松结缔组织和脂肪（图 9-81）。此隙略呈负压，有脊神经根通过。临床上进行硬膜外麻醉，就是将药物注入此隙，以阻滞脊神经根内的神经传导。

（二）硬脑膜

硬脑膜（cerebral dura mater）厚而坚韧，由内、外两层膜紧密结合而成。其外层即颅骨内面的骨膜，硬脑膜的血管和神经即行于两层之间。

硬脑膜和颅盖骨之间结合疏松，故颅盖骨骨折时易形成硬膜外血肿。硬脑膜和颅底骨之间则结合紧密，故颅底骨折时易同时损伤硬脑膜和脑蛛网膜，以致脑脊液外漏。

硬脑膜不仅包被脑的外面，而且内层还折叠形成若干板状突起，分别伸入到脑的裂隙之中以更好地保护脑（图 9-83、图 9-84）。其中伸入到左、右大脑半球之间的突起，呈矢状位，形似镰刀，称**大脑镰**(cerebral falx)。伸入到大、小脑之间的突起，呈水平位，形似幕帐，称**小脑幕**(tentorium of cerebellum)。小脑幕前缘游离形成一切迹，称**幕切迹**(tentorial incisure)。幕切迹和颅底内面斜坡

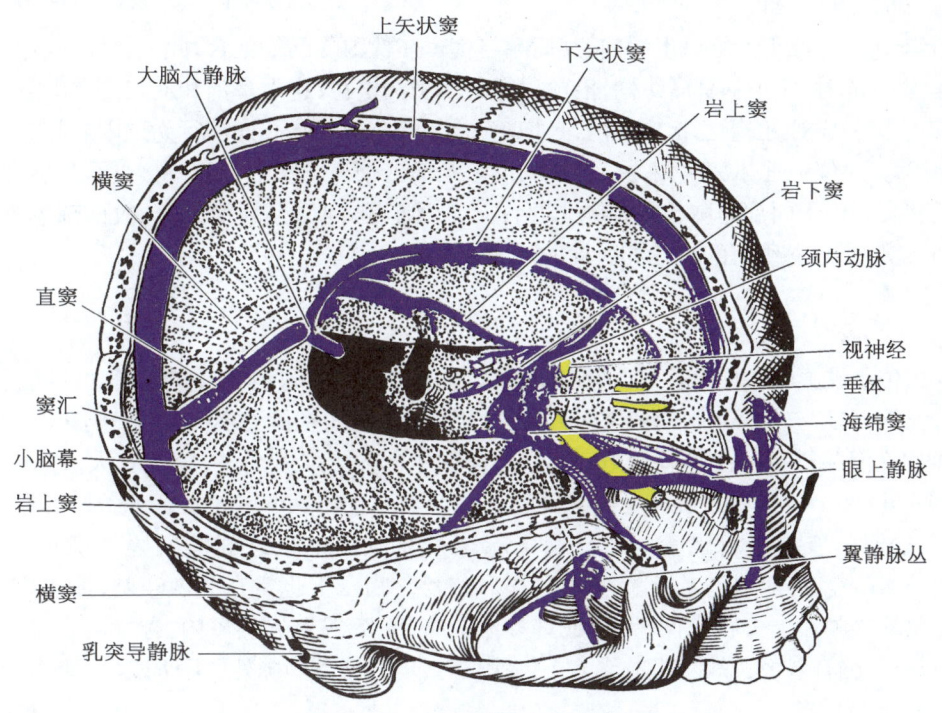

图 9-83 硬脑膜和硬脑膜窦

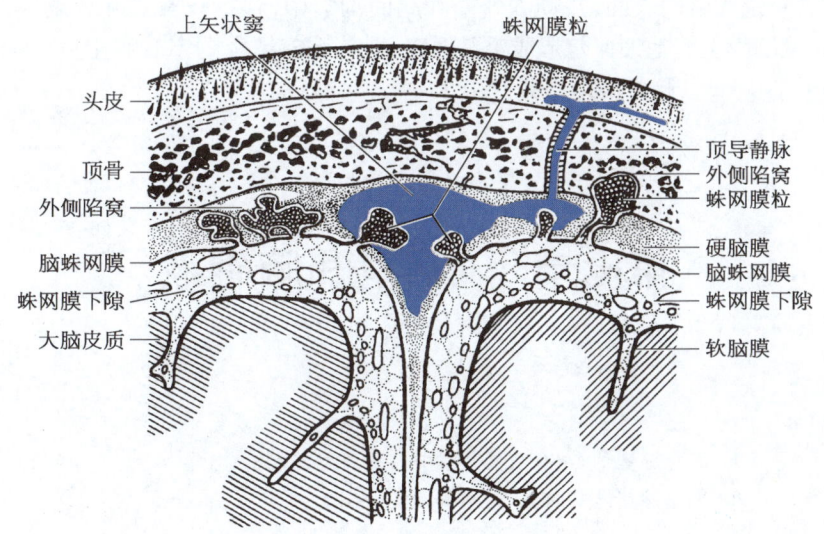

图 9-84 上矢状窦与蛛网膜粒

上缘之间有中脑通过。小脑幕将颅腔不完全地分隔成上、下两部。上部颅脑病变引起颅内压增高时,位于幕切迹上方的海马旁回和钩可被挤入幕切迹内,形成小脑幕切迹疝,压迫大脑脚和动眼神经,产生肢体瘫痪、瞳孔散大等症状。

硬脑膜在某些部位两层分开,内面衬以内皮细胞构成硬脑膜窦(sinuses of dura mater),内含静脉血,窦壁无平滑肌不能收缩,故硬脑膜窦损伤时出血难止,容易形成颅内血肿。主要的硬脑膜窦如下(图9-83、图9-84)。

1. 上矢状窦　位于大脑镰上缘内,其后端与横窦在枕内隆凸处汇合,此汇合处称窦汇。
2. 横窦　成对,在小脑幕后缘内,沿颅后窝的横窦沟走行,连于窦汇和乙状窦之间。
3. 乙状窦　成对,位于乙状窦沟内,是横窦的延续,在颈静脉孔处移行为颈内静脉。
4. 海绵窦　位于垂体窝两侧,左、右之间以数条横支相连。海绵窦前方接受眼静脉,向后注入横窦或乙状窦。由于面部静脉与眼静脉之间有交通,眼静脉向后又通海绵窦,故面部感染时,有可能波及海绵窦,引起海绵窦的炎症和血栓的形成。

二、蛛网膜

蛛网膜位于硬膜的深面,是一层透明的薄膜,跨越脊髓和脑的沟裂,包括脊髓蛛网膜和脑蛛网膜两部分。蛛网膜与软膜之间有许多小纤维束相连,其间的空隙称为蛛网膜下隙(subarachnoid space),隙内充满脑脊液。在某些地方,蛛网膜下隙内的小纤维束消失,腔隙变大,称蛛网膜下池(subarachnoid cisterns)。在小脑和延髓之间有小脑延髓池(cerebellomedullary cistern),临床上有时在此穿刺,抽取脑脊液进行检查。在脊髓下端至第2骶椎水平之间蛛网膜下隙扩大,称终池(terminal cistern)。终池内已无脊髓,只有马尾和终丝。临床上也常在此做穿刺,抽取脑脊液或注入药物。脑蛛网膜在上矢状窦两旁,形成许多小的突起,突入上矢状窦内,称蛛网膜粒(arachnoid granulations)。脑脊液经过蛛网膜粒渗入上矢状窦内,再回流入静脉(图9-84)。

三、软膜

软膜紧贴在脊髓和脑的表面,并伸入脊髓和脑的沟裂中,包括软脊膜和软脑膜两部分。在脑室的一定部位,软脑膜上的毛细血管形成毛细血管丛,与脑室壁上的室管膜上皮一起突入脑室,形成脉络丛(choroid plexus),脑脊液即由此产生。

第七节　脑室和脑脊液

导学

1. 掌握脑室的名称、位置及脑脊液的循环途径。
2. 熟悉脉络丛的位置、组成和功能。

一、脑室

脑室是脑中的腔隙,包括左、右侧脑室,第三脑室和第四脑室(图9-85)。脑室壁内衬以室管膜上皮,脑室腔内充满脑脊液,每个脑室内均有脉络丛。

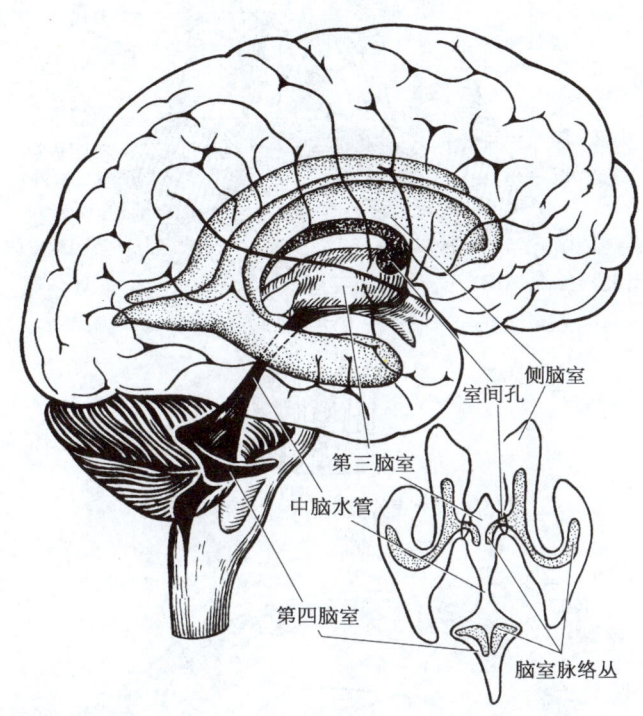

图9-85 脑室投影图

(一)侧脑室

侧脑室(lateral ventricle)左右各一,分别位于左、右大脑半球内。侧脑室分为4部分:中央部位于顶叶内,前角伸入额叶内,后角伸入枕叶内,下角伸入颞叶内。侧脑室经左、右室间孔与第三脑室相通。

(二)第三脑室

第三脑室(third ventricle)是位于两侧背侧丘脑和下丘脑之间的矢状位裂隙,向上外方经室间孔与侧脑室相通,向后下方借中脑水管与第四脑室相通。

(三)第四脑室

第四脑室(fourth ventricle)位于延髓、脑桥和小脑之间。室底即前述的菱形窝,室顶朝向小脑。在第四脑室顶下部,靠近菱形窝下角处有一孔,称第四脑室正中孔,靠近菱形窝两个侧角处各有一孔,称第四脑室外侧孔(图9-86)。它们皆与蛛网膜下隙相交通。第四脑室向上通中脑水管,向下通脊髓中央管。

二、脑脊液

脑脊液由脉络丛产生,一般认为约95%的脑脊液由侧脑室脉络丛产生。脑脊液是无色透明的液体,充满于脑室、脊髓中央管和蛛网膜下隙中,对中枢神经系统起缓冲、保护、营养、运输代谢产物以及维持正常颅内压的作用。脑脊液总量在成人约 150 ml，它处于不断产生、循环和回流的平衡状态。其循环途径为(图 9-87)：由左、右侧脑室脉络丛产生的脑脊液，经左、右室间孔流入

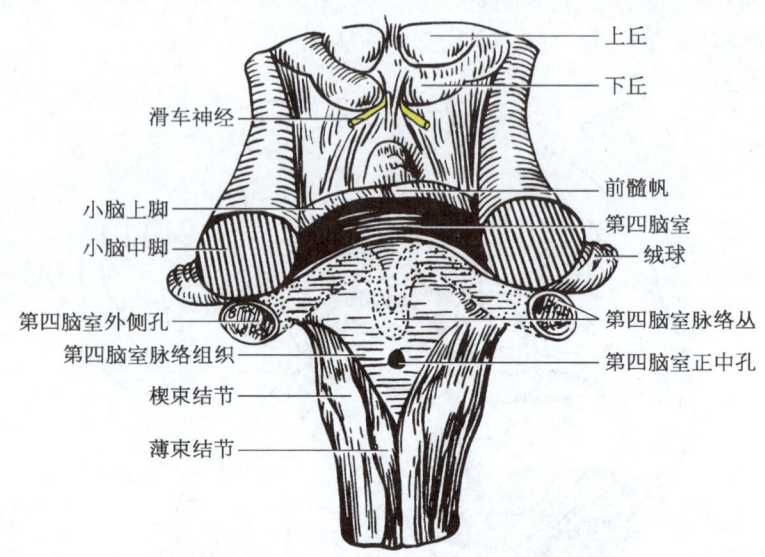

图 9-86　第四脑室正中孔和外侧孔

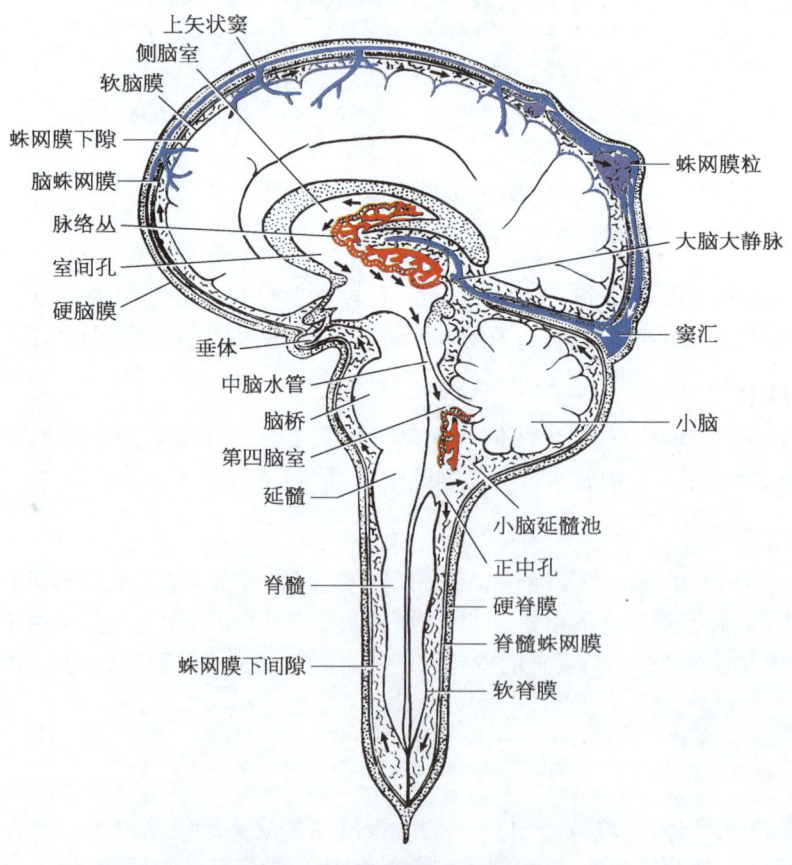

图 9-87　脑脊液循环模式图

第三脑室,与第三脑室脉络丛产生的脑脊液一起经中脑水管流入第四脑室,再与第四脑室脉络丛产生的脑脊液一起经第四脑室正中孔和两个外侧孔流入蛛网膜下隙。脑脊液沿蛛网膜下隙流向大脑背面,经蛛网膜粒渗透到硬脑膜窦(主要是上矢状窦)内,回流入血液中。如果脑脊液循环途径中发生阻塞,可导致脑积水和颅内压升高,使脑组织受压迫发生移位,甚至形成脑疝而危及生命。

第八节 脑和脊髓的血管

> **导学**
> 1. 掌握颈内动脉和椎动脉营养脑的范围和主要分支;大脑动脉环的位置和组成,大脑中动脉的分布范围。
> 2. 熟悉大脑前、后动脉的起始和分布范围,大脑的静脉及脊髓血管的一般概念。

一、脑的血管

(一) 脑的动脉

脑的动脉来源于颈内动脉和椎动脉(图 9-88、图 9-89)。颈内动脉分支营养大脑半球的前 2/3 和间脑前部。椎动脉营养大脑半球的后 1/3、间脑后部、脑干和小脑。营养大脑半球的动脉分支可分为皮质支和中央支。<u>皮质支</u>主要分布于大脑的皮质和其深面的浅层髓质,<u>中央支</u>穿入实质内,营养深部的髓质(包括内囊)、间脑和基底核等处。

1. 颈内动脉 起自颈总动脉,经颈动脉管入颅腔。颈内动脉主要分支有:

(1) <u>眼动脉(ophthalmic artery)</u>:穿视神经管入眶内,分布于眼球及其周围结构。

(2) <u>大脑前动脉(anterior cerebral artery)</u>:自颈内动脉发出后向前内方进入大脑纵裂内,然后沿胼胝体的背侧向后行,途中分出皮质支分布于额、顶叶的内侧面及两叶上外侧面的边缘部。两侧大脑前动脉在发出处不远,与对侧的同名动脉借<u>前交通动脉</u>相连。中央支发自近侧段,主要营

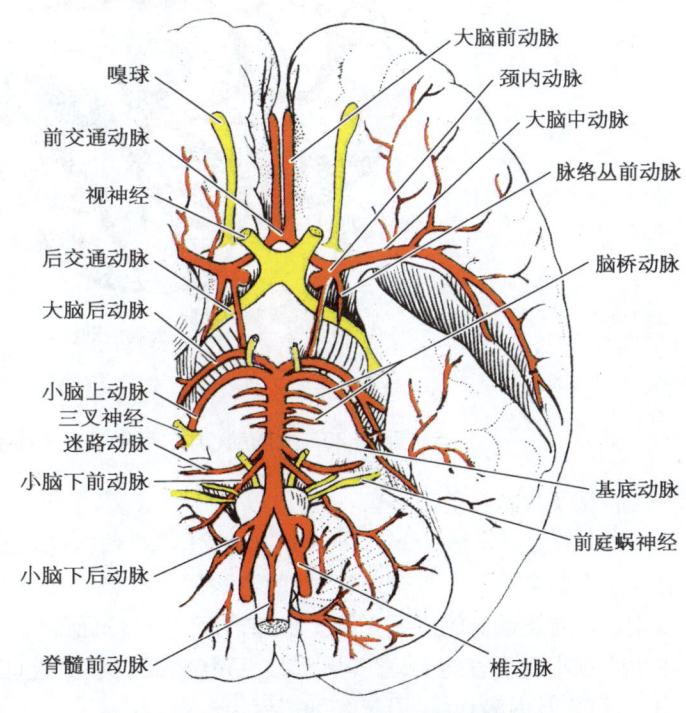

图 9-88 脑底面示脑的动脉分支

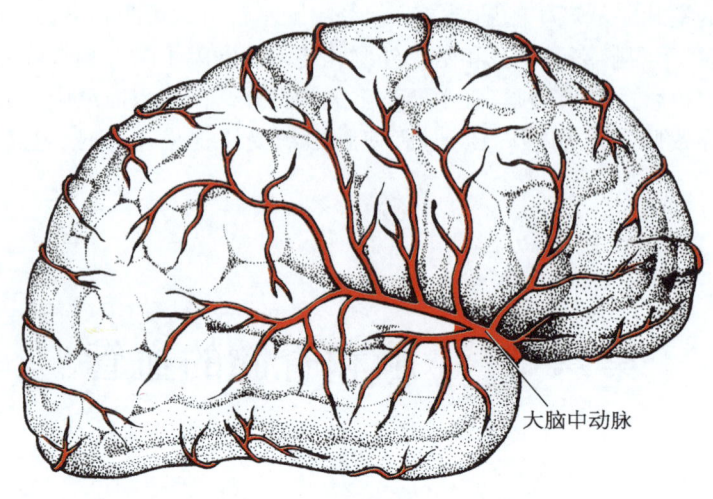

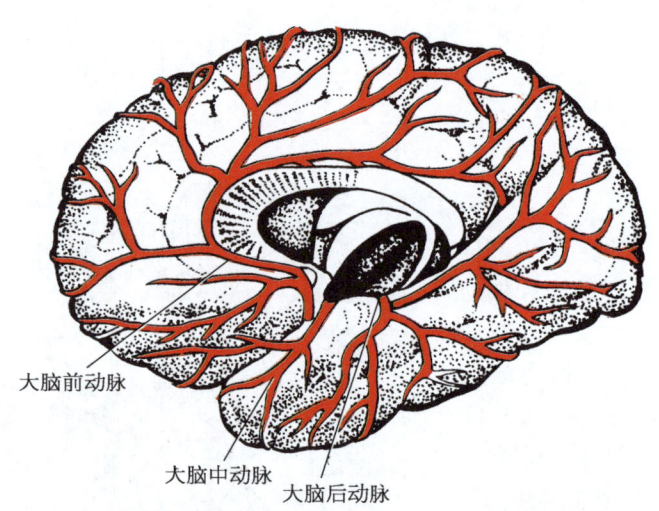

图 9-89　大脑前、中、后动脉在大脑半球表面的分布区

养尾状核及豆状核前部。

(3) **大脑中动脉**(middle cerebral artery)：是颈内动脉干的直接延续，沿大脑外侧沟向后上行，分布于大脑半球的上外侧面(半球的边缘部除外)，这个区域内有躯体运动、感觉和语言等许多重要中枢。若该动脉的皮质支发生阻塞，可产生对侧面部和上肢的瘫痪及感觉障碍。大脑中动脉的中央支细小且垂直向上，营养尾状核、豆状核及内囊等处(图 9-90)，若这些中央支被阻塞或破裂出血，可累及内囊纤维，引起"三偏"症状。

(4) **后交通动脉**(posterior communicating artery)：较小，向后与大脑后动脉吻合。

2. **椎动脉**(vertebral artery)　起自锁骨下动脉，穿第 6～1 颈椎横突孔，经枕骨大孔入颅腔行于延髓腹侧，在脑桥下缘，左、右椎动脉合成 1 条**基底动脉**。基底动脉沿脑桥基底沟上行至脑桥上缘，分为两条大脑后动脉(图 9-88)。

大脑后动脉(posterior cerebral artery)是基底动脉的终末分支,绕大脑脚向背侧,其皮质支主要分布于颞叶下面和枕叶内侧面,以及两叶的边缘部。中央支亦起自根部,营养背侧丘脑和内、外侧膝状体及下丘脑等。

3. 大脑动脉环(cerebral arterial circle) 又称 Willis 环,由两侧大脑前动脉起始段、颈内动脉末端、大脑后动脉起始段借前、后交通动脉连通而成。此环使颈内动脉与椎-基底动脉连在一起。当某一动脉血流减少或阻塞时,血液可经此环重新分配,得到一定的代偿,以维持脑的血液供应和功能活动(图 9 - 88)。

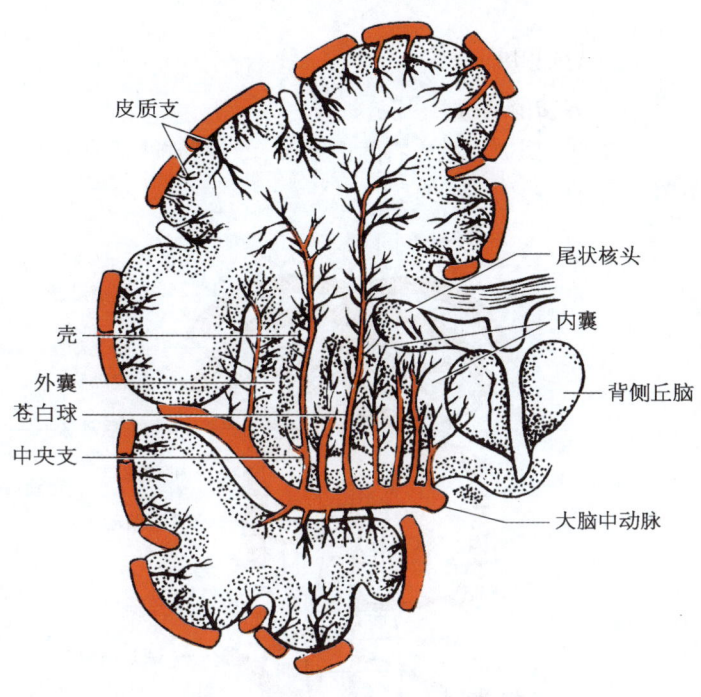

图 9 - 90 大脑中动脉的皮质支和中央支

(二) 脑的静脉

脑的静脉不与动脉伴行,分为浅、深两种。浅静脉位于脑的表面,收集皮质及皮质下髓质的静脉血,深静脉收集大脑深部的静脉血(图 9 - 91)。两种静脉均注入附近的硬脑膜窦。

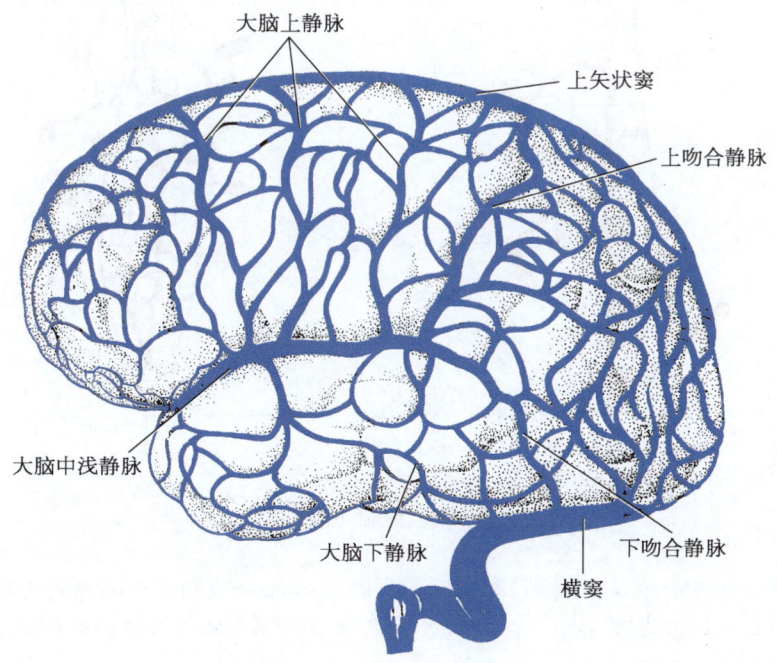

图 9 - 91 大脑浅静脉

二、脊髓的血管

(一) 脊髓的动脉

脊髓的动脉血液供应有两个来源,即脊髓前、后动脉和节段性动脉(肋间后动脉和腰动脉等)的脊髓支(图9-92、图9-93)。

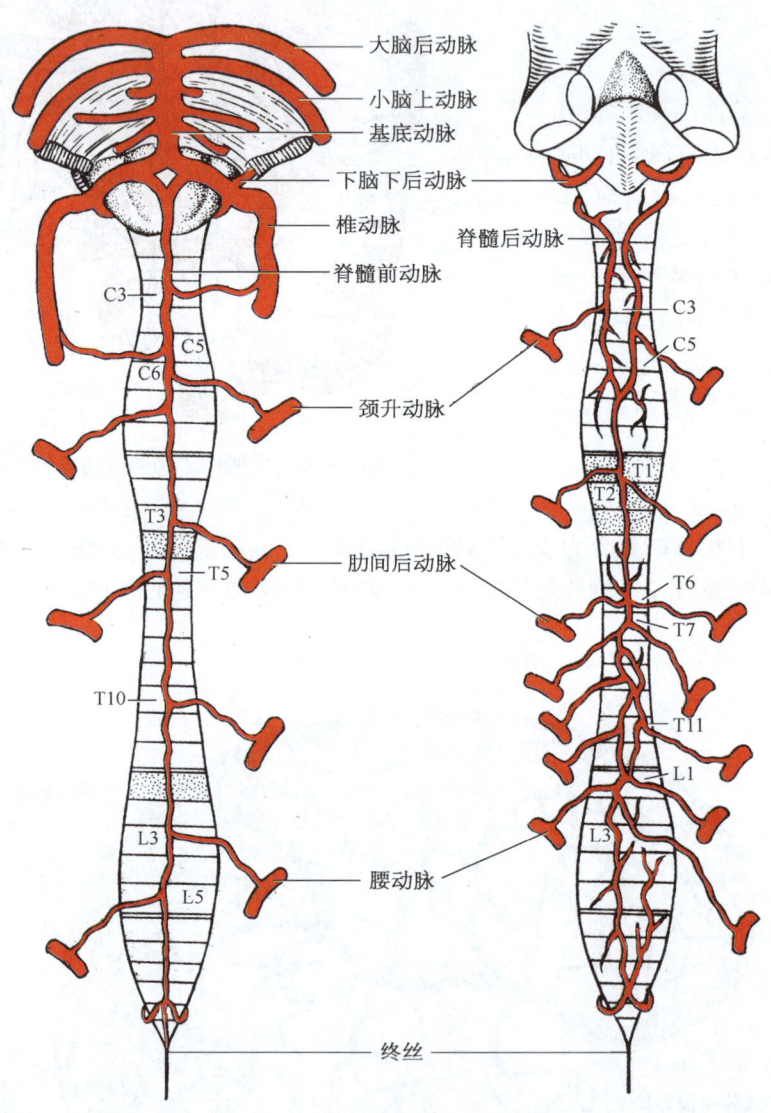

图 9-92 脊髓的动脉

脊髓前动脉(anterior spinal artery)和**脊髓后动脉**(posterior spinal artery)均发自椎动脉。脊髓前动脉沿前正中裂下行至脊髓末端。脊髓后动脉为左、右两条,各沿脊髓后外侧沟下行。有的两侧脊髓后动脉下降到脊髓颈段中部合成一条纵干,再下行至脊髓末端。

脊髓前、后动脉在下行的过程中,有来自肋间后动脉和腰动脉的脊髓支补充。

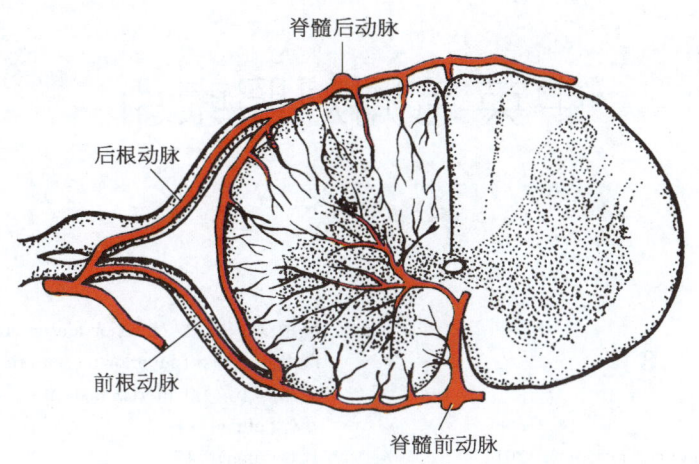

图 9-93　脊髓内部动脉分布

(二) 脊髓的静脉

脊髓的静脉在脊髓表面形成软膜静脉丛和许多纵行静脉干,最后集中于脊髓前、后静脉,再经前、后根静脉注入硬膜外隙内的椎内静脉丛,而后者又与椎管外面的椎外静脉丛相交通。脊髓的软膜静脉丛、纵行静脉干向上与颅内静脉相通。因此,胸、腹、盆腔内的感染或肿瘤可经此途径累及颅内。

中英名词对照索引

B

白线(linea alba) 50
白质前连合(anterior white commissure) 201
半腱肌(semitendinosus) 60
半膜肌(semimembranosus) 60
背阔肌(latissimus dorsi) 44
背侧丘脑(dorsal thalamus) 220
鼻(nose) 97
鼻腔(nasal cavity) 97
鼻骨(nasal bone) 21
鼻咽(nasopharynx) 82
鼻泪管(nasolacrimal duct) 184
鼻旁窦(paranasal sinuses) 24
比目鱼肌(soleus) 62
闭孔动脉(obturator artery) 151
闭孔神经(obturator nerve) 210
臂丛(brachial plexus) 206
边缘叶(limbic lobe) 223
边缘系统(limbic system) 229
扁骨(flat bone) 7
髌骨(patella) 17
玻璃体(vitreous body) 1183
薄束(fasciculus gracilis) 201
薄束结节(gracile tubercle) 215
薄束核(gracile nucleus) 218
不规则骨(irregular bone) 7

C

苍白球(globus pallidus) 227
侧支循环(collateral circulation) 129
侧角(lateral horn) 200
侧脑室(lateral ventricle) 257
长骨(long bone) 6
肠系膜(mesentery) 95
肠系膜上动脉(superior mesenteric artery) 147
肠系膜下动脉(inferior mesenteric artery) 149
肠系膜上淋巴结(superior mesenteric lymph nodes) 170
肠系膜下淋巴结(inferior mesenteric lymph nodes) 170
肠系膜上静脉(superior mesenteric vein) 161
肠系膜下静脉(inferior mesenteric vein) 162
尺侧(ulnar) 4
尺骨(ulna) 15
尺侧腕屈肌(flexor carpi ulnaris) 55
尺侧腕伸肌(extensor carpi ulnaris) 56
尺动脉(ulnar artery) 145
尺神经(ulnar nerve) 206
耻骨(pubis) 17
垂直轴(vertical axis) 4
垂体(hypophysis) 177

D

大肠(large intestine) 87
大圆肌(teres major) 53
大网膜(greater omentum) 94
大阴唇(greater lip of pudendum) 123
大隐静脉(great saphenous vein) 159
大脑(cerebrum) 222
大脑脚(cerebral peduncle) 216
大脑半球(cerebral hemisphere) 222
大脑皮质(cerebral cortex) 223
大脑镰(cerebral falx) 255
大脑前动脉(anterior cerebral artery) 259
大脑中动脉(middle cerebral artery) 260
大脑后动脉(posterior cerebral artery) 261
大脑动脉环(cerebral arterial circle) 261
胆囊(gallbladder) 91
胆囊动脉(cystic artery) 146
岛叶(insular lobe) 222
骶骨(sacrum) 10
骶丛(sacral plexus) 210
第三脑室(third ventricle) 257
第四脑室(fourth ventricle) 257
蝶骨(sphenoid bone) 19
顶骨(parietal bone) 19
顶枕沟(parietooccipital sulcus) 222
顶叶(parietal lobe) 222

动脉(artery) 127
动脉韧带(arterial ligament) 138
动眼神经核(nucleus of oculomotor nerve) 217
动眼神经副核(accessory nucleus of oculomotor nerve) 218
动眼神经(oculomotor nerve) 230
豆状核(lentiform nucleus) 227
窦房结(sinuatrial node) 137
端脑(telencephalon) 222
短骨(short bone) 7
多极神经元(multipolar neuron) 195

E

额骨(frontal bone) 19
额叶(frontal lobe) 222
腭骨(palatine bone) 21
耳郭(auricle) 185
耳蜗(cochlea) 190
耳大神经(great auricular nerve) 204

F

反射(reflex) 196
反射弧(reflex arc) 196
房水(aqueous humor) 182
房室结(atrioventricular node) 137
房室束(atrioventricular bundle) 137
腓骨(fibula) 18
腓骨长肌(peroneus longus) 61
腓骨短肌(peroneus brevis) 62
腓肠肌(gastrocnemius) 62
腓总神经(common peroneal nerve) 212
腓浅神经(superficial peroneal nerve) 213
腓深神经(deep peroneal nerve) 213
肺(lung) 101
肺循环(pulmonary circulation) 128
肺动脉瓣(pulmonary valve) 133
肺静脉(pulmonary veins) 138
缝匠肌(sartorius) 60
跗骨(tarsal bones) 18
附睾(epididymis) 114
副神经(accessory nerve) 238
副交感神经(parasympathetic nerve) 252
腹膜(peritoneum) 92
腹直肌(rectus abdominis) 47
腹外斜肌(obliquus externus abdominis) 47
腹内斜肌(obliquus internus abdominis) 48
腹横肌(transversus abdominis) 49
腹直肌鞘(sheath of rectus abdominis) 49
腹股沟管(inguinal canal) 50
腹后内侧核(ventral posteromedial nucleus) 221

腹后外侧核(ventral posterolateral nucleus) 221
腹主动脉(abdominal aorta) 145
腹腔干(celiac trunk) 146
腹腔淋巴结(celiac lymph nodes) 170
腹壁上动脉(superior epigastric artery) 142
腹壁下动脉(inferior epigastric artery) 151
腹股沟浅淋巴结(superficial inguinal lymph nodes) 170
腹股沟深淋巴结(deep inguinal lymph nodes) 170

G

肝(liver) 90
肝门(porta hepatis) 90
肝门静脉(hepatic portal vein) 161
肝总动脉(common hepatic artery) 146
肝固有动脉(proper hepatic artery) 146
感觉器(sensory organs) 179
感觉神经元(sensory neuron) 195
冈上肌(supraspinatus) 53
冈下肌(infraspinatus) 53
肛管(anal canal) 89
睾丸(testis) 114
睾丸动脉(testicular artery) 146
膈(diaphragm) 47
膈神经(phrenic nerve) 204
跟腱(tendo calcaneus) 62
肱骨(humerus) 13
肱肌(brachialis) 54
肱二头肌(biceps brachii) 53
肱三头肌(triceps brachii) 54
肱桡肌(brachioradialis) 55
肱动脉(brachial artery) 142
巩膜(sclera) 180
巩膜静脉窦(sinus venosus sclerae) 180
钩(uncus) 223
孤束核(nucleus of solitary tract) 218
股骨(femur) 17
股二头肌(biceps femoris) 60
股四头肌(quadriceps femoris) 60
股动脉(femoral artery) 151
股神经(femoral nerve) 209
股外侧皮神经(lateral femoral cutaneous nerve) 209
股后皮神经(posterior femoral cutaneous nerve) 210
骨(bone) 6
骨质(bone substance) 8
骨膜(periosteum) 8
骨髓(bone marrow) 8
骨盆(pelvis) 35
骨迷路(bony labyrinth) 189
骨半规管(bony semicircular canals) 189
鼓膜(tympanic membrane) 186

鼓室(tympanic cavity) 187
关节(joint) 26
关节面(articular surface) 26
关节囊(articular capsule) 26
关节腔(articular cavity) 26
关节盘(articular disc) 26
关节唇(articular labrum) 26
关节突关节(zygapophysial joints) 28
冠状面(coronal plane) 4
冠状轴(coronal axis) 4
冠状窦(coronary sinus) 138
贵要静脉(basilic vein) 158
腘动脉(popliteal artery) 152

H

海马旁回(parahippocampal gyrus) 223
黑质(substantia nigra) 218
恒牙(permanent teeth) 80
横结肠(transverse colon) 88
红核(red nucleus) 218
虹膜(iris) 181
喉(larynx) 98
喉腔(laryngeal cavity) 100
喉咽(laryngopharynx) 83
喉上神经(superior laryngeal nerve) 238
喉返神经(recurrent laryngeal nerve) 238
后角(posterior horn) 200
后根(posterior root) 199
后丘脑(metathalamus) 221
后纵韧带(posterior longitudinal ligament) 28
后斜角肌(scalenus posterior) 52
后正中沟(posterior median sulcus) 199
后交通动脉(posterior communicating artery) 260
呼吸系统(respiratory system) 96
滑膜(synovial membrane) 26
滑膜囊(synovial bursa) 43
滑车神经(trochlear nerve) 231
踝关节(ankle joint) 38
环状软骨(cricoid cartilage) 99
寰椎(atlas) 9
黄斑(macula lutea) 181
黄韧带(ligamenta flava) 28
灰质(gray matter) 196
灰质连合(gray commissure) 200
回肠(ileum) 86
回肠动脉(ileal arteries) 148
回结肠动脉(ileocolic artery) 148
会阴(perineum) 125
会厌软骨(epiglottic cartilage) 99
喙肱肌(coracobrachialis) 54

J

肌腹(muscle belly) 42
肌腱(tendon) 42
肌皮神经(musculocutaneous nerve) 206
基底沟(basilar sulcus) 216
基底核(basal nuclei) 227
激素(hormone) 174
脊柱(vertebral column) 28
脊神经(spinal nerves) 203
脊神经节(spinal ganglia) 199
脊髓(spinal cord) 198
脊髓圆锥(conus medullaris) 198
脊髓节段(segments of spinal cord) 199
脊髓丘脑束(spinothalamic tract) 201
脊髓丘脑侧束(lateral spinothalamic tract) 201
脊髓丘脑前束(anterior spinothalamic tract) 201
脊髓小脑束(spinocerebellar tract) 201
脊髓小脑后束(posterior spinocerebellar tract) 201
脊髓小脑前束(anterior spinocerebellar tract) 201
脊髓前动脉(anterior spinal artery) 262
脊髓后动脉(posterior spinal artery) 262
颊肌(buccinator) 51
甲状腺(thyroid gland) 175
甲状旁腺(parathyroid gland) 176
甲状颈干(thyrocervical trunk) 142
甲状软骨(thyroid cartilage) 98
甲状腺上动脉(superior thyroid artery) 140
假单极神经元(pseudounipolar neuron) 195
间脑(diencephalon) 220
肩胛骨(scapula) 12
肩关节(shoulder joint) 31
肩胛提肌(levator scapulae) 44
肩胛下肌(subscapularis) 53
腱鞘(tendinous sheath) 43
降结肠(descending colon) 89
降主动脉(descending aorta) 139
交通支(communicating branches) 251
交感干(sympathetic trunk) 250
交感神经(sympathetic nerve) 250
交感干神经节(ganglia of sympathetic trunk) 250
角膜(cornea) 180
角回(angular gyrus) 223
脚间窝(interpeduncular fossa) 216
结肠(colon) 88
结膜(conjunctiva) 183
睫状体(ciliary body) 181
筋膜(fascia) 42
近侧(proximal) 4
晶状体(lens) 182

精索(spermatic cord) 115
精囊(seminal vesicle) 116
颈椎(cervical vertebrae) 9
颈丛(cervical plexus) 204
颈膨大(cervical enlargement) 198
颈总动脉(common carotid artery) 139
颈动脉窦(carotid sinus) 139
颈动脉小球(carotid glomus) 139
颈外动脉(external carotid artery) 140
颈内动脉(internal carotid artery) 141
颈内静脉(internal jugular vein) 154
颈外静脉(external jugular vein) 156
颈横神经(transverse nerve of neck) 204
颈外侧浅淋巴结(superficial lateral cervical lymph nodes) 167
颈外侧深淋巴结(deep lateral cervical lymph nodes) 167
胫骨(tibia) 18
胫神经(tibial nerve) 211
胫骨前肌(tibialis anterior) 61
胫骨后肌(tibialis posterior) 63
胫前动脉(anterior tibial artery) 152
胫后动脉(posterior tibial artery) 152
静脉(vein) 127
静脉角(venous angle) 154
距状沟(calcarine sulcus) 223
距小腿关节(talocrural joint) 38

K

壳(putamen) 227
空肠(jejunum) 86
空肠动脉(jejunal arteries) 148
口咽(oropharynx) 83
口腔(oral cavity) 79
口轮匝肌(orbicularis oris) 51
扣带沟(cingulate sulcus) 223
扣带回(cingulate gyrus) 223
髋骨(hip bone) 16
髋关节(hip joint) 35
阔筋膜张肌(tensor fasciae latae) 59

L

阑尾(vermiform appendix) 88
阑尾动脉(appendicular artery) 148
肋(ribs) 11
肋间外肌(intercostales externi) 46
肋间内肌(intercostales interni) 46
肋间后动脉(posterior intercostal arteries) 145
肋间神经(intercostal nerves) 209
肋下神经(subcostal nerve) 209

泪骨(lacrimal bone) 21
泪腺(lacrimal gland) 184
泪道(lacrimal duct) 184
梨状肌(piriformis) 60
犁骨(vomer) 21
连合纤维(commissural fibers) 227
联络纤维(association fibers) 227
联络神经元(association neuron) 196
淋巴结(lymph nodes) 167
淋巴管(lymphatic vessel) 165
淋巴干(lymphatic trunks) 165
淋巴系统(lymphatic system) 127
菱形肌(rhomboideus) 45
菱形窝(rhomboid fossa) 216
隆椎(vertebra prominens) 10
颅(skull) 19
卵巢(ovary) 119
卵圆窝(fossa ovalis) 132
卵巢动脉(ovarian artery) 146
螺旋器(spiral organ) 191

M

马尾(cauda equina) 199
脉络膜(choroid) 181
脉络丛(choroid plexus) 256
脉管系统(vascular system) 127
盲肠(caecum) 87
毛细血管(capillary) 127
毛细淋巴管(lymphatic capillary) 163
迷走神经(vagus nerve) 237
迷走神经背核(dorsal nucleus of vagus nerve) 218
泌尿系统(urinary system) 106
面肌(facial muscles) 50
面动脉(facial artery) 140
面静脉(facial vein) 156
面神经(facial nerve) 234
面神经核(nucleus of facial nerve) 218
膜迷路(membranous labyrinth) 190
膜半规管(semicircular ducts) 191
拇长屈肌(flexor pollicis longus) 56
拇长展肌(abductor pollicis longus) 56
拇短伸肌(extensor pollicis brevis) 56
拇长伸肌(extensor pollicis longus) 56
拇主要动脉(principal artery of thumb) 142
长伸肌(extensor hallucis longus) 61
长屈肌(flexor hallucis longus) 63

N

男尿道(male urethra) 118

脑(brain) 214
脑干(brain stem) 214
脑桥(pons) 216
脑神经(cranial nerves) 229
脑膜中动脉(middle meningeal artery) 140
内囊(internal capsule) 227
内脏神经(visceral nerves) 194
内耳(internal ear) 189
内分泌腺(endocrine glands) 174
内侧丘系(medial lemniscus) 218
内侧膝状体(medial geniculate body) 221
内分泌系统(endocrine system) 174
内脏运动神经(visceral motor nerve) 250
尿道球腺(bulbourethral gland) 116
尿生殖膈(urogenital diaphragm) 126
颞叶(temporal lobe) 222
颞骨(temporal bone) 19
颞肌(temporalis) 51
颞横回(transverse temporal gyrus) 223
颞浅动脉(superficial temporal artery) 140
颞下颌关节(temporomandibular joint) 39
女尿道(female urethra) 112

P

膀胱(urinary bladder) 110
膀胱三角(trigone of bladder) 112
盆膈(pelvic diaphragm) 126
皮质核束(corticonuclear tract) 247
皮质脊髓束(corticospinal tract) 202/245
皮质脊髓侧束(lateral corticospinal tract) 202
皮质脊髓前束(anterior corticospinal tract) 202
脾(spleen) 172
脾门(hilum of spleen) 172
脾动脉(splenic artery) 147
脾静脉(splenic vein) 161

Q

气管(trachea) 100
气管旁淋巴结(paratracheal lymph nodes) 168
气管支气管淋巴结(tracheobronchial lymph nodes) 168
髂骨(ilium) 16
髂肌(iliacus) 59
髂腰肌(iliopsoas) 59
髂总动脉(common iliac artery) 149
髂内动脉(internal iliac artery) 149
髂外动脉(external iliac artery) 151
髂总静脉(common iliac vein) 159
髂内静脉(internal iliac vein) 160
髂外静脉(external iliac vein) 160

髂外淋巴结(external iliac lymph nodes) 170
髂内淋巴结(internal iliac lymph nodes) 170
髂总淋巴结(common iliac lymph nodes) 170
髂腹下神经(iliohypogastric nerve) 209
髂腹股沟神经(ilioinguinal nerve) 209
前角(anterior horn) 200
前根(anterior root) 199
前庭(vestibule) 189
前锯肌(serratus anterior) 46
前庭球(bulb of vestibule) 118
前列腺(prostate gland) 116
前正中裂(anterior median fissure) 199
前庭蜗器(vestibulocochlear organ) 185
前庭大腺(greater vestibular gland) 123
前纵韧带(anterior longitudinal ligament) 27
前斜角肌(scalenus anterior) 52
前庭神经(vestibular nerve) 235
前庭蜗神经(vestibulocochlear nerve) 235
浅筋膜(superficial fascia) 43
球囊(saccule) 190
躯体神经(somatic nerves) 194
躯体神经系统(somatic nervous system) 194
颧骨(zygomatic bone) 21

R

桡侧(radial) 4
桡骨(radius) 14
桡动脉(radial artery) 142
桡神经(radial nerve) 207
桡腕关节(radiocarpal joint) 33
桡神经浅支(superficial branch of radial nerve) 207
桡神经深支(deep branch of radial nerve) 207
桡侧腕屈肌(flexor carpi radialis) 55
桡侧腕长伸肌(extensor carpi radialis longus) 56
桡侧腕短伸肌(extensor carpi radialis brevis) 56
人体解剖学(human anatomy) 1
韧带(ligament) 26
乳牙(deciduous teeth) 80
乳糜池(cisterna chyli) 166
乳突窦(mastoid antrum) 189
乳突小房(mastoid cells) 189

S

腮腺(parotid gland) 82
三角肌(deltoid) 52
三叉神经(trigeminal nerve) 232
三叉丘脑束(trigeminothalamic tract) 218
三叉神经运动核(motor nucleus of trigeminal nerve) 217
三叉神经脑桥核(pontine nucleus of trigeminal nerve) 218

三叉神经脊束核(spinal nucleus of trigeminal nerve) 218
筛骨(ethmoid bone) 19
上丘(superior colliculus) 216
上颌骨(maxilla) 21
上颌动脉(maxillary artery) 140
上腔静脉(superior vena cava) 154
上颌神经(maxillary nerve) 234
杓状软骨(arytenoid cartilage) 99
舌(tongue) 81
舌骨(hyoid bone) 21
舌下腺(sublingual gland) 82
舌动脉(lingual artery) 140
舌神经(lingual nerve) 234
舌咽神经(glossopharyngeal nerve) 236
舌下神经(hypoglossal nerve) 238
舌下神经核(nucleus of hypoglossal nerve) 218
深筋膜(deep fascia) 43
神经(nerve) 197
神经核(nucleus) 197
神经节(ganglion) 197
神经纤维(nerve fiber) 196
神经系统(nervous system) 193
肾(kidney) 106
肾门(renal hilum) 106
肾窦(renal sinus) 107
肾皮质(renal cortex) 109
肾髓质(renal medulla) 109
肾动脉(renal artery) 146
肾筋膜(renal fascia) 109
肾上腺(suprarenal gland) 176
肾上腺中动脉(middle suprarenal artery) 146
升结肠(ascending colon) 88
升主动脉(ascending aorta) 139
生殖系统(reproductive system) 113
十二指肠(duodenum) 85
食管(esophagus) 83
矢状轴(sagittal axis) 4
矢状面(sagittal plane) 4
示指伸肌(extensor indicis) 56
视器(visual organ) 180
视网膜(retina) 181
视神经(optic nerve) 230
视神经盘(optic disc) 181
视网膜中央动脉(central artery of retina) 185
枢椎(axis) 10
输尿管(ureter) 109
输精管(ductus deferens) 115
输卵管(uterine tube) 120
树突(dendrite) 194
竖脊肌(erector spinae) 45
双极神经元(bipolar neuron) 195

水平面(horizontal plane) 4
松果体(pineal body) 177
髓鞘(myelin sheath) 196
锁骨(clavicle) 12
锁骨下动脉(subclavian artery) 141
锁骨下静脉(subclavian vein) 156
锁骨上神经(supraclavicular nerves) 204
锁骨上淋巴结(supraclavicular lymph nodes) 167

弹性圆锥(conus elasticus) 99
体循环(systemic circulation) 128
瞳孔(pupil) 180
头静脉(cephalic vein) 158
头臂静脉(brachiocephalic vein) 154
投射纤维(projection fibers) 227
突触(synapse) 196
臀大肌(gluteus maximus) 59
臀中肌(gluteus medius) 59
臀小肌(gluteus minimus) 59
臀上动脉(superior gluteal artery) 151
臀下动脉(inferior gluteal artery) 151
臀上神经(superior gluteal nerve) 210
臀下神经(inferior gluteal nerve) 210
臀上皮神经(superior clunial nerves) 204
臀中皮神经(middle clunial nerves) 204
椭圆囊(utricle) 191

外耳(external ear) 185
外耳道(external acoustic meatus) 186
外侧沟(lateral sulcus) 222
外侧膝状体(lateral geniculate body) 221
腕骨(carpal bones) 15
腕关节(wrist joint) 33
网膜(omentum) 94
网膜囊(omental bursa) 95
尾骨(coccyx) 11
尾状核(caudate nucleus) 227
胃(stomach) 84
胃左动脉(left gastric artery) 146
胃右动脉(right gastric artery) 146
胃十二指肠动脉(gastroduodenal artery) 147
纹状体(corpus striatum) 227
蜗管(cochlear duct) 191
蜗神经(cochlear nerve) 235

膝关节(knee joint) 36

下丘(inferior colliculus) 216
下丘脑(hypothalamus) 221
下鼻甲(inferior nasal concha) 21
下颌骨(mandible) 21
下腔静脉(inferior vena cava) 159
下颌下腺(submandibular gland) 82
下颌神经(mandibular nerve) 234
下颌后静脉(retromandibular vein) 156
下颌下淋巴结(submandibular lymph nodes) 167
下牙槽神经(inferior alveolar nerve) 234
纤维膜(fibrous membrane) 26
纤维囊(fibrous capsule) 108
纤维束(fasciculus) 197
纤维心包(fibrous pericardium) 138
项韧带(ligamentum nuchae) 28
消化管(alimentary canal) 76
消化腺(alimentary gland) 76
消化系统(alimentary system) 76
小肠(small intestine) 85
小脑(cerebellum) 219
小网膜(lesser omentum) 94
小圆肌(teres minor) 53
小阴唇(lesser lip of pudendum) 123
小脑幕(tentorium of cerebellum) 255
小指伸肌(extensor digiti minimi) 56
小脑皮质(cerebellar cortex) 219
小隐静脉(small saphenous vein) 160
小脑下脚(inferior cerebellar peduncle) 216
小脑中脚(middle cerebellar peduncle) 216
小脑上脚(superior cerebellar peduncle) 216
小腿三头肌(triceps surae) 62
小脑延髓池(cerebellomedullary cistern) 256
楔束(fasciculus cuneatus) 201
楔束核(cuneate nucleus) 218
楔束结节(cuneate tubercle) 215
斜方肌(trapezius) 44
心(heart) 127
心包(pericardium) 138
心肌(myocardium) 136
心外膜(epicardium) 136
心内膜(endocardium) 135
心血管系统(cardiovascular system) 127
杏仁体(amygdaloid body) 227
胸腺(thymus) 172
胸椎(thoracic vertebrae) 10
胸骨(sternum) 11
胸廓(thorax) 29
胸膜(pleura) 92
胸大肌(pectoralis major) 45
胸小肌(pectoralis minor) 46
胸导管(thoracic duct) 166

胸主动脉(thoracic aorta) 145
胸背神经(thoracodorsal nerve) 191
胸锁乳突肌(sternocleidomastoid) 52
胸廓内动脉(internal thoracic artery) 141
嗅神经(olfactory nerve) 230
旋后肌(supinator) 56
旋前圆肌(pronator teres) 55
旋前方肌(pronator quadratus) 56

Y

牙(teeth) 79
咽(pharynx) 82
咽峡(isthmus of fauces) 79
咽鼓管(auditory tube) 188
延髓(medulla oblongata) 215
眼球(eyeball) 180
眼睑(eyelids) 183
眼神经(ophthalmic nerve) 214
眼动脉(ophthalmic artery) 185
眼轮匝肌(orbicularis oculi) 51
腰丛(lumbar plexus) 209
腰椎(lumbar vertebrae) 10
腰大肌(psoas major) 59
腰骶膨大(lumbosacral enlargement) 198
腰淋巴结(lumbar lymph nodes) 170
咬肌(masseter) 51
腋动脉(axillary artery) 142
腋神经(axillary nerve) 209
腋淋巴结(axillary lymph nodes) 168
胰(pancreas) 92
疑核(nucleus ambiguous) 218
乙状结肠(sigmoid colon) 89
乙状结肠动脉(sigmoid arteries) 149
阴囊(scrotum) 116
阴茎(penis) 117
阴道(vagina) 122
阴蒂(clitoris) 125
阴阜(mons pubis) 123
阴道前庭(vaginal vestibule) 124
阴部神经(pudendal nerve) 211
阴部内动脉(internal pudendal artery) 150
隐神经(saphenous nerve) 210
硬脊膜(spinal dura mater) 252
硬膜外隙(epidural space) 252
硬脑膜(cerebral dura mater) 252
硬脑膜窦(sinuses of dura mater) 254
右心房(right atrium) 132
右心室(right ventricle) 132
右肺动脉(right pulmonary artery) 138
右冠状动脉(right coronary artery) 137

右结肠动脉(right colic artery) 149
右淋巴导管(right lymphatic duct) 166
远侧(distal) 4
缘上回(supramarginal gyrus) 223
运动系统(locomotor system) 5
运动神经元(motor neuron) 196

Z

展神经(abducent nerve) 234
掌骨(metacarpal bones) 15
掌长肌(palmaris longus) 55
掌浅弓(superficial palmar arch) 145
掌深弓(deep palmar arch) 145
枕骨(occipital bone) 19
枕叶(occipital lobe) 222
枕额肌(occipitofrontalis) 50
枕大神经(greater occipital nerve) 203
枕小神经(lesser occipital nerve) 204
正中神经(median nerve) 206
正中矢状切面(median sagittal plane) 4
支气管肺淋巴结(bronchopulmonary lymph nodes) 168
脂肪囊(fatty renal capsule) 108
直肠(rectum) 89
直肠上动脉(superior rectal artery) 149
直肠下动脉(inferior rectal artery) 149
跖骨(metatarsal bones) 18
指骨(phalanges of fingers) 15
指伸肌(extensor digitorum) 56
指浅屈肌(flexor digitorum superficialis) 55
指深屈肌(flexor digitorum profundus) 56
趾骨(phalanges of toe) 19
趾长伸肌(extensor digitorum longus) 61
趾长屈肌(flexor digitorum longus) 63
中耳(middle ear) 187
中脑(midbrain) 216
中央沟(central sulcus) 222
中斜角肌(scalenus medius) 52
中央前回(precentral gyrus) 223

中央后回(postcentral gyrus) 223
中央旁小叶(paracentral lobule) 223
中结肠动脉(middle colic artery) 149
中枢神经系统(central nervous system) 193
终丝(filum terminale) 198
终池(terminal cistern) 256
周围神经系统(peripheral nervous system) 194
轴突(axon) 194
肘肌(anconeus) 55
肘关节(elbow joint) 32
肘正中静脉(median cubital vein) 158
蛛网膜粒(arachnoid granulations) 254
蛛网膜下隙(subarachnoid space) 254
蛛网膜下池(subarachnoid cisterns) 254
主动脉(aorta) 139
主动脉弓(aortic arch) 139
主动脉瓣(aortic valve) 133
主支气管(principal bronchus) 101
锥体(pyramid) 215
锥体束(pyramidal tract) 218
锥体交叉(decussation of pyramid) 215
椎骨(vertebrae) 8
椎动脉(vertebral artery) 260
椎间盘(intervertebral discs) 27
椎旁神经节(paravertebral ganglia) 250
子宫(uterus) 120
子宫动脉(uterine artery) 149
自主神经系统(autonomic nervous system) 194
纵隔(mediastinum) 104
足弓(arch of foot) 39
足背动脉(dorsal artery of foot) 152
左心房(left atrium) 132
左心室(left ventricle) 132
左冠状动脉(left coronary artery) 137
左肺动脉(left pulmonary artery) 138
左结肠动脉(left colic artery) 149
坐骨(ischium) 16
坐骨神经(sciatic nerve) 211